A. Th. van Deursen
Graft

A. Th. van Deursen

Graft

Ein Dorf im 17. Jahrhundert

Aus dem Niederländischen von
Stefanie Peter

Steidl

Titel der niederländischen Originalausgabe:
»Een dorp in de polder. Graft in de zeventiende eeuw«,
erschienen bei Uitgeverij Bert Bakker, Amsterdam 1994
Copyright © 1994 A. Th. van Deursen

Die Übersetzung wurde gefördert vom
Nederlands Literair Produktie- en Vertalingenfonds, Amsterdam.

1. Auflage Februar 1997
© Copyright für die deutsche Ausgabe: Steidl Verlag, Göttingen 1997
Alle deutschen Rechte vorbehalten
Umschlaggestaltung: Gerhard Steidl
unter Verwendung eines Ausschnitts aus dem Gemälde
»Männer und Frauen in Bauernwirtshaus« (1674) von Adriaen Ostade,
© AKG, Berlin
Satz, Druck, Bindung:
Steidl, Düstere Straße 4, D-37073 Göttingen
Gedruckt auf Öko-2000-Papier zur ökologischen Buchherstellung
(80 Prozent Altpapier, 20 Prozent Durchforstungsholz
aus nachhaltiger Forstwirtschaft)
Ohne Färbung, ohne optische Aufheller
Printed in Germany
ISBN 3-88243-420-1

Inhalt

Warum Graft?

Trijn Willems aus Ursem hat nie etwas getaugt. Es lag nicht daran, daß sie unvorsichtig war, es war vielmehr ihre Absicht, immer wieder ins Gerede zu kommen. Sie ließ sich mit jedem Mann ein, der ihr gefiel, und ihr Haus teilte sie mit einem Nichtsnutz, der all sein Geld versoffen hatte. Vielleicht hatte ihr Kind einen Schöffen zum Vater, doch sicher war sie sich da nicht. Eine solche Frau, die im 17. Jahrhundert in einem holländischen Dorf lebte, mußte früher oder später mit der Justiz in Berührung kommen. So stand Trijn Willems 1698 bei Vogt und Lehnsherren von Nieuwburgen vor Gericht. Dort hat sie zu Protokoll gegeben, was ihr auf der Seele lag. Sie »wollte in Ursem von sich reden machen«.[1]

Das hat sie erreicht, und mehr als das: Ihr Name ist in die Akten eingegangen, und so macht sie bis heute von sich reden. Das ist keineswegs selbstverständlich. Über die meisten Menschen verraten die Archive nicht mehr als kurze, knappe Fakten. Lediglich über die »Großen« in der Geschichte ist soviel überliefert, daß wir uns ein Bild von ihnen machen können. Für die »Kleinen Leute« ist der einfachste und oft auch der einzige Weg der, den Trijn Willems ging. Sie löste sich von Recht und Ordnung und hielt sich ungeachtet der Billigung anderer nur an die eigenen Normen und Regeln. Für die gewöhnlichen Menschen führt der kürzeste Weg zum Ruhm über den Richtplatz.

Das bestätigt die moderne Geschichtsschreibung. Sie hat die Archive der Justiz entdeckt. Historiker haben begonnen, über Ketzer, Betrüger und Strauchdiebe zu schreiben. Ihre Triebfeder ist nicht immer nur das Interesse am Abenteuerlichen und Anomalen. Oft geht es ihnen gerade um das Gewöhnliche und Alltägliche. Strafprozeßakten sind deshalb so reichhaltige Quellen, weil die Verhöre und Protokolle vieles enthalten, was für den Prozeß eigentlich nicht von Bedeutung war. Sie berichten vom alltäglichen Tun und Lassen der Menschen, von ihren Umgangsformen, ihrem Verhalten und ihren Gewohnheiten. Gerade das, was sie uns beiläufig mitteilen, bringt uns das Leben vergangener Jahrhunderte näher.

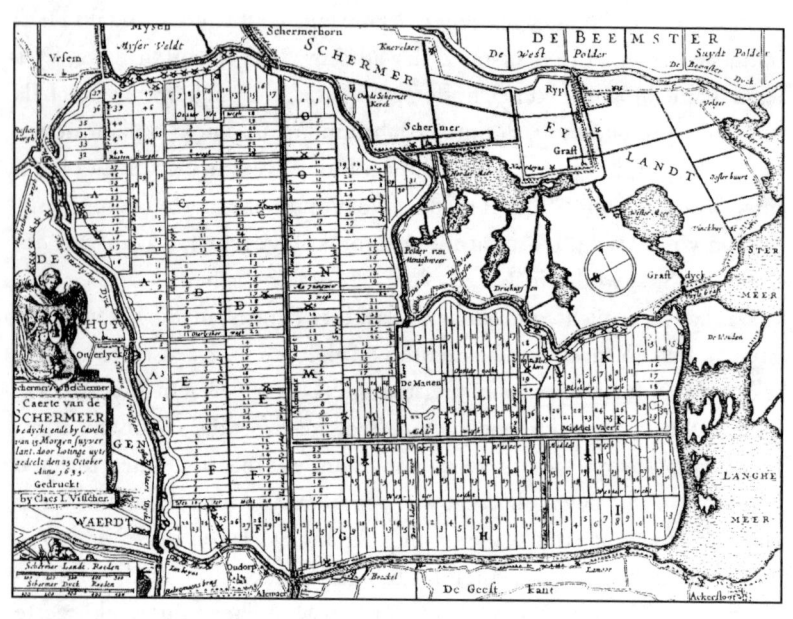

Claes Jansz. Visscher, *Eine Karte des Schermerpolders*

Doch nicht in jedem Archivschrank liegen ergiebige Prozeßakten. Interessieren wir uns für das Holland des 17. Jahrhunderts, müssen wir meist mit sehr wenig auskommen. Im Falle von Trijn Willems beispielsweise erfahren wir aus den Aufzeichnungen des Vogts zwar, daß sie vor Gericht stand, aber es ist kein Verhör erhalten geblieben, kein Plädoyer und nicht einmal der Urteilsspruch. Vielleicht ist sie verbannt worden, vielleicht hat sie im Zuchthaus von Alkmaar gesessen. In den Akten steht nichts darüber. Wer die gesamte Lebensgeschichte von Trijn Willems zu Papier bringen will, muß etwas hinzudichten. Die historischen Quellen lassen uns im Stich.

Muß uns die Alltagsvergangenheit Nordhollands aus Mangel an gutdokumentierter Kriminalität also verborgen bleiben? Nein, es gibt noch einen anderen Weg. Wenn wir nicht über *eine* aussagekräftige Quelle verfügen, können wir versuchen, viele Quellen anzubohren, die zwar jede für sich wenig aussagen, die einander jedoch ergänzen und bereichern. Wir wählen dann ein Dorf aus, in dem sich vielleicht niemals etwas Besonderes zugetragen hat, das aber dafür ein umfangreiches und vielseitiges Archiv besitzt. Dort muß es Gemeinderatsresolutionen geben, Protokolle des Kirchenvorstands, der Waisenvorsteher und Notare, Kassenbücher von Armenaufsehern und Poldermeistern, Grundsteuerveranlagungen und Feuerstellenregister, Tauf-, Heirats- und Sterberegister, richterliche Archive und die Gemeindeordnungen. In der Provinz Holland finden sich nur wenige Dörfer, die diese Voraussetzungen weitgehend erfüllen. Eines davon ist das nordholländische Dorf Graft. Um Graft soll es in diesem Buch gehen.

Wir möchten das Leben in der Grafter Dorfgemeinschaft des 17. Jahrhunderts so umfassend wie möglich darstellen. Dabei streben wir jedoch weder eine historische Enzyklopädie an, eine inventarisierende Übersicht nach dem Muster: Kapitel 2.4.9 »Die Aalfischerei (1603–1648)« oder 6.8.3. »Mischehen zwischen Katholiken und Mennoniten«, noch eine Chronik, die in strenger Reihenfolge erzählt, in welchem Jahr der Hafen vertieft wurde, wann der Feuerwehrschlauch zum ersten Mal in Gebrauch war und wie lange Herman van Egten Pastor in Noordeinde war. Wir suchen die Menschen, die in Graft gelebt und gearbeitet haben, die einfachen Männer und Frauen des 17. Jahrhunderts. Kurzum jene Menschen, die ein Ahnenforscher im Lesesaal des Reichs- oder Gemeindearchivs vor seinem geistigen Auge erscheinen sieht, wenn er mit seiner Untersuchung im 17. Jahrhundert angekommen ist. Was er in diesem Buch finden kann, sind nicht nur Namen, sondern auch die Menschen, die zu diesen Namen gehören, und ihre Lebensweise.

Ein Ahnenforscher hat ein deutlich abgestecktes Ziel. Alle Personen, die in seiner Dokumentation vorkommen, stehen miteinander in Beziehung. In diesem Buch stellen die Beziehungen nicht den Ausgangspunkt, sondern die Frage dar, auf die eine Antwort gesucht wird. Vorausgesetzt wird, daß es durchaus sinnvoll ist, diese Frage überhaupt aufzuwerfen: Daß nämlich das Zusammenleben innerhalb eines Dorfes dem Leben der betreffenden Männer und Frauen eine bestimmte Färbung und Qualität verleiht. Wenn wir uns mit der Vergangenheit beschäftigen, setzen wir diese Annahme voraus, doch tun wir das oft auf sehr unterschiedliche Weise. Mit der Vorstellung vom Dorfleben in früheren Epochen verbinden sich häufig ebenso romantisch verklärte wie zynische Klischees. Mal ist die Vergangenheit eine Idylle starker Verbundenheit, von Nachbarschaftshilfe bei Krankheit und in Notlagen, von fröhlichem gemeinsamen Gesang und Tanz unter dem Maibaum. Ein andermal ist das Dorf des 17. Jahrhunderts ein Leidensort des Mangels und der Armut, gnadenloser Ausbeutung und der Schauplatz zäher Machtkämpfe zwischen wenigen Privilegierten. Die einen stellen die starke Bindung an die Tradition in den Vordergrund, wobei die Jugend als rigoros eingreifender Hüter überlieferter Normen und Werte auftrat. Für andere hingegen ist genau in dieser Zeit eine alte Volkskultur untergegangen, indem die weise Frau zur Hexe erklärt wurde. Fortan konnten ihre kostbaren Geheimnisse nicht länger von der Mutter an die Tochter weitergeben werden.

All diese Vorstellungen haben eines gemeinsam: Ihnen liegt eine ganz bestimmte Auffassung der gegenwärtigen Welt und ihrer zukünftigen Entwicklung zugrunde. Diese Auffassung ist der eigentliche Ausgangspunkt; dem Vergangenen wird die Pflicht auferlegt, sie zu rechtfertigen. Dies gilt nicht nur für populäre, oberflächliche Betrachtungen, sondern auch für die Wissenschaft. Gesellschaftliche Vorurteile von Historikern sind immer an ihrem Werk ablesbar. Davor zu warnen ist müßig. Auch der, der sich seiner Vorurteile bewußt ist, wird sie nicht ganz und gar ausräumen können. Doch lassen sie sich durch sorgfältige Untersuchung mäßigen. Und weil über bestimmte historische Gegebenheiten, so wie das alte Dorf, verschiedene und vor allem auch gegensätzliche Vorurteile im Umlauf sind, können wir mit einer solchen Untersuchung zumindest dazu beitragen, unsere eigene Voreingenommenheit abzulegen oder einander dazu anstacheln, diese mit neuen Argumenten zu rechtfertigen. Deshalb möchte ich den Leser nach Graft einladen.

In jedem guten Atlas kann man sehen, daß Graft südlich von Alkmaar auf Schermereiland liegt, das so heißt, weil es Anfang des 17. Jahrhunderts, bevor die großen Seen trockengelegt wurden, wirklich noch eine Insel war.

Ursprünglich waren Graft und De Rijp zu einer Gemeinde zusammengeschlossen. Die beiden bilden auch heute wieder eine Gemeinde, wenn nicht politische Reformwut sie inzwischen wieder aufgehoben hat. Im Jahre 1607 erhielt De Rijp von den »Staten van Holland«, dem obersten Organ der Provinz, die Erlaubnis, sich aus diesem Bund zu lösen und eine selbständige Samtgemeinde zu bilden. Zu Graft gehörten von da an die Ortschaften West-Graftdijk, Oost-Graftdijk – auch Wester- und Oosterbuurt genannt – und Noordeinde.

Das Graft des 17. Jahrhunderts war ein Seefahrerdorf, in dem die Männer ihr Brot auf See oder in Betrieben verdienten, die von der Seefahrt abhängig waren. Das Meer hat Graft im 17. Jahrhundert bekannt und wohlhabend gemacht. Die Abtrennung von De Rijp im Jahre 1607 ist ein deutliches Zeichen für diese Blüte. Zwar blieben die anderen Ortschaften als Samtgemeinde zusammen, aber West- und Oost-Graftdijk unterstrichen ihre wachsende Bedeutung dadurch, daß sie sich 1645 kirchlich vom Hauptdorf unabhängig machten.

Es ging den Graftern gut, doch ihr Reichtum hing von anderen ab. Viele konnten von der Heringsfischerei leben, aber das regionale Zentrum für diesen Berufszweig war und blieb Enkhuizen. Die Grafter Seeleute versuchten sich beim Walfang zu verdingen, doch die Reedereien waren meist in De Rijp ansässig. In Graft gab es Segeltuchwebereien und Seilereien, doch das Gewerbe auf Schermereiland war nur ein Nebenprodukt der gewerblichen Aktivitäten in der Region Zaanland. Als Hollands Wohlstand über seinen Höhepunkt hinaus war, war es auch mit der Blüte Grafts vorbei.

Im 17. Jahrhundert konnte der Ort über lange Zeit all seinen Verpflichtungen nachkommen: die Gemeindeschulden wurden bezahlt und die Poldersteuern abgeführt, die Armen wurden unterstützt und Schulen und Kirchen von der Gemeinde getragen. Gegen Ende des Jahrhunderts machen sich Anzeichen nahenden Verfalls bemerkbar. Es ist kein dramatischer, sondern ein ganz allmählicher Niedergang. Die Kirchenvorsteher müssen wiederholt Geld für notdürftige Reparaturen am Gotteshaus leihen. Der Bedarf an Wohnraum geht deutlich zurück, ein Zeichen dafür, daß sowohl die Bevölkerung abnimmt als auch die Zahl der Arbeitsplätze. Der definitive Wendepunkt liegt im Jahre 1705, als ein großer Brand mehr als fünfzig Häuser in Schutt und Asche legt. Von diesem Schlag hat sich Graft nie mehr erholt. Seine Blüte ist endgültig vorbei.

Der Brand von 1705 bietet sich als logischer Endpunkt dieser Untersuchung an, die Abspaltung Grafts von De Rijp als ein Anfangspunkt. Damit sind dann Zeit, Ort und Zielsetzung gegeben: Grafter Männer und Frauen im 17. Jahrhundert.

Das Buch besteht aus fünf Teilen und zwanzig Kapiteln. Es kann nur eine Auswahl des Materials berücksichtigen, denn das Grafter Archiv ist so ergiebig, daß sich ohne viel Mühe vierzig Kapitel hätten schreiben lassen. Bei der breiten Zielsetzung, die wir gewählt haben, würde es das Maß an Geduld, das wir beim Leser – und sei er auch noch so wohlwollend – erwarten dürfen, überschreiten.

In Teil I (»Das Dorf und die Menschen«) wird die Bevölkerung zunächst als ein Gefüge von Gruppen betrachtet, die jeweils unterteilt sind nach: Lebensalter, Wohlstand, Geschlecht, Familienstand, Religion und Wohnort innerhalb der Samtgemeinde Graft. Nachdem auf diese Weise zuerst nach dem Allgemeinen gesucht wurde, zeigt uns das zweite Kapitel das Besondere: die individuelle Identität und wie sie durch einen eigenen Namen ausgedrückt wird. Kapitel 3 dreht sich um die Frage, welche Bedeutung der Grund und Boden, auf dem sie wohnten, und das Wasser, das sie umgab, für die Grafter hatte.

Teil II (»Die Früchte der Erziehung«) besteht aus sechs paarweise gruppierten Kapiteln. Kapitel 4 handelt von der Erziehung der Kinder in Schule und Beruf, Kapitel 5 von der Erziehung Erwachsener in den verschiedenen Kirchen Grafts. Wer als Jugendlicher erst einmal etwas gelernt hatte, konnte arbeiten gehen. Was das für Männer respektive Frauen bedeutete, davon berichten die Kapitel 6 und 7. Die erlernten Grundfertigkeiten kamen dem Berufsleben mal mehr, mal weniger zugute, hatten jedoch immer maßgeblichen Einfluß darauf, in welchem Maße die Menschen an höheren Formen von Kultur teilnehmen konnten: Lesen und Schreiben (Kapitel 8), Rechnen (Kapitel 9).

Nachdem wir Bildung, Erziehung, Arbeit und Glauben der Grafter kennengelernt haben, kehren wir in Teil III wieder zurück zum Kollektiv. Wie wird es regiert? Zweifellos von einer Oberschicht, vornehmlich von Männern (Kapitel 10), doch es gab auch eine weibliche Elite (Kapitel 11). Wie die Regierenden versuchten, den Bedürfnissen aller gerecht zu werden, darum geht es in Kapitel 12, wie sie für die Bedürftigen in der Gemeinschaft sorgten, soll Kapitel 13 verdeutlichen.

Die Obrigkeit stellte Normen auf, größtenteils dieselben, nach denen sich die Erzieher in Kirche und Schule richteten. Wie die Dorfbewohner damit umgingen, untersuchen wir in Teil IV (»Normen und Werte«) am Beispiel der Ehemoral (Kapitel 14) und der Kontrolle von Gewalt (Kapitel 15). In einem so großen Dorf wie Graft gibt es immer eine Gruppe von Personen, die nicht nach den Anstandsregeln lebte. Um diese geht es in Kapitel 16.

Bis hierher nehmen die Grafter ihr Schicksal selbst in die Hand. In Teil V (»Das auferlegte Los«) entgleitet ihnen die Kontrolle. Wir sehen, wie sie an die Regeln gebunden sind, die ihnen von höherer Stelle auferlegt werden (Kapitel 17), und wie sie die Geschichte erleben, die Entwicklungen im In- und Ausland, auf die sie keinen Einfluß haben. Auch ohne moderne Massenmedien erfahren sie von den oft blutigen Ereignissen in der Ferne, in deren Folge viele Menschen in große Not geraten (Kapitel 18). In ihrem eigenen Dasein kommen Gewalt und Unterdrückung selten vor. Ernsthafte Bedrohungen liegen indes außerhalb menschlicher Macht: Krankheit, Wasser und Feuer (Kapitel 19). Ob all dies ein zusammenhängendes Bild ergibt, wollen wir dann schließlich in einem abrundenden Schlußkapitel überprüfen.

Den Grafter Frauen ist zwar kein eigener Teil, dafür sind ihnen einige separate Kapitel gewidmet (vor allem 7 und 11). In anderen Kapiteln (zum Beispiel 2 und 4) wird nachdrücklich auf die unterschiedlichen gesellschaftlichen Positionen von Männern und Frauen hingewiesen. Ich habe mich gegen eine konzentrierte Abhandlung in einem abgeschlossenen Teil entschieden, um zu betonen, daß Graft aus der Gemeinschaft von Männern und Frauen bestand. In jedem Kapitel soll beiden Geschlechtern Rechnung getragen werden.

Jedes Dorf hat seine eigenen Strukturen, Persönlichkeiten und Geschichten. Insofern unterscheidet sich auch Graft von allen übrigen Dörfern des 17. Jahrhunderts. Was wir mit Sicherheit über Graft sagen können, muß nicht für De Rijp oder Schermerhorn, für Naaldwijk oder Ridderkerk, für Bloemendaal oder Heemstede zutreffen. Die einzigartige Erfahrung der Grafter unterscheidet sich von der anderer Landbewohner im 17. Jahrhundert, auch wenn sie ganz in der Nähe wohnten. Doch haben sie als Zeitgenossen soviel miteinander gemein, daß ihr Dorf uns auch etwas über andere Dörfer lehren kann. Denn so sehr Mary Coster, die Wirtin, und Piet Conijn, der Zuchthäusler, außergewöhnliche Persönlichkeiten waren, niemanden repräsentierend als sich selbst, so können aus ihren Erlebnissen doch Rückschlüsse auf das Dorf und auf die Zeit, in der sie lebten, gezogen werden. Graft ist einerseits völlig einzigartig, andererseits exemplarisch für sein Jahrhundert. Die Grenze zwischen dem einen und dem anderen läßt sich nicht genau bestimmen. Dieses Buch will nicht das Besondere aufspüren, das allein Graft zu eigen war, sondern sucht das Gewöhnliche und Allgemeine: ein Dorf in den holländischen Poldern.

I

Das Dorf und die Menschen

Abraham Rutgers, *Ansicht von Jisp*

1 Dreitausend Grafter

Die Menschen des 17. Jahrhunderts zählten eigentlich nur eins, und das war Geld. Sie bestimmten zwar auch die Gesamtsumme anderer Objekte, wie etwa von Häusern oder *morgen* Land, doch derlei Rechnungen wurden nur angestellt, um Steuern aufzuerlegen und Geld einzutreiben. Dieses Geld konnte die Obrigkeit dann verwenden, um ihre Macht zu erhalten, zum Beispiel durch das Anwerben von Soldaten und den Bau von Kriegsschiffen. Diese konnten dann ebenfalls gezählt werden, doch das tat man lieber nicht in der Öffentlichkeit. Solche Zahlen gaben Auskunft über Macht und Ohnmacht. Die Machthaber hatten kein Interesse daran, sie zu veröffentlichen. Deshalb ist das 17. Jahrhundert arm an statistischem Material.

Moderne Menschen können das Zählen nicht lassen, und auch Historiker sind darin Kinder ihrer Zeit. In den letzten Jahrzehnten haben sie trotz aller Beschränkungen, die die Quellen ihnen auferlegen, großen Einfallsreichtum darin bewiesen, das Geheimnis der verschwiegenen Zahlen zu lüften. Zahlen bringen zweifellos hohen Gewinn. Sie können das Wort nicht ersetzen – und haben selten das letzte Wort. Doch dort, wo sie zu finden sind, bringen sie uns auf die richtige Fährte, weil auch im 17. Jahrhundert die Höhe der Zahl häufig die Bedeutung eines Phänomens anzeigt. Verdiente die Hälfte der Männer von Graft ihr Geld auf See, oder war es nur jeder Zehnte? Bildeten die Katholiken eine winzige Minderheit, oder hielten sie sich mit den Reformierten die Waage? Gab es viele Arme und wenig Reiche, oder war der Wohlstand im 17. Jahrhundert auf alle Stände verteilt? Ohne Zahlen bleiben viele Fragen offen. Beginnen wir deshalb damit, das Leben in Graft so gut wie möglich in Zahlen auszudrücken.

Wir können dazu von einer Volkszählung ausgehen, die im 17. Jahrhundert in Holland, natürlich zum Zwecke der Steuererhebung, vorgenommen wurde: die Zählung von 1622. Graft hatte damals 3 161 Einwohner.[1] Das ist nicht wenig. Graft war eine der größten Landgemeinden in der Provinz Holland. Aus der Zahl 3 161 können wir sofort schließen: Graft war ein großes und sicherlich ein wohlhabendes Dorf. Sonst wären die dreitausend Menschen nicht dort geblieben.

Hat sich das im Laufe des 17. Jahrhunderts verändert? Neben die erste Zählung können wir eine zweite stellen, die ebenfalls steuerlichen Zwecken diente: Im Jahre 1680 wohnten in Graft 3 155 Menschen.[2] Verglichen mit 1622 bedeutet das einen Rückgang um 0,19 Prozent oder, deutlicher ausgedrückt: Die Größe der Bevölkerung im Jahre 1680 entspricht der von 1622. Doch damit wissen wir noch nicht, ob sie immer gleich geblieben ist. Auf diese Frage werden wir zurückkommen, wenn wir etwas mehr über die Zählung von 1680 zutage gefördert haben.

Hier handelt es sich nämlich um eine der wichtigsten Quellen des Archivs von Graft: die Veranlagungsliste der Salz- und Seifensteuer. Sie hat wesentlich mehr zu bieten als die Gesamtzahl der Bevölkerung. Die Höhe der Steuer war von der Anzahl und vom Alter der jeweiligen Haushaltsmitglieder abhängig. Deshalb nennt die Quelle zuerst die Bewohner jedes einzelnen Hauses: Ehepaare oder Alleinstehende, Kostgänger, mit im Haus lebendes Personal, Kinder in vier Altersgruppen: Kinder bis zu vier Jahren, zwischen vier und acht Jahren, zwischen acht und zehn und älter als zehn Jahre. Ob es Jungen oder Mädchen waren, erfahren wir aus der Liste leider nicht. Da man offenbar annahm, daß sie gleichviel Salz und Seife brauchten, war der Fiskus am Geschlecht nicht interessiert.

Zweitens teilt die Quelle die Familienoberhäupter in Vermögensklassen ein. Wer mehr als zweitausend Gulden besaß, fiel in die Spitzengruppe, die der sogenannten Kapitalisten. Diejenigen, die zwischen tausend und zweitausend Gulden besaßen, wurden als Halbkapitalisten bezeichnet. Unterhalb der Tausendguldengrenze liegen die Viertelkapitalisten, und dann gibt es schließlich noch die Besitzlosen, die zwar nicht immer, aber häufig der Armenkasse zur Last fallen. Das wird in der Veranlagungsliste stets angegeben.

Drittens gibt die Quelle Auskunft über Berufsgruppen, insbesondere über die der Seefahrer. Seeleute waren oft von zu Hause fort, verbrauchten demnach weniger Salz und Seife und mußten weniger Steuern zahlen. Deshalb gibt die Quelle für jeden Mann oder Jungen gesondert an, ob er zur See fuhr. Darüber hinaus werden noch zwei andere Berufsgruppen direkt genannt, und zwar Bauern und Gastwirte. Erstere brauchten zusätzlich Salz für ihr Vieh, letztere für ihre Gäste. Andere Berufe, wie Weber, Seiler oder Zimmermann, werden nur selten erwähnt.

Viertens unterrichten uns die Steuerbücher genaustens über die Wohnorte der Grafter. Die Zähler gingen die einzelnen Häusern ab und notierten die Namen auch in dieser Reihenfolge. Daher wissen wir, wer wessen Nachbar war, und kennen die genaue Einwohnerzahl sowohl des Hauptdorfes Graft wie auch der drei Weiler, Oost-Graftdijk, West-Graftdijk und Noordeinde.

Sehen wir uns diese vielsagenden Zahlen einmal genauer an: zunächst die Bevölkerungsverteilung über das Dorf und die drei Weiler. Vinkhuizen wird im folgenden zu West-Graftdijk, die Polder Starnmeer und Kamerhop werden zu Oost-Graftdijk gezählt. Das stimmt mit der kirchlichen Einteilung der damaligen Zeit überein. Die Verteilung sieht dann folgendermaßen aus:

	Haushalte	Personen
Dorf Graft	411	1 488
Oost-Graftdijk	135	535
West-Graftdijk	158	591
Noordeinde	128	541
Gesamt	832	3 155

Diese Einwohnerzahl entspricht, wie wir gesehen haben, ungefähr der Bevölkerungsdichte, die für das Jahr 1622 ermittelt wurde. Die Übereinstimmung weckt den Eindruck von Stabilität, doch das kann täuschen. Zufällig wissen wir, daß die Bevölkerung von Graft im Jahre 1672 noch aus mindestens 3 350 Personen bestanden haben muß.[3] Ein solcher Unterschied kann gelegentliche Schwankungen andeuten, genausogut aber auf einen wirtschaftlichen Niedergang hinweisen. Für das 18. Jahrhundert wissen wir sicher, daß Graft nur noch einen Bruchteil seiner einstigen Prosperität besaß. Im Jahre 1742 hatte die ganze Samtgemeinde nicht mehr als 1 483 Einwohner, und 1795 waren gerade noch 1 210 übriggeblieben.[4] War dieser Verfallsprozeß vielleicht schon 1680 im Gange?

Einige Historiker glauben, daß das der Fall war.[5] Sie gehen davon aus, daß Graft 1653 noch mindestens 4 288 Einwohner hatte und im Jahr 1670 noch 4 123. Wenn das stimmt, dann muß sich zwischen 1670 und 1680 ein rapider Rückgang von 23 Prozent vollzogen haben. Die Berechnungen basieren auf den Registern der Grundsteuerveranlagung, die sich grob als Immobiliensteuer umschreiben läßt. Das Register enthält die Namen der Familienoberhäupter. Wenn wir wissen, wie groß eine Familie damals durchschnittlich war, können wir die Bevölkerungsdichte schätzen.

Es steht zwar fest, daß um das Jahr 1630 die durchschnittliche Bewohnerzahl eines Hauses in der Region Nordholland 5,3 Personen betragen haben muß. Gehen wir für Graft in den Jahren 1653 und 1670 von diesen Verhältnissen aus, so kommen wir tatsächlich auf 4 288 und 4 123 Einwohner. Es stellt sich jedoch die Frage, ob das stimmen kann. Erstens hat im Laufe der Jahre die Bewohnerzahl pro Haus abgenommen. Deshalb ist nicht gesichert, daß wir für die Jahre 1670 und 1653 noch immer von dem Faktor 5,3 ausgehen können.

Zweitens muß eine Familie nicht mit der Gruppe von Bewohnern eines Hauses übereinstimmen. Beim großen Brand 1654 in De Rijp gingen 430 Häuser in Flammen auf, daraufhin wurden 600 Familien obdachlos.[6] Die Anzahl der Familien war damals viel höher als die der Häuser. Eine Grundsteuerveranlagung geht jedoch nicht von der Anzahl der Häuser aus, sondern von der der Familienoberhäupter. Deshalb können wir auch nicht mit 5,3 multiplizieren. Nehmen wir zum Beispiel die 430 abgebrannten Häuser in De Rijp. Bei einer Dichte von 5,3 Personen pro Haus haben dann 2 279 Personen ihr Dach über dem Kopf verloren. Diese bilden zusammen 600 Familien, was eine durchschnittliche Familiengröße von 3,8 Personen ergibt. Kehren wir ins Jahr 1680 zurück, dann treffen wir in Graft 832 Familien an, bestehend aus 3 155 Personen bzw. 3,79 pro Familie.

Das stimmt so gut mit dem Ergebnis für De Rijp von 1654 überein, daß wir uns darauf verlassen können. Wir sollten demnach die Zahl der Besteuerten bzw. die Zahl der Familienoberhäupter eher mit 3,8 als mit 5,3 multiplizieren. Das liefert uns für 1653 eine Zahl von 3 074 und für 1670 eine von 2 956 Personen. Sicherlich sind diese Zahlen zu niedrig, denn die Allerärmsten tauchen in dem Register der Grundsteuerveranlagung nicht auf. Wieviel das ausmacht, ist schwer zu sagen. Vielleicht handelt es sich um hundert, vielleicht um zweihundert Personen. Die Gesamtanzahl liegt dann irgendwo über Dreitausend.

Von einem starken Rückgang in der Zeit vor 1680 kann also nicht die Rede sein. Sicherlich treten Schwankungen auf, die zum Beispiel den

Unterschied zwischen den 3 350 Bewohnern Grafts im Jahr 1672 und den 3155 im Jahr 1680 erklären. Die acht Jahre, die dazwischen liegen, stellen in der gesamten Region Nordholland einen kritischen Zeitraum dar. Der Krieg von 1672 fügte dieser Seefahrerregion erheblichen Schaden zu[7] und ließ die Zahl der Arbeitsplätze zurückgehen. In solch »erbärmlichen und schweren Zeiten« versuchten junge Männer oftmals ihr Glück woanders[8], so daß sich der in guten Zeiten übliche Wanderungsgewinn[9] ins Gegenteil verkehrte. Als im Jahre 1678 endlich der Frieden wiederhergestellt war, wurde die Region von einer Seuche heimgesucht. Um welche Krankheit es sich handelte, ist nirgends verzeichnet, doch die extrem hohe Sterbeziffer für Graft im Jahre 1679[10] deutet unmißverständlich auf eine Epidemie hin, die vermutlich noch einige Jahre anhielt.[11] Unsere Momentaufnahme von 1680 fällt demnach in einen ungünstigen Augenblick. Zwischen 1622 und 1680 ist die Gesamtzahl der Einwohner vermutlich kaum höher und vielleicht manchmal sogar niedriger gewesen. Wir liegen wohl nicht ganz falsch, wenn wir die Bevölkerung auf 3 000 bis 3 500 Seelen schätzen, je nachdem, ob die Zeiten besser oder schlechter waren.

Ob die Bevölkerung eines Dorfes schlechten Zeiten gewachsen war, hing nicht zuletzt vom Wohlstand und seiner Verteilung auf die verschiedenen sozialen Schichten ab. Die Zählung von 1680 gibt uns, wie oben erwähnt, eine Einteilung in vier Gruppen an, die wir auf dreierlei Kategorien zurückführen können. Es gibt eine kleine Gruppe Gutsituierter, die aus Kapitalisten und Halbkapitalisten besteht. Dann gibt es eine große Gruppe Unabhängiger, die ohne Überfluß ihren eigenen Lebensunterhalt bestreiten kann und zu den Viertelkapitalisten gehört. Schließlich gibt es die Besitzlosen, die zum Teil aus Unterstützungsbedürftigen und zum Teil aus Personen oder Familien bestehen, die zwar im Moment der Registrierung für eine Unterstützung nicht in Frage kommen, aber dicht an der Armutsgrenze leben. Die Einteilung sieht wie folgt aus:

	Haushalte		*Personen*	
Wohlhabende	112	13,46 %	369	11,70 %
Unabhängige	528	63,46 %	2 150	68,15 %
Besitzlose	74	8,90 %	132	4,18 %
Unterstützungsbedürftige	118	14,18 %	504	15,97 %

Haben diese Zahlen nun auch eine über das Jahr hinausweisende Bedeutung? Gelten sie nur für 1680, oder geben sie die Sozialstruktur Grafts im 17. Jahrhundert pauschal an? Es gibt Gründe, letzteres zu vermuten. Die Veranlagungsliste von 1680 ist für sich genommen einzigartig. Aus keiner anderen Quelle erhalten wir dieselben Informationen. Allerdings gibt es ein Dokument aus dem Jahre 1630, das einen Vergleich ermöglicht: ein Buch, das den Mietwert jedes einzelnen Hauses angibt.[12] Demnach können wir die Häuser in folgende Mietklassen einteilen:

18 Gulden oder mehr	70	11,26 %
13–16 Gulden	75	12,06 %
11–12 Gulden	106	17,04 %
9–10 Gulden	118	18,97 %
8 Gulden	118	18,97 %
2–7 Gulden	135	21,70 %
Gesamt	622	100,00 %

Es kann durchaus an der Anordnung unserer Zahlen liegen, aber es bestehen hier unverkennbare Übereinstimmungen mit der Vermögensverteilung von 1680. Die unterste Gruppe von 1630 ist ungefähr genauso groß wie die der Besitzlosen und Bedürftigen von 1680, in den Häusern für 2–7 Gulden Miete (21,70 Prozent) leben 20,15 Prozent der Dörfler, die Armen. Die oberste Gruppe ist nur etwas kleiner, und das kann durchaus mit der Quellengattung zusammenhängen. Ein Armer kann sich kein teures Haus erlauben. So werden wir die Besitzlosen nur in den kärglichen, ärmlichen, kleinen Wohnungen antreffen; wohingegen ein sparsamer Reicher sehr wohl einem billigen Haus den Vorzug geben kann. Anna Jans Sappes wurde 1630 als eine der reichsten Frauen des Dorfes bezeichnet, der Mietwert ihres Hauses betrug jedoch nur 12 Gulden.

Hinzu kommt noch, daß wir die Abgrenzungen willkürlich festgelegt haben. Würden wir beispielsweise die Grenze für die oberste Gruppe nicht bei 18, sondern bei 16 Gulden ziehen, so nähme der Umfang der ersten Gruppe bis auf 107 Häuser bzw. 17,20 Prozent zu. Vielleicht bewerten wir die Häuser für 16 Gulden dann zu hoch. Doch es ist durchaus möglich, wenn nicht gar wahrscheinlich, daß wir die gesamte zweite Gruppe – die mit den Mietwerten zwischen 13 und 16 Gulden – als einen Übergangsbereich betrachten müssen, den Bereich der Auf- und Absteiger. Im Jahr 1621 wird in Holland eine Sondersteuer erhoben, die nur die Wohlhabendsten bezahlen müssen, der sogenannte Tausendste. In Graft wurden damals 124 Personen besteuert. Davon bezahlten 70 den geringsten Satz von einem Gulden, 54 bezahlten mehr. 1654 wird diese Steuer nochmals erhoben. Diesmal bezahlen 96 das Minimum, 84 einen höheren Betrag.[13] Eine Anzahl der am niedrigsten Besteuerten finden wir unter den Viertelkapitalisten auf der Liste von 1680. Vielleicht waren sie finanziell abgestiegen, vielleicht waren sie nie höher als in den obersten Sektor der mittleren Schicht aufgestiegen. Einigen gelang es, die nächste Sprosse auf der sozialen Leiter zu erklimmen, andere indes stiegen ab. Es war Bewegung in der Gesellschaft, wie es in einem Dorf des Handels und der Seefahrt auch zu erwarten ist: nach unten durch eine unglücklich verlaufene Reise oder durch einen plötzlichen Sterbefall, der der Familie den Ernährer raubte; nach oben durch eine gelungene Spekulation und vor allem durch eine günstige Altersstruktur innerhalb der Familie, mit älteren Kindern, die zwar schon verdienten, aber noch keinen eigenen Haushalt führten.

Wirklich reiche Leute gab es in Graft nur wenige. Zwar wußten die Grafter von Hollands Wohlstand zu profitieren, ein Dorf war aber nicht der richtige Ort, um mit Handel ein Vermögen zu verdienen. 1654 verfügten die vier reichsten Grafter über ein Vermögen von 8000 Gulden. Ein Amsterdamer Kaufmann hätte über ein solches Kapital müde gelächelt. Dennoch ist die Unterteilung in drei verschiedene Schichten realistisch, da sie die grundsätzlichen Unterschiede wiedergibt: Geld übrighaben, genug haben, zu kurz kommen. Darum können wir trotz des begrenzten Reichtums der Grafter von einer Oberschicht sprechen und unsere Dreiteilung beibehalten. Die meisten Grafter gehörten der Mittelschicht an, hatten also genug. Gleichwohl war die Gruppe der Besitzlosen so groß, daß sich ihre Präsenz im Dorf deutlich bemerkbar gemacht haben muß.

Es gibt sogar Anzeichen dafür, daß ihre Zahl mit der Zeit gewachsen war. Im Laufe des 17. Jahrhunderts trat eine Verschiebung der Bevölkerungsverteilung innerhalb der Samtgemeinde auf. Das können wir direkt an den Zahlen ablesen, wenn wir die Quellen miteinander vergleichen. Zwei davon kennen wir schon, die Veranlagungsliste der Häuser von 1630 und die Salz- und Seifenveranlagungsliste von 1680. Als drittes stellen wir nun eine Angabe über die Zahl der Häuser im Jahre 1695 daneben:[14]

	1630		1680		1695	
Graft	332	55,38%	411	49,40%	293	48,35%
Noordeinde	129	20,74%	128	15,38%	99	16,34%
Graftdijk	161	25,88%	393	35,22%	214	35,31%
Gesamt	622		832		606	

Es wird deutlich, daß der Wohnungsbestand im Dorf Graft abgenommen hat, während er in Oost-Graftdijk und West-Graftdijk angestiegen ist. Das wird durch eine Denkschrift von 1683 bestätigt, die angibt, wie viele Häuser »seit dem Jahre 1632 abgerissen, verbrannt, verfallen und unbewohnbar geworden sind«.[15] Das sind in Graft 56, in Noordeinde 25, in Oost-Graftdijk 19 und in West-Graftdijk 8. Nach der Angabe von 1695 wurden die Verluste hauptsächlich durch Neubauten ausgeglichen und zwar so, daß eine Verschiebung von dem Dorf Graft zu den beiden Graftdijken hin stattfand. Die beiden Weiler bildeten jedoch nicht den wohlhabensten Teil der Samtgemeinde. Im Dorf Graft wohnten die meisten Reichen, wie sich aus allen Quellen ablesen läßt. Stellen wir sie einmal nebeneinander.

	Graft	Noord-einde	Graftdijk (O. und W.)
1621, 1000ster Penning, über das Minimum besteuert	43	11	16
1630, Häuser mit einem Mietwert von 20 Gulden und mehr	46	1	3
1654, 1000ster Penning, über das Minimum besteuert	57	14	13
1680, Kapitalisten und Halbkapitalisten	58	23	31

Es drängt sich der Schluß auf, daß sich die Bevölkerung des relativ reichen Dorfes auf die relativ armen Weiler verlagert, und das ist ein bedenkliches Zeichen. Gerade in Oost- und West-Graftdijk wohnen vornehmlich Leute, »die ganz oder beinahe mittellos sind und ihr knappes Auskommen in der Seefahrt finden«.[16]

Der schwankende Wohlstand Oost- und West-Graftdijks war also vor allem von der Seefahrt abhängig, die offenbar zunehmend in eine Flaute geriet. Auch 1680 gab es noch viele Seefahrer: 155 in Graft, 39 in Oost-Graftdijk, 53 in West-Graftdijk und 58 in Noordeinde. Doch in den dreißiger Jahren waren es erheblich mehr gewesen, vermutlich um die 500.[17] Jeder dritte Mann verdiente 1680 seinen Lebensunterhalt auf dem Wasser, doch noch fünfzig Jahre früher war das Verhältnis 1:2 gewesen. 1680 begann sich der Niedergang der Seefahrt dann deutlicher abzuzeichnen. Dies muß damals ein ganz neues Phänomen gewesen sein, und vielleicht hat der Zeitgenosse nicht mehr darin gesehen als die Nachwirkungen des Krieges von 1672–1678. Wenn die Grafter des 18. Jahrhunderts auf die Vergangenheit zurückblickten, legten sie die Anfänge des Rückgangs in die Zeit um das Jahr 1680.[18] Spektakulär war dieser noch nicht. 1695 gab es in der Samtgemeinde immer noch 606 Häuser, kaum weniger als in dem guten Jahr 1630, als es noch 622 waren. Der quantitative Rückgang war gering, der qualitative war zweifellos größer.

Wen traf es in schlechten Zeiten am härtesten? Die Veranlagungslisten von 1680 zeigen, daß die Größe der Familien sich je nach der Vermögensklasse deutlich unterschied. Die durchschnittliche Familiengröße läßt sich für das Jahr wie folgt berechnen:

Wohlhabende	3,29
Unabhängige	4,09
Besitzlose	1,78
Bedürftige	4,27

Die allgemeine Tendenz zeichnet sich deutlich ab: Je größer die Familie, desto geringer der Wohlstand. Es gibt eine Ausnahme, die jedoch um so kräftiger die Regel bestätigt: Sie belegt, daß Besitzlose sich hauptsächlich oberhalb der Armutsgrenze halten konnten, wenn sie nur einen kleinen Haushalt zu versorgen hatten. Wer als Besitzloser eine Familie von normaler Größe ernähren mußte, schaffte das meist nicht ohne Unterstützung. Was wir aus den Zahlen ablesen können, werden die Menschen des 17. Jahrhunderts selbst sehr wohl gewußt haben. Und es ließe sich vermuten, daß sie diese Tatsache bei der Familienplanung in Rechnung gestellt haben. Betrachten wir deshalb die Grafter Bevölkerung noch einmal aus einem anderen Blickwinkel. Unsere Quelle ermöglicht eine Unterteilung in folgende Gruppen und Zahlen:

Männliche Familienoberhäupter	644
Weibliche Familienoberhäupter und Ehepartner	688
Kinder ab 10 Jahren	815
Kinder zwischen 8 und 10 Jahren	114
Kinder zwischen 4 und 8 Jahren	349
Kinder unter 4 Jahren	237
Kostgänger	240
im Haushalt lebendes Personal	68
Gesamtbevölkerung	3155

Was können wir mit diesen Zahlen anfangen? Sicher nicht alles, was wir gern wollten. Es ist zum Beispiel unmöglich, die Anzahl von Erwachsenen und Kindern exakt zu bestimmen. Mit den Kindern ab zehn Jahren sind alle Söhne oder Töchter gemeint, die noch im Hause der Eltern wohnen. Es gibt Haushalte mit fünf oder sechs dort lebenden Kindern über zehn Jahren, und bei Jacob Jacobsz. van der Laen in Noordeinde sind es sogar sieben. Unter den sieben unverheirateten Kindern, die älter waren als zehn Jahre, waren natürlich auch ein paar Erwachsene. In kleineren Familien kam das selbstverständlich ebenso vor. Der Dorfsekretär, der die Liste geführt hat, bestätigt das anhand des Haushaltes von Trijn Claes, indem er sich uns selbst vorstellt: »Zwei Kinder über zehn Jahre. Eins davon ist Sekretär in Graft.« Ein Erwachsener, noch dazu ein Dorfnotabel, wurde bis zu seiner Hochzeit im Jahre 1681 zu den Kindern über 10 Jahre gezählt.

Wir kennen die Anzahl der Kinder unter zehn Jahren und wissen, daß sie 22,2 Prozent der Bevölkerung ausmachten. Das entspricht ungefähr der Zahl, die Van der Woude für das Jahr 1742 für die ganze Region Nordholland ermittelt hat, nämlich 22,8 Prozent.[19] Vielleicht hätten wir erwartet, daß der Prozentsatz im 17. Jahrhundert etwas höher lag als 1742, das könnte auch zutreffen. Es muß doch einen Grund für das seltsame Verhältnis zwischen den Gruppen 4, 5 und 6 geben. Warum gab es so viele Kinder zwischen 4 und 8 Jahren? Das kann mit dem Zweck der Rechnung zusammenhängen. Wer noch keine acht Jahre alt war, zählte bei der Salz- und Seifensteuer nur die Hälfte. Das mag einige der Kinder jung gehalten haben. Aber selbst dann bleibt Gruppe 5 noch zu groß im Verhältnis zu Gruppe 6, zumindest unter normalen Umständen. Doch waren die Umstände im Jahre 1680 normal? Es wurde bereits erwähnt, daß im Jahre 1679 eine Epidemie geherrscht haben muß, die 1680 wahrscheinlich noch anhielt. Für gewöhnlich werden in Zeiten hoher Sterblichkeit die Jüngsten am schwersten getroffen, während gleichzeitig die Geburtenrate sinkt.[20] Es ist demnach nicht nur wahrscheinlich, sondern sicher, daß die Anzahl der Kinder unter vier Jahren 1680 verhältnismäßig niedrig gewesen ist. Für gute Jahre müßten wir den Prozentsatz etwas erhöhen, allerdings ohne daß die durchschnittliche Familiengröße dadurch nennenswert ansteigt.

Aufgrund der Durchschnittsgröße können wir also davon ausgehen, daß große Familien in Graft nicht die Regel waren. Daß es Ausnahmen gab, zeigt die folgende Tabelle.

	Familien		Personen	
7 oder mehr	72	8,66 %	572	18,13 %
6 Personen	78	9,73 %	468	14,83 %
5 Personen	122	14,66 %	610	19,33 %
4 Personen	146	17,55 %	584	18,51 %
3 Personen	175	21,03 %	525	16,64 %
2 Personen	157	18,87 %	314	9,95 %
1 Person	82	9,86 %	82	2,60 %

Man sieht eine ziemlich gleichmäßige Verteilung mit vorwiegend mittelgroßen Familien. Auch diese Ergebnisse weichen nicht wesentlich von dem ab, was bereits über die Region Nordholland bekannt ist.[21] Mit Hilfe dieser Ergebnisse läßt sich nicht beweisen, daß die Männer und Frauen von Graft ihre Familien bewußt klein gehalten haben. Immerhin geben sie Anlaß zu dieser Vermutung.

Die Veranlagungsliste von 1680 gibt keinen Aufschluß über Konfessionen. Die erste konkrete Angabe dieser Art stammt aus viel späterer Zeit, von 1809. Die Verteilung auf das Dorf und die drei Weiler sah damals folgendermaßen aus:

	Reformierte	Katholiken	Mennoniten	Gesamt
Graft	224	163	4	393
Oost-Graftdijk	111	2	31	144
West-Graftdijk	250	10	50	310
Noordeinde	122	77	42	243
Gesamt	707	252	127	1 090

In diese Summe sind noch vier Lutheraner mit eingerechnet, zwei aus Graft und zwei aus Noordeinde, insgesamt 0,4 Prozent der Bevölkerung. Damals waren 64,8 Prozent Reformierte, 23,1 Prozent Katholiken und 11,7 Prozent Mennoniten. Die Reformierten bildeten bei weitem die Mehrheit, waren aber hauptsächlich in den beiden Teilen von Graftdijk vertreten, in denen kaum Katholiken anzutreffen waren. Mennoniten hingegen gab es in Graft so gut wie gar nicht.

Spiegeln diese Zahlen noch die Verhältnisse des 17. Jahrhunderts wieder? Es sind einige Quellen verfügbar, die jede für sich ein Stückchen Wahrheit enthalten. Für die Katholiken gibt es ab 1665 Tauf- und ab 1666 Heiratsregister. Für die Mennoniten besitzen wir eine Reihe von Mitgliederlisten verschiedener Jahrgänge, wovon die älteste von 1655 stammt. Ab 1656 wurde außerdem ein Register aller Brautpaare geführt, wobei immer angegeben ist, ob die Ehe in der Kirche oder im Rathaus geschlossen wurde. Wer große Ausdauer besitzt, kann diese Angaben miteinander kombinieren, so daß sie Licht in das Problem der Konfessionsverteilung bringen. Das wurde bereits von Marhilde Bierling unternommen, die von diesem Heiratsregister ausgegangen ist und auch die anderen genannten Quellen für ihre Untersuchung durchforstet hat. Bei jedem fünften Brautpaar war kein Hinweis auf das religiöse Bekenntnis zu finden. Für die Ehen, die zwischen 1667 und 1711 geschlossen wurden, ergab sich folgende Verteilung:[22]

Reformierte	832	53,40 %
Katholiken	213	13,67 %
Mennoniten	189	12,13 %
Unbekannt	324	20,80 %
Gesamt	1 558	100,00 %

»Unbekannt« ist für das 17. Jahrhundert sicherlich nicht gleichzusetzen mit »ungläubig«. Denn als Christ hat sich zur damaligen Zeit nahezu jeder verstanden. Diejenigen mit unbekannter Religionszugehörigkeit müssen den drei Gruppen angehört haben, vielleicht in proportionaler Verteilung. Es kann jedoch ebensogut sein, daß sie überwiegend den Reformierten zugerechnet werden müssen, denn für diese Kirche sind keine spezifischen Quellen verfügbar. Lassen wir die »Unbekannten« außer acht, so kommen wir auf folgende Prozentsätze:

Reformierte	67,42 %
Katholiken	17,26 %
Mennoniten	15,32 %

Die Ergebnisse scheinen glaubwürdig. Im Vergleich zu den Zahlen von 1809 verweisen sie auf einen spateren Zuwachs bei den Katholiken und einen Rückgang bei den Mennoniten. Letzteres gilt in jedem Fall für die gesamte Region Nordholland.[23]

Es ist nicht ausgeschlossen, daß wir den Anteil der Katholiken mit 17,26 Prozent zu hoch ansetzen. Aufgrund der Rechnung bilden sie die am besten dokumentierte Gruppe, da für ihre Gemeinde sowohl Tauf- wie Familienbücher über den gesamten Zeitraum existieren. Wahrscheinlich stellen sie nur einen kleinen Anteil innerhalb der Gruppe »unbekannt«. Die katholischen Taufregister bringen uns nämlich auf eine etwas niedrigere Schätzung. Dort finden wir folgende Anzahl getaufter Kinder.[24]

	1676–1685	1686–1695	1696–1705
Graft	49	68	104
Graftdijk	46	33	25
Noordeinde	27	22	23
Gesamt	122	123	152

Gehen wir nun von einer jährlichen Geburtenrate von 35 pro 1 000 aus, so folgt daraus eine durchschnittliche Anzahl von 349 Katholiken in der ersten Periode, 351 in der zweiten und 434 in der dritten. Die Bevölkerung Grafts zählte, wie wir wissen, im Jahre 1680 3 155 Seelen. Von ihnen müssen nach dieser Berechnung 11 Prozent katholisch gewesen sein. Gegen Ende des Jahrhunderts kann ihr Anteil dann auf 14 Prozent gestiegen sein, wenn die Höhe der Gesamtbevölkerung gleich geblieben ist. Ging diese zurück, wurde der Anteil an Katholiken etwas größer. Die obengenannten 17 Prozent als Durchschnitt für die gesamte Periode 1666–1711 scheinen diesen Berechnungen nach zu hoch.

Für die Mennonitengemeinden verfügen wir nur über wenige gesicherte Daten. Es gibt für das Jahr 1672 ein Verzeichnis aller Männer, die zum Kriegsdienst verpflichtet wurden. Mennoniten wurden freigestellt. So läßt sich für dieses Jahr der Anteil der Mennoniten auf 19,1 Prozent berechnen.[25] Das liegt zwar leicht über dem Ergebnis der obengenannten Untersuchung, jedoch ist eine Verzerrung des Bildes für das Jahr 1672 nicht ausgeschlossen. Es ist nämlich nicht gesagt, daß der Kriegsdienst sehr beliebt war. Junge Männer aus konfessionell gemischten Familien wurden sich möglicherweise ihrer religiösen Identität eher bewußt, wenn diese sie von der Einberufung freistellte. Jedenfalls ist es wahrscheinlich, daß der Anteil der Mennoniten in der Bevölkerung 1672 höher war als die gut 12 Prozent, die wir aus den Familienbüchern abgeleitet haben. Wir besitzen noch einige Jahresangaben für die Mennonitengemeinde in Noordeinde, deren Zahlen so aussehen:[26]

Jahr	Männer	Frauen	Gesamt
1655	96	115	211
1658	105	127	232
1659	101	129	230
1671	89	99	188
1680	59	76	135
1685	51	68	119
1686	51	70	121
1688	57	72	129
1693	56	70	126
1700	60	75	135
1705	56	69	125

Diese Tabelle zeigt vor allem, daß der Frauenanteil bei einem Verhältnis von elf zu neun stets höher lag als der Anteil der Männer. Daraus dürfen wir wohl nicht ableiten, daß die mennonitische Gemeinde frauenfreundlicher war als die reformierte. Auch in den reformierten Gemeinden der damaligen Zeit ist eine Überzahl von Frauen normal. Das kann zum einen die Folge eines Frauenüberschusses bei den älteren Jahrgängen sein, der in einer von der Seefahrt lebenden Gemeinschaft zu erwarten ist. Zum anderen werden Frauen beim Eintritt in eine Kirche auch jünger gewesen sein als Männer. Das in Graft vorgefundene Zahlenverhältnis ist also nicht verwunderlich.

Rätselhaft ist jedoch der enorme Rückgang im letzten Viertel des Jahrhunderts. Auf den ersten Blick suggerieren diese Zahlen, daß es eine Katastrophe gegeben haben muß, eine Spaltung innerhalb der Gemeinschaft oder eine massive Abwanderung in eine andere Kirchengemeinde. Doch sind das natürlich Ereignisse, die wir nicht einfach aus ein paar Ziffern ableiten dürfen. Beredtere Quellen hätten eine solche Katastrophe sicher nicht verschwiegen. Viel naheliegender ist deshalb, daß unsere Zahlen nicht immer dasselbe ausdrücken. Die Mennoniten hatten in Noordeinde, Oost- und West Graftdijk Versammlungshäuser.[27] So bezieht sich die Liste ab 1680 anscheinend nur noch auf die Gemeinde Noordeinde.

Auch die Veranlagungsliste von 1680 bestätigt das. Wenn wir sie mit der Namensliste der Mennoniten aus demselben Jahr vergleichen, kommen wir zu dem Ergebnis, daß beinahe alle auf der Liste erfaßten Mitglieder in Noordeinde wohnten. Diejenigen, die in dem Buch nicht aufzufinden sind, werden in der Mitgliederliste meist als unverheiratet aufgeführt, haben also noch als Kinder über zehn Jahren bei ihren Eltern gewohnt. Von 48 Haushalten ist bekannt, daß sie mennonitisch waren. Zusammen sind das 197 Personen, also 36,4 Prozent der Bevölkerung von Noordeinde. 1809 waren es 34,4 Prozent. Der Gesamtanteil der Mennoniten in der ganzen Samtgemeinde betrug in diesem Jahr 11,7 Prozent. Diesem Verhältnis nach würde das 1680 einen Anteil von 12,4 Prozent ergeben, doch ganz stichhaltig ist diese Berechnung natürlich nicht.

Auffällig ist, daß von den 48 Mennonitenfamilien in Noordeinde nur vier bedürftig sind, die zusammen nicht mehr als zehn Personen umfassen. Das ist auffallend wenig, kann aber bei so kleinen Zahlen auch auf Zufall beruhen. Wenn wir eine Erklärung suchen, gibt es zwei Möglichkeiten. Es ist möglich, daß die große gegenseitige Hilfsbereitschaft bei den Mennoniten der Armut zuvorkam. Doch dann könnte man eigentlich erwarten, daß die Mennoniten an einem Ort mit so vielen Bedürftigen einen starken Zulauf verzeichnen. Die oben wiedergegebenen Zahlen deuten jedoch Stabilität an. Eine andere Erklärung kann sein, daß die ärmeren Mennoniten nicht in Noordeinde, sondern in den beiden Teilen von Graftdijk wohnten. Fürs erste scheint das die naheliegendste Erklärung zu sein.

Schließlich waren da noch die Reformierten. Zur katholischen Kirche gehörten 11 bis 17 Prozent, zu der Bruderschaft der Mennoniten 12 bis 19 Prozent. Da bleiben noch 64 bis 77 Prozent Reformierte übrig. Für die beiden Teile von Graftdijk können wir Genaueres sagen, denn dort sind die Taufregister der reformierten Kirche erhalten geblieben. Die Gesamtsummen der Jahrzehnte sehen wie folgt aus:

	Oost-Graftdijk	West-Graftdijk
1666–1675	148	155
1676–1685	139	168
1686–1695	126	139
1696–1705	152	136˜

Bei einer Geburtenrate von 3,5 Prozent folgt daraus, daß im Jahre 1680, als die Bevölkerung Oost-Graftdijks 535 Seelen zählte, der Anteil der Reformierten bei ungefähr 74 Prozent lag. Von den 591 Einwohnern West-Graftdijks waren dann sogar 81 Prozent reformiert. Das stimmt durchaus mit den Zahlen von 1809 überein und deutet auf eine Kontinuität hin.

Für das Hauptdorf sind hohe Schätzungen wahrscheinlicher als niedrige. Der Kirche von Graft ging es sehr gut. 1634 wurde Graft in einem Verzeichnis des Kirchenbezirks Alkmaar als eine »bedeutende Kirche« bezeichnet.[28] Sie wuchs so stark an, daß Oost- und West-Graftdijk in den vierziger Jahren beide genug Mitglieder zählten, um sich kirchlich selbständig zu machen. Die Dorfgemeinde erlitt dadurch keine Verluste. Die Gemeindeoberen lobten sie 1671 als eine der blühendsten in der ganzen Region Nordholland »in der Zahl wie auch im Eifer«.[29] Und um es auch einmal von jemand anderem zu hören: Die mennonitischen Prediger Van Dooregeest und Posjager schrieben Ende des 17. Jahrhunderts über die reformierte Gemeinde, »daß unter den Dörfern des Schermereilands keine ist, die ihr das Wasser reichen kann«.[30] Im Gedenken an die gute alte Zeit spricht ein Zeitgenosse des 18. Jahrhunderts von mehr als 800 Mitgliedern,[31] womit nur die von Graft und Noordeinde gemeint sind.

In Graft und Noordeinde lebten 1680 ungefähr 2 000 Seelen. 800 Mitglieder in der Reformierten Kirche hätten dann in den beiden Orten etwa 80 Prozent der Erwachsenen ausgemacht. Gemessen an der starken Präsenz der Katholiken in Graft und dem hohen Anteil der Mennoniten in Noordeinde scheint das etwas zu hoch gegriffen. Vermutlich wurde das Vergangene in der Rückschau geschönt. Dennoch, die Kirchengemeinde war ohne Zweifel groß. Graft war im 17. Jahrhundert ein wohlhabendes und ein reformiertes Dorf. Die Gewißheiten, die wir aus diesen Zahlen gewonnen haben, sollen die Grundlage für unser weiteres Vorgehen sein.

Anonym, herausgegeben von Claes Jansz. Visscher,
Am »van« erkennt man den Mann

2 Identität

Als Claes Dircksz. aus Schermer das erste Mal Vater wurde, nannte er das Kind Dirck, nach seinem eigenen Vater. Anschließend wurden zwei Töchter geboren, denen er, wahrscheinlich nach den Großmüttern, die Namen Anna und Trijn gab. Als nun aber auch Nummer vier ein Mädchen war, war Claes Dircksz. mit seinem Latein am Ende. Ihm fiel nichts besseres ein als »Jonge Trijn«. Und so hieß sie dann auch noch, als sie schon längst eine erwachsene, verheiratete Frau war.[1] Wußte ihr Vater nicht, daß es mehr als zwei Mädchennamen gab? Sicherlich. Aber er glaubte wahrscheinlich, daß er nicht frei aus dem Vorrat schöpfen konnte. Es mußte ein Name sein, der seinem Geschlecht eigen war. Seine Töchter konnten Trijn oder Anna heißen, nicht aber Stijntje oder Hillegont. In diesem Sinne bestimmten die gewählten Namen, wie geläufig sie auch immer sein mochten, die Identität. Nur diese Namen gehörten zu der Familie, in die die Mädchen hineingeboren wurden.

Diese Überlegungen von Claes Dircksz. sind nicht überliefert. Wir müssen sie aus seinem Verhalten und dem seiner Zeitgenossen ableiten. Namen gingen immer vom Vater auf den Sohn und von der Mutter auf die Tochter über. So blieb die Anzahl der Namen für beide Geschlechter beschränkt. Das können wir am besten mit Hilfe der Familienbücher von Graft verdeutlichen. Noch besser wären natürlich Taufregister gewesen, doch die liegen für Graft im 17. Jahrhundert nun einmal nicht vollständig vor. Die Familienbücher sind ab 1656 verfügbar. Wir können darin verfolgen, wie die Bräute und Bräutigame sich darin eintragen ließen: mit ihren Taufnamen, den Namen des Vaters und eventuellen Nachnamen.

Für den Zeitraum 1656–1705 sind im Familienbuch 1858 Eheschließungen verzeichnet. Zählen wir die Namen, so beträgt die Gesamtsumme für die Frauen 104, für die Männer 105. Von gleichmäßiger Verteilung kann weder bei den Männern noch bei den Frauen die Rede sein, wie folgende Zahlen veranschaulichen:

Häufigkeit	Anzahl der Namen	Anzahl der Personen	Personen in Prozent
mehr als 200	3	640	34,46 %
101–200	2	250	13,41 %
51–100	7	522	28,11 %
10–50	13	245	13,19 %
4–9	15	101	5,43 %
3	10	30	1,62 %
2	16	32	1,72 %
1	38	38	2,06 %

MÄNNERNAMEN

Häufigkeit	Anzahl der Namen	Anzahl der Personen	Personen in Prozent
mehr als 200	2	611	32,87 %
101–200	4	615	33,08 %
51–100	1	63	3,39 %
10–50	16	369	19,90 %
4–9	14	84	4,52 %
3	16	48	2,58 %
2	16	32	1,72 %
1	36	36	1,94 %

Aus beiden Tabellen geht hervor, daß der Vorrat an Namen in der Tat viel begrenzter ist, als es die Summen über hundert vermuten lassen. Auf gerade 116 Männer verteilen sich die 68 am seltensten gebrauchten Namen. Bei den Frauen zählen wir für die 64 am seltensten gebrauchten Namen 100 Trägerinnen. Von beiden Geschlechtern kann man sagen, daß bei der Namensgebung in der Praxis kaum variiert wurde. Bei den Frauen sehen wir, daß die zwölf häufigsten Namen – mit einer Häufigkeit von über 50 – von 1 412 Grafter Bräuten getragen werden bzw. von 75,98 Prozent. Bei den Männern kommen nur sieben Namen über 50mal vor. Sie stellen den gemeinsamen Besitz von 1 289 Bräutigamen bzw. 69,34 Prozent dar. Für beide Gruppen nun die Namen mit der Anzahl ihrer Trägerinnen und Träger:

MÄNNERNAMEN		FRAUENNAMEN	
Jan	346	Trijn	225
Cornelis	266	Mary(tje)	209
Claes	170	Neel	206
Pieter	161	Guurt	128
Jacob	153	Griet	122
Dirck	132	Anna	99
Gerrit	63	Jantje	92
		Maertje	90
		Aecht	65
		Dieuwer	62
		Lysbeth	59
		Aeltje	55

Bei den Männern folgen mit einigem Abstand Simon und Adriaen, beide
mit 48. Dreißigmal und öfter sind dann noch Maerten (39), Tuenis (32),
Willem (32) und Hendrick (mit der Variante Heyn, 30) vertreten. Bei den
Frauen fallen in diese Kategorie noch Aefje (36) und Geert (31). Doch
auch wenn wir die zweite Garnitur mitzählen, müßten die meisten Grafter doch mit 13 Männer- und 14 Frauennamen auskommen. Selbst in der
geschmeichelten Bilanz aber stehen noch immer nur 36 Aefjes 640 Bräuten gegenüber, die sich die Namen Trijn, Neel und Mary teilen. Andererseits muß man bedenken, daß in dem Material viele Mehrfachzählungen
vorkommen, weil sowohl Witwen als auch Witwer oftmals eine neue
Ehe eingingen. Aus diesem Grunde wäre ein Taufregister für diese Untersuchung geeigneter. So ist Gerrit Gerritsz. van Tiel nicht weniger als fünfmal getraut worden – das erste Mal übrigens als Witwer – und sein gleichnamiger Sohn zweimal. Dennoch vermitteln diese Werte einen Eindruck
von der Praxis des Namensgebrauchs.

Nun wissen wir genug, um zu verstehen, warum Claes Dircksz., mit
dem wir dieses Kapitel einleiteten, für seine drei Töchter nur zwei Frauennamen benutzen wollte. Die Grafter ließen sich bei der Namenswahl
sehr stark von der Familientradition leiten. Das kam natürlich der Eindeu-
tigkeit nicht immer entgegen. In der Samtgemeinde von Graft haben
viele Männer und Frauen gewohnt, die ihren Namen mit anderen teilten,
meistens sogar mit vielen anderen. Das Hinzufügen des väterlichen

Namens löste dieses Problem nur teilweise. Wer in Statistik einigermaßen bewandert ist, kann sich ausrechnen, daß von allen Bräuten mit dem
Namen Trijn ungefähr vierzig einen Vater Namens Jan besaßen. In den
Familienbüchern finden wir tatsächlich 37mal den Namen Trijn Jans.
Darum muß es doch noch näherer Identifikation bedurft haben. Wenn
der eigene Name und der Name des Vaters nicht genügen, um jemanden
deutlich zu unterscheiden, dann muß dem Ganzen noch ein drittes Element hinzugefügt werden.

In so einem großen Dorf wie Graft muß das Unterscheidungsbedürf-
nis früh spürbar gewesen sein, und so treffen wir schon in den Akten des
16. Jahrhunderts allerhand Zusatznamen an. Hier sollte man lieber nicht
von Nachnamen sprechen, denn der Zusatz kann auch vor den Namen
treten. Als Ausgangspunkt für die weitere Betrachtung dieses Phänomens
dient uns die Liste der Schöffen und Gemeinderäte, die im Jahre 1566 für
die damals noch ungeteilte Samtgemeinde von Graft und De Rijp[2] aufgestellt wurde.

Dirck Zegersz.
Gerrit Cornelisz.
Claes Claesz. alias Schipper
Cornelis Allertsz.
Ijsbrant Aerntsz.
Cornelis Dirck Reyers op Graftdijck
Cornelis Jansz. alias Jongeneel in't Noorteynde
Coman Baert Claess. uuytte Rijp
Cornelis Pieterss. Buyckgen
Dirck Jansz. Prater
Claes Cornelisz. Scuytmaker tot Graft
Jan Pieter Louriss.
Albert Dircxs.
Jan Gerritss. Jongelinck
Claes Claess. Luytspeler
Louris Corneliss. Paeskerk
Jan Claess. Beets
Cornelis Dirck Ymsz.
Jan Piets

Jacop Janss. Jens
Louris Corneliss. uuytte Rijp
Gherrit Jacopsz.
Cornelis Dircxsz. Vet
Coman Jan van Graft

Das erste, was an dieser Liste auffällt, ist, daß der Mensch des 16. Jahrhunderts seinen Vornamen als eigentlichen Namen ansieht, denn nur dieser wird bei allen angegeben. Aber der Vorrat an Namen war auch damals nicht sonderlich groß. Nicht weniger als sechs von den 24 hießen Cornelis, und vier andere hatten einen Vater mit diesem Namen. Dasselbe gilt freilich auch für die obersten sieben Namen aus den Familienbüchern. Insgesamt kommen in obengenannter Liste 50 Vor- und Vatersnamen vor. 39 davon gehören zu der Gruppe der sieben.

Eine nähere Spezifizierung ist deshalb vonnöten. Hierzu richtet man sich vorzugsweise nach dem Namen des Vaters. Drei fügen sogar noch den Namen des Großvaters hinzu, denn Jan Pieter Louriss. ist nicht Jan Pieter, der Sohn des Louris, sondern Jan, der Sohn von Pieter Louriss. Mutatis mutandis gilt dasselbe für Cornelis Dirck Ymsz. und Cornelis Dirck Reyers op Graftdijck. Bei den letzten beiden sehen wir auch, weshalb sie sich so nannten. Ohne das Hinzufügen des Namens des Großvaters hätten beide als Cornelis Dircksz. auf der Liste gestanden. Es ist durchaus möglich, daß sie eigens für diese Gelegenheit so voneinander unterschieden wurden, während sie im täglichen Leben einfach Cornelis Dircksz. hießen, ohne weiteren Zusatz. Erst als sie gleichzeitig einen Sitz im Gemeinderat bekamen, entstand das Bedürfnis, sie zu unterscheiden.

Hätten ihre beiden Großväter denselben Vornamen getragen, dann hätte man das Problem nicht auf diese Weise lösen können. Aber wie wir sehen, gab es auch andere Möglichkeiten. Ein einfaches Mittel ist die Angabe des Ortsnamens. Vermutlich wurde er bei den Männern auf unserer Liste, die angaben, daß sie in Graft, De Rijp, Graftdijk und Noordeinde wohnen, nur ausnahmsweise zugefügt. Bei Jan Claesz. Beets hingegen ist es denkbar, daß die Beifügung Beets, das Dorf aus dem er stammte, ein fester Bestandteil seines Namens wurde, weil sie ihn deutlich von der Mehrheit unterschied. Aus dem Beinamen konnte sich ein Familienname entwickeln, doch war er 1566 sicher nicht dazu gedacht, an die nachfolgenden Generationen weitergegeben zu werden. Der Beiname war in erster Linie ein persönlicher Zusatz. Eine derartige Identifikation finden wir auch sehr viel später noch, 1631, als der reformierte Kirchenrat ein neues Mitglied unter dem Namen Trijntgen van Rotterdam einträgt.[3] Den Namen des Vaters ließ man weg, da man den Mann in Graft ja doch nicht kannte. Doch die Menschen konnten hören, daß sie aus Rotterdam kam, und das war die beste Art und Weise, sie von den anderen zu unterscheiden.

Auch der Beruf kann einen persönlichen Beinamen bilden. Wir finden auf der Liste einen Schiffer, eine Bootsbauer und zwei Kaufleute. Die beiden stellen den Beruf nicht hinter, sondern vor ihren Namen: Coman Jan van Graft, Coman Baert Claess. Als Mittel der Identifizierung reicht das aus. Auch den Dorfschulzen von Graft sehen wir in einer Akte von 1615 eingetragen als »Schulze Dirck«,[4] nicht als Dirck Christoffelsz. van Wilre. Scheinbar fand er die Angabe seines langen Namens überflüssig, da ihn seine Funktion schon hinreichend charakterisierte. Mit der Zeit wurden die vorangestellten Beinamen in Graft ungebräuchlich, die einzigen, die sie in Graft weiterhin benutzen, sind die Chirurgen, die den Titel »Meister« vor ihren Namen stellen. Dies sehen sie durchaus als einen Bestandteil ihres Namens an oder, genauer gesagt, als Teil der Wortgruppe, mit der sie ihre Identität andeuten, denn oftmals greifen sie diesen Titel in ihrer Unterschrift auf. Den »mr. Pieter Chirurgijn«, welcher 1661 als Vormund für die Kinder des verstorbenen Allert Jacobsz. eingesetzt wurde, bezeichnete die Akte als »Meister Pieter«, ohne den Namen des Vaters hinzuzufügen.[5] Das war damals eher eine Seltenheit. Andere Chirurgen unterschrieben wohl mit dem Meistertitel, als Zeichen ihrer Würde oder als Reklame, doch ließen sie dann noch den Namen des Vaters oder den Nachnamen folgen.[6]

Die Berufsbezeichnungen bleiben lange im Übergangsbereich zwischen richtigen Nachnamen und gelegentlicher Angabe. Bei öffentlichen Verkäufen wurden während des Verkaufs stets Käuferlisten aufgestellt, und der Versteigerer hielt seine Notizen häufig sehr knapp. So notierte er etwa im Jahre 1646 »Pottebakker« und »Smit« ohne Vornamen oder Namen des Vaters.[7] Wer meint, der Beruf fungiere als Nachname, weil wir hier am Ende eine Namensliste vor uns liegen haben, sollte in Betracht ziehen, daß hier auch eine Person vorkommt, die »Sekretär«

genannt wird, der Sekretär der Samtgemeindeoberen nämlich. Dessen Unterschrift taucht im Archiv von Graft oft auf, und wir sind ganz sicher, daß er niemals als Cornelis Sekretär, sondern immer als Cornelis Egbertsz. unterschrieben hat.

Zweifellos aber findet eine Entwicklung von der Berufsbezeichnung hin zum Nachnamen statt. Das sehen wir auf einer Auktionsliste von 1654, die neben Gert Coperslager auch Dieuwer Coperslager aufführt.[8] Diese war bestimmt keine Kupferschmiedin, und wenn sie doch so identifiziert wurde, bedeutet das, daß sie zu Gert in einer Beziehung stand, vermutlich als seine Tochter. Bei ihr ist die Berufsbezeichnung zum Familiennamen geworden, jedenfalls sieht der Auktionator das so. Daß wir mit dieser Gleichsetzung vorsichtig sein müssen, beweist der Grabstein von Jan Jansz. Ridder, der 1655 gestorben ist. Auf dem Grabstein befindet sich eine Medaille mit den eingravierten Buchstaben IIRT;[9] Jan Jansz. Ridder Timmerman (Zimmermann). In dem Grab ruht ein Mitglied der Familie Ridder, nicht der Familie Timmerman. Doch auch das T bildet einen Teil des Monogramms, das für eine vollständige Personenbeschreibung erforderlich ist. Schon gegen Ende des 17. Jahrhunderts ist die Entwicklung so weit fortgeschritten, daß sich die Berufsbezeichnung als Familienname durchgesetzt hat. Ein notarielles Schriftstück aus dem Jahre 1697 spricht von »Pieter Pietersz. Lijnslager (Leinenschläger), ein solcher auch von Beruf«.[10] Diese Erklärung wäre fünfzig Jahre früher überflüssig gewesen.

Sicherlich weist die Berufsbezeichnung in einem Namen auch auf Wohnung und Werkstatt, zum Beispiel des Kupferschmieds, hin. Ein Ladenbesitzer oder Gastwirt kann auch nach dem Aushängeschild vor seinem Haus heißen, so wie Griet Blauwe Kamer Gastwirtin in der Herberge de Blauscamer ist.[11] Wechselt solch ein Unternehmen den Besitzer, so kann sich der neue Eigentümer ebenso nach der blauen Kammer nennen. Auch der, der Haus und Hof erbt, kann den alten Namen übernehmen. Zu guter Letzt gibt es noch die Grafter, die am Vlottesdijk oder in der Vinkebuurt wohnen. Treffen wir diese unter den Namen Vlottes und Vinckes[12] an, dann müssen sie ebensowenig miteinander verwandt sein wie die Dörfler, die mit dem Beinamen Backer andeuten, daß sie mit Backwaren ihr Geld verdienen.

Somit gilt für alle Beifügungen, daß sie in erster Linie persönlich waren. Sie drücken etwas aus, daß bestimmte Männer und Frauen besonders auszeichnete. Claes Claesz. Luytspeler, den wir auf der Liste von 1566 finden, ist dafür das beste Beispiel. Für den Beruf eines Lautenspielers gab es im Dorf keinen Platz. Kam jemand auf die Idee, von der Musik leben zu wollen, wurde er sicher nicht Mitglied des Gemeinderates. Daß er die Laute spielen konnte, war seine besondere Fertigkeit. Eine eigenartige zumal, da die Grafter Inventare unter den hinterlassenen Gütern, abgesehen von einer Trommel, nicht ein einziges Musikinstrument erwähnen. Wer Laute spielen konnte, unterschied sich demnach von allen anderen. Deshalb ist Luytspeler ein guter, deutlich identifizierender Beiname. Doch wenn seine Kinder mit der Laute nicht umzugehen verstanden, übernahmen sie auch den Namen nicht.

So sollte es noch lange bleiben. Obwohl Nachnamen im Laufe des 17. Jahrhunderts gebräuchlicher wurden, konnten Blutsverwandte ersten Grades verschiedene Namen haben.[13] Obengenannter Dorfsekretär Cornelis Egbertsz. ließ 1653 an einem Tag zwei Söhne beerdigen. Der erste erscheint im Totenbuch als Cornelis Cornelisz. Mol, der zweite als Jacob Cornelisz. Buyck.[14] Es ist unbekannt, ob Dirck Pietersz. Mol zur selben Familie gehörte. Wir wissen nur, daß dessen Söhne nicht Mol hießen – und auch nicht Buyck –, sondern Pieter Dircksz. Jonas und Willem Dircksz. Koster.[15]

Möglich ist, daß ein Sohn seinen eigenen Namen erwirbt oder annimmt. Aber es kann auch sein, daß der Vater seinen Söhnen verschiedene Namen gibt. Dirck Cornelisz. Bayes trat 1695 vor die Waisenvorsteher von Graft, um den jeweiligen Anteil festzulegen, der seinen Kindern am Erbe der jüngst verstorbenen Mutter zukam. Der älteste hieß Cornelis Dircksz. Bay. Er bekam den Nachnamen seines Vaters. Dem Jüngsten, fünf Jahre alt, wurde ebenfalls der Luxus eines Nachnamens gewährt: Maerten Dircksz. Huygen. Das mittlere Kind war ein Mädchen. Sie mußte mit ihrem Vornamen und dem Namen ihres Vaters auskommen, Maertjen Dirks. Das hinderte sie indes nicht daran, sich später doch Maertien Huygen zu nennen, denn so unterschrieb sie 1718. Nicht etwa, daß sie mit einem Neffen verheiratet war, der den Namen Huygen in ihr Haus zurückgebracht hatte, denn ihr Ehemann hieß Teunis Eyer[16]. Huygen war vielmehr ganz klar ein Name, der zu ihrer Familie gehörte, genauso wie Bay. Es ist nicht ausgeschlossen, daß der Vater sie beide verwendete. Es würde wohl zu weit gehen zu behaupten, alle Grafter hätten zwei Nach-

42

namen besessen, doch selten ist das nicht. Jacob Jansz. Bergen hieß zugleich Jacob Hannekes.[17] Pieter Jansz. Colles hielt es manchmal für eindeutiger, sich Piet Heyn zu nennen.[18] Cornelis Cornelisz. Heynis war auch als Coopal bekannt.[19] Jan Jansz. Moy ist derselbe wie Onkel Jan Kist.[20] Harmen Gerritsz. alias Harmen Jansz. trägt sogar zwei verschiedene Vaternamen.[21] Wir brauchen dabei jedoch nicht an die umstrittene Vaterschaft eines unehelichen Kindes zu denken. Es ist möglich, daß er, als Sohn von Jan, nach dem Tod seines Vaters mit seiner wiederverheirateten Mutter unter dem Dach von Gerrit wohnte und seitdem von anderen mit dem Namen seines Stiefvaters angesprochen wurde.

Zusätzliche Namensbestandteile ermöglichten also offenbar eine ganze Bandbreite von Variationen, was mit dem Umstand zusammenhängen kann, daß wir uns in einer Dorfgemeinschaft befinden. Zwar in einer großen, weshalb unterscheidende Beinamen häufig nötig sind, aber eben doch in einer Dorfgemeinschaft. Ist es möglich, daß man Nachnamen für die Einfachheit des örtlichen Soziallebens zu prätenziös fand? Pastor Wouter Adriaensz., der mehr als fünfzig Jahre in der Gemeinde von Graft diente, wird in einem Brief des Rates des Noorderkwartiers Wouter Adriaensz. van der Molen genannt.[22] Im Dorf verwendet er den Namen nie, und seine drei in Graft lebenden Söhne sind nur als Johannes, Jacob und Adriaen Woutersz. bekannt. Erst als Jacob, nachdem er jahrelang Schulmeister war, schließlich Prediger auf Texel wird, ändert er seinen Namen von Jacob Woutersz. in Jacobus Molanus, die lateinische Form des Nachnamens väterlicherseits. Auf der fernen Insel konnte er sich das vielleicht eher erlauben. Seine Blutsverwandten, die in Graft geblieben waren, nahmen erst eine Generation später den Namen Vermeulen an, der seither in der Familie geblieben ist.

Einer der ersten Grafter, die einen echten Nachnamen angenommen haben, war ein Zeitgenosse von Wouter Adriaensz., der Notar Pieter Pietersz. Heringa. Das ist weder eine Berufsbezeichnung noch ein Ortsname und auch kein Beiname, sondern ein echter Familienname. Es hat den Anschein, als hätten die Dörfler diese Beifügung nur als deplazierte Vornehmheit angesehen. 1612 war Pieter Heringa mit den Schöffen in einen Konflikt geraten. Das ging so weit, daß die örtlichen Autoritäten sogar die Obrigkeit der Provinz um Hilfe anriefen. In ihren Briefen und Petitionen war niemals die Rede von »Pieter Heringa«. Höhnisch sprachen sie von

»einem Pieter Pietersz., alias Heringa« oder auch von »einem Pieter Heeringa, wie er sich nennt«.[23]

Zehn Jahre später waren die Schöffen selbst auf diesen sich Pieter Heringa nennenden Mann angewiesen. Sie lagen mit De Rijp in einem Rechtsstreit und ließen sich von dem Notar beraten. Sie schreiben ihm einen Brief, der vollständig erhalten geblieben ist, inklusive Anschrift. Das Schreiben richtet sich nicht an Pieter Pietersz., sondern an »Monsieur Heering«.[24] Nun meinte man es wirklich gut mit ihm. Doch vielleicht zeigt uns eben diese Anrede unwillkürlich die Kehrseite, die ein Nachname hat. Die Dörfler nannten einander Nachbar, nicht Herr. Doch was sagt man zu jemandem, der einen Nachnamen hat? Ist das immer noch der alte Pieter Pietersz., der Nachbar in Graft? Es scheint, als hätten die Schöffen in ihrer eigenen Sprache kein Wort dafür finden können. So wurde daraus Monsieur Heering. Eine Anrede, die Distanz herstellt.

Namen, die so offensichtlich den Charakter eines Nachnamens trugen, sind im Graft des 17. Jahrhunderts selten geblieben. Das hat den Namen von Meister Pieter Heringa um so stärker gefestigt. Noch 1659 wird die Lage eines Stückchens Land wie folgt beschrieben: »gelegen in dieser Samtgemeinde, hinter dem Deich, im Osten angrenzend an Neel Alberts, nach Westen an Meister Pieter Heringas (sel.) Obstgarten«.[25] 1659 gehörte Meister Pieter Heringa bereits seit mehr als zwanzig Jahren zu den Seligen.[26] Doch der Obstgarten, der ihm einst gehört hatte, hieß noch genauso wie zu seinen Lebzeiten. Muß der Name nicht in höchstem Maße individualisierend und typisierend gewesen sein? Alle seine Nachfahren behalten ihn. Sie haben definitiv einen richtigen Nachnamen.

Die Heringas waren ihrer Zeit voraus. Es ist möglich, daß sie sozusagen als Anwälte des Nachnamens auftraten. Die Chroniken des Kirchenrates von Oost-Graftdijk berichten 1664 von »der Sache mit dem Kirchenältesten P. C. Molenaer«.[27] Pieter Cornelisz. werden die meisten gesagt haben. Natürlich sprachen sie von ihm auch als »de Molenaer« (der Müller), und vielleicht riefen sie ihn sogar Pieter Cornelisz. Molenaer, ohne daß der Vorname oder der Vatersname abgekürzt wurden. Was der kirchliche Chronist hier tut, ist 1664 sehr ungewöhnlich. Er macht den Nachnamen zum Hauptbestandteil: Man muß ihn kennen, um zu wissen, um wen es sich handelt; der Rest kann abgekürzt werden. Verfaßt hat die Chroniken Pastor Pieter Heringa, der rechtmäßige Nachkomme von

Grafts Pionier für die Verwendung von Nachnamen. Die Grafter Bevölkerung ist insgesamt noch nicht so weit.

Zwar geht man mehr und mehr dazu über, zumindest bei den Männern, den Nachnamen als drittes Element zu der Personenbeschreibung hinzuzufügen, bei den Frauen aber kommt der Gebrauch eines Nachnamens nur sehr vereinzelt vor. Darauf kommen wir gleich zurück. Bei den Männern läßt sich aus den bereits erwähnten Familienbüchern ein vermehrter Gebrauch ablesen. Der Anteil der Bräutigame mit Nachnamen hat sich in den aufeinanderfolgenden Fünfjahresperioden wie folgt entwickelt:

1656–1660	16,75 %
1661–1665	20,40 %
1666–1670	25,00 %
1671–1675	32,68 %
1676–1680	29,66 %
1681–1685	44,54 %
1686–1690	35,06 %
1691–1695	51,56 %
1696–1700	53,33 %
1701–1705	58,47 %

Dieser Prozeß ist Anfang des 18. Jahrhunderts noch keinesfalls abgeschlossen. Doch ist die Tendenz an den Zahlen deutlich abzulesen. Wie auch andere Untersuchungen ergaben,[28] haben die Reichen und Angesehenen den Anfang gemacht. Langsam folgte der Mittelstand und verwendet um 1700 mehrheitlich Nachnamen. Wer in Waisenbüchern oder notariellen Schriftstücken die individuellen Verhaltensweisen der Grafter beobachtet, sieht, daß Ansehen einem Nachnamen förderlich ist. Der Chirurg Jan Pietersz. hat sich 1676 endgültig in »mr. Jan van des Bos« verwandelt.[29] Sein Kollege Gerrit Gerritsz. Ledensetter tauft sich selbst auf Gerrit van Tiel um.[30] Die Söhne beider Chirurgen traten in die beruflichen Fußstapfen ihrer Väter. Sie haben von Jugend an ihre Nachnamen gebraucht.

Für die Elite, zu der sie gehörten, ist das offensichtlich selbstverständlich geworden. Dem Kassenbuch der Schöffen[31] kann man entnehmen, wie als erstes die Vatersnamen verschwinden: Jakob Metselaar, Abraham Smit, Hendrik Schilder. Abraham Smit (Schmied) bekommt Geld für das

Herstellen einer Kette, Hendrik Schilder (Maler) für das Anstreichen der Löscheimer. Es ist also noch deutlich, woher sie ihre Nachnamen haben. Nun aber ist es der Nachname, der die wesentliche Identität angibt. Ab 1705 sind die Schöffen nur noch mit ihren Nachnamen eingetragen. Sie heißen dann Kuyper, Schilder, Kramer, van Thiel.[32] Die Männer von Graft haben sich Familiennamen zugelegt.

Die Namenswahl kann auf einen Beruf, einen Ort, ein Anwesen oder ein Aushängeschild zurückgeführt werden, selten jedoch auf einen Spitznamen. Zwei aber treffen wir auf der Liste von 1566 an: Claes Claesz. Luytspeler und Cornelis Pietersz. Buyckgen (Bäuchlein). Über den ersten sprachen wir bereits. Sein Beiname ist neutral. Er bezeichnet eine Eigenschaft, wertet jedoch nicht. Bei dem anderen ist das jedoch der Fall. Wer diesen Namen hört, stellt sich nicht nur einen kleinen, untersetzten Mann vor, sondern wird darin, bei aller Sympathie für den Dickmops, auch einigen Spott heraushören. Es ist kein Spitzname, der von Respekt zeugt. Das tun Spitznamen selten, deshalb ist auch nicht zu erwarten, daß sie von den Betreffenden ohne weiteres als Familiennamen akzeptiert werden. In der Veranlagungsliste von 1680, die uns die Namen aller Grafter Familienoberhäupter angibt, kommen nur zwei Männer mit Spitznamen vor: Jan Jansz. Bestevaer und Simon Claesz. bij Nagt (bei Nacht). Für den Namen Bestevaer[33] brauchte sich niemand zu schämen, das war eine persönliche Ehre, und zwar eine so persönliche, daß sich daraus nicht leicht ein Familienname machen ließ. Die Herkunft des anderen Namens ist unbekannt. Vielleicht bewahrte er die Erinnerung an das eine oder andere nächtliche Ereignis. Mißbilligung wird der Name nicht ausdrücken. Simon Claesz. bij Nagt war einer der reichsten Einwohner von Noordeinde, und es ist allein sein katholischer Glaube, der ihm eines der höheren Dorfämter verschloß.

In diesen Kreisen kommen Beinamen selten vor. Ihr Gebrauch deutet eher auf untere Gesellschaftsschichten. Bei den Menschen, die nur zeitweilig im Dorf verkehrten, die Landstreicher und Bettler, ist es häufig nur der Beiname, der die Identität bestimmt. Diejenigen, die als Teil der vagabundierenden Bevölkerung bekannt waren, wurden nicht etwa Lysbeth Pieters oder Hendrick Janszoon genannt. Sie gingen vielmehr als De Rode Ruiter (der rote Reiter), het Meniste Zusje (das Mennonitenschwesterchen), de Mooye Meyt (die schöne Maid) oder Pietje de Leugenaer (der Lügner) durchs Leben. Namen, welche die Eigenschaften oder gerade deren Gegenteil andeuten, sind die von: Piet Blank, alias Piet Zwart, oder der Bossche Maegt (der Jungfrau aus s'-Hertogenbosch), die nicht aus s'-Hertogenbosch, sondern aus Kopenhagen stammte und ihre Jungfräulichkeit längst verloren hatte.

In der Samtgemeinde von Graft gab es Dörfler, die diesen Menschen Unterschlupf gewährten. Wir haben es hier mit dem kriminellen Rand der Gesellschaft zu tun, was man sogleich an der Namensgebung merkt: Die ersten Grafter, die im Zuchthaus von Amsterdam eingesperrt waren, hießen Lanckhaer (Langhaar) und Piet Conijn (Kaninchen). Mit diesen Namen hätten sie mühelos in die Bettlerlegion übergehen können. Piet Conijn blieb den Graftern ein Begriff. Noch Jahre später sagte ein ehemaliger Diakon, der dem Kirchenrat vorwarf, nicht streng genug zu sein: »Wenn das hier so weitergeht, dann könnt ihr auch Piet Conijn an die Abendmahlstafel laden.«[34] Lanckhaer hat sich vielleicht gebessert, wenn er derselbe ist, der 1646 auf einer Versteigerung seine Neigung zu einem gesetzten Leben bewies, als er sich ein Schachbrett anschaffte.[35] Doch sein alter Name behielt den schlechten Klang. Wer so hieß, war als Randexistenz erkennbar und trug in den Augen ehrbarer Einwohner ein Stigma. Die Träger von Beinamen sind der Bodensatz der Gesellschaft, etwa Neet (Nisse), die nachts Fischkörbe ausleerte. Cornelis Cornelisz. Jonge Roos (Junge Rose) ist vielleicht ein nicht ganz so ernster Fall. Zumindest hat er seinen eigenen Namen noch behalten. Doch er ist sicher auf der schiefen Bahn, denn er sitzt abends kartenspielend bei Coude Winter (Kalter Winter), einem Mann, der nur noch unter diesem Namen bekannt ist.[36] Seinen eigenen Namen hat er buchstäblich verloren. Eine Familie Koudewinter hat er nicht gegründet. Die Spitznamen der Männer blieben ein persönliches Kennzeichen und entwickelten sich nicht zu Familiennamen.

Frauennamen sind eine Geschichte für sich. Wir sagten bereits, daß der Vorrat an Namen für beide Geschlechter begrenzt war und daß eine kleine Menge von Frauen- und Männernamen immer wiederkehrte. Insofern besteht zwischen den Geschlechtern kein Unterschied. Wir können annehmen, daß sowohl Frauen als auch Männer nach Möglichkeiten einer näheren Identitätsbestimmung gesucht haben. Für die Männer wurde das der Nachname. Von den 1858 Bräutigamen kommen 660 im Familienbuch mit Nachnamen vor. Es scheint, daß der Anteil dieser Männer um das Jahr 1700 bei über fünfzig Prozent lag. Bei den Frauen ist das ganz anders. Unter den 1858 Bräuten sind nicht mehr als 27 mit dem Nachnamen eingetragen, also nur eine kleine Minderheit. Diese besteht außerdem nur zum geringsten Teil aus Grafter Frauen, denn 17 von ihnen stammen, wie auch manchmal ihre Männer, aus anderen Orten, wie etwa die Pastorsfrauen, die an der Seite des neuen Pfarrers ins Pfarrhaus einzogen.

Bleiben also noch zehn übrig, die aus Graft stammen. Drei davon heißen Muurlinck, drei Colles, und die übrigen heißen Berkhout, Bosch, Cramer und Ridder. Alle zehn gehören zweifellos zur örtlichen Elite. Die Chirurgenfamilie Muurlinck hat das gesamte 17. Jahrhundert hindurch eine Vorrangstellung innegehabt. Jacob Pietersz. Colles ist viele Male Schöffe gewesen. Eine von den Colles-Bräuten heiratete Andries Muurlinck, eine andere Cornelis Danser, der zu einer der reichsten Familien von Graft gehörte. Marijtje Cramer war die Tochter eines der mächtigsten Männer der Samtgemeinde, Meister Reinier Cramer. Barbara Adriaens Ridder heiratete einen Bruder des Chirurgen Jan van den Bosch. Lysbetje Bosch aus derselben Familie heiratete Heyndrick Schilder, ein Name, der uns bereits bei den Schöffen begegnet ist.

Bleibt noch Aerjaentje Gerbrants Berkhout übrig. Sie heiratete Dirck Jansz. Bergen, der der Samtgemeinde als Armenvogt gedient hatte. Es ist die einzige Verbindung dieser zehn, in der nicht zumindest von einer Seite der Familie jemand das Schöffenamt bekleidete. Inmitten all der feinen Leute bestätigt diese eine Ausnahme die Regel. Doch haben in den fünfzig Jahren natürlich mehr als zehn angesehene Mädchen geheiratet. Wo bleiben die Töchter Seylemaker, Schippers, Kan, Mackes und Sloten? Eigentlich wurde die Frage schon beantwortet. Wie wir sahen, gab Dirck Cornelisz. Bayes 1695 zwar seinen Söhnen, nicht aber seiner Tochter einen Nachnamen. Aus den Familienbüchern wird deutlich, daß dieser Vater den ortsüblichen Bräuchen entsprechend gehandelt hat. Die einzigen Notabeln, die auch ihren Töchtern den Familiennamen gaben, weichen von der Norm ab, die in der Dorfgemeinschaft galt und die übrigens auch in den Städten befolgt wurde. Lediglich der kleine Kreis von Patriziern machte da eine Ausnahme.[37] Die meisten Grafter werden wohl gedacht haben, daß sie sich derartige Vornehmheiten nicht erlauben konnten. Sogar Pastor Pieter Heringa aus Oost-Graftdijk, der seinen

Namen mit großem Selbstbewußtsein führt, läßt seine Tochter als Aeltjen Pieters[38] im Dorfregister eintragen.

Eine Ehe brachte, was das anging, keine Veränderung. Grafter Frauen nahmen im 17. Jahrhundert noch nicht den Nachnamen ihrer Männer an. Die Ehefrau von Willem Jacobsz. Mackes nannte sich nicht Trijn Mackes, sondern hieß weiterhin Trijn Claes. Und die wenigen, die selbst einen Nachnamen mitbrachten, benutzten diesen auch als verheiratete Frauen weiter. Neeltje Lakemans hieß auch nach ihrer Hochzeit mit Andries Muurlinck nicht anders als in den Mädchenjahren, und Elizabeth van Hout behielt ihren Namen, als sie Reinier Cramer heiratete.

Der Nachname war demzufolge bei den Frauen kein notwendiges Mittel zur Identifikation. Die Heiratsregister behielten die einfache Bezeichnung mit Vorname und Vatersname bei. Fraglich ist, ob diese Einfachheit der Praxis entsprach. Ein Familienbuch gibt normalerweise nur den offiziellen Namen an, keinen Beinamen, kein »alias«, keine Beifügung, die aus dem alltäglichen Gebrauch stammt. Um zu entdecken, ob vielleicht doch mehr Spielraum in der Namensgebung bestand, als es die Familienbücher suggerieren, müssen wir nach anderen Quellen suchen. Als naheliegende Quelle bietet sich das Register öffentlicher Güterversteigerungen an. Dort wurden die Namen der Käufer und Käuferinnen immer gleich auf einer Liste notiert, die nur für den internen Gebrauch bestimmt war und sich deshalb nicht an die amtlichen Namen halten mußte. Außerdem kommen in dieser Liste besonders viele Frauen vor, denn die meisten Artikel, die unter den Hammer kamen, waren Güter für den häuslichen Gebrauch. So erfahren wir aus den sechzehn Registern, die das Archiv aufbewahrt[39], wie Frauen im Alltagsleben genannt wurden. Was uns dabei auffällt ist, daß von einigen Frauen nur der Vorname notiert wurde. Käme das nur ab und zu vor, dann könnte das auf Willkür beruhen. Treffen wir jedoch in verschiedenen Registern jedesmal wieder dieselben Frauen an, für die der Vorname zu genügen schien, dann haben wir es wahrscheinlich mit einer speziellen Gruppe zu tun, für die der Vorname als Angabe der Identität reichte. In der Reihenfolge ihres Auftretens sind das Niesien, Swaentien, Vroutjen, Stijntgen, Neeltgen, Crelisjen, Dieuwertjen, Adriaentjen und Susanna. Die letzte tanzt aus der Reihe. Ihr Name ist wahrscheinlich ein Unikum. In den Familienbüchern kommt keine einzige Susanna vor. Vielleicht war sie mit ihrem Mann zugezogen, vielleicht war sie auch unverheiratet, und dann wird sie sich mit ihrem außergewöhnlichen Vornamen um so deutlicher von den anderen unterschieden haben. Bei den anderen acht Namen in dieser Gruppe fällt auf, daß es sich immer um Verkleinerungsformen handelt. Tatsächlich gab es von einigen dieser Namen (Niesien, Swaentien, Stijntgen) auch keine andere Form, zumindest nicht als Frauennamen. Crelis (Cornelis) und Adriaen sind eigentlich Männernamen. Durch das Diminutiv werden sie zu Frauennamen, eine Unterscheidung, die bis auf eine Ausnahme (Engel) streng eingehalten wird. Bei Neeltje, Dieuwertje oder Vrouwtje ist das anders. Sie tauchen im Heiratsregister neben Neel, Dieuwer und Vrou auf. Es ist schwierig zu erklären, warum diese in Verkleinerungsformen gebrachten Namen für persönlich genug gehalten werden, so daß man auf nähere Identifikation mit Hilfe des Vatersnamens verzichten kann. Wir können uns vorstellen, daß diese Formen im Umgang weniger gebräuchlich waren, als es die Familienbücher vermuten lassen, und sie nur in sehr individuellen Fällen bemüht werden, etwa um Sympathie auszudrücken. Doch darauf können wir uns nicht verlassen. Vergleichbare Quellen von anderswo können uns vielleicht weiterhelfen. In jedem Fall bleibt dieses Phänomen in Graft auf Frauen beschränkt.

Bis auf eine Ausnahme, doch dazu gleich, können wir dasselbe über Identifikationen sagen, die nicht den Namen der Betreffenden, sondern den ihres Partners angeben: Jelle Brants Frau oder Harmans Trijn. Manchmal läßt sich das unmittelbar aus den Umständen heraus erklären. Als 1646 auf einer Auktion zuerst Willem Slym und anschließend auch seine Frau etwas kaufte, lag es für den Auktionator nahe, sie als Willem Slyms Frau einzutragen. Ähnliches gilt für die Fälle, in denen Frauen nicht durch das Nennen ihres Namens, sondern durch die Beziehung beschrieben werden, in der sie zu dem Mann stehen, der auf der Versteigerung zugegen ist: Luytjes Tochter, Pieter Swaens Schwester. Das sind eindeutig Gelegenheitsnamen. Wenn sich aber diese Art der Beschreibung für bestimmte Personen in verschiedenen Registern wiederholt, dann ist wahrscheinlich, daß die Betreffenden wirklich unter dem Namen bekannt waren, so Lamberts Wijf (Frau) und Harmans Trijn. Das kann in der Tat der Einfachheit gedient haben. Harmans Trijn kann kaum eine andere gewesen sein als die Frau von Herman Daniëlsz., denn von allen 225 Trijntjes ist sie die einzige Grafterin, die mit einem Herman verheiratet ist. Dank des Verweises auf den Namen ihres Mannes können wir sie nun einordnen. Das wäre uns nicht gelungen, wenn sie mit ihrem eigenen Namen Trijn Cornelis auf der Liste gestanden hätte, denn davon gab es ein paar Dutzend. Wer Lamberts Wijf war, können wir nicht mehr feststellen, weil ihre Ehe geschlossen wurde, bevor das Familienbuch bestand. Doch der seltene Name Lambert bot sich sicherlich geradezu an, sie eindeutig zu bezeichnen. Das scheint das hauptsächliche Motiv für diese Methode der Namensgebung gewesen zu sein.

Nachnamen besitzen Frauen auch in den Registern von Versteigerungen meistens nicht. Wenn doch etwas hinter dem Vornamen steht, dann ist das häufig eine zeitweilige Beifügung. Es ist nicht wahrscheinlich, daß Neel Jans Schermer, Mary Jacobs Noordeynd und Crelisjen Rijp tatsächlich so hießen wie die Ortsteile, aus denen sie kamen. Das Zufällige wird ganz deutlich, wenn wir auf einer Liste sowohl Aeriaentje Glasemaker als auch Aeriaentje Noordeynd antreffen. Die zweite gehört zur Gruppe der neun, die wir sonst nur mit dem Vornamen verzeichnet finden. Es ist die Anwesenheit einer weiteren Aeriaentje, die den Auktionator zu näherer Spezifizierung zwingt. Die andere war vermutlich nicht die Frau, sondern die Tochter von Glasemaker, wenn wir von der Praxis ausgehen, die andere Quellen uns zeigen. Vielleicht zeigen uns die Versteigerungsregister dann und wann, daß die Übertragung des Namens vom Mann auf die Frau doch ab und zu vorkam. Mary van der Meer ist bestimmt die Frau des Pfarrers, dessen Tochter – so sie schon auf der Welt war – nicht alt genug gewesen sein konnte, um im Jahre 1654 selbständig auf einer Versteigerung einkaufen gehen zu können. Im Fall Mary van der Meers ist die Identifikation mit Hilfe des Namens ihres Mannes auch begreiflich. Dieser war im Dorf bekannt, ihr Vater nicht. Trijn Platvoet (Plattfuß) ist ein Zweifelsfall. Doch es nähme nicht Wunder, wenn mit ihr und Platvoets Wijf ein und dieselbe gemeint wäre. Das wären dann zwei Möglichkeiten, ihr Verhältnis zu Platvoet auszudrücken. Verheiratet sind auch die beiden Auktionsteilnehmer, die 1645 als Jacob de Poep (Bube[40]) und Vrou (Frau) de Poep eingetragen wurden. Der Name verheißt einen Hauch von Marginalität. Es ist durchaus möglich, daß der Auktionator diese Frau nicht mit Namen kannte, so daß er deshalb zu dieser Formulierung Zuflucht suchte.

Frauen mit Beinamen schließlich sind selten. Wenn beispielsweise Trijn Platvoet ein Beiname ist, dann ist es aller Wahrscheinlichkeit nach nicht ihr eigener, sondern der ihres Mannes. Und Anne Maertens Poes (Kätzchen) verdankt die Beifügung dem Schild mit der schwarzen Katze, an dem ihr Lebensmittelgeschäft zu erkennen war. Lassen wir uns deshalb auch nicht zu Betrachtungen über das Verlockende hinreißen, das in dem Namen Maeyken Comover (Komm herüber) verborgen sein kann. Sie kann einfach die Tochter des Fährmanns von Graftdijk gewesen sein oder eine Ausländerin, deren Name von holländischen Mündern bis zur Unkenntlichkeit verformt wurde. Bleiben drei echte Beinamen übrig: Grote Aeff, Moye Neel und Engelse Neel.

Grote Aeff kauft auf der Versteigerung von 1666 zwei »Braggen« und verschwindet mitsamt dieser rätselhaften Gegenstände im Dunkel der Jahrhunderte. Über ihre Person und ihre sozialen Beziehungen ist weiter nichts bekannt. Es gab genug Aeffjes im Dorf, so daß das Bedürfnis nach näherer Unterscheidung bestand. Doch meistens geschah das dann doch nicht durch das Hinzufügen eines Beinamens. Frauen, auf die das zutraf, lebten meistens in mißlichen, prekären Umständen. Moye Neel (Hübsche Neel) werden wir im Kapitel über die Armenfürsorge noch näher kennenlernen. Vielleicht war sie schön, sicher war sie arm. Ihren Beinamen hat sie weniger ihrem hübschen Gesicht als ihrer leeren Geldbörse zu verdanken. Frauen mit einer gefestigteren sozialen Stellung hätte man nicht so intim tituliert. Engelse Neel (Englische Neel) ist ein Sonderfall. Sie läßt sich häufig auf Auktionen sehen und schließt so manchen guten Handel ab. Wahrscheinlich besuchte sie das Versteigerungslokal von Berufs wegen und besaß ein Geschäft mit Gebrauchtwaren. Arm wird sie sicher nicht gewesen sein. Verschiedene dieser Kleinhändlerinnen waren ziemlich gerissene Geschäftsfrauen, etwa die uns schon bekannte Aeriaentje aus Noordeinde oder Anne Poes und Sybrich Maertens aus Graft. Engelse Neel hatte in jedem Fall genug Geld in der Kasse, um auf den Versteigerungen regelmäßig ein Schnäppchen zu machen. Einmal, so entnehmen wir der Liste des Auktionators, konnte sie selbst nicht kommen. Sie schickte ihren Mann als Stellvertreter, mit dem Auftrag, sechs Leinenlaken mit nach Hause zu bringen. Der Auktionator hat das wie folgt für uns festgehalten,[41] wobei die Preise in Gulden, Stuivern[42] und Penningen angegeben sind:

Pieter Engelse Neels Mann ein leinenes Laken 1 :5 :8
Pieter Engelse Neels Mann ein leinenes Laken 1 :0:0
Dito Pieter ein leinenes Laken 1 :5 :0
Dito Pieter ein leinenes Laken 1 :0:0
Derselbe ein leinenes Laken 1 :5 :0
Nochmal Pieter ein leinenes Laken 1 :1 :8

Seine Bezeichnungen sind reich an Varianten, doch nicht ein einziges Mal wird Pieter auf die übliche Weise beim Vor- und Vatersnamen genannt. Auf der Liste erscheint er als der Mann seiner Frau, und so lebt er in den Akten fort: als einziger Grafter des 17. Jahrhunderts, dessen Identität durch seine Frau bestimmt wurde. Seine Ehefrau muß eine echte Persönlichkeit gewesen sein. In ihrem Fall verweist der Beiname nicht auf den Rand der Geoellschaft, sondern auf einen starken Charakter, der ihren Mann in den Schatten stellte. Warum sie aber Engelse Neel hieß, geht aus keiner der Aufzeichnungen hervor. Möglicherweise war sie eine der drei Engländerinnen, die sich 1643 in Graft niedergelassen hatten.[43] Die fremde Herkunft kann ihr den naheliegenden Beinamen verschafft haben. Auch unter den in Graft geborenen Frauen sind auffallende Persönlichkeiten zu finden, ohne das dies in einem Beinamen zum Ausdruck kommen mußte. Bei der »Englischen« jedoch nahm sich die Grafter Gesellschaft den Namenszusatz heraus. Die Versteigerungsregister lassen vermuten, daß aus ihrem Schimpfnamen eine Ehrenbezeichnung geworden ist.

Doch bleibt zwischen Männern und Frauen ein auffälliger Unterschied bestehen. Männer sind auf dem Weg zur persönlichen Identifikation weiter fortgeschritten. Die Namensgebung bleibt bei Frauen viel vager und vereinzelter. Der Unterschied wäre uns leicht entgangen, hätten wir nicht gezählt und verglichen. Es könnte sich lohnen zu untersuchen, ob die Beobachtungen, die wir in Graft gemacht haben, auch allgemeine Gültigkeit besitzen.

Jan van de Velde II, *Reisende in zwei Ruderbooten*

3 Land und Wasser.
Ihre Wertschätzung und Nutzung

Wenn eine Frau aus Zaanland spazierenging, berührten die Sohlen ihrer Schuhe nicht die Straße. Um ihr Schuhwerk zu schonen, steckte sie es in ein Paar weite, ausgelatschte Pantoffeln und begab sich langsam schlurfend an ihren Bestimmungsort.[1]

So hat sich der Leidener Arzt Johannes Le Francq van Berkhey vor über zweihundert Jahren ausgedrückt, um seinem Ärger über den trägen, schleppenden Gang der Frauen von Zaanland Luft zu machen. Le Francq van Berkhey war in seinem Jahrhundert auch als Dichter bekannt, doch der Ruhm blieb nicht bestehen. Vielleicht ist er in Vergessenheit geraten, weil er kein Auge für die Poesie des alltäglichen Lebens hatte. Im trägen Gang dieser ordentlichen Hausfrauen hat er nicht den eintönigen Lobgesang auf die Qualität der Wege Zaanlands vernommen: keine Kuhlen, keine Kiesel, kein glitschiger Lehm, statt dessen überall flacher, fester Boden unter den pantoffelbeschuhten Füßen.

So waren die Wege Nordhollands nicht immer gewesen. Die Archive des 17. Jahrhunderts wissen über sie nicht viel Gutes zu berichten und bestimmt nicht, wenn es um Schermereiland geht. Nun kann das natürlich daran liegen, daß Akten die Eigenschaft haben, sich immer dann am schnellsten zu vermehren, wenn es um Mißstände geht. Wer die positive Seite sehen will, der sollte besser einen Touristenführer zu Rate ziehen. Der Zufall will es, daß so eine Quelle für Graft und De Rijp im 17. Jahrhundert wirklich existiert. Die mennonitischen Prediger aus De Rijp, Engel van Dooregeest und Cornelis Posjager, haben in der »Rijper Zeepostil« eine ebenso werbende wie liebevolle Beschreibung ihres Wohnortes abgegeben. Und sie sagen auch etwas über die Spazierwege. Wer Holland von seiner schönsten Seite kennenlernen wolle, der müsse von De Rijp durch den Beemster nach Purmerend gehen.[2] Doch dieser Weg liegt außerhalb von Schermereiland und führt weg von Graft und De Rijp. Über die Wege auf der Insel selbst schweigen die beiden Werbefachmänner. Dafür aber loben sie den großen Reichtum an Wasserwegen, auf denen jeder mit Leichtigkeit seine Güter nach Hause transportieren könne.[3]

Die Wasserverbindungen waren ausgezeichnet. Für Landverbindungen schwärmte man nur, solange es sie noch nicht gab. Es mag stimmen, so die Regenten von Graft, daß Noordeinde bei Südwestwind etwas schwer zu erreichen ist, weil dann das Wasser den Weg überflutet. Wenn aber erst das Sapmeer in fruchtbares Land verwandelt worden sei, könne man »trocken und mit Leichtigkeit« von Graft nach Noordeinde spazieren.[4] Graftdijk, so sagen sie in einem anderen Dokument, liege zwei Stunden von Graft entfernt. Doch wenn das Westermeer in Kürze trockengelegt sei, werde man dort einen mit Brettern belegten Weg errichten, über den man das ganze Jahr über in einem halben Stündchen von Graft nach Graftdijk gehen könne.[5]

Der Unterschied zwischen Traum und Wirklichkeit liegt hier vor allem in der Zeitangabe: das ganze Jahr über. Im Winter war der Wasserstand viel höher als im Sommer, und das machte sich auf den Wegen nur zu gut bemerkbar. So lag etwa der alte Deich, der die Innen- und Außengebiete von Zuidschermer voneinander trennte, im Sommer anderthalb Fuß über dem Wasser. Jeden Winter zeigte sich aufs neue, daß das zu wenig war. Sobald die Novemberstürme herüberzogen, wurde es unmöglich, »den Deich trockenen Fußes zu begehen«,[6] so daß der Reisende nicht mehr von Zuidschermer nach Noordeinde laufen konnte. So war es jedenfalls 1627. Auch wenn später die ärgsten Fehler behoben wurden, konnten entscheidende Maßnahmen angesichts der technischen Möglichkeiten des 17. Jahrhunderts nicht ergriffen werden.[7] Anschaulich wird das in der Geschichte der reformierten Gemeinde Oost-Graftdijks. Ein Teil der Gemeinde lag auf dem eingedeichten Starnmeer, so daß der Pfarrer die Mitglieder ein- bis dreimal im Jahr in den Poldern besuchen mußte, um sie in der Woche vor dem Abendmahl an den Tisch des Herrn zu laden. Immer wieder stellte bei der Feier im Dezember »die Unbequemlichkeit des Weges« ein unüberwindbares Hindernis dar.[8] Schließlich waren die Einwohner von Starnmeer so verdrossen, daß sie selbst den unbequemen Weg nicht mehr zu gehen bereit waren und an den Sonntagen, an denen das Abendmahl gereicht wurde, zu Hause blieben.[9] Ein langer Weg zu Lande stellte also offenbar keine bequeme Verbindung dar, sondern vielmehr ein Hindernis, daß es zu überwinden galt.

Die ganze Geschichte der Eindeichung des Starnmeers zeigt, daß das Wasser gegenüber dem Weg Vorrang besaß. An allen Seiten mußten tiefe Ringgräben angelegt werden, damit die Durchfahrt nach Alkmaar und Amsterdam frei blieb.[10] Doch Brücken gab es nicht. Wer über Land das eingedeichte Starnmeer erreichen oder verlassen wollte, konnte im Norden die Fähre nehmen, bei West-Graftdijk, im Osten bei Kamerhop in Richtung Beemster und im Süden bei Knollendamm.[11] Doch was tun, wenn man Richtung Westen mußte, etwa nach Stierop oder De Woude? Dann mußte man selbst für den Transport sorgen und in seinem eigenen Boot hinüberfahren.

Das war für die Grafter des 17. Jahrhunderts normal. Pferd und Wagen besaßen sie eher selten. Aber der einfache Mann besaß ein Ruderboot für den privaten Gebrauch und einen Prahm, wenn er regelmäßig Heu oder Vieh zu transportieren hatte. Hinter den meisten der 600 Häuser von Graft lag ein Bötchen im Wasser, oft sogar mehr als eins.[12] Demnach muß auf den Grafter Wasserwegen ein reger Betrieb geherrscht haben, wenn auch die Geschwindigkeiten nicht so hoch waren, daß es zu vielen Unfälle kommen konnte. Die seltenen Verkehrsunfälle spielten sich immer auf dem Wasser ab, entweder kollidierten Schiffe[13] oder Pferdeschlitten, mit denen man bei strengem Frost unterwegs war.[14] Auf Schermereiland bedeutete Verkehrsplanung in erster Linie, daß das Wasser gut befahrbar sein mußte. Jeder Graben oder Kanal mußte so breit und tief sein, »daß man dort bequem mit geladenem Prahm durchfahren kann«.[15]

Ausschlaggebend sind die Maßstäbe des Alltags. Schwertransporte wurden von den großen Prahmen geleistet, die Heu in die Scheune und Kühe auf die Weide brachten. Danach mußten auch die Brücken berechnet sein.[16] Eine Brücke wurde vor allem als Verkehrshindernis betrachtet, nicht als willkommene Erleichterung für Fußgänger und Fuhrleute. Ein paar Männer aus der Gemeinde Driehuizen im Westen von Schermereiland erklärten 1690, daß sie, solange sie denken könnten, immer mit Prahmen durch den Deichgraben hätten fahren können, »ohne daß der öffentliche Kanal jemals durch irgendeine Brücke oder einen Übergang gestört gewesen wäre (…) Immer ist er frei gewesen, wie sich das für öffentliche Kanäle gehört«.[17]

Frei: für alle Prahmen mit Vieh oder Getreide, für Bauern, die auf dem Land arbeiten mußten, für Frauen, die mit Käse und Eiern auf den Markt

in Alkmaar zogen, für die Grafter Jugend, die im Sommer Vergnügungs-
fahrten unternahm[18] und im Winter, auf den gefrorenen Kanälen, lange
Touren auf Schlittschuhen.[19] Der Friedhof von Graft besaß einen eigenen
Anlegeplatz, für die Graftdijker und Noordeinder, die ihre Toten auf
Schiffen zur letzten Ruhe brachten.[20] Mit dem Boot zogen die Grafter
um[21], auf Booten fuhren sie aus, um zu stehlen.[22] So wie der Name Graft
nichts anderes heißt als Gracht,[23] so war das Leben in diesem Dorf ohne
die vielen Kanäle, Grachten und Gräben undenkbar oder, besser gesagt,
völlig unmöglich.

In diesem Sinne war das Wasser eine Lebensbedingung. Zugleich
diente es dem Auskommen. Gutes Ackerland war knapp auf Schermereiland, und von alters her hatten sich viele mit Fischen, Gräbenausheben
und Rietschneiden etwas dazuverdient. Besonders mit dem Fischfang
war der Grafter Mann im 17. Jahrhundert vertraut. Keine anderen gesetzlichen Verordnungen zeugen von so detailliertem Fachwissen wie die
Gemeindeverordnungen der Süßwasserfischerei.[24] Man kannte die Materie und hielt sie für wichtig. Die Nutzungsrechte in einem Dorf waren
ein vergängliches Gut, das schnell in Vergessenheit geraten konnte. Bei
den Fischereiverordnungen gingen die Regierenden von Graft jedoch
kein Risiko ein. Sie wurden jedes Jahr aufs neue veröffentlicht, so daß niemand Unwissenheit vortäuschen konnte.[25]

Natürlich mußte die Einhaltung der Vorschriften auch scharf kontrol-
liert werden. Die Grafter Obrigkeit durfte in ihren Verordnungen kein
höheres Bußgeld als einen Betrag von 42 Kennemer Schillingen erheben.[26] Wollte sie höhere Strafen verhängen, bedurfte es der Zustimmung
der »Staten van Holland«. Diese haben die Grafter selten gesucht, sogar
für die Brandverordnung nicht, wie wichtig ihre Einhaltung auch immer
sein mochte, wie der große Brand von 1705 auf dramatische Weise bestätigen sollte. Die einzige Ausnahme bildeten die Fischereiverordnungen.
Von 1611 an konnte das Gericht die Gesetzesübertreter mit Bußen nach
eigenem Ermessen bestrafen, auch mit dem Verlust von Boot und Fische-
reigerät.[27] In den Urteilsschriften der Schöffen stoßen wir auf Geldbußen
in Höhe von 25, 30 und 42 Gulden.[28] Das war ein gehöriger Ansporn für
den Schulzen, der von Amts wegen Anspruch auf ein Drittel der Bußgelder hatte. Für eine eventuelle Belohnung von 14 Kennemer Schillingen
hätte er keine nächtlichen Patrouillen unternommen. Die Möglichkeit,

so viele Gulden zu bekommen, war indes schon eine durchwachte Nacht wert. Das ist andererseits ein Hinweis darauf, daß seinerzeit in der Süßwasserfischerei gut zu verdienen war, denn sonst hätte niemand so hohe Bußgelder riskiert.

Die Süßwasserfischerei war um 1600 ein lohnendes Geschäft. Nordholland konnte sich damals des enormen Reichtums an ergiebigen Fischgründen rühmen. In der ersten Hälfte des 17. Jahrhunderts wurden jedoch fast alle großen Seen trockengelegt. Es begann 1612 mit Beemster. Darauf folgten Purmer, Wormer, Heerhugowaard und Schermer. In den vierziger Jahren kamen auch die kleinen Seen von Schermereiland hinzu: Starnmeer, Noordeindermeer und Sapmeer. Fischgründe begannen knapp zu werden. Die Fischer von Warmenhuizen setzten 1645 durch, daß sie die freie Durchfahrt und einen angemessenen Anlegeplatz in der Sammtgemeinde von Graft bekamen.[29] So nahe liegen Warmenhuizen und Graft eigentlich nicht beieinander. Doch der nächstgelegene ergiebige Fischgrund war offenbar für beide Dörfer der See von Alkmaar, nach den zahlreichen Trockenlegungen ungefähr der einzige große See, der nördlich von Haarlem noch offenlag. Vielsagend ist, daß nach 1645 die Dörfer in der weiteren Umgebung der »Staten van Holland« auf freien Fischfang im Alkmaardersee drängten.[30] Dies war das Zentrum der gesamten Süßwasserfischerei Nordhollands geworden.

Aber der Fischfang konnte sich nur lohnen, wenn der Konsument bereit war, bei niedrigerem Angebot einen höheren Preis zu bezahlen als vorher. Soviel schien ihm der Süßwasserfisch nicht wert zu sein. Mit dem Angebot ging auch die Nachfrage zurück. Diese Veränderung läßt sich anhand der Archivalien gut nachvollziehen. Es ist ein Register erhalten geblieben, in dem von 1639 an eingetragen ist, wer jährlich die Fischereirechte an der Schleuse von West-Graftdijk gepachtet hat und welchen Preis er dafür zahlte.[31] Das Register zeigt bemerkenswerte Dinge. Zuerst geben wir die Entwicklung der Pachtpreise im Durchschnitt von jeweils zehn Jahren an, um zufällige Abweichungen zu korrigieren:

1639–1648	146,2 Gulden
1649–1658	192,2 Gulden
1659–1668	164,5 Gulden
1669–1678	117,2 Gulden

| 1679–1688 | 78,7 Gulden |
| 1689–1698 | 70,5 Gulden |

Wir sehen, daß nach Vollendung der großen Trockenlegungen die Pacht-preise zunächst stiegen. Der höchste Jahresertrag, 246 Gulden, fällt in das Jahr 1660. Das ist nachvollziehbar, wenn die Nachfrage nach Süßwasser-fisch bei abnehmendem Angebot anhält. Das knapp gewordene Gut stieg im Preis und wurde erst billiger, als sich das Konsumverhalten der Men-schen dahingehend änderte, daß sie nicht länger unbedingt Brassen und Karpfen essen wollten. Das kann die einfache Ursache für das anfängliche Ansteigen und spätere Fallen der Preise sein. Doch könnte dabei noch ein anderer Grund mitgespielt haben.

Endgültig läßt es sich nicht sagen, denn wir haben hier nur Material über die Verhältnisse in dieser einen Samtgemeinde zur Verfügung. Ver-gleichsmaterial gibt es nicht. Mit aller Vorsicht lassen sich aufgrund der Grafter Akten jedoch einige Vermutungen anstellen. Das Register gibt für jedes Jahr den Namen des Pächters und die seines Bürgen, manchmal auch zweier Bürgen an. Insgesamt handelt es sich um 38 verschiedene Personen, von denen acht als Pächter, neunzehn nur als Bürgen und elf in beiden Funktionen aufgetreten sind. Einen großen Unterschied machte das wahrscheinlich nicht, denn vermutlich haben die Bürgen als Mitpäch-ter fungiert.

Während der ersten dreizehn Jahre war das Pachten und Bürgen allein den Grafter Notabeln vorbehalten. Einmal pachtete der Schulze, sieben-mal ein Schöffe oder Altschöffe. Der Schulze war viermal Bürge, der Schöffe oder Altschöffe fünfmal. Einmal schließlich hat der Sekretär gebürgt. Insgesamt treffen wir in 18 von 26 Fällen auf einen Namen aus der Grafter Elite. Aus der reformierten Elite, denn nur sie stieg zu den höheren Dorfämtern auf.

Es sind jedoch auch Mitglieder anderer Kirchengemeinden dabei. Cor-nelis Arisz. war in den Jahren 1648–1650 dreimal hintereinander an Pacht oder Bürgschaft beteiligt. Von diesem Mann weiß man, daß er Katholik war. 1646 hat der Vogt eine Zusammenkunft von Katholiken in Noord-einde gestört und alle siebzig Anwesenden vor Gericht geladen.[32] Es erschienen dort jedoch nur zwei, die sich bereit erklärten, für die gesamte Gruppe zu bürgen. Der eine war Maerten Pietersz. aus Zuidschermer.

Der andere war Cornelis Arisz. Das waren offenbar die Männer mit Kapital, vermutlich auch die einzigen Reichen in dieser katholischen Gemeinde, die darüber hinaus nur aus »Fischern und anderen Leuten unterer Schichten« bestand. Und sie mußten tief in die Tasche greifen, denn die zwei Bürgen wurden zu einer Strafe von 600 Gulden verurteilt. Wenngleich der Betrag ganz oder teilweise auf die Gemeinde umgelegt werden sollte, akzeptierten die beiden Männer doch die Haftpflicht für einen nach den Maßstäben von Zeit und Ort sehr hohen Betrag. Cornelis Arisz. muß demnach reich gewesen sein. Er gehörte also zur Elite. Zwar war er Katholik, er konnte sich aber um die Pacht der Fischgründe an der Schleuse von West-Graftdijk mitbewerben. Er hatte das Geld dafür, und er konnte es sich erlauben, sein Geld zu diesem Zwecke einzusetzen. Denn so würde ich die steigenden Pachtpreise erklären: Sie hingen von den Menschen ab, die es sich leisten konnten. Sie pachteten die besten Fischgründe der Samtgemeinde von Graft, weil sie zur Elite gehörten, und das sollten die anderen merken. Fischgründe waren ein Prestigeobjekt. Wer das Recht auf Fischfang besaß, war bereit zu bezahlen.

Aber das war natürlich nicht alles. Status war gut und schön, doch wurde von der Geldanlage auch ein Gewinn erwartet. Als die Nachfrage nach Flußfisch deutlich abnahm, war für die Männer der Grafter Elite die Grenze erreicht. Ihre Namen verschwanden aus dem Pachtregister. Sofern wir dort noch Notabeln antreffen, ist es die zweite Gruppe. Sie kamen nicht mehr aus dem Hauptdorf Graft, sondern aus den Weilern der Samtgemeinde: ein Jan Pietersz. van den Bosch, Chirurg aus Noordeinde, oder ein Rongh Remmesz., der Schöffe in West-Graftdijk und in dem Schöffenkollegium der einzige war, der nicht schreiben konnte. Die Pacht ist auf einem etwas niedrigeren sozialen Niveau angekommen, bei der Mittelschicht: dem Lehrer Jelle Jacobsz., dem Lehrer und Notar Adriaen Groet, dem Gastwirt Floris Huybertsz. aus Oosterbuurt, dem Binnenschiffer Adriaen Cornelisz. aus West-Graftdijk. Die Schreibkundigen sind jetzt in der Minderheit. In den ersten zwanzig Jahren unterzeichnet nur einer der Pächter mit einem Kreuzchen, die anderen Pächter und Bürgen setzen ihre Unterschriften. In den Jahren 1659–1678 hingegen zählen wir sieben Unterschriften und dreizehn Kreuzchen, obwohl zwei Lehrer dabei sind.

Merkwürdig ist jedoch, daß in den ersten Jahren dieser Periode, als die Mittelschicht gerade auf den Plan getreten war, für die Pacht auch die höchsten Beträge bezahlt wurden. Die vier Spitzenjahre fallen in die Zeit zwischen 1657 und 1660, als die Pacht nacheinander folgenden zugestanden wurde: dem Notar Adriaen Groet, dem Lehrer Jelle Jacobsz., dem Tuchverkäufer Dirck Wilmsz. und dem vielleicht hauptsächlich als Folge seiner Behinderung nie zu höheren Ämtern vorgedrungenen Adriaen Dingemans, der blind war.

Diese vier gehörten sicherlich nicht zu den Reichsten des Dorfes, doch sie bezahlten für die Pacht viel mehr, als es die Elitegruppe getan hatte. Es fällt schwer zu glauben, daß die Grafter Spitzenfinanciers nicht mit der Mittelschicht konkurrieren konnten. Wahrscheinlicher ist, daß die Elite sich freiwillig zurückzog und nicht mehr mitbot. Die Männer aus der Mittelschicht scheinen in der Lage gewesen zu sein, für die Pacht ansehnliche Summen hinzublättern. Hätten sie das nicht zehn Jahre früher schon gekonnt? Wir müssen uns den Lauf der Dinge wohl so vorstellen, daß die Elite die Pacht nicht aus den Händen gab, solange sie an ihr interessiert war. Die Mittelschicht hat das akzeptiert. Sie bot nicht mit, wenn die Notabeln ihr zu verstehen gaben, daß sie die Fischgründe als ihre Domäne ansahen. Die Lehrer und Gastwirte respektierten das Vorzugsrecht der Elite. Das Pachtregister spiegelt die wohlgeordneten sozialen Verhältnisse wider, auf die wir in späteren Kapiteln noch zurückkommen werden.

Eine dritte Phase bricht an, als auch die Mittelschicht sich diesen Luxus nicht mehr leisten möchte. Jetzt kommt eine dritte Gruppe zum Zuge: die der Berufsfischer. 1670 gelangt die Pacht in die Hände von Maerten Adriaensz., Fischhändler in Noordeinde. Mit einem Jahr Unterbrechung, in dem er Bürge und nicht Pächter ist, bleibt er bis zu seinem Tod 1695 im Besitz der Pacht. Dann erst tritt ein neuer Pächter auf den Plan. Es ist Teunis Maertensz., Sohn des Maerten Adriaensz., selig. Die Süßwasserfischerei ist offenbar eine Spezialdisziplin geworden, die nur noch wenige ausüben und die nicht mehr als einen mäßigen Gewinn einbringt. Es sind in der Samtgemeinde wenige Berufsfischer übriggeblieben, die meist dicht bei den Ringgräben wohnen, in Oost- oder West-Graftdijk,[33] von wo sie eine gute Verbindung mit dem See von Alkmaar haben. 1705 gibt es noch sechs, die in einem Vertrag eine ziemlich seltsame Übereinkunft festlegen. Sie geloben, allen Schaden, den irgendeiner von ihnen durch eine Klage des Vogts oder des Schulzen erleiden sollte, gemeinsam zu tragen.[34] Diese eigenartige gegenseitige Versicherung gegen einen Schaden, der als Folge einer Gesetzesübertretung erlitten wurde, gibt uns deutlich zu verstehen, daß es in den Grafter Fischgründen ruhig geworden ist. Will der Schulze, um der hohen Geldbußen willen, die Gesetzesübertreter erwischen, muß er seine Opfer innerhalb der kleinen Gruppe von Tjotterleuten[35] suchen. Auf sie richtet sich nun all seine Spürlust. Es kann wiederum eine Bestätigung für die Gelassenheit sein, mit der hierarchische Verhältnisse akzeptiert wurden, daß diese Grafter Fischer so etwas mehr oder weniger ruhig als Berufsrisiko angesehen haben. Hatten sich die Umstände des Fischereigewerbes auch noch so einschneidend verändert, so versuchten die Fischer dennoch nicht, bei der Regierung der Samtgemeinde eine Änderung der Fischereiverordnungen durchzusetzen.

Die Geschichte der Süßwasserfischerei in Graft ist insofern repräsentativ für die Region, als sie einen stetigen Rückgang zeigt. Aller Wahrscheinlichkeit nach gilt die Repräsentativität gleichfalls für das in diesen Entwicklungen sichtbare Investitionsverhalten. Die Grafter des 17. Jahrhunderts waren konservative Investoren. Sie machten gern Gewinn, doch das Prestige wog auch schwer. Darum bemühten sie sich, auch als das finanziell längst nicht mehr zu verantworten war, um die Fischgründe an der Schleuse von West-Graftdijk. Es war ihnen schon etwas wert, sich Pächter der besten Fischgründe in der Samtgemeinde nennen zu können. Und aus ähnlichen Gründen waren Investitionen in Grund und Boden bei den »Großen« und den »Kleinen«, bei Mann und Frau gleichermaßen beliebt. Es mußte schon eine sehr dürftige Erbschaft sein, zu der nicht mindestens ein kleines Stückchen Land gehörte.

Graft und De Rijp gehörten zu den größten Dörfern Hollands. In der Grundsteuerveranlagung von 1632 – welche die Steuern für Land und Häuser angibt – sind die beiden nach den Samtgemeinden von Oost- und Westzanen die größten von ganz Holland, wenn wir die Anzahl der Häuser als Maßstab nehmen.[36] Insgesamt bildeten Zaanstreek und Schermereiland das am dichtesten besiedelte Gebiet der Provinz. Die Menge des zur Verfügung stehenden Landes war sehr bescheiden. De Rijp, Graft, Wormer, Jisp, Oostzanen, Westzanen, Krommenie, Zuidschermer und Schermerhorn zählten 1641 zusammen 5 200 Häuser, verfügten zu neunt aber über nicht mehr als 7 900 Morgen Land.[37] Graft kam mit 639 Morgen am schlechtesten weg. Von so wenig Land konnten nicht viele Menschen leben. In den genannten Dörfern ging man davon aus, daß eine Familie mit weniger als zehn Morgen nicht auskommen konnte. Für Graft hätten es wahrscheinlich noch mehr sein müssen, denn dort war der Boden von sehr schlechter Qualität: »mageres und dürres Moorland«.[38] 1514 war der durchschnittliche Wert eines Morgen Landes in Graft und De Rijp am niedrigsten im gesamten Noorderkwartier.[39] In der Samtgemeinde von Graft gab es ein Stück Land, das »Koekeweid« (Kuchenweide) genannt wurde, weil es angeblich im 16. Jahrhundert zum Preis von einem Kuchen den Besitzer gewechselt hatte.[40] Es gab auch im 17. Jahrhundert noch Land, auf dem nur Dornen und Unkraut wuchsen.[41] Und es gab Land, das verlassen dalag, ohne daß es jemand als sein Eigentum in Anspruch nahm.[42] Landverlust »durch die gewaltige Ausbreitung der Gewässer«[43] kam, seit die großen Seen trockengelegt waren, nicht mehr vor. Doch viel Land lag selbst im Sommer bei schönem Wetter nur einen halben Fuß über dem Wasserspiegel. Nach den Herbstregenfällen war es überschwemmt und lag erst im Frühjahr wieder trocken.[44]

Diese Probleme traten damals in weiten Teilen der Region Nordholland auf.[45] Die Grafter waren jedoch ganz besonders davon betroffen. Die Rendite kann demnach bei Landbesitz nicht hoch gewesen sein. Es ist nicht einfach, Einsicht in die Preise zu gewinnen. Sie variieren stark, und ein gutes Stück Land kann viermal so teuer sein wie ein schlechtes.[46] Doch ob Land nun eine gute oder schlechte Ernte brachte, was in diesem Landstrich je nach Wetterlage erheblich variieren konnte[47] – der Profit, den das Land seinem Besitzer einbrachte, galt im Vergleich zu Investitionen in Form von Staatspapieren als klein.[48] Man konnte also kaum mit einem Nettogewinn von vier Prozent rechnen, denn so hoch waren die Zinsen, die der Staat zahlte.

Trotzdem war Land das beliebteste Investitionsobjekt. Grafter Seeleute, die das Land bestimmt nicht für den Eigenbedarf brauchten, steckten ihr Kapital bevorzugt in Grund und Boden.[49] Das war nicht nur auf Schermereiland die Regel. C. de Jong hat dasselbe Phänomen bei den Walfängern Nordhollands beobachtet,[50] von denen sehr viele aus Zaanstreek stammten, einem Gebiet, das ebensowenig wie das Schermereiland für seine reichen Bodenerträge bekannt war. Könnte das nicht ein Hinweis darauf sein, daß eigener Grund und Boden den Nordholländern etwas wert war und daß ihnen deshalb der Besitz eines Teils des Bodens, auf dem sie lebten, mehr Befriedigung und auch mehr Status verlieh als ein Wertpapier mit festen Zinsen aus den Kassen der Provinz?[51] Unter Berücksichtigung der Ereignisse um die Fischgründe an der Schleuse von West-Graftdijk scheint diese Annahme nicht unwahrscheinlich.

Der Besitz, nicht der Nutzen verlieh Prestige. Der Reiche strebte nach Eigentum von Grund und Boden, doch nutzte er diesen nicht aus. Der Grafter Kaufmann Cornelis Danser hinterließ über 20 000 Gulden,[52] nach örtlichen Maßstäben ein Vermögen. Rund die Hälfte dieser Summe hatte er in Land angelegt. Obwohl er ein Händler war, besaß er keine Kühe und Schafe. Pieter Taemsz. aus Noordeinde hingegen hinterließ seinen Erben 27 Stück Rindvieh, 6 Lämmer und 3 Schweine. Doch sein Vieh graste und scharrte auf gepachtetem Grund, denn an Land konnte er nur anderthalb »Achel«[53] sein Eigentum nennen,[54] zu wenig, um nur eine einzige Kuh am Leben zu halten. Gerade in Graft, »wo die Gräben so breit sind, wie das Land weit ist«,[55] brauchte ein Viehbesitzer viel Land, um regelmäßig seine Tiere vom einen Stückchen Land zum anderen bringen zu können.

Auf diesem Land grasten Kühe. Ackerland war rar. In Graft wurde zwar etwas Krapp angebaut, etwas Hafer und etwas Senfsaat,[56] und es gab auch Grafter, die Ackerland in der viel größeren Samtgemeinde Zuidschermer besaßen,[57] das Bauernwerkzeug aber bestand vor allem aus »Tonnen, Fässern, Butterschalen und Buttereimern«.[58] Ein Ackerbauer war immer auch Viehhalter. Das Umgekehrte galt nicht. So mancher Dörfler hatte ein oder zwei Kühe im Stall stehen und konnte, wenn sich die Gelegenheit bot, auf unterster Stufe in Schlacht- oder Milchvieh handeln. Aber es gab doch eine kleine Gruppe von Graftern, die sich ganz oder überwiegend auf die Viehzucht verlegt hatte.

Der glückliche Zufall will, daß wir diese Gruppe in einem bestimmten Moment ihrer Geschichte etwas schärfer ins Bild rücken können. In Kapitel I beschäftigten wir uns mit der Veranlagungsliste der Salz- und Seifensteuer von 1680. Diese kann uns auch helfen, die Grafter Bauern aufzuspüren. Zwar bietet das Buch keine gute Grundlage für eine Berufsstatistik, doch die Viehhalter bilden einen Sonderfall. Der Besitz an Rindvieh bestimmte die Höhe der Besteuerung. Die Aussicht, daß wir den Beruf »Kuhbauer« in den Akten vermerkt finden, ist daher groß. Er kommt 25mal vor. Noch von drei weiteren Graftern wissen wir aufgrund diverser Umstände, daß sie Bauern gewesen sein müssen.[59] Vorläufig fügen wir dort auch noch die zwölf Familien hinzu, die in den Poldern Starnmeer und Kamerhop wohnhaft waren. Daß wir das tun können, wird sich zeigen, wenn wir untersuchen, wie sich diese vierzig Haushalte zusammensetzten. Neben einer Aufschlüsselung der jeweiligen Bewohner eines Hauses zeigt die Tabelle in der letzten Spalte die Gesamtsumme der verfügbaren Arbeitskraft an. Jeder Erwachsene wird voll gezählt, jedes Kind über zehn Jahren halb. Vor allem kinderreiche Familien sind dadurch etwas zu niedrig eingeschätzt.

GRAFT	Mann	Frau	Kinder über 10 Jahre	Kinder unter 10 Jahren	Kostgänger	Mitwohnendes Personal	Gesamtarbeitskraft
Adriaen Claesz. Schipper	1	0	0	0	1	1	3
Albert Hendr. Glasemaker	1	1	2	1	0	0	3
Claes Corn. Leeuwes	1	0	0	0	2	1	4
Cornelis Corn. Voordewint	1	0	4	0	0	1	4
Dirck Mieusz. Kokjes	1	0	1	0	2	0	3,5
Floris Jansz. Colles	1	1	0	0	0	0	2
Jacob Gerritsz.	1	1	0	1	0	1	3
Jan Claesz. Sloten	1	0	0	3	1	0	2
Jan Dircksz. Crul	1	1	0	1	0	1	3
Jan Pietersz. Kan	1	1	0	0	0	0	2
Jan Teunisz. Woggelum	1	1	2	0	0	0	3
Pieter Claesz. Sloten	1	0	1	1	0	1	2,5
Pieter Cornelisz.	1	1	0	0	1	0	3
Symon Lambertsz. Bom	1	1	0	1	1	1	4
Taem Claesz. Schipper	1	1	0	0	2	0	4

	Mann	Frau	Kinder über 10 Jahre	Kinder unter 10 Jahren	Kostgänger	Mitwohnendes Personal	Gesamtarbeitskraft
OOST-GRAFTDIJK							
Adriaen Willemsz.	1	1	0	0	0	0	2
Claes Dircksz.	1	1	0	3	0	1	3
Claes Heynis	1	1	0	2	2	0	4
Jacob Pietersz. Snijder	1	1	2	1	0	0	3
Pieter Corn. Molenaer	1	1	0	0	0	1	3
WEST-GRAFTDIJK							
Dirck Claesz. Vet	1	1	3	0	0	1	4,5
Guurt Gerrits Yperen	0	1	2	0	2	0	4
Ijsbrant Dircksz.	1	1	5	0	0	0	4,5
Neel Jacobs	0	1	3	0	0	0	2,5
Symon Claesz. Yperen	1	0	0	3	0	1	2
NOORDEINDE							
Dirck Corn. Hartloop	1	1	0	0	0	1	3
Dirck Jansz.	1	1	1	0	1	1	4,5
Pieter Taemsz.	1	0	0	3	0	1	2
STARNMEER UND KAMERHOP							
Claes Engelsz.	1	1	0	2	0	1	3
Claes Jansz. Crom	1	1	0	0	1	0	3
Corn. Corn. Goeman	1	0	1	0	0	2	3,5
Cornelis Hermansz.	1	1	0	0	1	1	4
Dirck Claesz.	1	1	3	2	0	0	3,5
Dirck Tijsz.	1	1	0	3	0	1	3
Floris Pietersz.	1	0	1	0	1	2	4,5
Gerrit Heytes	1	1	1	0	0	0	2,5
Jacob Corn. Molenaer	1	1	0	0	1	0	3
Jan Garbrantsz.	1	1	2	1	0	0	3
Pieter Jacobsz.	1	1	0	1	0	0	2
Pieter Jansz.	1	1	0	0	0	1	3

Was fällt nun an dieser Tabelle besonders auf? Zweifellos der große Anteil an Personen, die als Kostgänger und Bedienstete bei den Bauernfamilien wohnten. In der ganzen Samtgemeinde Graft werden 1680 240 Kostgänger und 68 mitwohnende Bedienstete gezählt. Zusammen stellten diese noch keine zehn Prozent der Bevölkerung dar. Bei den Viehhaltern hingegen ist weit verbreitet, daß das Personal im Haus lebt. Fast ein Drittel aller mitwohnenden Knechte und Mägde in der Samtgemeinde lebt unter dem Dach eines Viehhalters. Die Viehhalter machten insgesamt allerdings weniger als fünf Prozent der Bevölkerung aus. Darüber hinaus ist wahrscheinlich, daß die anderen Kostgänger größtenteils im Betrieb mitarbeitende Blutsverwandte waren. Es hat den Anschein, als hätten die Grafter Bauern eine einigermaßen zusammenhängende Gruppe gebildet. Die Liste gibt zweimal die Namen Yperen, Sloten, Molenaer und Schipper an. Längst nicht alle genannten Personen kommen in den Familienbüchern vor. So sind die Verwandtschaftsverhältnisse häufig nicht zu entschlüsseln. Aber Floris Jansz. Colles ist vermutlich ein Schwager von Pieter Taemsz. gewesen, derweil Pieter Claesz. Sloten mit der Nichte von Jan Pietersz. Kan verheiratet war. Ihre Ehe wurde 1681 geschlossen. Auf unserer Liste steht Pieter Claesz. Sloten noch als Witwer.

Die Grafter Bauern waren Milchviehhalter. In ihren Betrieben konnte man weder den Bauern, noch die Bäuerin entbehren. In unserer Tabelle erscheinen nur zwei Frauen als Haushaltsvorstand, während der Anteil weiblicher Haushaltsvorstände an der Gesamtbevölkerung 22,6 Prozent beträgt. Wir sehen zehn alleinstehende Männer, doch acht von zehn haben eine mit im Haus wohnende Magd, und die zwei anderen haben Kostgänger, die in diesem Fall auch weiblichen Geschlechts gewesen sein können. Fünf von den zehn sind übrigens im Jahre 1680 oder kurz danach getraut worden. Für Jan Claesz. Sloten war das die vierte Ehe, für Pieter Taemsz. die dritte. Einer der zehn Alleinstehenden, Adriaen Claesz. Schipper, war 1680 noch Witwer. Er ist 1682 getraut worden. Der Witwer Cornelis Cornelisz. Voordewint hat nicht wieder geheiratet, sein gleichnamiger Sohn aber hat 1684 Hochzeit gehalten. Seine ältesten Kinder werden 1680 bereits vollwertige Arbeitskräfte gewesen sein. Von drei Witwern ist keine spätere Heirat bekannt. Darunter sind auch die beiden Spitzenreiter in der Rubrik »Kostgänger und Personal«: Claes Corn.

Leeuwes und Floris Pietersz. Der Dritte, Dirck Mieusz. Kokje, hat zwei Fremde im Haus aufgenommen.

Der wohlhabendste der ganzen Gruppe war Floris Pietersz., der einzige Kapitalist. Die auf 4,5 veranschlagte Arbeitskraft in seinem Betrieb gibt vermutlich schon die Obergrenze für die Samtgemeinde von Graft an. Nur noch bei drei anderen finden wir diese Summe. Aber der Sohn von Dirck Jansz. in Noordeinde ist Seefahrer, und von den fünf Kindern von Ijsbrant Dircksz. sind auch drei auf See. Abgesehen von diesen beiden Familien treffen wir in der ganzen Gruppe nur noch einen Seefahrer an. Fünf Seefahrer in diesen vierzig Haushalten, die zusammen 172 Köpfe zählen: Augenscheinlich konnten die Bauern auf die Söhne nicht verzichten. In der Regel muß es dort Arbeit für mindestens drei Personen gegeben haben, und in etwas größeren Betrieben für vier.

Auf allen Grafter Bauernhöfen wurde Milch zu Käse verarbeitet. Für die gesamte Region Nordholland ist bekannt, daß sie im späten Mittelalter sowohl Butter als auch Käse in großen Mengen exportierte, während im 18. Jahrhundert die Molkereiproduktion fast ausschließlich auf Käse eingestellt war.[60] Wann sich der Übergang vollzogen hat, ist nicht bekannt. In Graft war er jedenfalls um 1650 schon abgeschlossen. Aus dem Kassenbuch des Armenaufsehers geht hervor, daß Butter in größeren Mengen auf dem Markt in Amsterdam eingekauft wurde,[61] während Käse bei den örtlichen Lieferanten bezogen wurde. Der Preis dieses Produktes war relativ stabil. Mit kleinen Abweichungen brachte Käse in der zweiten Hälfte des 17. Jahrhunderts stets etwa zwei Stuiver das Pfund ein – wie man es damals meist sagte: zehn Gulden pro hundert. Auch gegen Ende des Jahrhunderts machte sich noch kein Rückgang bemerkbar.[62] Spitzenqualität kann der Käse nicht gewesen sein. Der durchschnittliche Marktpreis lag zu jener Zeit etwas höher als zehn Gulden pro hundert, ein Preis, der in Graft die Regel war.[63] So kauften die Grafter Käsehändler bessere Sorten außerhalb des Dorfes ein.[64] Aber das kam in Graft öfter vor: das Normale gab es zu kaufen, doch wer es vom Besten wollte, mußte es außerhalb der Samtgemeinde suchen.

Das bestätigt nochmals, daß die Landnutzung niemandem zusätzliches Ansehen und Status verschaffen konnte. Es war das Eigentum, an dem die Grafter Notabeln Genüge fanden. Wie wenig Geld und Güter der Boden auch immer einbrachte, es blieb der eigene Grafter Boden, von dem man seinen Teil besitzen wollte. Der Umgang mit Land und Wasser weist auf ein lokales Selbstbewußtsein, einen Besitzerstolz, der zwar mit der Qualität der Objekte nichts zu tun hat, wohl aber Ausdruck der Wertschätzung für den eigenen Geburtsort ist.

II

Die Früchte der Erziehung

Jan Hendriksz. Verstraelen, *Kinderspiel*

4 Jugend in Graft

Er ward geboren. Er lebte, nahm ein Weib und starb. So faßt der Dichter Christian Fürchtegott Gellert den Lebenslauf des durchschnittlichen Menschen zusammen. Das ist oft auch das einzige, was die Quellen über unsere Vorfahren preisgeben: ihre Namen im Taufregister, im Familienbuch und im Sterberegister. Zwischen Geburt und Tod spielte sich ihr unauffälliges Leben ab, das praktisch genauso verlief wie das Tausender anderer. Was die jeweilige Person von ihren Zeitgenossen unterschied, offenbaren die Akten selten. Das Verlorengegangene kann die Geschichtsschreibung nicht retten. Auch das Grafter Gemeindearchiv weiht uns in nicht viel mehr ein als die kollektiven Erfahrungen der Dörfler. Nur dann und wann fangen wir einen Schimmer individueller Persönlichkeit ein. Zwar fehlt die durchgehende Linie, aber einige markante Punkte aus einem Leben können wir immerhin beschreiben.

An einem solchen Punkt begegnen wir dem jungen Grafter Cornelis Lourisz., der am 27. März 1670 zu einer Versteigerung geht, um einzukaufen. Dies sind die Waren, mit Preisen in Gulden, Stuivern und Penningen, die er erstanden hat:[1]

einen Topf	0: 6:8
eine Wiege	0: 8:0
ein Töpfchen	1: 6:0
einen Stuhl	0: 3:0
ein Torffaß	0:10:0
eine Kinderdecke	0: 7:0

Nicht alle Ankäufe passen in dasselbe Muster. Dennoch liegt das Leben von Cornelis Lourisz. einen Augenblick lang vor uns wie ein offenes Buch. Ein werdender Vater sieht der Zukunft ins Auge. Reich ist er nicht, deshalb versucht er sein Glück auf einer Versteigerung. Er scheint sich seiner Pflichten wohl bewußt und ergreift rechtzeitig Maßnahmen. Ein bißchen sehr zeitig vielleicht, denn der einzige Cornelis Lourisz., den wir um das Datum herum im Heiratsregister antreffen, wird genau neun Monate später getraut, am 27. Dezember 1670.

Doch seine Vorsicht ist verständlich. Die Grafter Familien waren mit Nachwuchs reich gesegnet und nutzten ihre Wiegen und Wiegendeckchen ganz und gar ab. Wer auf Schnäppchen aus war, mußte jede Gelegenheit beim Schopfe packen. Auf all den Warenauktionen, von denen ein Protokoll erhalten blieb, ist nur einmal ein Nachttopf für Kinder angeboten worden. Das Töpfchen ging für 17 Stuiver an die »Zuster van Pieter Swaen«.[2] Meistens sind die Käufer unter eigenem Namen ins Versteigerungsregister eingetragen. Der Auktionator kannte Pieter Swaens Schwester wahrscheinlich nicht. Nach den Gewohnheiten des 17. Jahrhunderts notierte er in solchen Fällen nicht den Namen der Frau, der ihm ja doch nichts sagt, sondern deren Verhältnis zu jemand Bekanntem. Sie war keine Grafterin und fuhr abends wieder in ihrem Bötchen zurück nach West-Knollendamm, nach Wormer oder in ein anderes der umliegenden Dörfer. Mehr als den Kinderstuhl hat sie nicht mitgenommen, und diesen hat sie zu einem günstigen Preis erstanden. Ein einfacher Stuhl, wie ihn Cornelis Lourisz. gekauft hat, war schon für drei Stuiver zu bekommen. Könnte dies ein Hinweis darauf sein, daß Artikel für die Kleinsten begehrt waren und daß man dafür durchaus Geld übrig hatte? So ist vielleicht zu erklären, daß Cornelis Lourisz., kaum Bräutigam in spe, bereits neun Monate vor dem Hochzeitstermin drei Gulden dafür ausgab.

In Graft wurden viele Kinder geboren. Die niedrige durchschnittliche Familiengröße von 3,8 Personen im Jahre 1680 sollte uns nicht in die Irre führen. Der Dorfsekretär Meyndert Salm hat 1681 geheiratet. Ein Taufregister, das über die Geburten Buch führt, ist für diese Zeit in Graft nicht vorhanden – aber ein Sterberegister. Unter Grab Nr. 192 finden wir einen Eintrag vom 15. September 1682: »Kind des Meyndert Salm«.[3] Das steht dann siebenmal untereinander, mit dem 14. September 1695 als letztem Datum. Kann es mehr als sieben Geburten in den 14 Jahren der Ehe gegeben haben? Ja, es gab noch ein achtes Kind. Es wurde am 29. April 1689 in Grab Nr. 247 beerdigt.[4] Alle acht Kinder hatten dieselbe Mutter. Wie oft dergleichen vorkam, können wir aus Mangel an Taufregistern nicht sagen. Aus dem Heiratsregister aber wird deutlich, daß ungefähr einer von drei Bräutigamen Witwer war. Der Chirurg Gerrit Gerritsz. van Tiel ist fünfmal Witwer gewesen und hat jedesmal wieder geheiratet. Es ist nicht bekannt, wie viele Kinder er hatte, wahrscheinlich aber mehr als die zwei, die er nach sechs Ehen schließlich in seinem Testament bedacht hat.[5] Jan Cornelisz. Neyer hat dreimal eine Frau und dreimal ein Kind beerdigt.[6] Die Biographie von Maerten Jansz. Gelis wird im Sterberegister unter der Nummer 251 knapp zusammengefaßt:[7]

1657 ein Kind beerdigt
1662 die Frau
1662 ein Kind
1672 die Frau
1685 ein Kind
1687 die Frau
1688 Jan Maertensz. Gelis, gestorben in Grönland
1693 Maerten Jansz. Gelis

Nicht jede Familie wird eine so dramatische Geschichte gehabt haben. Doch für die Frauen des 17. Jahrhunderts war das Wochenbett eine heikle Zeit, und im allgemeinen erreichte nur die Hälfte der Kinder in der gesamten Region Nordholland das Erwachsenenalter.[8] So war die Wahrscheinlichkeit ziemlich groß, daß Grafter Jungen und Mädchen unter der Obhut von Stiefvätern oder Stiefmüttern, in Gesellschaft von Halbbrüdern und Halbschwestern aus früheren und späteren Ehen aufwuchsen. Das kam so oft vor, daß es vielleicht sogar die Regel war. Haushalte mit drei Generationen hingegen waren selten. Die Liste von 1680 gibt nur vier Fälle an: ein Witwer, der mit seinen beiden Kindern bei seinem Vater einzog, und drei Witwen, die zusammen mit ihrem Nachwuchs bei ihrer Mutter wohnten.[9]

Krankheit war der ärgste Feind der Kinder. Wenn nach dem Tod eines Elternteils der hinterbliebene Vater oder die hinterbliebene Mutter vor den Waisenvorstehern versprechen mußte, mit aller Kraft die Sorge für die Kinder allein weiter zu tragen, ist immer ausdrücklich alles mit inbegriffen, »was im Falle von Krankheit, Übel oder in anderen Notsituationen passiert«.[10] Bei Krankheiten ging es für das Kind meistens um Leben und Tod.

Die Risiken, die das Dorfleben mit sich brachte, wogen für die Kleinsten am schwersten. Im Archiv befindet sich eine Liste von Personen, die in den Jahren 1622–1640 durch Unfall oder Gewalt ums Leben kamen.[11] Einer wurde durch einen Messerstich getötet, einer kam bei einer Schiffskollision um, einer wurde von einem herunterfallenden Holzscheit getroffen, und einer fiel plötzlich tot um, ohne äußere Verletzungen. Alle anderen, 44 an der Zahl, sind ertrunken. 36 von ihnen waren zehn Jahre und jünger, davon 30 fünf Jahre und jünger. In der gesamten Todesstatistik fiel das Ertrinken von durchschnittlich zwei Kindern pro Jahr kaum ins Gewicht. In der Samtgemeinde Graft muß ungefähr wöchentlich ein Kind gestorben sein. Kein Grund also, im Wasser jeder Gracht und jedes Grabens ein Memento mori zu lesen. Doch machen acht ertrunkene Erwachsene gegenüber 36 ertrunkenen Kindern natürlich einen bestürzenden Unterschied.

Soziale Unterschiede scheint es in dieser Hinsicht nicht zu geben. Die dreijährige Neel Jans, die 1633 ertrank, war die Tochter von Jan Areiansz. Coudewinter, einem Mann, der am Rande der Gesellschaft lebte. Der vierjährige Jan Areiansz. dagegen war das Kind von Areian Balserz., Kirchenmeister und Waisenvorsteher in Noordeinde. Wir haben keinen Hinweis darauf, daß die Bessergestellten ihren Kindern mehr Sicherheit bieten konnten als die Ärmeren. Das Gerichtsarchiv enthält lediglich die Klage eines Vaters über die Mißhandlung seines Sohnes durch einen anderen Jungen. Der Kläger ist Meister Adriaen Cos, Notar und Lehrer in West-Graftdijk. Der Beruf des beschuldigten Vaters ist unbekannt, nicht hingegen seine Antwort. Es sei nur eine unschuldige Rauferei unter Kindern gewesen, erklärte er, die zwei hätten des öfteren miteinander gerangelt. Sein eigener Junge sei durch den Sohn des Klägers mehr als einmal »heftig auf einen Stein gedrückt und mit einem Beil auf den Kopf geschlagen worden«. Hatte er damals etwa deswegen geklagt?[12] Es ist allzu gewagt, aufgrund dieses einen Zeugnisses davon auszugehen, daß Graftdijker Jungen einander andauernd mit Beilen auf den Kopf schlugen. Doch scheinen der Sohn des Lehrers und sein Spielgefährte einander nicht geschont zu haben, und zumindest einer der Väter suggeriert, daß die normale Härtegrenze dabei nicht überschritten wurde. Graft war ein Dorf von Seefahrern. Männer wurden dort von Kindesbeinen an die strenge Disziplin in einer geschlossenen Männergemeinschaft gewöhnt, in der die physische Kraft das bevorzugte Mittel war, die eigenen Position in der Rangfolge zu sichern. Es scheint unvermeidlich, daß diese über lange Zeit verwurzelten Gewohnheiten auch Umgang und Erziehung beeinflußten.

Was die Erziehung in der Praxis beinhaltete, enthüllt sich uns nur hin und wieder. Was sie, nach Auffassung der Gemeinschaft, beinhalten sollte, welchen Normen sie entsprechen mußte, das können wir in den Quellen nachlesen, besonders in den bereits genannten Archiven der Waisenkammer und bisweilen auch in Testamenten. Es gilt der allgemeine Maßstab, daß Eltern ihre Kinder »ehrlich und bürgerlich« großziehen sollen.[13] Statt »bürgerlich« schreiben die ältesten Akten auch schon mal »nachbarschaftlich«,[14] in Übereinstimmung mit dem Sprachgebrauch, nach dem Dörfler als Nachbarsleute bezeichnet werden. In Graft ist jedoch bald die Bezeichnung »Bürger« gebräuchlich geworden.[15] Die beiden Begriffe bedeuten hier dasselbe: Sie bezeichnen ein ehrenhaftes und nützliches Mitglied der Gesellschaft.

Graft ist ein christliches Dorf in einem christlichen Land. Diese Christlichkeit ist zweifellos in der »ehrlichen, bürgerlichen« Erziehung mit verankert, auch wenn das zunächst nicht ausdrücklich gesagt wurde. In den letzten zwanzig Jahren des 17. Jahrhunderts sollte das übrigens mehr und mehr geschehen. Die Sekretäre der Waisenkammer schreiben die Eidesformeln neu und nehmen den Eltern das Versprechen ab, ihre Kinder zu guten Christenvätern oder Christenmüttern zu erziehen[16] oder sie als »gottesfürchtige Eltern«[17] in alles einzuweisen, was ihrem diesseitigen und jenseitigen Leben dienlich sei.[18]

Veränderungen der Formulierungen müssen nicht unbedingt Veränderungen des Denkens anzeigen. Die alten und neuen Termini können Ausdruck derselben Ideen sein. Nach 1680 verändert sich jedoch nicht nur die Form. Auch die Häufigkeit, mit der offizielle Akten die Erziehung dem Wort Gottes unterstellen, nimmt deutlich zu. So versprechen der Schöffe Reinier Arentsz. Smit und seine Frau Bregt Jans einander, daß derjenige von ihnen, der länger lebt, die Kinder angemessen versorgen und »vor allem, christlich erziehen« und sie einen Beruf erlernen lassen wolle – »um sie zum Segen des Herrn zu führen«. Weiter verpflichten sie sich, alles zu tun, was »gottesfürchtige Eltern nach Gottes und der Natur Wille zu tun haben«.[19] Dreimal weist diese Akte die Eltern auf ihre christlichen Pflichten hin – ein deutliches Zeichen, daß der christliche Charakter der Grafter Gesellschaft im Laufe des 17. Jahrhunderts eher zu- als abnahm.

Die Grundelemente einer guten Erziehung und Versorgung blieben davon unberührt. Durch das ganze Jahrhundert hindurch sprechen die Akten von Ernährung, Kleidung und Versorgung in guten und schlechten Zeiten, mal wird das ausgedrückt durch die Formulierung »Kleider zum notwendigen Bedarf«,[20] mal umständlicher mit »Versorgung mit Speise, Trank, Kleidung, Wohnung und alltäglicher Habe«.[21] Es sind Verpflichtungen, die eines Tages aufhören werden. Meist müssen die Kinder mit achtzehn Jahren auf eigenen Füßen stehen, manchmal wird jedoch auch ein höheres Alter angesetzt.[22] Auf diese Selbständigkeit müssen sie vorbereitet werden, deshalb geht es in so vielen Quellen um Schule und Berufsausbildung.

Allerdings gilt das nicht für jeden Quellentext. Vielleicht fanden einige Eltern das überflüssig. Der Vater des vierjährigen Jacob Jansz. verspricht 1653 mit keinem einzigen Wort, daß er den Jungen in die Schule schicken wird.[23] Jacob kann aber später, als er das Erbe antritt, sehr wohl eine Unterschrift geben.[24] Kein Wunder, denn sein Vater Jan Abrahamsz. war Lehrer in Noordeinde. Daß er dem Kind die Kunst des Schreibens beibringen würde, verstand sich von selbst. Etwas von diesem Selbstverständnis drücken auch andere Akten aus, wenn sie erklären, daß die Kinder »zur Schule gehen, wie es sich gehört«[25] oder »wie es sich für ehrlicher Nachbarsleute Kinder geziemt«.[26] Auch Väter, die selbst mit einem Kreuzchen unterzeichnen, versprechen das,[27] um ihre eigenen Unzulänglichkeiten nicht an ihre Kinder weiterzugeben.

Nicht jeder hielt Schulbildung für wichtig. In der Samtgemeinde Graft gab es auch Gleichgültige, die all das Lernen unwichtig fanden: »Böswillige, die nichts vom Lernen« hielten.[28] Wahrscheinlich waren das Menschen, die sich selbst ohne Schulwissen durchschlagen konnten und nicht einsahen, warum ihre Söhne auf den Heringsbüsen oder ihre Töchter in der Spinnerei sich in diese Künste vertiefen sollten.

Die lokale Obrigkeit war da jedoch ganz anderer Meinung. Als sich De Rijp 1607 von Graft trennte, wurden in diesem Ort zwei Schulaufseher bestallt.[29] Damit knüpfte De Rijp an die Tradition der alten, ungeteilten Samtgemeinde an. West-Graftdijk, Oost-Graftdijk und Noordeinde hatten alle drei im siebzehnten Jahrhundert ihre eigenen Schulaufseher, die

die Verwaltung der örtlichen Schulen übernahmen.[30] Das Kerndorf selbst nahm eine Sonderstellung ein. Es hatte nur einen Schulaufseher, doch der wurde auf Lebenszeit eingestellt und gehörte stets zu den besten Kreisen der ganzen Samtgemeinde.[31] Der Lehrer war ihm direkt unterstellt[32] und erhielt von ihm Gehalt.[33]

Die Samtgemeinde Graft zählte seinerzeit mindestens vier öffentliche Schulen, die aus Gemeindekassen finanziert wurden. Es existierte bereits seit dem Mittelalter ein Fonds, dessen Mittel für den Unterricht bestimmt waren: die sogenannten Küstereigüter. Auch Graft besaß diese, konnte jedoch allein aus diesen Mitteln keine vier Schulen unterhalten. Die Küstereigüter waren nur sechs Morgen groß und brachten Ende des 16. Jahrhunderts pro Jahr nicht mehr als gut hundert Gulden ein.[34] Seither waren die Landpachten zwar um einiges gestiegen, doch waren die Einnahmen sogar für eine einzige Schule noch zu gering. 1602 hat Graft deshalb – mit Erfolg – an höherer Stelle darum ersucht, eine zusätzliche Abgabe von allen Einwohnern erheben zu dürfen, die sich »Paargeld« nannte.[35] Jedes Ehepaar sollte pro Quartal sechs Stuiver zahlen und jeder Alleinstehende drei. Ob Schulkinder in den betreffenden Haushalten lebten, tat nichts zur Sache.[36] Bildung wurde offenbar nicht als eine Angelegenheit bestimmter Gruppen angesehen, die nach dem Prinzip des Gewinns dafür aufkommen mußten. Vielmehr war es ein allgemeines Bedürfnis, dem gegenüber sich niemand gleichgültig zeigen durfte. Die »Paargelder« wurden deshalb auch mit unerbittlicher Strenge eingetrieben. Mancher Grafter ist wegen nicht mehr als sechs Stuivern vor Gericht gelandet.[37]

Natürlich erwartete man auch etwas für sein Geld. In De Rijp wurde im 17. Jahrhundert ein weiterer Erzieher angestellt, der mit aller Aufrichtigkeit als Motiv für seine Bewerbung angab, daß seine »gewerblichen Einkünfte stark zurückgegangen seien«,[38] so daß er gezwungen sei, sich nach einer anderen Laufbahn umzusehen, zum Beispiel der eines Lehrers. In Graft pflegte man die Lehrkräfte doch etwas gründlicher zu prüfen. Lehrer wurden nicht gefunden, indem man einen willkürlichen Griff in die Arbeiterreserve tat. Anfang des 17. Jahrhunderts steht ein Mann wie Pieter Heringa vor der Klasse,[39] Notar und Ratgeber in allen Rechtsangelegenheiten für die ganze Samtgemeinde. Daneben gibt es Adriaen

Woutersz., Sohn des allerorten angesehenen Pastors Wouter Adriaensz. Nach Adriaens frühzeitigem Tod folgt ihm sein Bruder Jacob aus Pult,[40] der später unter dem Namen Jacobus Molanus Prediger auf Texel werden sollte.

Die beiden Brüder haben ihre Ernennung sicherlich den nachdrücklichen Empfehlungen ihres Vaters zu verdanken, doch von einem Examen wird sie das nicht befreit haben. Magistrat und Kirchenrat, die die Stelle vergaben, wollten sichergehen, daß ein Bewerber die wichtigsten Schulfächer auch wirklich beherrschte. Von einem Examen besitzen wir einen Bericht, wenn auch nicht für Graft, sondern für De Rijp. Im Jahre 1636 wurde Michiel Jochemsz. geprüft »beim Lesen von zwei oder drei Kapiteln sowohl aus dem Alten als auch Neuen Testament, anschließend beim Singen von zwei oder drei Psalmen (...) Was das Schreiben und Rechnen angeht, kann Positives berichtet werden, wie auch von seiner mündlichen Präsentation.«[41] Man kannte den Mann übrigens gut, denn er war Lehrer in Noordeinde.

Die vakante Stelle in De Rijp wurde ausschließlich für Grafter und Rijper Bewerber ausgeschrieben, weil man sie schnell besetzen wollte. War mehr Zeit, wurden auch Kandidaten aus der weiteren Umgebung aufgefordert, sich zu bewerben. 1700 luden die Rijper Regenten in einer Zeitungsannonce diejenigen ein, »die geneigt sind, in den Schuldienst zu treten, gemäß ihren Gaben und Fähigkeiten«.[42] In der Verwaltung von Graft treffen wir nirgends auf einen Posten für Anzeigenkosten. Dort machten sich die Schöffen selbst auf, um sich in der weiteren Umgebung umzuhören und zu informieren. 1689 besuchten sie hintereinander Beningbroek, Dirkshorn, Purmerland, Ilpendam, Landsmeer, Watergang, Wormer und Jisp.[43] Die drei besten Kandidaten durften danach in Graft vorstellig werden, um im Wirtshaus dem Magistrat und Kirchenrat Psalmen vorzusingen.[44] Die gründliche Auswahl tat jedoch der Zügigkeit keinen Abbruch. Zehn Tage nach ihrem ersten Besuch in Watergang waren die Schöffen wieder dort, um mit Klaas Egbertsz. Visscher den Umzug zu regeln.

Offenbar hatte Graft etwas zu bieten, so daß der Magistrat auch Forderungen stellen konnte. Nun ist es schwierig, genau festzustellen, wieviel ein Lehrer im 17. Jahrhundert verdiente. Das gilt auch für die Lehrer von Graft. Ihr Gehalt ist nicht hoch gewesen, wenn es auch im Laufe der Zeit gehörig gestiegen ist, von 112 Gulden im Jahre 1639[45] auf 128 im Jahre 1634, auf 200 in der zweiten Hälfte des 17. Jahrhunderts.[46] Aber da kam noch das ein oder andere hinzu. Über Maerten Jaspersz. wissen wir zufällig, daß er 1673 15 Gulden jährlich für seine Dienste als Kantor in Empfang nahm.[47] Die Kombination Lehrer-Kantor gab es häufig, so werden also auch seine Nachfolger und Vorgänger dieses Zubrot genossen haben.

Außerdem durfte der Erzieher umsonst wohnen, was auch immer das bedeutete. Nach der Veranlagungsliste der Häuser von 1630 scheinen die freien Logis nicht gerade beeindruckend gewesen zu sein.[48] Der Grafter Lehrer wohnte damals in »dem Kämmerchen in der Schule«, für das ein Mietpreis von sechs Gulden veranschlagt war. Der Lehrer aus Noordeinde hatte zwar eine »kleine Wohnung«, aber auch die wird nicht größer als eine Kammer gewesen sein, denn die Miete betrug nur 4 Gulden. Jelle Jacobsz. in West-Graftdijk war am besten untergebracht. Bei ihm belief sich die Miete auf 10 Gulden. Er mußte deshalb auch »einer armen Frau, die um Gotteslohn am Ende der Schule auf Graftdijk wohnte«, Unterschlupf gewähren. Um Gotteslohn bedeutet: umsonst. Dafür stellte man nicht eben die teuersten Wohnungen zur Verfügung. 1660 wurde dieses Schulgebäude – mindestens bestehend aus einem großen Unterrichtsraum mit zwei Seitenkammern – für einen Spottpreis von 20 Gulden verkauft.[49]

Das beweist vielleicht nicht allzuviel. Das Schulwesen in der Republik der Niederlande ist am besten für die Provinz Utrecht dokumentiert. Und dort läßt sich feststellen, daß die Schulgebäude in der Regel in einem sehr schlechtem Zustand waren. Sie wurden erst ausgebessert, kurz bevor sie von selbst einstürzten. Bei arger Fahrlässigkeit passierte das sogar zuweilen.[50] Mangelhafte Bausubstanz muß ein Berufsrisiko gewesen sein. Die Unterbringung eines Lehrers sagt aber noch nicht alles über seine finanzielle Stellung. Diese war nämlich nicht nur von seinem Verdienst, seinen kirchlichen Nebeneinnahmen und dem, was er an Miete sparte, abhängig. Eine wichtige Einnahmequelle waren zweifellos auch die Schulgelder.

Die Beträge der Schulgelder sind im Laufe des Jahrhunderts einigermaßen in die Höhe gegangen,[51] aber laut der Anweisung von Claas Egbertsz. Visscher[52] konnte der Lehrer für Lesen und Schreiben pro Woche und pro Kind einen halben Stuiver verlangen, für Rechnen zwei Stuiver, für Psalmensingen drei und für Musik vier. Diese Tarife galten auch schon

1667.[53] Doch die Unterschiede von Fach zu Fach machen es schwer, durchschnittliche Summen zu berechnen, weil außerdem der Schulbesuch saisonabhängig war, so daß im Winter die Klassen doppelt so gut gefüllt waren wie im Sommer.[54] Es ist daher nicht so leicht auszumachen, wie viele Kinder in der Samtgemeinde von Graft zur Schule gingen. Wir verfügen nur über eine allgemeine Angabe, aus dem Jahre 1569. Zu der Zeit müssen im Dorf Graft und in Noordeinde während der Wintersaison mehr als 200 Schulkinder unterrichtet worden sein.[55] Wie viele Menschen damals dort lebten, wissen wir nicht genau. 1680 waren es 541 in Noordeinde und 1488 im Dorf Graft. 1596 war die Zahl vermutlich etwas kleiner, doch sehr groß wird der Unterschied nicht gewesen sein.

In der Provinz Utrecht kamen Kinder mit vier oder fünf Jahren in die Schule. Dort bekamen sie zuerst ausschließlich Leseunterricht. Wer darin gut genug war, bekam, wenn er denn die Schule nicht verließ, ab dem achten oder neunten Lebensjahr Unterricht in Schreiben. Mit zirka elf Jahren konnte man auch dieses Fach abschließen.[56] Die Unermüdlichen lernten dann noch Rechnen. Für das Jahr 1680 wissen wir, daß es in der Altersgruppe zwischen vier und acht Jahren 349 Kinder und in der Altersgruppe zwischen acht und zehn Jahren 114 Kinder gab. Ein Teil der Jüngsten aus der ersten Gruppe wird noch zu Hause geblieben sein, und ein Teil der Älteren hatte der Schule möglicherweise schon Lebewohl gesagt. So bestand die zweite Gruppe sicher nicht mehr aus 114 Schulkindern, dennoch kann davon ausgegangen werden, daß die Überzahl der Kinder aus dieser Altersgruppe weiterhin die Schulbank drückte.

Das ist anzunehmen, weil in Graft, was uns noch deutlicher werden wird, ungefähr 40 Prozent der Frauen und 80 Prozent der Männer imstande waren, eine Unterschrift zu setzen.[57] Setzen wir die Schreibkundigen mit den Schülern gleich, die älter als acht Jahre waren, dann müßten von den 114 Kindern 60 bis 70 regelmäßig zur Schule gegangen sein. Es gab außerdem noch Schüler, die älter waren als zehn Jahre. Meister Maerten Jaspersz. Swaen wurde 1689 entlassen, weil er sich gegenüber »verschiedenen seiner Schülerinnen, das heißt Mädchen von 10, 11 und 12 Jahren«,[58] schlecht benommen hat. Wenn Mädchen über zehn Jahre noch zur Schule gingen, dann werden Jungen das sicher in noch größerer Anzahl getan haben. Wägen wir das alles gegeneinander ab, so scheint eine Schätzung der gesamten Grafter Schüler auf 350 sehr vorsichtig.

Es könnten auch 400 sein. Das hängt davon ab, wie viele Arme ihre Kinder zur Schule schickten, denn das war auf Kosten der Gemeinschaft möglich. Das Kassenbuch des Armenaufseher gibt für die Jahre 1682–1686 an, daß Schulgeld für die Kinder von Jaap Velsen gezahlt wurde.[59] Der Schulbesuch hing von der Entscheidung der Eltern ab, von Schulpflicht war nicht die Rede. Angesichts der hohen Prozentzahl Schreibkundiger sollten wir den Anteil der Armen nicht zu niedrig ansetzen.

Unter Berücksichtigung der Altersstruktur der Bevölkerung im Jahre 1680 würde ich, unter Vorbehalt, für dieses Jahr von ungefähr 170 Schulkindern im Dorf Graft, 60 in Oost-Graftdijk, 70 in West-Graftdijk und 80 in Noordeinde ausgehen. Die Schulen in den Weilern waren demnach nicht außergewöhnlich klein.[60] Graft war groß genug für mehr als eine Schule. Zufällig ist bekannt, daß 1682 außer Maerten Jaspersz. Swaen ein weiterer Lehrer, ein gewisser Jan Oly, in Graft unterrichtete.[61] Auch wissen wir, daß Schöffen und Gemeinderäte 1636 drei einzelnen Lehrern erlaubten, auf eigene Rechnung, ohne Unterstützung durch die Gemeinde, Unterricht abzuhalten.[62] Die Approbation des Kirchenrates hatten sie nicht. Ihre Schulen können für Mennoniten oder Katholiken bestimmt gewesen sein, denn zumindest einer der drei war nicht Mitglied der reformierten Kirche.[63]

Vielleicht waren sie auch für die Weiterbildung zuständig. De Rijp hatte für kurze Zeit eine französische Schule,[64] und die Grafter Regenten bekamen 1690 eine Anfrage für eine Seemannsschule vorgelegt.[65] Die Überlebenschancen dieser Spezialeinrichtungen dürften nicht besonders groß gewesen sein. Wer weiter lernen wollte, um sich auf ein akademisches Studium vorzubereiten, zog in die Stadt.[66] Doch zwei normale Schulen wird das Dorf Graft vermutlich immer gehabt haben.

Das bedeutet, daß es in der ganzen Samtgemeinde fünf richtige Schulen gab, mit ein paar kleineren Schulen am Rande[67] und einer Schülerzahl zwischen 350 und 400. Gibt uns das nun einen Anhaltspunkt, wenn wir wissen wollen, wie hoch das Einkommen der Lehrer durch die Schulgelder war? Wir verfügen über zwei Angaben, eine für eine reiche und eine für eine arme Familie. Die reiche ist die von Albert Cornelisz., zu Lebzeiten Prediger bei den Täufern, dessen Kinder nach seinem Tod auf Kosten des Nachlasses erst von Meister Maerten Jaspersz. Swaen und danach von Heertje Gerritsz. Vredenhuys in Noordeinde unterrichtet wurden. Es waren eine Tochter und ein Sohn, für die wir folgende Ausgaben vermerkt finden:[68]

1671	für die Kinder	2:11: 8
1672	für Cornelis	1:17: 0
1673	für Cornelis	3:16:12
1674	für Cornelis	1: 8:10
1675	für Cornelis	1:17: 0

1671 wurde Unterricht wohl nur in Lesen und Schreiben erteilt. Die Gesamtsumme kommt dann auf 51,5 Stuiver, was bedeutet, daß für drei Kinder insgesamt Lesegeld für 103 Wochen bezahlt wurde, wenn wir davon ausgehen, daß auch in Noordeinde das Minimum an Schulgeld einen halben Stuiver pro Woche betrug. 1672 geht nur Cornelis zur Schule. Das kostet 37 Stuiver, elf Stuiver mehr als das Maximum, das ein ganzes Jahr Lesen und Schreiben kosten würde, er muß also mit Rechnen angefangen haben. Nehmen wir an, daß auch in Noordeinde der Tarif für die Rechenstunden bei zwei Stuivern pro Woche lag, dann kann er 1673 ganze 33 Wochen Unterricht gehabt haben. Danach hat er vielleicht begonnen, einen Beruf zu lernen, und hat das 1675 und 1676 mit fortgesetztem Schulbesuch kombiniert. In welchem Alter er die Schule verließ, ist nicht bekannt. Er ist 1682 in der Mennonitengemeinde aufgenommen worden.

Die anderen Ausgaben betreffen die Kinder von Jacob Jansz. Velsen, deren Schulbesuch die Armenfürsorge mit folgenden Beträgen unterstützte:[69]

1682	1: 8: 0
1683	2: 0:10
1684	1:10: 0
1685	1:13: 0
1686	0: 7: 0

Laut der Veranlagungsliste der Salz- und Seifensteuer hat Jacob Velsen 1680 vier Kinder: eines über zehn Jahre, zwei zwischen vier und acht Jahren und eines unter vier Jahren. Das älteste wird kein Anrecht mehr auf kostenlosen Unterricht gehabt haben. Vermutlich haben wir hier also eine Angabe für Lese- und Schreibunterricht für zwei oder drei Kinder, das macht einen halben Stuiver pro Kind und Woche. Jan Oly hat in den Jahren 1682–1685 Schulgeld für 56, 80, 60 und 66 Lesewochen erhalten. Mit dem Betrag von 1686 können wir nicht viel anfangen. Dieser setzt sich nicht nur aus Schulgeld zusammen, sondern enthält auch ein Buch. Sicher zum Selbststudium, denn danach verschwinden diese Kinder aus der Administration der Armenaufseher. Die anderen Beträge beziehen sich meist auf zwei und 1683 auf drei Kinder. Wir können vorsichtig annehmen, daß Jacob Velsens Kinder die Schule höchstens dreißig Wochen im Jahr besuchten und so dem Lehrer ein Einkommen von ungefähr 15 Stuivern einbrachten.

Gehen wir von diesen Zahlen aus, dann müßte eine Schule von 60 bis 80 Schülern pro Jahr mindestens 45 bis 60 Gulden Schulgeld eingenommen haben, wenn keines der Kinder mehr als Lesen und Schreiben lernt. Bekäme nur einer von zehn Schülern Rechenunterricht, dann würden bei gleich häufigem Schulbesuch die Einkünfte aus Schulgeld um 30 Prozent steigen und sich auf 58,5 bis 78 Gulden belaufen. So wird verständlich, warum die nordholländischen Lehrer als gute Rechenmeister bekannt waren.[70] Rechenstunden konnten ihr Einkommen tüchtig aufbessern. Die Nachfrage wird zweifellos groß gewesen sein, denn Karriere machen konnte ein Grafter Junge entweder als Steuermann oder als Kaufmann, und in beiden Berufen wird ihm die Rechenkunst weitergeholfen haben. Grafter Lehrer kamen diesem Bedürfnis gern nach, denn jeder Rechner schlug positiv zu Buche.

Jeder zusätzliche Schüler zahlte sich für den Lehrer aus, auch die Leser und Schreiber, denn so sauer das Geld auch verdient werden mußte, ein Unterschied von zehn Schülern konnte genau der entscheidende zwischen »zu wenig« und »gerade ausreichend« sein. Eine zu kleine Schule konnte nicht überleben. Die drei Lehrer von De Rijp versuchten 1668 zu verhindern, daß Schöffen und Gemeinderäte[71] Dirck Adriaensz. Groet die Erlaubnis gaben, eine vierte Schule zu eröffnen. Sie sagten, es gäbe, grob gerechnet, nur 200 Schulkinder.[72] Für vier Schulen sei entschieden kein Platz. Das sei auch zum Schaden der Kinder, denn je mehr Schulen das Dorf besitze, desto mehr könnten die Schüler vergleichen und auswählen. Sie gingen mal hier, mal dort hin, wie es ihnen gefiele, weil die Eltern diese Neugier ihrer Kinder leider viel zu oft aus Narrenliebe akzeptierten. Von Zucht und Ordnung sei da natürlich nicht viel zu spüren. Wer würde eine feste Hand gebrauchen, wenn das am Ende seinen Verdienst schmälerte? Niemand könne die Zügellosen bändigen. Sei ihr Lehrer zu streng, liefen sie dann noch in eine andere Schule. Offenbar war es den Rijper Lehrern das bescheidene Schulgeld wert, die unsäglichen Rabauken im Klassenzimmer zu dulden. Das Fortbestehen ihrer Schule aber stand immerzu auf dem Spiel. Vielleicht wurde deshalb 1635 dem De Rijper Dorflehrer nahegelegt, die Kinder zwar in den Grundlagen der reformierten Religion zu unterrichten, dies aber »mit aller erdenklichen Zurückhaltung und ohne besondere Heftigkeit« zu tun.[73] In De Rijp wohnten schließlich ziemlich viele Mennoniten, von denen einige reich waren. Diese stellten eine gehörige Anzahl Schüler, auch für die Rechenstunden. Wollte man diese Schüler nicht verlieren, dann durfte der Unterricht nicht agressiv reformiert sein. In Graft spielte das, wegen der Abwesenheit von Mennoniten, keine Rolle. Wo diese jedoch zahlreich vertreten waren, wie in Noordeinde, hat die Schule vielleicht auch den ökumenisierenden Einfluß der verschiedenen Glaubensrichtungen geduldet. Weiter oben sagten wir bereits, daß die Kinder des Mennonitenpredigers Albert Cornelisz. die normale Dorfschule besuchten.[74]

Das Problem der mangelnden Disziplin – als Folge der großen Konkurrenz – hat in Graft, jedenfalls in der ersten Dekade des 17. Jahrhunderts, keine große Rolle gespielt. Jacob Woutersz. bekam 1622 die offizielle Erlaubnis, Kinder geziemend zu bestrafen, »aber nicht so ungehörig wie geschehen, mit Schlägen, Werfen von Büchern oder ähnlichen Gegenständen«.[75] Pieter Heringa, der 1617 seine Schule von Graft nach De Rijp verlegt hatte, wurde von den Schöffen und dem Gemeinderat des Ortes dazu ermahnt, seinen »rigorosen Unterricht nicht fortzusetzen«.[76] Die Obrigkeit konnte also der schulmeisterlichen Autorität Grenzen setzen. Somit verstehen wir auch, warum gewisse Lehrer – der sogenannten Nebenschulen – beinahe immer die lokale Obrigkeit um die Genehmigung ihrer Schule ersuchten.[77] Das taten sie in erster Linie zur Vorbeugung. Denn ohne diese Genehmigung konnte es geschehen, daß ihnen der Unterricht unmöglich gemacht wurde, indem man beispielsweise die Wandtafel konfiszierte, wie es Meyndert Arisz. Brouwer widerfahren ist.[78] Ein zweiter Grund war, daß die Obrigkeit ein Auge auf die Disziplin hatte. Wenn die Lehrer die offizielle Zustimmung hatten, waren sie besser gegen elterliche Beschwerden gerüstet. Aus eben diesem Grunde bat ein Rijper Lehrer sicherheitshalber den Vogt um die Genehmigung seines Amtes, »damit er, wenn er beim Züchtigen seiner Schüler oder anderer, die in seiner Schule aufsässig sein würden, zuviel des Guten getan habe, dafür nicht belangbar wäre«,[79] damit er eben keinen Prozeß zu fürchten brauchte.

Strenge Disziplin war in der Tat eine Vorraussetzung für einen reibungslosen Unterricht, da sich der Lehrer nicht mit allen Kindern zugleich beschäftigte, sondern sich Kind für Kind widmete. Morgens war Schule von acht bis elf und mittags von zwölf bis vier Uhr.[80] Wollte der Lehrer jedem Schüler zweimal pro Tag eine Gelegenheit geben, die gelernte Lektion vorzutragen,[81] dann blieb für den Klassenunterricht wenig Zeit übrig. Das Auswendiglernen gehörte jedenfalls dazu. Die Graftei Lehrer waren dazu angehalten, allen Kindern die Psalmen beizubringen, die am nächsten Sonntag in der Kirche gesungen werden sollten.[82] So war es 1622 bestimmt worden. Dreißig Jahre später kam noch eine zweite Verpflichtung hinzu. Die Schüler sollten nun auch sonntags beim Mittagsgottesdienst die Fragen und Antworten hersagen können, die in der Katechismuspredigt erörtert werden würden.[83]

Unterricht bedeutete nicht nur intellektuelle Bildung. Ein Kind mußte auch lernen, wie sich ein anständiger Mensch zu benehmen habe: »gute, manierliche Sitten«, so der Lehrer Gerrit Dircxen im Jahre 1596, sollten ihm beigebracht werden.[84] Die Anweisung von 1622 nannte noch vor dem Unterrichtsziel, die Jugend alle intellektuellen Fertigkeiten zu lehren, die Aufgabe, ihnen »gute Manieren« beizubringen.[85] Die Anweisung von 1652 gab an, wie die Kinder das Erlernte auf der Straße in die Praxis umsetzen konnten. Sie sollten freundlich den Hut ziehen, »wenn sie wichtige Personen treffen«,[86] etwa wenn ihnen einer der Dorfnotabeln entgegenkam. Unterstützt durch das gute Beispiel, mit dem der Lehrer ihnen in und außerhalb der Schule voranginge,[87] sollten sie dann später als wohlerzogene und nützliche Mitglieder der Gesellschaft ins Leben treten.

Nach der Schule konnte die Berufsausbildung beginnen. Die Akten der Waisenkammer erwähnen das häufig. Sie tun das meist in sehr allgemeinen Ausdrücken, zum Beispiel »wenn's zum Besten des genannten Kindes ist«[88] oder, etwas vorsichtiger: »wenn es ihr Zustand und die Gelegenheit erlauben«.[89] Kein Vater, keine Mutter und kein Waisenvorsteher kam auf die Idee, schriftlich festzuhalten, daß die Kinder selbst auch ein Wörtchen mitzureden hätten: Was gut für sie war, wußten die Eltern am besten. Aeriaen Wilms läßt 1654 schreiben, daß sein Sohn Willem ein Handwerk lernen soll, »wie es dem Vater am besten für das Wohl des Kindes geeignet erscheint«.[90]

Aus dem jungen Willem ist ein ehrbarer Dörfler geworden, der später der Gemeinschaft als Waisenvorsteher, Kirchen- und Schulvorsteher von Graftdijk gedient hat. Die autoritäre Regelung seiner Berufswahl ist ihm scheinbar nicht schlecht bekommen. Vielleicht hat es geholfen, daß sein Vater, laut der Veranlagungsliste von 1680, Seemann war. Wie noch zu zeigen sein wird, hat das Wasser auf die jungen Grafter einen großen Reiz ausgeübt, wohingegen der Handwerkssektor in der Dorfgemeinschaft eher unterbesetzt war.[91] Auch in einigen Akten wird der Beruf des Seefahrers als erste Wahl bezeichnet.[92] Wurde ein anderer Beruf gewählt, dann war es der des Vaters. Der Kornmüller Pieter Cornelisz. Braek will seinem Sohn das Mahlen beibringen,[93] und Jacop Willemsz. erhält bei seinem Vater Unterricht im Zimmermannshandwerk.[94] Für beide Kinder ist der Lebensunterhalt gesichert, und es versteht sich von selbst, daß der Sohn später den Betrieb seines Vaters übernehmen wird. Warum die meisten Akten über die Berufswahl nichts verraten, liegt auf der Hand. Entweder war der Weg abgesteckt, oder die Jungen gingen, so wie alle anderen, an Bord. Die schöne Formel, die gegen Ende des 17. Jahrhunderts aufkam, nach der das Kind ein geeignetes Handwerk, eine Kunst oder ein Fach nach seiner Veranlagung[95] lernen soll, kann nicht verhüllen, daß die Zukunft der Grafter Jungen, was das Berufsleben anging, ganz und gar vorgezeichnet war.

Für Grafter Mädchen gilt das in noch größerem Maße. Ein Pflegevater verspricht, daß er den neunjährigen Cornelis Symonsz. in die Schule gehen läßt, um lesen und schreiben zu lernen, daß aber seine Tochter Jannetien Lese- und Nähunterricht erhalten soll.[96] Andere Berufe für Mädchen werden in den Akten nicht genannt. Das einzige Lehrfach für sie ist das Nähen.[97] Lediglich ein Vater läßt die Berufswahl offen, für den Fall, daß seine Tochter Aeltje etwas anderes im Sinn hat. Sie soll »nähen oder ein Handwerk erlernen, wie es dem Kinde behagt«.[98] Dieser verständnisvolle Vater ist niemand anders als Willem Adriaensz., ausgerechnet der, dessen eigener Vater sich fast dreißig Jahre früher die Berufswahl seines Sohnes selbst so ausdrücklich vorbehalten hatte!

Ist es Zufall, daß gerade diese beiden Schriftstücke eines Vaters und seines Sohnes die beiden äußersten Extreme von Zwang und Freiheit in den sechs Quartbänden des Waisenvorsteherarchivs darstellen? Willem Adriaensz. ist unter der Strenge seines Vaters ein nützliches Mitglied der Grafter Gesellschaft geworden. Von Aeltje Willems wissen wir es nicht. Aber vielleicht ist ihre Erziehung doch gelungen, indem sie gelernt hat, ihren eigenen Weg zu gehen und für sich selbst zu entscheiden. 1703 hat sie als erwachsene Frau das Erbe angetreten, das die Waisenvorsteher für sie betreut hatten.[99] Das scheint nichts Besonderes, doch so normal ist das nicht. Eine verheiratete Frau stand unter dem Vormund ihres Mannes, und dieser unterschrieb bei der Übernahme des Erbteils. Aeltje Willems war demnach 1703 nicht verheiratet. Sie muß aber nach dem Gesetz erwachsen gewesen sein. Ihr Vater hatte nicht gerade zu den Ärmsten gehört, und Geschwister hatte sie nicht. Rein wirtschaftlich gesehen, muß sie außerordentlich gute Heiratschancen gehabt haben. Vielleicht hat sie auch in dieser Hinsicht gehandelt, »wie es dem Kinde behagt«, und sie ist ledig geblieben, um beweisen, daß ihre Erziehung zur Selbständigkeit vollkommen gelungen war. Dennoch wird sie die eine Schwalbe gewesen sein, die noch keinen Sommer macht.

Für die Grafter Mädchen war die Laufbahn von Heirat und Beruf mit Sicherheit genauso festgelegt wie für die Grafter Jungen. Für beide Geschlechter waren die Möglichkeiten beschränkt. Was die Frauen betrifft, haben wir es schon gesehen. Die Karrierechancen der Männer werden wir später ausführlicher behandeln. In Graft gab es hauptsächlich drei Wahlmöglichkeiten. Die Grafter wohnten auf dem Land und konnten ihr Brot erstens auf die Weise verdienen, wie es die Landbevölkerung seit Menschengedenken tat: mit dem Boden, auf dem sie lebten, und mit dem Wasser, das sie umgab. Zweitens konnten sie in dem großen Dorf ihr Geld als Handwerker oder Händler verdienen. Schließlich konnten sie das Dorf Dorf sein lassen und die Seefahrt zu ihrem Beruf machen. Diese Möglichkeiten werden wir uns später ansehen.

Gesina ter Borch, *Nach dem Kirchgang*

5 Geistiges Wachstum

Die Kirche ist die Gemeinschaft der Heiligen. So wird sie seit Jahrhunderten im apostolischen Glaubensbekenntnis beschrieben. Sie ist demnach keine lose Versammlung individueller Gläubiger. Ihrem Wesen nach ist sie eine Gemeinschaft, und als eine solche müssen wir sie betrachten, wenn wir ihren Platz in der Gesellschaft des 17. Jahrhunderts bestimmen wollen. Vom Menschen der Frühen Neuzeit können wir sagen, daß er an der Existenz Gottes nicht zweifelte. In seinen Augen war Atheismus widersinnig und irrational. Er war gläubig, doch das zwang ihn nicht zum Eintritt in eine Kirchengemeinde. Weitaus die meisten waren jedoch davon überzeugt, daß sie diesem Gott einmal Rechenschaft über ihr Tun würden ablegen müssen. Und sie waren sich darüber im klaren, daß sie eines Tages mit ihrem Obersten Richter ins reine kommen mußten. Wer so denkt, ist empfänglich für die Botschaft der christlichen Religion und geneigt, sonntags in die Kirche zu gehen. Doch selbst wenn der Mensch des 17. Jahrhunderts das regelmäßig tat, mußte das nicht unbedingt bedeuten, daß er ein Mitglied der Kirchengemeinde war.

Das können wir zumindest über die Republik der Niederlande sagen. Natürlich gab es im 17. Jahrhundert auch Länder, in denen die Mitgliedschaft in der nationalen Kirche obligatorisch war. Die Republik kannte die Zwangsmitgliedschaft nicht, gewiß nicht in Holland. Dort fielen Volk und Kirche nicht zusammen. Schloß sich jemand einer Kirche an, so tat er das freiwillig und konnte sogar zwischen unterschiedlichen Kirchen wählen. Den Kirchen selbst war diese Möglichkeit der freien Wahl nicht immer recht. Dennoch kam die Freiheit allen zugute, auch der größten und stärksten Kirche, also der reformierten. Dank dieser freien Wahl fiel es einer Kirche leichter, wirklich eine Gemeinschaft der Heiligen zu sein.

Eine Kirche ist eine besondere Gemeinschaft. Sie ist eine Vereinigung von Heiligen. Heiligkeit ist keine Eigenschaft, die Menschen von Natur aus besitzen. Darum stellte eine Kirche an ihre Mitglieder bestimmte Forderungen. Eine Kirchenmitgliedschaft wurde von den Bewohnern des 17. Jahrhunderts nicht als eine unverbindliche Angelegenheit angesehen.

Die Mitglieder nahmen die Pflicht auf sich, nach Gottes Gebot zu leben. Nur wenn alle dieser Forderung nachkamen, konnte die Kirche die Gemeinschaft bilden, die sie sein wollte. Das galt für alle Kirchengemeinden, die es in der Republik gab. In diesem Licht wollen wir sie betrachten – soweit sie in der Samtgemeinde Graft vorkommen. Dort hat hin und wieder ein einzelner Lutheraner gewohnt und vielleicht ein Remonstrant, doch durchgehend präsent waren eigentlich nur drei große Kirchengemeinden: die Reformierten, die Katholiken und die Mennoniten. Diese drei werden wir nun gesondert betrachten, immer mit der Frage im Hinterkopf, wie sie sich als Gemeinschaft konstituierten.

Wir sollten mit der reformierten Kirche beginnen, auch wenn sie die jüngste von den dreien war. Erstens gehörten fast dreiviertel der Grafter dazu, und zweitens nahm sie als große und privilegierte Kirche eine Sonderstellung ein. Sie konnte nicht nur ihrer eigenen Anhängerschaft, sondern auch dem gesamten öffentlichen Leben von Graft den Stempel ihres Geistes aufdrücken. Es waren ihre Mitglieder und Würdenträger, die als Schöffen und Gemeinderäte das Dorf regierten und Recht sprachen. Sie war sowohl die Kirche der Elite wie auch die der Masse. Wenn eine Kirche Macht und Einfluß hatte, dann sie.

Über die Größe der Kirche haben wir bereits in Kapitel I gesprochen. Wir können die Anzahl der Mitglieder auf mehr als 70 Prozent der Bevölkerung schätzen. Für Oost- und West-Graftdijk lag der Anteil, laut Taufregister, noch etwas höher, vor allem für West-Graftdijk. Ein Taufregister für die Gemeinden Graft und Noordeinde besitzen wir zwar nicht, wohl aber Angaben über die Anzahl der neu beigetretenen Mitglieder. Die zehnjährlichen Durchschnittswerte stellen sich folgendermaßen dar:[1]

1627–1636	26,1
1637–1646	29,8
1647–1656	30,2[2]
1657–1666	29,4
1667–1676	27,8
1677–1686	28,7
1687–1696	18,7
1697–1706	13,9

Des weiteren ist uns bekannt, daß die Bevölkerung von Graft und Noord-
einde 1680 zusammen 2 029 Köpfe zählte. Wir wissen auch, daß die Bevöl-
kerung sich seit 1622 ungefähr auf demselben Stand befand. Bei einer
Geburtenrate von 3,5 Prozent bedeutet das ein jährliches Anwachsen um
71 Seelen. Gehen wir davon aus, daß ungefähr die Hälfte davon zwanzig
Jahre alt wurde,[3] und betrachten wir dieses Alter als den Zeitpunkt des
Beitritts, so kommen wir auf folgende Anteile von Reformierten an der
Gesamtbevölkerung:

1627–1636	73,52
1637–1646	83,94
1647–1656	85,07
1657–1666	82,82
1667–1676	78,31
1677–1686	80,85
1687–1696	52,68
1697–1706	39,15

Diese Werte werfen zwei Fragen auf. Erstens beziehen sich die beiden
ersten Zahlen auf die Periode, in der West- und Oost-Graftdijk noch zur
ungeteilten Kirchengemeinde gehörten. Für Graft und Noordeinde müssen die Werte also niedriger sein. Das jährliche Wachstum in der ganzen
Samtgemeinde können wir auf 110 Geburten festlegen. Erreichen 55 Personen jedes Jahrgangs das Alter von zwanzig Jahren, laufen die Werte für
1627–1636 und 1637–1646 auf 47,55 und 54,18 Prozent hinaus. Diese Zahlen
weisen auf einen plötzlichen Anstieg der Mitgliedschaft von dem Moment der kirchlichen Spaltung an. Das verlangt nach einer Begründung.
Zweitens ist in den letzten beiden Dezennien ein deutlicher Rückgang
erkennbar. Auch für dieses Phänomen müssen wir nach einer Erklärung
suchen.

Das zweite Phänomen läßt sich leicht erklären. Wir haben bereits festgestellt, daß Wohlstand und Bevölkerung Grafts in der letzten Dekade
des 17. Jahrhunderts rückläufig waren. Die abnehmende Zahl neuer Mitglieder bestätigt diesen Trend nun. Es ist vermutlich auf besondere
Umstände zurückzuführen, daß der Anteil in den Jahren 1697–1706
extrem niedrig ist, denn für die folgenden zehn Jahre liegt der Anteil an
Beitritten pro Jahr bei 17,5, also 49,30 Prozent. Aber auch diese Zahl

spricht für den anhaltenden Rückgang der Bevölkerung. Die Anteile für die letzten beiden Perioden sind also irreführend. Sie geben nur an, daß der Bevölkerungsumfang abnahm, nicht jedoch, daß die Kirchenmitgliedschaft weniger begehrt war. Sie bestätigen die Vermutung, die wir schon in Kapitel I andeuteten: Der Rückgang begann im Dorf Graft.

Die erste Frage – nach der Erklärung des Anstiegs ab dem Moment der kirchlichen Spaltung – verlangt eine umständlichere Herangehensweise. Im Jahre 1645 haben sich West- und Oost-Graftdijk von Graft abgespalten.[4] Ihren eigenen Angaben zufolge wurden ihre sonntäglichen Zusammenkünfte damals von mehr als 400 Anhängern besucht, von denen rund 150 das Glaubensbekenntnis der reformierten Kirche abgelegt hatten. Sie waren also Mitglieder. Für eine Bevölkerung von über tausend Seelen war das keine ungewöhnlich hohe Anzahl. Die Taufzahlen, die wir ab 1666 kennen, weisen jedoch auf eine viel größere Anhängerschaft.[5] Die Instituierung eigener Kirchen in den beiden Weilern hat offenbar einen günstigen Einfluß auf das Wachstum gehabt.

Dennoch, stand die Reserve, aus der das Wachstum hervorging, nicht schon 1645 zur Verfügung? Es gab damals mehr als 400 Kirchgänger. Es werden auch Kinder darunter gewesen sein, vor allem aber Erwachsene, die noch keine Mitglieder waren. Wir haben es hier mit dem bekannten Unterschied zu tun, daß neben den eigentlichen Mitgliedern eine zweite Gruppe von Kirchgängern existierte, die regelmäßig zur Predigt gingen, normalerweise auch in der Reformierten Kirche heirateten und ihre Kinder taufen ließen, aber der Kirche nicht oder noch nicht offiziell beigetreten waren. Es geht also um die sogenannten »Sympathisanten« des reformierten Glaubens. Um 1600 waren sie zahlreich und bildeten wahrscheinlich die Mehrheit der Kirchgänger. Allmählich wurde dann die Mitgliedschaft zur Regel und der Status des »Sympathisanten« eine Ausnahme. Die Verhältnisse in Graft warnen uns davor, diese Veränderung nicht zu früh zu datieren.

Am deutlichsten wird das in Oost-Graftdijk, weil für diese Gemeinde noch ein Protokollbuch des Kirchenrates aus dem 17. Jahrhundert erhalten ist. Dort waren es die ortsansässigen »Sympathisanten«, die 1647 die Fenster für das neue Gotteshaus finanzierten. Sie maßen der neuen Kirche also auch für sich selbst Bedeutung bei und waren bereit, etwas dafür zu bezahlen. Sie legten Wert darauf, daß der Ort eine eigene Gemeinde besaß. Wie sehr das den Zusammenhalt stärkte, zeigt die erste Abendmahlsfeier 1649. Zu den 72 Mitgliedern von Oost-Graftdijk kamen auf einmal 24 Neulinge hinzu. Das lag weit über dem normalen jährlichen Zuwachs. Es wird deutlich, daß die Existenz einer selbständigen Kirchengemeinde die »Sympathisanten« zum Beitritt einlud.

Darum ist auch nicht unmöglich, daß vor 1645 die Anzahl der Mitglieder in den beiden Weilern relativ niedrig war. Ein weiter Weg zum Gotteshaus war einem intensiven kirchlichen Leben nicht zuträglich, wie wir es schon bei den Menschen aus Starnmeer gesehen haben.[6] Das kann teilweise erklären, warum die jährliche Anzahl der Beitritte in der noch ungeteilten Gemeinde sich bis 1645 kaum von dem durchschnittlichen Zuwachs für Graft allein, nach der Abspaltung der Weiler, unterschied. In dieser Zeit hatten die Weiler einen relativ niedrigen Zuwachs. Es muß sich jedoch auch in Graft etwas verändert haben, denn bei einer Bevölkerung von rund zweitausend Menschen kamen noch ungefähr ebenso viele neue Mitglieder hinzu wie zu jener Zeit, da die Gemeinde mehr als 3 000 Einwohnern umfaßte. Auch in Graft hat das Interesse an der Mitgliedschaft also zugenommen. Die Verkleinerung der Gemeinde hat sich positiv ausgewirkt, auch auf die »Sympathisanten« in Graft.

Daß es sie dort gab, läßt sich schon von den Schwankungen der jährlichen Wachstumsrate ableiten. Im Laufe des Jahrhunderts kam es sechsmal vor, daß die Anzahl neuer Mitglieder, die innerhalb eines Jahres aufgenommen wurden, bei über fünfzig lag, das Doppelte von dem, was wir normalerweise erwarten würden. Für 1694 hat das einen einfachen Grund. Damals fand erst im Januar 1694 die Abendmahlsfeier statt, die schon im Dezember 1693 hätte abgehalten werden müssen. Das läßt den Wert von 1694 ungewöhnlich günstig aussehen, im Gegensatz zu dem von 1693: Die Zuwachsraten von einem(!) und 54 neuen Mitgliedern sollte man tatsächlich als 25 und 30 lesen. In den anderen fünf Fällen haben wir es stets mit dem ersten Amtsjahr eines neuen Pastors zu tun. Es fällt schwer zu glauben, daß es sich hier um einen fünffachen Zufall handelt. Eher können wir annehmen, daß die Ankunft eines neuen Pfarrers einen stimulierenden Einfluß auf die Kirchgänger hatte. Wenn seine Predigt Anklang fand, half das den alten »Sympathisanten« über ihr letztes Zögern hinweg. Doch war das nicht die automatische Reaktion. Graft hat im Laufe des 17. Jahrhunderts neunmal einen neuen Pastor begrüßen können. Fünf konnten das mit hohem Zuwachs feiern, die anderen haben nur die normale jährliche Ernte eingeholt.

Daraus läßt sich schließen, daß Predigten Einfluß auf die Zuhörer ausgeübt haben. Sie wohnten dem wöchentlichen Ritual mit offenen Ohren bei. Und wenn sie gut zuhörten, dann werden sie auch etwas gelernt haben. Viel sagen die Quellen darüber nicht. Im Archiv von Graft befindet sich die Handschrift[7] eines Mitglieds des Gemeindevorstands, des Schöffen und Altdiakons Mieus Cornelisz.. Darin berichtet er von einem Konflikt mit Johannes Woutersz., einem Sohn des Pfarrers. Mieus wollte nicht zusammen mit Johannes an der Abendmahlstafel sitzen. Zu diesem Zwecke zitierte er die Abendmahlsformel, die von jedem, der zum Tisch des Herrn gehen wollte, verlangte, sich zu prüfen: »ob er aller Feindschaft, Haß und Neides von Herzen entsagt und den ernstlichen Vorsatz gefaßt habe, fortan in Wahrhaftigkeit, Liebe und Einigkeit mit seinem Nächsten zu leben.« Es ist kein völlig korrektes Zitat, denn in der Formel heißt es »in wahrhaftiger Liebe«, nicht »in Wahrhaftigkeit und Liebe«. Eben dieser Fehler weckt die Vermutung, daß er den Text nicht abgeschrieben hatte, sondern daß er die Formel aus dem Kopf zitierte und also mit den Worten bestens vertraut war. Mieus kannte nicht nur diese Formel. Er warf Johannes vor, »seines Nächsten Gut« zu begehren. Daraus wird klar, daß Mieus auch mit dem Heidelberger Katechismus einigermaßen vertraut gewesen sein muß, denn mit diesen Worten spielt er direkt auf Antwort 110 der Bekenntnisschrift an. Es ist deutlich, daß es diesem Mieus Cornelisz. an Wissen nicht fehlte. In seiner Schrift berichtet er außerdem zweimal von der Predigt, die er am Sonntag gehört hatte.

Wahrscheinlich haben andere genauso andächtig zugehört, doch davon erzählen uns die Quellen nichts. Dafür wissen wir etwas von einer zweiten Art der religiösen Unterweisung, dem Konfirmandenunterricht.[8] In der Samtgemeinde von Graft gab es während des 17. Jahrhunderts immer vier oder fünf reformierte Schulen zugleich. Dort lernten die Kinder den Heidelberger Katechismus.

Von den Lehrern nahmen sie meistens Abschied, wenn sie zehn oder zwölf Jahre alt waren. Wenn sie das Glaubensbekenntnis ablegten, waren sie mindestens doppelt so alt. Wurden neue Mitglieder in die Kirchengemeinde aufgenommen, so legte man, jedenfalls in der ersten Hälfte des 17. Jahrhunderts, mehr Wert auf ihr Verhalten als auf ihr Wissen.[9] Viele Pfarrer aber meinten dennoch, daß eine spezielle Vorbereitung auf die Konfirmation sehr wünschenswert sei. Wouter Adriaensz. begann 1630 eine wöchentliche Katechese am Sonntagabend, solange »jung und alt« sie für erbaulich hielten. Das hielt nicht lange vor, doch vielleicht lag das mehr an ihm als an der Gemeinde, denn auf die Bitte der Interessierten hin, ebenfalls wieder »jung und alt«, nahm Pastor Gerrit Jansz. 1635 die Zusammenkünfte wieder auf. Sie lagen ihm offenbar am Herzen, denn 1641 lehnte er einen Ruf nach Purmerend ab, bis ihm die Mitglieder des dortigen Kirchenrates als Gegenleistung versprachen, »die nützliche und nötige Katechese zu fördern«. Zwei Jahre später zog er dennoch um: nach Edam. Sein seelsorgerisches Vermächtnis bestand aus der herzlichen Empfehlung des Religionsunterrichtes als »eines sehr frommen und fruchtbaren Werkes für diese Gemeinde«.

Wahrscheinlich waren die Worte nicht vergebens. Aus den Rechnungsbüchern, die mit dem Jahr 1658 beginnen, geht hervor, daß damals über einen Zeitraum von durchschnittlich zwanzig Wochen im Jahr einmal in der Woche Religionsunterricht stattfand. Auch Gerrit Jansz. hatte seine Katechismusstunden nicht das ganze Jahr über gehalten, sondern auf die Zeit zwischen Weihnachten und Ostern beschränkt. Nach Pfingsten stach die Heringsflotte in See. Erst im Spätherbst waren die Fischer wieder an Land. Der Unterricht, der auf das Glaubensbekenntnis vorbereitete, konnte daher nur im Winter gegeben werden.

Wie lange die Grafter Männer und Frauen den Unterricht besuchten, ist unbekannt. Bei einigen wird es wohl einige Jahre gedauert haben, denn das durchschnittliche Alter der Kirchenbeitritte liegt vermutlich ziemlich hoch.[10] Nicht selten wartete man bis nach der Hochzeit. Zwischen 1673 und 1696 sind 149 einzelne Männer, 168 Frauen und 116 Ehepaare beigetreten. Das bedeutet, daß 44 Prozent der Männer und 41 Prozent der Frauen zuerst den Bund der Ehe und dann den mit der Kirche schlossen. Vielleicht fürchteten sie den Zorn der Kirche. Liebespaare, die vor der Ehe Geschlechtsverkehr hatten, wurden vom Abendmahl ausgeschlossen. Und da die Kirche diejenigen nicht bestrafte, die noch keine Mitglieder waren, ist denkbar, daß einige es für besser hielten, den Beitritt so lange aufzuschieben, bis die Ehe geschlossen war.

Das relativ hohe Alter kann jedoch auch mit gesellschaftlichen Faktoren zusammenhängen. Zumindest hat es den Anschein, daß jemand erst dann auch Kirchenmitglied wurde, wenn er zu einem selbständigen Mitglied der Gesellschaft geworden war. Meynart Salm löste 1678 seinen Vater als Sekretär der Samtgemeinde ab. Im selben Jahr legte er auch ein Glaubensbekenntnis ab, und rund ein Jahr später wurde er schon zum Diakon gewählt. Bei Crelis Lourisz. lagen 1689 zwischen Glaubensbekenntnis und Wahl zum Diakon weniger als vier Wochen. Der Chirurg Jan Muurlinck starb am 22. November 1678. Sein Sohn und Nachfolger Andries trat am ersten Weihnachtstag des Jahres der Gemeinde bei und war vierzehn Monate später Diakon. Diese Männer müssen geistig schon längst reif für die Mitgliedschaft gewesen sein. Die lokalen Gebräuche können sie davon abgehalten haben, diesen Schritt früher zu tun.

Ein allgemeines Motiv für den Aufschub der Mitgliedschaft war – nicht nur für Verlobte – die kirchliche Zucht. Wer Mitglied sein wollte, mußte sein Leben der Norm anpassen, die ihm die Kirche auferlegte. Wich er von der Regel ab, dann spornte ihn der Kirchenrat zur Besserung an. In der ersten Hälfte des 17. Jahrhunderts fand das in einer intensiven religiösen Disziplinierung Ausdruck, die auch schon vor dem Beitritt begann. Nicht jeder Kandidat wurde ohne weiteres aufgenommen. Manch einer mußte erst eine Probezeit durchlaufen, um zu beweisen, daß er tatsächlich ein anderes Leben anfangen wollte.[11] Der Kirchenrat hielt das für nötig, weil die Gemeinde einträchtig sein sollte. Sie bestand aus Mitgliedern eines Leibes, des Leibes Christi. Darum mußte sie sich von grober Sünde fernhalten. Weil die Gemeinde eins war, betraf die Sünde des einzelnen die ganze Gemeinschaft. Die Zucht forderte den Sünder dazu auf, sich mit Gott und der Gemeinde zu versöhnen. Solange das gute Verhältnis nicht wiederhergestellt war, wurde er vom Abendmahl ausgeschlossen, weil dort die Einheit des Leibes Christi in den Symbolen von Brot und Wein erlebt wird. Darum wird die kirchliche Disziplinierung zum Wohl der Gemeinschaft ausgeübt, um diese als Leib Christi zu bewahren.

In der zweiten Hälfte des 17. Jahrhunderts findet eine Verschiebung statt. Der Schwerpunkt verlagert sich von der Gemeinde zum Individuum. Die Hauptsorge der Zucht ist nicht mehr, den Leib Christi rein zu halten, sondern den Sünder zurückzugewinnen. Im frühen 17. Jahrhundert wurden Mitglieder ausgeschlossen, wenn die Disziplinierung erfolglos war. Ein unversöhnter Sünder würde den Leib Christi beschmutzen. Man konnte die Gemeinschaft nur rein halten, indem man den verstockten Sünder heraushielt. Steht jedoch das Individuum im Mittelpunkt, hat man Geduld mit ihm, selbst wenn sich die Hoffnung auf Besserung immer mehr zu einem eitlen Traum verflüchtigt. Der Kirchenrat schloß das sündige Mitglied nicht mehr aus der Gemeinde aus. Das starke Anwachsen der Kirchengemeinde in der zweiten Hälfte des 17. Jahrhunderts hatte seinen Preis: Die Mitgliedschaft wurde wohlfeiler, so daß mehr Menschen beitraten. Das Gemeinschaftsgefühl jedoch mußte schwächer werden.

Ein gutes Beispiel ist die Art und Weise, wie der Kirchenrat mit Konflikten umging, die unter die Kompetenz des weltlichen Richters fielen. In der ersten Hälfte des 17. Jahrhunderts versuchte der Rat zu verhindern, daß Brüder in Christo gegeneinander prozessierten. Hatten sie Streit miteinander, sollte zum Schlichten lieber ein Schiedsrichter beauftragt werden.[12] War nur einer der Beteiligten Mitglied der Kirchengemeinde, so hielt sich der Kirchenrat heraus, weil er in politischen Angelegenheiten strikt neutral sein wollte.[13] Der Gang vor Gericht war an sich schon eine bedenkliche Tat. Als Jaepje Jans van Leyens Mann 1636 erwog, der Gemeinde beizutreten, fragte der Kirchenrat ihn, ob er trotz seiner zahlreichen Prozesse ruhigen Gewissens an der Abendmahlsfeier teilnehmen könne. Er solle warten, bis seine Angelegenheiten abgeschlossen oder beigelegt seien.[14] Fälle dieser Art kommen in der zweiten Hälfte des 17. Jahrhunderts nicht mehr vor. Die Anzahl der Konflikte hat natürlich nicht abgenommen, aber der Kirchenrat hat sich von diesem Terrain zurückgezogen. Lust zu prozessieren gibt nicht länger Anlaß zu kirchlicher Disziplinierung.

Anfangs strebte der Kirchenrat nach Harmonie in der Gemeinde, wie wir es auch bei der bürgerlichen Obrigkeit sehen werden.[15] Das ist nicht verwunderlich, weil ja die Regierenden von Kirche und Gemeindeverband größtenteils dieselben Personen waren oder zumindest derselben Kirche angehörten. Beide Kollegien setzten dieselben Maßstäbe und hatten manchmal dieselben Interessen, denn die reformierte Kirche fiel als größte Gemeinde mit unter die Verantwortung der Magistraten.

So sind es nicht die Kirchenratsprotokolle, sondern die Dorfabrechnungen, die uns über die Berufung der Pfarrer Auskunft geben. Da die Rechnungen relativ spät beginnen – unter der Verwaltung des unvermeidlichen Reynier Cramer –, erzählen sie uns nur von der Ankunft des Johannes Sylvius im Jahre 1684 und von der seines Namensvetters Frederik Sylvius, dreizehn Jahre später.[16] Beide Male nehmen nahezu alle Grafter Kirchenratsmitglieder und Ratsherren an der Auswahl teil. Es wurden dort wöchentlich Ausschüsse gebildet, die sich immer aus beiden Kollegien zusammensetzten und sich sowohl 1684 als auch 1697 nicht weniger als siebzehnmal auf den Weg machten, um verschiedene Pfarrer zu hören. Zwar lagen deren Pfarreien alle in der Provinz Holland, doch mußten die Anhörungsausschüsse auch bis weit in den Süden ausschwärmen, nach Zwammerdam und Zoeterwoude. Die Kosten waren deshalb nicht gering. 1684 betrugen sie 501 Gulden, 14 Stuiver und vier Penningen, 1697 belief sich die Summe auf 272:2:12. Darin sind auch alle Umzugskosten und Geschenke inbegriffen, und die Kirche hat es sicherlich als angenehmes Entgegenkommen der Gemeinderegenten begrüßt, daß sie diese ansehnlichen Summen übernahmen.

Das hieß, daß die gesamte Bevölkerung Grafts indirekt einen Beitrag geleistet hat, auch die, die nicht reformiert waren. In gewissem Sinne gilt das auch für die eigenen Einkünfte der Kirche. Die Kirchmeister verwalteten die Erträge aus Grundbesitz, die Zinsgewinne zu Lasten der Provinz, das Geld aus Kollekten, für Beerdigungen und die finanzielle Unterstützung durch die lokale Obrigkeit. Land und Kapital waren das Erbe der ungeteilten Kirche des Mittelalters und damit ursprünglich mit dem Geld der Allgemeinheit angeschafft worden. Die Unterstützungen kamen naturgemäß aus der Gemeinschaftskasse. Beerdigungskosten wurden von jedem einzelnen bezahlt. Der Friedhof und die Kirche dienten aber als allgemeiner Begräbnisort für alle Konfessionen, so daß Katholiken und Mennoniten unfreiwilligerweise zum Unterhalt des reformierten Gottesdienstes beitrugen. Das taten sie dann außerdem noch, indem sie Steuern zahlten. Wenn zusätzliches Geld für die Kirche gebraucht wurde, wurde das häufig durch eine örtliche Steuererhöhung auf bestimmte Artikel eingetrieben. So erhielt Graft 1671 die Erlaubnis der »Staten van Holland«, eine Sondersteuer auf Bier, Wein, Schnaps, Getreide, Schlachtvieh und Torf zu erheben.[17] Jeder, der einen dieser Artikel kaufte, half somit, die Kassen der Kirchmeister zu füllen. Wahrscheinlich haben die Katholiken und Mennoniten sich dem im großen und ganzen gefügt. Dennoch wurde diese sogenannte Kirchenabgabe in großem Maßstab umgangen,[18] und zwar ohne Unterschied der Konfessionen.

Nur die Kollekten wurden allein von den Kirchgängern aufgebracht. Kollekten für die Kirche wurden jedoch erst von 1683 an regelmäßig vorgenommen.[19] Das soll nicht heißen, daß es an Opferbereitschaft mangelte. Als Oost-Graftdijk kirchlich unabhängig wurde, brauchte es ein Startkapital von 7500 Gulden. Die Einwohner des Weilers brachten selbst 3500 davon auf. Schätzen wir die reformierte Anhängerschaft auf ungefähr vierhundert Seelen, kommen wir auf einen Betrag von fast neun Gulden pro Kopf. Teilweise wurde das von den Reichen aufgebracht, weil aber dieser Ort relativ arm war, auch von »den vielen, die gerade soviel hatten, wie sie zum Leben brauchten«.[20]

Der gute Wille zeigte sich, wenn die Not es erforderte. Doch es bleibt die Frage, ob man diese Art der Finanzierung für wünschenswert erachtete. Bei der Berufung des Justinus van der Meer im Jahre 1644 beschloß der Kirchenrat, das Gehalt des Pfarrers zu erhöhen. Zwar ließen die festen Einkünfte das nicht zu, aber der zusätzliche Betrag konnte »aus den Geldbeuteln mancher Mitglieder und Sympathisanten« eingetrieben werden. Als Van der Meer das zwei Jahre später bemerkte, protestierte er. Es schien ihm ungerecht, daß nicht die gesamte Summe zu Lasten der Gemeindekasse fiel.[21] Vielleicht wollte er nicht von privaten Gönnern abhängig sein. Möglicherweise war er auch der Meinung, daß eine öffentliche Kirche aus öffentlichen Mitteln finanziert werden mußte. Die reformierte Kirche war für jedermann da. Sie taufte alle Kinder, die hineingebracht wurden, schloß alle Ehen und beerdigte alle Toten, ungeachtet der Religion. Konnte man denn nicht verlangen, daß alle mitbezahlten? Für diejenigen, die den Unterhalt der reformierten Kirche als ein öffentliches Anliegen ansahen, konnte die Antwort auf diese Frage nur Ja lauten.

Diese Meinung wurde nicht von allen geteilt, denn Graft besaß seine religiösen Minderheiten. Die Mennoniten hatte es in dieser Region von jeher gegeben. De Rijp war immer eines der wichtigsten Zentren der Mennonitenbewegung gewesen. Noch in der zweiten Hälfte des 17. Jahrhunderts kam De Rijp der Größe holländischer Gemeinden nach auf den dritten Platz, nach Amsterdam und Haarlem. In der Samtgemeinde Graft waren die Mennoniten zwar weniger zahlreich, aber deutlich präsent, vor allem in Noordeinde.

Die Mennoniten von Graft und De Rijp gehörten zur sogenannten »Waterlandsen« Richtung. Sie waren demnach nicht besonders streng, weder in der Lehre noch in der Zucht. Doch das ist ein Vergleichsurteil, das die Mennoniten von Waterland neben die flämischen und die friesischen stellt. Mit jedem anderen Maßstab gemessen, waren auch die Mennoniten von Waterland sorgfältig und gewissenhaft in ihrem täglichen Lebenswandel. Die Grafter Gemeinden in Noordeinde und in den beiden Teilen von Graftdijk werden wohl denselben Schutzpatron gehabt haben, aber viel wissen wir darüber nicht. Die Gemeinde De Rijp wurde ausführlich von Fopma beschrieben, und zwischen den Mennoniten von dort und denen aus Noordeinde bestanden sehr enge Beziehungen. Doch geht es in Fopmas Abhandlung hauptsächlich um die Prediger und die Armenfürsorge. Der letzte Punkt gehört in ein anderes Kapitel dieses Buches, und der erste erzählt uns mehr über die Hirten als über die Schafe.

Natürlich sind die Hirten nicht unwichtig. Jeden Sonntag versammelten sie die Schafe um sich und sprachen zu ihnen. Sie haben den Geist des Gemeinschaftslebens in starkem Maße beeinflussen können. Wir erfuhren bereits, daß zwei dieser Prediger zusammen ein Buch geschrieben haben, das zum einen aus einer Sammlung von Predigten für Seeleute, zum anderen aus einem Abriß der Geschichte und einer Übersicht über den aktuellen Stand der Dinge in ihren Dörfern besteht. Beide Autoren sagen über ihre Gemeinden, daß diese die Bibel als unfehlbares Wort Gottes akzeptierten und daß sie mit der gesamten Christenheit die Wahrheit der zwölf Artikel des Glaubensbekenntnisses anerkennen. Wer mehr über ihre Ansichten erfahren will, kann selbst das Glaubensbekenntnis nachschlagen, das 1581 von Hans de Ries und Lubbert Gerritsz. verfaßt worden ist.[22]

Sie sprechen zuerst über das, was sie mit anderen Christen gemeinsam haben, und geben dies auch genau an. Erst anschließend formulieren sie das Besondere ihrer eigenen Gemeinschaft. Das tun sie viel zurückhaltender, nicht so sehr als Bekenntnis denn als Hinweis. Das charakterisiert auch ihre Gesinnung. Sie sind der Meinung, daß zwischen Reformierten und Mennoniten große Unterschiede bestehen. Aber das hindert Grafter und Rijper nicht daran, in Ruhe und Frieden miteinander zu leben, weil Religion »keine Sache von Feindschaft und Parteilichkeit, sondern einzig von Liebe und Freundlichkeit ist, sogar gegenüber den Irrenden«.[23]

Liebe und Eintracht sollen im Vordergrund stehen, nicht Aggression und Feindseligkeit – eine dienende Liebe, nach der man den anderen mehr achtet als sich selbst. Demut ist die vornehmste christliche Tugend, am wenigsten an sich selbst denken, schlicht und bescheiden sein.[24] Das Rijper Liederbüchlein, das 1624 aus dem örtlichen Kreis der Mennoniten hervorging, gibt auf vielen Seiten den Grund an, weshalb sich ein Christ für Schlichtheit und Dienstbarkeit entscheiden muß: Das vergängliche Erdendasein hat doch keine Freuden zu bieten, die mit dem seligen Los zu vergleichen sind, das den Gläubigen danach erwartet.[25] Mennonitische Frömmigkeit verlangt keine weltliche Freude, weil sie stets das Jenseits vor Augen hat.

So jedenfalls verkünden es die gedruckten Texte, die Gesangbücher und Predigtsammlungen. Die Quellen sind auf Schermereiland entstanden, und die Verfasser haben die Gläubigen vor Augen gehabt, die wir nun zu finden versuchen. Doch haben die Mennoniten der Samtgemeinde Graft tatsächlich so gelebt und sich an diese Normen gehalten?

Dienende Liebe ist das Ideal. Aus Fopmas Beschreibung der Gemeinde in De Rijp geht hervor, daß sie sich um das Wohlergehen der Armen sorgte. Dasselbe können wir sicherlich von den Noordeindern und den Graftdijkern erwarten. Die Rijper Mennoniten hinterließen ihr Vermögen häufig den Armen. Sie regelten den Nachlaß innerhalb der eigenen Gemeinschaft, ohne einen Notar einzuschalten.[26] Wahrscheinlich wurde das in den Grafter Weilern ebenso gehandhabt, was erklärt, warum so wenige Legate in Testamenten festgehalten werden.[27] Es finden sich allerdings noch drei Testamente, in denen sowohl »die Armen von Mennos Glauben« als auch die »gemeinen Armen« bedacht sind.[28] Auf so einen Gedanken werden nur Erblasser kommen, die selbst zu Mennos Glaubensgemeinschaft gehörten. Zwei von ihnen wohnten in Oost-Graftdijk, der dritte im Hauptdorf. Bemerkenswert ist, daß alle drei in der überwiegend reformierten Region ein öffentliches Amt bekleideten. In Noordeinde war das nichts Außergewöhnliches, aber in den beiden Teilen von Graftdijk kam es selten vor und im Dorf Graft so gut wie nie. Cornelis Cornelisz. de Zeeu und Louris Claesz. Kars brachten es in Oost-Graftdijk bis zu Armenaufsehern, und Jan Dircksz. Crul wurde zweimal zum Waisenvorsteher des Dorfes Graft gewählt. Es ist ein reizvoller Gedanke, in ihrer Wahl einen Ehrerweis an großzügige Männer zu sehen, die ungeachtet der Religion bereit waren, dort zu geben, wo es nötig war. Dann waren sie als Menschen bekannt, die das wahr machten, was ihnen in der Predigt beigebracht worden war.

Im Testament des Jan Dircksz. Crul schlägt sich mennonitische Moral auch darin nieder, daß er alle seine Schuldforderungen den Armen hinterließ, doch unter der Bedingung»daß die Leute, die unfähig sind zu bezahlen oder nicht bezahlen wollen, im Buch durchgestrichen und ihre Schulden getilgt werden«.[29] Eine beinahe passive Mildtätigkeit, die dem, der das Hemd verlangt, auch den Mantel gibt und nichts für sich selbst braucht. Doch sie kann erklären, warum die mennonitischen Diakone wenig Besitz ihr eigen nennen konnten:[30] Der Christ berechnet nicht im voraus, sein Gottvertrauen ist stark genug, um in den Tag hinein zu leben. Lasset die Almosen nur rollen, und häufet sie nicht an, aus Angst, es könnte morgen noch mehr gebraucht werden als heute. Vielleicht hat diese weitverbreitete Geisteshaltung den Mennoniten den Ruf von freundlicher Tugendhaftigkeit verliehen. Aus diesem Grunde beauftragten die Vorsteher der reformierten Kirche meistens den mennonitischen Zimmermann Albert Arentsz. Throon,[31] den Sohn des Predigers in Noordeinde, mit den Reparaturarbeiten an ihrem Pfarrhaus.

Von den Mennoniten konnte man erwarten, daß sie sich nicht in den Vordergrund drängen, wohl aber bereit sind zu helfen, wenn die Gemeinschaft an sie appelliert. Daher kam es, daß sie öffentliche Funktionen erfüllten und, wo Nachfrage bestand, sogar als Schöffen Dienst taten. »Wir schmähen den Dienst in der Gemeinde nicht«, sagen Van Dooregeest und Posjager, »doch preisen wir uns glücklich, daß wir nicht dazu berufen sind.«[32] Vielleicht waren für manche die Trauben durchaus sauer. In De Rijp herrschte während der ersten Hälfte des 17. Jahrhunderts ein krasses Mißverhältnis bei den führenden Ämtern der Gemeinde. Ein mehrheitlich mennonitischer Gemeinderat stand einem reformierten Kollegium von Schöffen gegenüber. In Graft war der Anteil der Mennoniten nie stark genug, um sich in der Politik Geltung zu verschaffen. Die einzige Äußerung, die von einem streitlustigen Selbstbewußtsein zeugt, geht auf das Konto des Mennonitenpredigers Albert Cornelisz. Posjager, Vater des bereits angeführten Schriftstellers, der 1655 wegen lästerlicher Reden, die er gegenüber der Synode von Doordrecht geführt haben soll, zur Rechenschaft gezogen wurde. Er leugnete, mußte aber dennoch dem Vogt ein Bußgeld von 245 Gulden bezahlen.[33]

Vielleicht lag der Streitpunkt bei der Frage, wo die Lästerung anfängt und der sachliche Einwand aufhört. Als rechtschaffener Mennonit hat Albert Cornelisz. Posjager zweifellos die Entscheidungen der Synode von Doordrecht verworfen. Die Sammlung von Predigten, die sein Sohn gemeinsam mit Van Dooregeest für den Gebrauch an Bord herausgab, hatte jedoch ausdrücklich die Absicht, »alle zu erbauen und niemanden zu verletzen«.[34] Ein Schiffer wird diese Kanzelreden also einer Zuhörerschaft vorlesen können, die aus verschiedenen Glaubensgemeinschaften bestand. Doch haben sich die beiden Autoren ein einziges Mal in ihrem Enthusiasmus gehenlassen, als sie das Gedicht von Adriaen Spineker zitieren:[35]

Du hast die Wahl zwischen diesen beiden,
Ewiger Seligkeit oder ewiger Qual,
Wohlan, oh Mensch! Nun gut gewählt.
Entsage den Lüsten des Fleisches,
Leihe dem Heiligen Geist Herz und Gehör.
Umarme die Tugend und folge ihr.
Allzuviel hängt an dieser Wahl:
Für eine kurze Freude auf ewig vergehen
Oder einst in Gottes Herrlichkeit eintreten
Vollkommene Freude für so kleine Müh.

Daß es sich hier nicht um einen besonders tiefgründigen und edlen Ausdruck mennonitischer Frömmigkeit handelt, ist leicht durchschaut: Bist du nicht tugendhaft, so sollst du ewig büßen, ewige Seligkeit verlangt doch so wenig von dir! Der nichtige, verlorene Mensch, der auf nichts anderes als auf Gottes Barmherzigkeit hofft, ist hier zu jemandem geworden, der sein Schicksal selbst in der Hand hat, der aus verständlichem Eigennutz eine vernünftige Wahl getroffen hat. Doch ein Prediger, der sich von der Doordrechter Synode inspirieren ließ, hätte das nicht so farblos formuliert. Wenn bei den Mennoniten auf diese Weise gepredigt wurde, konnte ein geübter Kirchgänger den Unterschied leicht bemerken.

Und Unterschiede gab es sicherlich. Die wohlhabende Witwe Guurt Gerrits aus Graftdijk brachte 1677 folgende Güter in ihre zweite Ehe: eine Bibel, ein Testament, ein Psalmenbuch, ein Gesangbuch und ein Ermahnungsstövchen.[36] Bei den Reformierten hieß so etwas Kirchenstövchen. Es sah genauso aus, doch Mennoniten gingen nicht in die Kirche. Sie besuchten die Ermahnung, und das war nicht dasselbe unter einem anderen Namen. Grietje Poulus hielt es zumindest für besser, bei ihrer Ehe mit Jan Dircksz. 1681 einen Vorbehalt einzubauen. Sie wollte ihren Mann »zu den Gottesdiensten der mennonitisch Gesinnten begleiten«, doch räumte sie sich die Freiheit ein, daß sich, »falls sie die Lehre der Mennoniten entgegen ihrem Gemüt und Gefühl empfände, der Bräutigam darüber nicht beschweren dürfe, denn sie ist von Jugend auf mit der reformierten Lehre aufgewachsen«.[37]

Jans Kompromißbereitschaft wird belohnt. 1683 werden Jan und Grietje beide bei den Mennoniten in Noordeinde aufgenommen. Sie war also eine Reformierte, die zu den Mennoniten konvertierte. Natürlich ist das im Laufe des 17. Jahrhunderts des öfteren vorgekommen und häufig auch aus demselben Grunde. In einer Dorfgemeinschaft bestand beinahe immer kirchlicher Grenzverkehr bei der Partnerwahl. Manchmal entstanden daraus konfessionell gemischte Ehen, bei denen Mann und Frau jeweils ihrer eigenen Religionsgemeinschaft treu blieben. So war beispielsweise der Notar Pieter Pietersz. Heringa mit einer Mennonitin verheiratet, die die Mutter eines später reformierten Pastors war, selbst aber erst kurz nach dem Tod ihres Mannes zu den Reformierten konvertierte.[38] Hätte sie diesen Schritt nicht gemacht, wären wir dieser Mischehe nie auf die Spur gekommen. Es wird noch mehr solcher Familien gegeben haben, in denen die Frau ihr Ermahnungsstövchen nicht gegen ein Kirchenstövchen tauschen wollte und wo im Familienkreise oftmals harte Worte gewechselt wurden, ohne daß davon bis zu uns etwas durchgedrungen ist. Die Kirchenratsprotokolle melden nur einen Fall von Zuchtausübung bei einer Mischehe. Mary Aerjaens hatte sich von ihrem mennonitischen Ehemann überreden lassen, ihn sonntags zu begleiten. Als sie darauf angesprochen wurde, gestand sie unter Tränen ihr Leidwesen.[39]

Vermutlich entschieden sich jedoch die meisten Paare für eine gemeinsame Konfession und der Mann oder die Frau traten in die jeweils andere Gemeinde über. Wenn wir darüber wenig lesen, dann wahrscheinlich aus dem einfachen Grunde, weil die meisten dieser Bräute und Bräutigame noch keiner Religionsgemeinschaft beigetreten waren, so daß kein formeller Übertritt stattfand. Wir können jedoch davon ausgehen, daß praktisch alle, die durch Erwachsenentaufe der reformierten Kirche einverleibt wurden, mennonitischer Herkunft gewesen sein werden. In De Rijp wurden zwischen 1622 und 1652 insgesamt 36 Erwachsene getauft.[40] In Graft liegt der Durchschnitt ungefähr bei einer Erwachsenentaufe pro Jahr.[41] Es ist ein geringer, aber doch regelmäßiger Zustrom. Welche Verluste es demgegenüber gab, ist nicht bekannt, aber der Rat der reformierten Kirche von Graft hält nirgendwo seine Sorge über die mennonitische Konkurrenz fest. In De Rijp sieht das ganz anders aus[42], und in diesem Vergleich bekommt die Abwesenheit von Klagen und Beschuldigungen einige Bedeutung. Die Reformierten verbuchten Gewinne aus den Reihen der Mennoniten. Kleine Gewinne zwar, aber sie waren konstant und wurden kaum geschmälert durch eigene Verluste.

Was machte den reformierten Gottesdienst attraktiver als die mennonitische Ermahnung? Die persönlichen Motive entziehen sich unserer Kenntnis. Sie können sehr differenziert gewesen sein, und vielleicht tun wir den Graftern des 17. Jahrhunderts unrecht, wenn wir nach allgemeinen Gründen suchen. Sie können dennoch eine Rolle gespielt haben. Ein erster liegt auf der Hand: die Anziehungskraft der großen Kirche, mit ihrer Vormachtstellung in der Gemeinschaft. Diese Kraft ist nicht meßbar und kann an sich nichts erklären. Sie müßte auch auf die Katholiken gewirkt haben, die jedoch in dieser Zeit nicht unter Mitgliederverlust litten. Wir müssen also die für die Mennoniten spezifische Situation bedenken.

Als erstes fällt uns wie immer ein, daß Graft ein Seemannsdorf war. Viele Männer und Jungen verdienten ihr Brot auf See, auch Mennoniten, doch die hatten ein großes Handicap. Sie hatten sich zu einem Glauben bekannt, der ihnen untersagte, Waffen zu tragen. Dieser Glaube wurde auf jeder Schiffsreise auf eine schwere Probe gestellt. Die Republik der Niederlande griff im 17. Jahrhundert oft zu den Waffen. Es herrschte öfter Krieg als Frieden. Krieg war der Normalzustand. Der erste, dem das klar war, war der Seemann, denn jedes Schiff mußte in Kriegszeiten gegen den Feind verteidigt werden. Außerdem gab es noch Gewässer, die auch in Friedenszeiten gefährlich waren, etwa das Mittelmeer, wo immer Überfälle barbarischer Piraten drohten.

Für die Besatzung ging es dann nicht nur um den Erhalt des Schiffes und der Ladung, sondern auch um die eigene Freiheit und ums Leben. Ein Matrose mußte eiserne Grundsätze haben, um sagen zu können:

»Komme was wolle, ob ich in Algier zum Sklaven gemacht oder lebend über Bord geworfen werde, in keinem Fall darf ich Waffen tragen.« Es gab Mennoniten, die es mit dem Verbot nicht so genau nahmen.[43] Damit hatten sie aber einen wesentlichen Teil ihrer Identität geopfert.

So scheint es mir nicht ausgeschlossen, daß die Blüte der Walfängerei auf Schermereiland in der zweiten Hälfte des 17. Jahrhunderts mit diesem mennonitischen Gewissenskonflikt zu tun hat. Ganz und gar sicher vor Kaperei war man auf einem Grönlandfänger zwar nicht. Doch war die Gefahr einer bewaffneten Auseinandersetzung hier geringer. In den Jahren zwischen 1661 und 1701, bis zum Ausbruch des spanischen Erbfolgekrieges, sind 5 161 Walfänger aus niederländischen Häfen gelaufen. Davon sind 58 Freibeutern in die Hände gefallen,[44] besonders in den Unglücksjahren 1677 (20) und 1693 (26). Abgesehen von diesen zwei Jahren sind Überfälle hier so sporadisch gewesen, daß den mennonitischen Matrosen eine solche Gewissensprüfung erspart blieb. Ungefähr die Hälfte der Grafter Kommandeure der Walfänger waren Mennoniten.[45]

Die Arbeit auf einem Walfänger bot Mennoniten die Möglichkeit, zur See zu fahren, ohne die eigenen Prinzipien in Frage stellen zu müssen. Das war kein schlechtes Mittel, denn die Walfängerei war arbeitsintensiv. Jedes Schiff hatte zwischen vierzig und fünfzig Mann Besatzung, viel mehr als ein Handelsschiff. Das ändert nichts daran, daß die Brüder und Schwestern der Mennonitengemeinde die schwächste der drei Kirchengemeinden bildeten. Als einzige hatte sie einen relativ leichten Rückgang zu verzeichnen.

Dann gab es noch die alte Kirche. Die holländische römisch-katholische Kirche ist nach dem Aufstand gegen Spanien schnell zur Wiedergeburt gelangt. In manchen Gegenden der Provinz wurde sie von neuem wieder die Religion der Mehrheit. In Graft ist das nicht passiert. Auf Schermereiland war die katholische Seelsorge wahrscheinlich eine Weile ganz verschwunden. Daß wir zu Beginn des 17. Jahrhunderts wenig davon hören, beweist an sich nichts. Aber es wird kein Zufall sein, daß sowohl die Quellen der katholischen Kirche als auch gerichtliche Quellen zum ersten Mal im Herbst des Jahres 1631 über katholische Aktivitäten berichten. Aus den katholischen Visitationsberichten geht hervor, daß es einen Pastor für De Rijp und die umliegenden Dörfer gibt.[46] Wie aus dem Archiv der Schöffen hervorgeht, hat der Dorfschulze Ende 1631 eine Versammlung von Katholiken in Noordeinde gestört.[47] Hier liegen Aktion und Reaktion so eng beieinander, daß sie uns eine in dieser Hinsicht sehr wachsame Obrigkeit vermuten lassen. Deshalb können wir annehmen, daß vor 1631 kein organisiertes katholisches Kirchenleben in der Samtgemeinde von Graft existierte.[48]

Eine Kirche, die hunderte von Jahren die Menschen unter einem Dach vereinte, verschwindet nicht einfach spurlos. Aus dem Jahre 1594 sind noch einige Akten des Notars Claes Vechtersz. Opdam[49] erhalten geblieben, der verschiedene Zeugen angehört hat. Einer von ihnen sagt, daß sich die Geschehnisse, über die er berichtet, »um den Monat Februar« abgespielt haben. Alle anderen datieren ihre Geschichte anhand des kirchlichen Kalenders. Es war um Allerheiligen, sagt einer. Es muß so etwa vierzehn Tage vor Mariae Lichtmeß gewesen sein, bezeugt ein anderer. Es geschah um Sankt Martin, erinnert sich ein Dritter. Diese Männer können die Feste noch kirchlich gefeiert haben, auch wenn das schon mehr als zwanzig Jahre her war. Doch man sprach weiterhin so, sogar ab und zu in reformiertem Quellenmaterial. Der Kirchenrat von Oost-Graftdijk beschloß 1649, Amtsträger immer »am ersten Freitag vor dem Liebfrauentag« zu wählen.[50] Eine Datierung, die so manchem Protestanten Kopfzerbrechen bereiten würde. Wenn der Kirchenrat das Beispiel gab, konnte niemand den Gemeindemitgliedern vorwerfen, daß auch sie nach dem Heiligenkalender datierten, auch noch hundert Jahre nachdem der Tag des betreffenden Heiligen das letzte Mal öffentlich gefeiert worden war. 1672 wurden drei Kinder von Mieus Cornelisz. und Jantjen Claes getauft. Ihr Alter wurde wie folgt angegeben:[51]

Maartjen Miesen war am Vorabend der großen Fasten vier Jahre alt.
Cornelis Miess, am vorigen Sankt-Jacobstag drei Jahre alt.
Grietgen Mies, am vorigen Sankt-Lorenztag ein Jahr alt.

Aus solchen Datierungen geht die Macht der katholischen Tradition hervor. Gewohnheit allein ist noch keine geistige Kraft. Doch wir haben es hier mit einer Gemeinschaft zu tun, die an das Alte, von den Ahnen Überlieferte gebunden war. Die Grafter Regenten des 17. Jahrhunderts gründeten ihr Selbstbewußtsein nicht nur auf die Prosperität des Gemeindeverbandes, sondern auch auf den Besitz vieler alter Privilegien. Sie hüteten das Erbe der Ahnen, wie wir in Kapitel 12 sehen werden. Verlor die Vergangenheit ihren Wert, sobald nicht mehr das materielle, sondern das geistige Wohl zur Diskussion stand? Albert Cornelisz. aus Noordeinde, Mennonit, war 1646 so ernsthaft erkrankt, daß er sich aufs Sterben vorbereitete. Sein Freund Pieter Jacobsz. wirkte derartig auf in ein, daß Albert zustimmte, den katholischen Geistlichen herbeizurufen. Alberts Mutter wollte davon nichts hören, worauf Pieter sie dann versuchte zu überreden: »Wundere dich nicht, daß dein Sohn solches begehrt. Wouter Adriaensz., der alte Prädikant aus Graft, hat, als es zum Letzten kam, begehrt, den Priester bei sich zu haben, während es ihm seine Kinder nicht erlaubten.«[52]

Pieter Jacobsz. hat dieser Worte wegen als Lästerer vor Gericht gestanden. In Graft, De Rijp und anderen umliegenden Orten war die Angelegenheit Tagesgespräch. Das hätte kaum passieren können, wenn die Geschichte den Menschen völlig unglaubwürdig erschienen wäre. Mehr als einmal können wir in den Quellen des 17. Jahrhunderts von Seeleuten lesen, die von den Spaniern gefangengenommen und getötet wurden, aber die sich im letzten Moment noch mit der alten Kirche versöhnten.[53] Ihr Leben konnten sie damit zwar nicht mehr retten, aber für die Seele war das Risiko, als Ketzer zu sterben, zu groß. Im Laufe des 17. Jahrhunderts nutzt sich der Bannstrahl der alten Kirche mehr und mehr ab. Um 1630 jedoch verfehlte er seine Wirkung zumindest bei denjenigen nicht, die sich religiös noch nicht gebunden hatten.

Darum konnte der Katholizismus auch in Graft mühelos an Boden gewinnen und eroberte einen festen Platz in Noordeinde. Die Grafter Gemeindeoberen waren keine strengen und harten Herren. Sie scheinen sich schnell mit den Tatsachen abgefunden zu haben und scherten sich nicht mehr darum, wenn jeder auch außerhalb Grafts »von dem Pfaffen, der in dem Ort wohnt«, wußte.[54] Vergeblich hielt Pfarrer Wouter Adriaensz. den Regenten von der Kanzel vor, daß sie sogar von König Herodes etwas lernen könnten, der sorgfältig nachgeforscht hatte, als die Weisen aus dem Morgenland kamen, um ihn nach der Geburt Jesu zu fragen: »Nach diesem Vorbild, so Wouter Ariaensz., sollten die Magistraten handeln, sie sollten alle Personen untersuchen lassen, die hier durchreisten, damit keine Pfaffen noch Jesuiten dabei wären, die hier, so sagte er, das Geld wegzuholen und die Menschen zu verblenden trachten.«[55]

Der Geldfluß wird nicht zu einem Strom angestiegen sein, denn die Grafter Katholiken waren nicht reich.[56] Aber die Gemeinde gedieh gut. Der reformierte Kirchenrat sah sorgenvoll »den gewaltigen Zulauf der Papisten«[57] und fragte sich, ob der Dorfschulze nicht einmal etwas unternehmen könne, »damit der blinde Eifererhaufen der Römischen Kirche gezügelt werde«.[58] Der Schulze hat nichts unternommen, wohl aber der Vogt. Der ließ 1644 die Kirche in Noordeinde zunageln.[59] Der blinde Haufen ließ jedoch nicht in seinem Eifer nach. Man kam nun im Haus von Maritgen Ijsbrants zusammen, einer unverheirateten Frau, die auch in Noordeinde wohnte. Dort traf der Vogt 1646 eine Gesellschaft von siebzig Personen an, die er beim »Ausüben ihres Gottesdienstes« auf frischer Tat ertappte. Ihnen wurde eine gehörige Geldstrafe auferlegt.[60]

Das ist das letzte Mal, daß uns die Quellen über gestörte Zusammenkünfte berichten. Dorfschulze Symon Claesz. Koedijck befand es für alle Beteiligten angenehmer, die Katholiken wieder in Ruhe zu lassen, unter der Bedingung, daß sie ihm jährlich achtzig Gulden zahlten.[61] Seither konnten die Priester sich im Dorf fest niederlassen. Pastor Herman van Egten hat sogar in der reformierten Kirche von Graft seine letzte Ruhe gefunden,[62] eben auf dem allgemeinen Friedhof. Die katholische Kirche blieb in Noordeinde: das »Pfaffenhaus«, wie es in der Grundsteuerveranlagung hieß, oder auch das »römische Predigthaus«, wie es etwas wohlwollender in den Schöffenprotokollen genannt wurde.[63] Oder ist dieses Wohlwollen nicht mehr als Schein? Eine katholische Kirche ist kein Versammlungshaus. Es ist typisch protestantisch, ein Kirchengebäude so zu nennen. So verrät der Name Distanz. Das eigene Gebäude nennt man Kirche und das der Mennoniten Versammlungshaus. In beiden Fällen sind das Namen, die die Kirchgänger auch gebrauchen. Aber kein Katholik würde sonntags morgens sagen, er ginge ins römische Versammlungshaus. Den Namen haben die Reformierten sich ausgedacht. Selten ist es ein Zeichen von Respekt, wenn wir die Besonderheiten einer Gruppe mit selbst erfundenen Namen bedenken.

Katholiken wurden geduldet, und niemand legte ihnen noch Steine in den Weg. Aber es war nicht respektabel, katholisch zu sein. Sogar Cornelis Cornelisz., der, ohne den Zusatz »ehrenhaft«, aus dem Schuldienst von Oost-Graftdijk entlassen wurde und einige Zeit im Gefängnis gesessen hatte, sah es als Verletzung seines guten Namens an, »daß ihm nachgesagt wurde, er habe es mit den Papisten gehalten«.[64]

Ein Zwischenfall ist uns überliefert, bei dem ein Pastor die Hauptrolle spielte. Am 5. September 1660 zog Pastor Bruyn Jansz. mit einer tüchtigen Schimpftirade die öffentliche Aufmerksamkeit auf sich. Er stand mitten auf der Straße, vor dem Haus des Schulmeisters Jan Abrahamsz., »und rief ihn: du Taugenichts, du Lump und mit anderen Worten, die hier nicht wiederholt werden sollen«. An die hundert Menschen waren auf den Beinen und riefen einander zu: »Der Pfaffe schilt unsern Meister Jan Abrahamsz.« Sie betrachteten das vor allem als eine gelungene Form der Unterhaltung. Am nächsten Tag versammelte die Menge sich von neuem, diesmal vor der Wohnung des Pastors. Jan Abrahamsz. selbst war auch dabei, vermutlich um den Pastor etwas leichter nach draußen zu locken. Bruyn Jansz. kam auch ein paarmal heraus, »mit böser und übler Laune«. Er regte sich so auf, daß er schließlich einen Pflasterstein von der Straße auflas und in die Menschenmenge warf.[65] Ein Rechtsstreit ist nicht daraus entstanden. Mit einem reformierten Pastor in der Hauptrolle wäre das sicherlich passiert. Dessen guter Name ging das Gemeinwohl an. Ein lärmender katholischer Pastor dagegen war nur amüsant.

Eine Bedrohung für die Reformierten stellten die Grafter Katholiken schwerlich dar. Zwar beklagen die Graftdijker 1643, daß die Sekten, namentlich die Mennoniten und besonders die Papisten, die einfachen Leute von der wahren, christlichen Religion ablenkten, »weil noch nie ein Prädikant oder ein Predigtamtskandidat mit seiner ehrbaren Gegenwart unter ihnen gewohnt hat«.[66] Das ist offensichtlich ein Gelegenheitsargument, um eine eigene reformierte Gemeinde gründen zu können. Mitglieder der Kirche werden im allgemeinen von der katholischen Propaganda nicht mehr erreicht. Weder die Protokolle von Graft noch die von Oost-Graftdijk melden auch nur einen einzigen Fall von Konversion zu den Katholiken. Nur Trijntgen van Rotterdam mußte davor gewarnt werden, daß sie sich auf einen gefährlichen Weg begab. Den Gerüchten nach war sie mit einem Papisten verlobt. Aber Trijntgen erzählte, sie hätte den Antrag abgeschlagen und dächte nicht daran, die Religion zu wechseln.[67] Pietertje Jans in De Rijp ging eine solche Ehe ein und wurde, nach dem Willen ihres Mannes, Katholikin. Doch im Herzen blieb sie reformiert. Noch acht Jahre nach der Hochzeit versicherte sie ihrem früheren

Kirchenrat, daß sie hoffte, nicht dank, sondern trotz ihrer Übertritts selig zu werden.[68]

Daß die katholische Gemeinde dennoch wuchs, muß am natürlichen Zuwachs und am Zustrom von außen gelegen haben. Bei den Reformierten kamen 16,8 Prozent der Bräute und Bräutigame von außerhalb der Samtgemeinde, bei den Mennoniten waren es 20,6 Prozent und bei den Katholiken 26,8 Prozent, vornehmlich aus den Regionen der trockengelegten Seen.[69] Das kann auf ein beschränktes Angebot an Heiratspartnern am eigenen Wohnort hinweisen. Wohl spielt hier auch eine Rolle, daß die Kirche in Noordeinde die einzige im weiteren Umkreis war,[70] so daß sich Kirchgänger aus der ganzen Umgebung einander zur Messe im Noordeindener »Pfaffenhaus« trafen oder, um es mit ihren eigenen Worten zu sagen: in der St. Bonifatiuskirche.[71] Diese mußte dann ganz von selbst der regionale Heiratsmarkt für alle treuen Katholiken werden.

Diese Heiratspolitik deutet auf den Willen hin, sich als Glaubensgemeinschaft zu behaupten. Insofern manifestierten sich auch die Grafter Katholiken als eine feste Gemeinschaft, die das Band zwischen ihren Mitgliedern so stark wie möglich machen wollte. Abgesehen davon entzieht sich das römisch-katholische Leben der Grafter unserer Wahrnehmung. Es spielte sich nicht in der Öffentlichkeit ab und ging Konfrontationen aus dem Wege. Einen eigenen, erkennbaren Beitrag zur lokalen Kultur hat es kaum geleistet.

Anonym, *Walfänger vor Grönland*

6 Männer bei der Arbeit

Wer über arbeitende Frauen des 17. Jahrhunderts schreiben will, muß nach guten Quellen suchen. Wer über arbeitende Männer schreibt, hat es leichter. Sie bringen die Kräfte in Bewegung, die in ihrer Gesamtheit unter dem Namen »Wirtschaftsgeschichte« beschrieben werden. Das soll aber nicht heißen, daß Frauen beim ökonomischen Geschehen im Abseits standen. Die Melkerin, die Hausfrau, die Spinnerin, die Krämersfrau, die Haushälterin und die Kinderfrau waren jede auf ihre Weise ebenso unabkömmlich für das Gemeinwohl wie der Seemann und der Netzhändler. Doch waren es im 17. Jahrhundert stets die Männer, die die Frage beantworteten, wie in einem bestimmten Dorf oder einer Stadt das Geld verdient wurde.

Graft stellt keine Ausnahme von dieser Regel dar. Es gibt eine moderne Wirtschaftsgeschichte von Schermereiland, das Buch von Herman Kaptein: *Het Schermereiland. Een zeevaarend plattelandsgebied 950–1800* (Bergen 1988). Von Frauen handelt das Buch kaum, abgesehen von zwei hübschen Abbildungen, eine von einer Bäuerin in Grafter Tracht und eine von einem Milchmädchen in den Kirchenfenstern von Schermerhorn. Was diese Frauen eigentlich machten, werden wir im nächsten Kapitel zu erzählen versuchen. In die Arbeit der Männer jedoch gibt uns Kapteins Buch ausreichend Einblick. Obwohl De Rijp die Hauptrolle spielt, sagt das Buch genug über Graft, so daß es uns von der Pflicht einer ausführlichen Behandlung entbindet, die in unserem Rahmen auch nicht notwendig ist.

Kaptein hat die Hälfte seines Buches der Seefahrt gewidmet. Das stimmt ganz mit der Bedeutung überein, die diese Berufssparte für die Grafter besaß. Ihre Bedeutung soll zu Beginn des Kapitels nachdrücklich betont werden, weil der Platz hier nicht proportional zur ökonomischen Wichtigkeit verteilt ist. Wenn wir hier mehr über Handwerker als über Seeleute sprechen, dann liegt das allein daran, daß wir für erstere viel weniger auf die bestehende Literatur zurückgreifen können. Den Seeleuten werden wir übrigens später noch begegnen, namentlich in den letzten Kapiteln.

Graft war im 17. Jahrhundert eine Seefahrergemeinde. Die meisten Grafter Jungen fuhren zur See, um dort ihr Brot zu verdienen. Nicht alle Eltern sahen das gern. Die Bäcker und Bauern behielten ihre Söhne zu Hause. Es gab genug Arbeit im Geschäft oder auf der Weide. Wenn die Jungen selbst etwas anderes wollten, blieb ihr Wunsch in der Regel unerfüllt. Es gab sie sicherlich, die Michiel de Ruyters[1] von Graft, junge Männer, die sich unwiderstehlich vom Meer angezogen fühlten. Doch ist uns nur einer bekannt, der seinen Willen durchgesetzt hat. Cornelis Willemsz., der jüngste Sprößling einer Familie von Schulmeistern, der zwar von Geburt an für das Klassenzimmer bestimmt war, dann aber auf einem Kriegsschiff anheuerte. Es kostete ihn einige Jahre, bis er seinen Willen bekam.[2]

Das Meer war für bedächtige Eltern oder Vormünder selten die erste Wahl. Wenn es aber nichts anderes gab, durften die Jungen in der Regel an Bord. Aus den Veranlagungslisten von 1680 wissen wir, daß einer von drei Grafter Männern zur See fuhr. Um die Mitte des 17. Jahrhunderts verdiente wahrscheinlich sogar die Hälfte der männlichen Berufstätigen ihr Geld auf dem Meer.[3]

Die Grafter Seeleute konnten zwischen drei Möglichkeiten wählen: Heringsfischerei, Walfängerei und Handelsschiffahrt. Eigentlich stellte die Kriegsflotte noch eine vierte Variante dar, doch dafür meldete sich fast niemand freiwillig. Der obengenannte Cornelis Willemsz. ist eine Ausnahme.[4] Nur bei akutem Personalbedarf, wie etwa im Kriegsjahr 1672, stellte Graft sein Kontingent an Matrosen. Im folgenden lassen wir diese außer acht.

Solange Graft blühte, stand die Heringsfischerei an erster Stelle. Sie erforderte starke Besatzungen, denn der Fisch wurde während der Reise direkt verarbeitet. Eine große Heringsbüse hatte zwanzig Mann an Bord.[5] De Rijp verfügte in der Mitte des Jahrhunderts über siebzig bis achtzig Büsen.[6] Für Graft haben wir keine Angaben. Einige Dutzend müssen es sicher gewesen sein.[7] Zwar hatte man jetzt nicht mehr die großen Büsen aus dem 16. Jahrhundert, aber selbst wenn wir die durchschnittliche Mannschaftsgröße auf nur zwölf schätzen, hat allein die Heringsfahrt in Graft und De Rijp jährlich weit über tausend Männern Arbeit verschafft, und zwar von Mitte Juni bis November.[8]

Als die Heringsfischerei während des letzten Viertels des 17. Jahrhunderts an Bedeutung verlor, kam der Walfang gerade zur größeren Entfaltung.[9] Der Schwerpunkt lag auch hier in De Rijp, aber für Graft sind aus der zweiten Hälfte des 17. Jahrhunderts immerhin die Namen von mehr als zwanzig Kommandeuren bekannt.[10] Für die Beschäftigung war der Walfang von großer Bedeutung, denn die Mannschaft eines Schiffes kam gewöhnlich auf ungefähr vierzig Köpfe.[11] Der Verdienst lag höher als bei der Heringsfischerei,[12] aber das Leben an Bord war entsprechend härter und auch gefährlicher.

Die Grafter Handelsschiffe schließlich liefen in alle Himmelsrichtungen aus,[13] Afrika, Amerika und Ost-Indien eingeschlossen. Ihre Besatzung kam zum Teil aus Graft, doch die Matrosen waren natürlich nicht verpflichtet, nur bei Dorfgenossen anzuheuern. Dennoch ist aller Wahrscheinlichkeit nach nicht mehr als ein Grafter Steuermann im Dienste der Vereinigten Ostindischen Companie (VOC) ausgelaufen.[14] Über das gesamte Jahrhundert verteilt, finden sich auf den Listen immer wieder einfache Seeleute.[15] Freiwillig war diese Wahl vielleicht nicht. Dreimal nämlich stoßen wir auf Indienfahrer im Kassenbuch der Armenpfleger,[16] welche die VOC vielleicht als letzte Möglichkeit für gesellschaftlich schwer integrierbare Elemente betrachtet haben. Man kann sich vorstellen, daß dem zuweilen mit Gewalt nachgeholfen wurde. So wird Pieter Zoetekok von zwei Schöffen begleitet, als er 1710 in Hoorn auf ein Schiff nach Indien geht.[17]

Ein Seemann verdiente verhältnismäßig gut. Sein Lohn entsprach ungefähr einem guten Tagelohn an Land,[18] aber in der Regel erhielt jeder Matrose zusätzlich einen Anteil am Gewinn.[19] Vor allem die Walfahrt mit ihren unsicheren Ergebnissen und stark variierenden Preisen weist von Fahrt zu Fahrt enorme Abweichungen im Gewinn auf.[20] Doch damit mußte der Seemann zu leben lernen. Das war freilich das kleinste Risiko, das sein Beruf mit sich brachte. Darauf kommen wir in Kapitel 19 zurück.

Auch an Land bestimmte die Seefahrt das ökonomische Geschehen. Graft erzeugte Käse, wie wir aus dem dritten Kapitel wissen. Aber fast die ganze übrige Produktion von Schermereiland war mit der Seefahrt verbunden. Die Nachbargemeinde De Rijp konnte sich einer großen Schiffswerft rühmen,[21] in der nicht nur Heringsbüsen, sondern auch Walfischfänger und Handelsschiffe gebaut wurden.[22] Graft blieb diesbezüglich hinter De Rijp zurück, produzierte aber Tauwerk, Segeltuch und Fischnetze. Das auffälligste Zeichen dieser Aktivität ist das Vorhandensein einer großen Anzahl von Gewerbemühlen. Im Dorf standen zwei Hanfschlägereien, die de Cogmeeuw (die Lachmöve) und de Jonker (der Junker) hießen.[23] Eine dritte Mühle dieser Art war in Oosterbuurt zu finden.[24] 1687 kam noch eine vierte in Noordeinde hinzu.[25] Eine Ölmühle stand schon zu Beginn des 17. Jahrhunderts am Sapsee.[26] 1648 wurde eine zweite in Betrieb genommen,[27] die jedoch 1669 nach Zuidschermer verlegt wurde.[28] Dort befand sich auch noch eine Seilerei,[29] vielleicht sogar zwei,[30] in der zweiten Hälfte des 17. Jahrhunderts dann drei Gerbereien.[31] Webereibetriebe, Flachshechlereien und Lagerhäuser schließlich waren, über die Samtgemeinde verteilt, häufig zu finden.[32]

Aber was heißt es, daß sich dort so viele Mühlen, Werkstätten und Lagerhäuser befanden? Wie viele Menschen verdienten damit ihr Geld? Für sich genommen waren die Mühlen klein. In einer Ölmühle gab es Arbeit für drei Männer bzw. doppelt so viele, wenn dort auch nachts gearbeitet wurde[33] – aber das wissen wir im Falle Grafts nicht –, und wenn, dann häufig nur im Winter.[34] Die Hanfschlägereien und die Getreidemühlen werden nicht sonderlich viel mehr Arbeitskräfte gebraucht haben. Wenn wir annehmen, daß alle Mühlen, Seilereien und Gerbereien vierzig Grafter Familien eine Existenz ermöglicht haben, dann ist das wohl das höchste, wovon wir ausgehen können. Wahrscheinlich hat das Grafter Gewerbe nicht mehr Bedeutung gehabt als die Grafter Landwirtschaft.

Solch ein Urteil ist jedoch sicherlich ungenau. Die Mühlen waren im gesamten Produktionsprozeß unverzichtbar, vergleichsweise aber spielten sie nur eine bescheidenen Rolle. Wie jede Mehlmühle die Existenzbedingungen für eine Anzahl von Bäckereien schuf und jeder Bäcker wiederum Brot an den entsprechenden Kleinhändler lieferte, so leistete auch die Hanfmühle nur die erste Bearbeitung eines Grundstoffs, der noch durch einige Hände gehen mußte, bevor er zu Segeltuch oder Tau verarbeitet war. 1742 waren in Graft noch immer drei Hanfschlägereien, die von etwa zwölf Männern bedient werden konnten, in Betrieb. Aber die Samtgemeinde zählte damals 76 Flachsbearbeiter, 65 Spinner und Spinnerinnen und 15 Segeltuchweber.[35] Die drei Mühlen gaben also nicht 12, sondern ungefähr 168 Menschen Arbeit, ohne daß wir die Händler und die Fuhrleute mitgerechnet haben. 1742 befand sich Graft im Niedergang.

Wird dann die wohlhabende Samtgemeinde Mitte des 17. Jahrhunderts nicht mindestens ebensoviel Vorteil aus ihren Mühlen gezogen haben? Es stimmt, daß die Veranlagungsliste von 1680 nur achtmal den Beruf des Hechlers erwähnt. Aber die Liste ist nun einmal nicht zur Überlieferung der Beschäftigungsstruktur angelegt worden. Außerdem war das Hecheln von Hanf eine Arbeit, die zwar viel Kraft, aber keine Ausbildung verlangte. Seeleute konnten im Winter auf diese Weise sehr gut ihr Geld an Land verdienen. Daß es ziemlich viele Hechler in Graft gab, geht auch aus der großen Anzahl von Webereibetrieben und Netzfabrikationen hervor. Die Männer und Frauen, die dort paarweise[36] arbeiteten, waren abhängig von den Hechlern, die die in den Mühlen vorbearbeiteten Stengel zu Fasern verarbeiteten und dann ihr Material an die Spinner lieferten.

Vielleicht arbeiteten die Spinner nicht nur für örtliche Auftraggeber. Schermereiland war ein Verlängerungsstück des Zaanlandes und hatte Anteil am Wohlstand der gewerblich am weitesten entwickelten Region Hollands. Von Krommenie nach Zuidschermer fuhren täglich acht bis zwölf Schuten, beladen mit Hanffasern, die dort zu Garn gesponnen wurden.[37] Für Graft ist dies nicht überliefert. Aber solche Fakten werden nur gelegentlich in den Archiven aufbewahrt. Wer von Krommenie nach Zuidschermer fuhr, mußte den Weg durch die Samtgemeinde Graft nehmen.

Die Segeltuchausrüster von Krommenie, die ihr Garn in Zuidschermer spinnen ließen, hätten das natürlich lieber im näher gelegenen Graft tun lassen. Das läßt uns vermuten, daß die Grafter Kaufleute und Manufakteure den Arbeitern ihrer Samtgemeinde selbst ausreichend Arbeit verschafften. Ein Prozeß, der vor den Schöffen von Graft geführt wurde, zeigt zufällig, daß einer der Grafter Notabeln, der ehemalige Schöffe Claes Claesz. de Jonge, 65 Bündel Flachs von Jannetje Harmans aus Wierden in der fernen Provinz Overijssel hat spinnen lassen, gegen einen Lohn von 14 Stuivern pro Bündel. Sie hatte das Material Anfang 1697 erhalten und ihr Garn Anfang Mai desselben Jahres abgeliefert.[38] So hat sie in der Zeit von vier Monaten 45 Gulden und 10 Stuiver verdient. Das ist nicht viel, aber für einen Frauenverdienst auch nicht außergewöhnlich niedrig. Und sogar wenn Claes Claesz. in Graft etwas mehr hätte bezahlen müssen, so hätte das die Kosten und Risiken des Transports nicht aufgewogen. Der Sparsamkeit halber brauchte er nicht so weit von zuhause arbeiten zu lassen. Man wird also vermuten können, daß nicht der geschäftliche Vorteil, sondern die Notwendigkeit ihn dazu veranlaßte, seinen Hanf in Twente verarbeiten zu lassen. Das spricht sehr für den Umfang und die Bedeutung des Grafter Gewerbes.

Hanf war der Rohstoff für Segeltuch, Schiffstaue und Fischernetze. Das alles wurde in Graft hergestellt und unterstreicht die Bedeutung, die das Meer für die Grafter Gemeinschaft hatte. Diese Bedeutung ergibt sich aus dem untergeordneten Rang, den andere Handwerksberufe im Gemeindeverband von Graft einnahmen. Gerade am Handwerk läßt sich ablesen, welche Konsequenzen die Seefahrt als Arbeitgeber in diesem Dorf des 17. Jahrhunderts hatte.

Welche Arten von Handwerk kann man in einer ländlichen Gemeinde von der Größe Grafts erwarten, und wie viele Berufstätige werden dort tätig gewesen sein? Wir besitzen keine vollständigen Berufslisten aus dem 17. Jahrhundert. Aber es gibt Zählungen aus dem Jahr 1811. Natürlich können wir diese nur mit Vorsicht behandeln. Der Charakter des Landstriches hatte sich zu der Zeit ziemlich verändert. Es wurde weniger gefischt, und es waren verhältnismäßig mehr Männer im Gewerbe beschäftigt. Der Bedarf an Handwerkern hatte sich wahrscheinlich noch nicht stark verändert. Die Produktion von Waren fand immer noch per Hand statt. Ein Schuh oder eine Tür wurden nicht wesentlich anders hergestellt als im 17. Jahrhundert. Deshalb haben wir zumindest für die Handwerksberufe doch einen Anhaltspunkt für Berechnungen für die Häufigkeit dieser Berufe in Nordholland. Van der Woude hat diese für das Noorderkwartier pro tausend Einwohner berechnet.[39] Graft hatte im 17. Jahrhundert rund dreitausend Einwohner. Multiplizieren wir also die Durchschnittswerte von 1811 immer mit drei, dann kommen wir auf eine Situation, wie sie in etwa in Graft hätte sein können:

Zimmerleute	28,5
Bäcker	18,5
Schneider	12,0
Schuster	11,7
Maurer	8,1

Maler	6,6
Fleischer	6,0
Barbiere	5,7
Schmiede	5,4
Böttcher	3,9

Diese Verhältnisse galten 1811 für Nordholland. Wenn wir sie auf Graft im 17. Jahrhundert übertragen, werden wir sicher einige Korrekturen vornehmen müssen, während wir andere Zahlen ohne Probleme so stehen lassen können. Daß beispielsweise in Graft im 17. Jahrhundert mindestens dreißig Zimmerleute lebten, ist sehr wahrscheinlich. Dieser Beruf war sehr gut mit dem des Seemannns zu kombinieren. Auch die kleinste Heringsbüse brauchte einen Schiffszimmermann. Und an Land gab es ohnehin genug Arbeit, denn viele Grafter wohnten in Holzhäusern. Das ist auch der Grund, warum wir hinter die acht Maurer ein Fragezeichen setzen können. So groß wird der Bedarf an Maurern in Graft damals nicht gewesen sein.

Die Anzahl von sechs Fleischern ist sicherlich zu hoch gegriffen. Im 17. Jahrhundert habe ich dort keinen einzigen gefunden. Fleisch wurde dort nicht über die Ladentheke verkauft. Bei Einbruch des Winters schaffte man sich ein Schwein oder eine halbe Kuh an und pökelte das Fleisch ein. Einige machten das selbst, andere baten einen sachkundigen Dorfgenossen um Hilfe. Wer Ahnung vom Schlachten hatte, hatte darum im November alle Hände voll zu tun, aber ein richtiger Beruf ergab sich daraus nicht. So fragte der Notar Adriaen Groet beim örtlichen Gericht an, ob man im November die Sitzungen ausfallen lassen könne. Groet mußte zwar in einigen Fällen die Verteidigung führen, war aber dafür während der Schlachtsaison viel zu beschäftigt.[40] Es ist typisch für den geringen Grad der Spezialisierung in dieser Landgesellschaft, daß der Notar zur Hilfe gerufen wird, um Kühe und Schweine zu schlachten. Aber genauso gibt es auch Chirurgen, die Tuch verkaufen[41] oder Bierstände unterhalten[42], und, wie wir bereits erfuhren, Lehrer, die Pächter der besten Fischgründe in der ganzen Gemeinde sein können.

Dieser niedrige Spezialisierungsgrad galt ebenfalls für die meisten Handwerksberufe auf dem Land, zum Beispiel für Schneider. Auch hier gibt uns die Zählung von 1811 einen Anhaltspunkt. Danach muß es in

Graft für zwölf Schneider Arbeit gegeben haben. Doch in den Akten finden wir sie selten erwähnt.[43] Nun kann das vielleicht dafür sprechen, daß sie etwas von ihrem Fach verstanden, denn es gab Handwerker, die mit ihren Kunden über die Bezahlung der Rechnung prozessieren mußten. Die Chirurgen fallen dabei besonders auf. Entweder bezahlte der Patient nicht, weil er die Rechnung unangemessen hoch fand oder weil der Chirurg seiner Ansicht nach keine Leistung erbracht hatte, die einer Belohnung wert gewesen wäre. Schneider kannten diese Probleme nicht. Offenbar haben sie immer zur vollen Zufriedenheit ihrer Kunden gearbeitet. Die Geschichte hat ihnen dafür den Lohn gezahlt, der allen braven und anständigen Menschen zuteil wird: Sie sind vollkommen in Vergessenheit geraten.

Es gibt jedoch noch eine andere Art und Weise, die nach dreihundert Jahren jemandes berufliche Beschäftigung verraten kann: der Name, den er trägt. Wenn ein Dörfler des 17. Jahrhunderts Reynier Arentsz. Smit hieß, dann ist er wahrscheinlich auch als Schmied tätig gewesen. Sonst hat das zumindest sein Vater oder Großvater getan. Namen wie Smit und Backer kommen in Graft häufig vor. Der Name Snijder, für Schneider, ist hingegen selten. Auf einer Liste von 259 Familienoberhäuptern, kurz nach 1584, wurden sieben als Backer bezeichnet, vier als Cuyper (Küfer) und einer als Snijder.[44] Das kann keine Widerspiegelung der Wirklichkeit sein. Es ist nicht anzunehmen, daß die Grafter des 16. Jahrhunderts erheblich mehr Fässer als Kleider benötigten. Hingegen ist es möglich, daß die Böttcher und auch die Bäcker völlig von ihrer Arbeit in Beschlag genommen wurden, die Schneider aber nicht. Ihre Arbeit füllte ihr Leben nicht in dem Maße aus, daß ihre handwerklichen Fertigkeiten zum Bestandteil ihres Namens wurden. Anders ausgedrückt: Kleider herzustellen war eine Nebentätigkeit, ein Zweitberuf mit einem niedrigem Grad an Spezialisierung. Das ist in der Tat nicht unwahrscheinlich. Grafter waren mit einfacher, haltbarer Kleidung zufrieden, die vom Vater auf den Sohn und von der Mutter auf die Tochter überging.

Beim Schuhwerk sah das vermutlich genauso aus. Im Januar 1689 kauften die Armenpfleger von Graft bei Maerten Claesz. t' Hart zwei Paar Holzschuhe für den Spottpreis von sieben Stuiver und acht Penningen.[45] Wer war dieser Maerten Claesz. t' Hart? Ein Holzschuhmacher, würden wir sagen. Dennoch hieß er nicht Maerten Claesz. Clompmaker. Er hieß

Maerten t' Hart, weil er als Gastwirt das Vergulde Hart führte. Holzschuhe fertigte er nur in der Zeit an, die ihm neben Zapfen und Einschenken noch übrig blieb. Nun waren Holzschuhe erheblich billiger als Lederschuhe.[46] Es ist also denkbar, daß ein Schuster damals ein echter Spezialist gewesen ist. Vielleicht können wir das mit Recht für Dirck Claesz. Schoen annehmen, der, wie der Name nahelegt, tatsächlich Schuhmacher in Graft war. Er mußte in seiner Jugend jeden Tag von Graft nach De Rijp laufen um sein Handwerk bei einem Meister des Faches zu erlernen.[47] Die schon genannte Liste von 1584 nennt keinen einzigen Schuster, ebensowenig wie die Veranlagungsliste von 1680.

Wir wissen, daß in Graft Handwerker lebten, die auf dem Bau tätig waren. Für sie gab es im Gemeindeverband genug zu tun. Wenn Facharbeiten zu verrichten waren, wurden Arbeitskräfte von außerhalb gesucht. Das Kirchendach wurde nicht von Graftern, sondern vom Alkmaarer Stadtdachdecker repariert.[48] Bleigießer waren in Graft ebensowenig zu finden.[49] Der Glockengießer mußte aus Schermerhoorn[50] oder aus Wormerveer[51] kommen und der Kupferschmied aus De Rijp.[52] Wenn ein großer Auftrag ausgeführt werden mußte, wie etwa die Restaurierung der Kirche[53] oder das Anlegen einer neuen Schleuse,[54] dann wurde woanders nach einem »guten Meister« gesucht.

Es ist deshalb typisch für Graft, daß dort trotz der Größe der Samtgemeinde und dem entsprechenden Bedarf an Handwerksbetrieben keine Zünfte entstanden sind. Genauer gesagt, hat es dort nur eine einzige Zunft gegeben, nämlich die der Schiffer,[55] die Hering und Käse über die holländischen Binnengewässer transportierten. Dieser Berufszweig hatte genug zu tun, im Bootsverkehr waren die Grafter geschickt, und das Navigieren der Transportschuten gehörte obendrein zur Ausbildung der Matrosen. Es hat wahrscheinlich die Entfaltung des Grafter Handwerkswesens beeinträchtigt, daß die verfügbaren Lehrjungen allesamt in dieses eine Fach strömten. Warum sollte ein zwölfjähriger Junge, der von klein auf mit dem Wasser vertraut war, den Schneidertisch oder Schusterleisten der weiten See vorziehen? Natürlich mußte die abenteuerliche Alternative gegen das Handwerk gewinnen. Lehrlinge wohnten selten im Haushalt ihrer Grafter Meister. Der Chirurg Andries Muurlinck beschäftigte 1680 zwei bei sich wohnende Bedienstete, aller Wahrscheinlichkeit nach Lehrlinge. Es können auch Mädchen gewesen sein, denn das Geschlecht der »Dienstboten« wird meistens nicht angegeben. Außerdem hatte Jan Lambertsz. Slijper einen Dienstboten im Haus, und wenn jemandes Name den Beruf andeutet, ist es möglich, daß dieser Dienstbote das Fach des Schleifers lernte oder ausübte. Mehr hat die Liste von 1680 nicht zu bieten, wenn wir die Bäcker einmal außer acht lassen. Offensichtlich hatte Graft ein schwach ausgeprägtes Handwerksleben.

Die Grundversorgung mußte natürlich gewährleistet sein. Brot brauchte man jeden Tag, und zwar in großen Mengen. Der Tagesbedarf einer Durchschnittsfamilie von vier Personen wird für das 17. Jahrhundert auf fünf Pfund Brot pro Tag geschätzt.[56] Anders ausgedrückt, die tägliche Produktion muß, wenn alle genug zu essen haben sollten, mehr als viertausend Pfund betragen haben. Dabei muß dann in jedem Fall noch der Brotvorrat hinzugezählt werden, der in Fässern mit auf See ging. Wieviel das war, ist nicht bekannt. Aber wir wissen, daß für die Qualitätskontrolle des Schiffsbrotes eigens vier Prüfer angestellt waren.[57]

Lieferte all das zusammen den ungefähr zwanzig Bäckern, die laut Tabelle von 1811 in Graft gelebt haben, genug Arbeit? Die Antwort auf die Frage muß ohne Zweifel ja lauten. Wir wissen beispielsweise für ein anderes holländisches Dorf, Durgerdam, daß dort 1740 fünf Bäcker arbeiteten, bei einer siebenhundertköpfigen Bevölkerung. Jeder Bäcker konnte also ungefähr 140 Einwohner oder 35 Haushalte versorgen. Das sicherte ihm ein gutes Auskommen. Die Bäcker im Dorf gehörten zur lokalen Elite.[58] In Graft war also wahrscheinlich Platz für zwanzig Bäcker, die dann jeder ungefähr 150 Personen mit Brot zu versorgen hatten.

Ihre Anzahl kann sogar höher gewesen sein. Die Bäcker waren dazu verpflichtet, für jedes gebackene Brot einen kleinen Betrag an die Kirche abzugeben. Als 1704 der Bäcker Gerrit Pietersz. Kareman aus West-Graftdijk seine Zahlung versäumt hatte, klagten ihn die Kirchmeister an. Sie befanden, Gerrit habe keinen Grund, die Zahlung zu verweigern. Er könne sich nicht auf sein geringes Vermögen berufen, denn er versorge zwanzig Haushalte mit Brot und Mehl.[59] Die Kirchmeister fanden also offenbar, daß der Verkauf von hundert Pfund Brot pro Tag in einem Dorf in Nordholland dem Bäcker ein gehöriges Auskommen verschaffte. Ein holländisches Dorf, das sollten wir an dieser Stelle nachdrücklich sagen, denn es geht hier um typisch holländische Verhältnisse. Wir können die Berufstabelle für Nordholland im Jahre 1811 mit einer anderen von 1795 vergleichen, die sich auf die Provinz Overijssel bezieht.[60] In dieser Gegend lebten vorwiegend Kleinbauern. Der auffälligste Unterschied im Handwerkssektor ist, daß in Overijssel nur zwei Bäcker statt sechs wie in Nordholland leben: In Overijssel buken die Bauern ihr Brot aus eigenem Getreide selbst, der Holländer ließ andere für sich backen.

Graft hatte also möglicherweise genug Bedarf, um vierzig Bäcker ernähren zu können. Es waren aber einerseits weniger und andererseits mehr als vierzig. Weniger, weil so viele Männer in Graft zur See fuhren. Ein Geschäft oder eine Gastwirtschaft konnten sie in die Hände ihrer Ehefrauen legen, eine Bäckerei hingegen nicht. Brotbacken war im allgemeinen Männerarbeit,[61] nicht so sehr, weil es ungesund war – der mit Torf geheizte Ofen strahlte eine starke Hitze aus – oder weil immer auch nachts gebacken werden mußte, sondern weil das Einheizen des Ofens, mindestens fünfmal pro Tag,[62] für die weibliche Physis als zu schwer galt. Darum also gab es keine vierzig Bäckereien. Aber es gab mehr als vierzig Verkaufsstellen, gerade weil Graft ein Seemannsdorf war und demnach ein Dorf mit großer weiblicher Berufsbevölkerung, zu der zahlreiche Krämersfrauen gehörten. Wahrscheinlich war der Berufsstand mit Bäckern, die eine eigene Backstube besaßen, Brotverkäuferinnen und Lebensmittelhändlerinnen, die neben anderer Ware auch Brot verkauften, eher überbesetzt. Wie die Zahlenverteilung zwischen diesen Gruppen ausgesehen hat, läßt sich schwer sagen. Lediglich die Anzahl »richtiger« Bäcker läßt sich schätzen. Die Liste von 1680 gibt elf Familienoberhäupter mit dem Nachnamen »Backer« an. Es geht um folgende Haushalte, die wir in ähnlicher Weise aufschlüsseln werden wie im vorhergehenden Teil die Viehhalter, in der Reihenfolge: Mann, Frau, Kinder über 10 Jahre, Kinder unter 10 Jahren, Kostgänger, Personal und Arbeitskräfte insgesamt, wobei Kinder über 10 Jahre nur die Hälfte zählen:

GRAFT	Mann	Frau	Kinder über 10 Jahre	Kinder unter 10 Jahren	Kostgänger	Mitwohnendes Personal	Gesamtarbeitskraft
Cornelis Baertsz.	1	1	0	0	1	0	3
Dirck Jansz.	1	0	1	0	1	1	3,5
Jacob Renitsz.	1	1	1	2	0	0	2,5
Jan Christiaensz.	1	1	0	0	0	1	3
Jan Fredericksz.	1	1	0	2	0	2	4
Pieter Jansz.	1	1	1	1	0	1	3,5
OOST-GRAFTDIJK							
Joost Barentsz.	1	1	0	2	1	1	4
Pieter Jansz.	1	1	0	3	0	0	2
NOORDEINDE							
Adriaen Cornelisz.	1	1	1	1	1	0	3,5
Egbert Hendricksz.	1	1	3	1	0	0	3,5
Symon Dircksz.	1	1	0	0	0	1	3
Summe Samtgemeinde	11	10	7	12	4	7	

Wir sehen, daß wie bei den Viehhaltern diese Gruppe in der Regel über Personal verfügt und pro Haushalt durchschnittlich ein Kostgänger oder ein Bediensteter unter dem Dach des Bäckers lebt – in Abweichung zu dem Modell, das für Graft normal ist. Eine Bäckerei muß demnach drei Personen Arbeit gegeben haben. Einfache Tätigkeiten wie das Austragen der Brote konnten auch Kinder erledigen. Vielleicht haben Jacob Renitsz. und Egbert Hendricksz. deshalb kein Personal gehabt. Pieter Jansz. aus Oost-Graftdijk ist der einzige, dessen Haushalt über nur zwei Arbeitskräfte verfügte. Es fragt sich auch, ob er überhaupt in die Gruppe der Bäcker gehört. Die Liste gibt nämlich an, daß er auch zur See fuhr. Es wird nicht deutlich, ob seine Frau den Betrieb in Gang halten konnte, möglicherweise hat er Bedienstete von außerhalb gehabt. Für einen Kleinbetrieb mit viel Nachtarbeit versteht sich das nicht von selbst. Der einzige andere Seefahrer unter den Bäckern ist Adriaen Cornelisz. in Noordeinde. Doch bei ihm bleiben noch drei Arbeitskräfte an Land zurück, denn sein Kostgänger war ein Waise, der gratis Unterkunft bekam. Zweifellos hat dieser Junge seinen Lebensunterhalt in Form von Arbeit bezahlt. Im ganzen scheint es richtig zu vermuten, daß sie nicht nur so hießen, sondern daß all diese »Bakkers« auch Bäcker waren, mit Ausnahme vermutlich von Pieter Jansz. aus Oost-Graftdijk.

Es wird im Ort also mindestens zehn Bäcker gegeben haben, oder eher zwölf oder dreizehn, denn es mußten ja auch Brote in West-Graftdijk gebacken werden. Aus einer anderen Quelle ist bekannt, daß dort 1695 zwei Bäcker und drei Brotverkäufer ein gemeinsames Geschäft betrieben.[63] Die Bäcker hießen Claes Cornelisz. und Jan Michielsz. Dieser Claes wird mit dem Claes Backer identisch gewesen sein, der 1685 als Brotlieferant der Diakonie West-Graftdijk registriert wurde.[64] Es scheint mir nicht zu gewagt, denselben Claes Cornelisz., den wir zwar nicht unter dem Namen »Backer« in der Liste von 1680 finden, der aber einen Bediensteten im Haushalt hat, in unsere Bäckerliste aufzunehmen. Wahrscheinlich hatte er in West-Graftdijk noch einen Kollegen, und vielleicht kann man sogar raten, wer das gewesen ist. Claes Cornelisz. ausgenommen, gab es im genannten Weiler 1680 noch sieben Familien mit dort wohnendem Personal. Zwei sind Viehhalter, einer ist Pfarrer. Einer heißt Schipper und ist das wahrscheinlich auch, denn er fährt zur See und gehört zu der kleinen Elitegruppe von Kapitalisten. Bleiben noch Jacob Cornelisz. Breggen und Willem Pietersz. Greuningen übrig. Der erste ist Witwer in guten Verhältnissen, dessen bei ihm wohnende Dienstbotin auch seine Haushälterin gewesen sein kann. Also bleibt nur Willem Pietersz. für unsere Bäckerliste übrig.

Nebenbei haben wir schon festgehalten, daß in West-Graftdijk 1695 zwei Bäcker und drei Brotverkäufer lebten. Wenn das überall so war, dann können wir zu den zwölf bis dreizehn Bäckern in dem ganzen Gemeindeverband noch achtzehn bis zwanzig Brotverkäufer hinzuzählen. Bei der großen Nachfrage ist das nicht ausgeschlossen. Bedenken wir aber, daß die

Krämerinnen ebenfalls häufig Brot verkauften, dann sollte es uns nicht wundern, wenn im Brotfach starke Konkurrenz herrschte. Der Brotverkäufer suchte seine Kunden daheim auf.[65] Selbstverständlich kam er per Kahn mit dem Brotkorb vor die Tür gefahren.[66] Mit rückständigen Zahlern hatte ein solcher Lieferant viel Geduld. Das gehörte jedoch zu den normalen Sitten des 17. Jahrhunderts. Die meisten Lieferanten kassierten nicht öfter als ein- oder zweimal im Jahr.[67] So muß es uns nicht wundern, wenn wir lesen, daß Willem Jansz. Backer aus West-Graftdijk bei seinem Tode 1693 noch 275 Gulden bei seinen Kunden guthatte. Der Gesamtwert seines Hauses, Werkzeugs und Getreidekahns betrug damals 400 Gulden.[68] Das ist zwar kein extrem hoher, aber auch kein ungewöhnlicher Preis.[69]

Es bedeutete auch, daß 40 Prozent des Vermögens dieses Bäckers in unbezahlten Rechnungen steckte. Aller Wahrscheinlichkeit nach ist das kein Extremfall. In den Archiven sind noch andere offene Rechnungen von Bäckerkunden erhalten. Eine stammt von einer Witwe, die bei ihrem Tode mit 120 Broten in der Kreide stand. Unter einem Grafter Brot müssen wir uns ein Roggenbrot von acht Pfund vorstellen. Diese Frau hat also mit ihrer Familie fast tausend Pfund Brot verzehrt, ohne zu bezahlen. Das beläuft sich in etwa auf einen Betrag von 30 bis 40 Gulden. Die Brotpreise schwankten zwischen 5 und 7 Stuiver pro Laib.[70] Zwanzig säumige Kunden brachten die Gesamtsumme dann auf 600 bis 800 Gulden. Vielleicht ist unsere Schuldnerin mit dem Bezahlen sehr langsam gewesen oder hatte eine große Familie. Doch auch in anderen Nachlaßverzeichnissen finden wir offene Beträge zwischen 20 und 30 Gulden.[71] Bedenken wir dabei, daß ein Gulden in der zweiten Hälfte des 17. Jahrhunderts ein guter Tagelohn war, dann geht aus diesen Beispielen hervor, daß Bäcker sehr weit in ihrer Bereitschaft gehen konnten, auf Kredit zu verkaufen. Jeder Kunde war ihnen offenbar ein Risiko wert.

Eine andere offene Rechnung ist uns überliefert, die noch entschieden höher ist. Dabei geht es um einen Betrag von 220 Gulden.[72] In Brot umgerechnet, war das eine schwindelerregende Menge: zwischen fünf- und siebentausend Pfund. In diesem Fall wird es nicht um den normalen Familienverbrauch gehandelt haben, sondern um den Proviant eines Seeschiffes, eines Walfängers zum Beispiel. Solch ein Auftrag zur Proviantlieferung war attraktiv, verringerte aber bestimmt nicht das Risiko einer

Bäckerexistenz. Eine ganze Reihe von Schiffen sind mit all den Tonnen Brot untergegangen.

Diese finanziellen Unwägbarkeiten machen uns allmählich verständlich, warum so viele Dörfler nicht alles auf eine Karte setzten, sondern vorsichtshalber ihr Geld auf mehr als eine Art und Weise verdienten. Ideal mußte eigentlich ein Beruf sein, der eine Kombination darstellte: der des Barbiers und Chirurgen. Laut unserer Handwerkstabelle kommen auf Graft ungefähr sechs Chirurgen. In der Liste von 1680 finden wir fünf Familienoberhäupter, die ihr Brot als Chirurgen verdienten. Es handelt sich um die Meister Andries Muurlinck, Jan Pietersz. van den Bosch, Reinier Cramer, Gerrit Gerritsz. Ledensetter und Pieter Claesz. Piets.

Im Jahre 1680 ist noch ein sechster Medikus tätig, ein echter Doktor der Medizin und außerdem ein Mann, der später eine europäische Berühmtheit wurde: Doktor Bernard Nieuwentijt, Verfasser des Buches *Het regt gebruik der wereldbeschouwing* (Der rechte Gebrauch der Weltanschauungen), eine naturwissenschaftliche Apologie des Christentums. Nieuwentijt war natürlich kein Handwerker, sondern ein akademisch gebildeter Gelehrter. Ob ihm das einen Vorsprung vor seinen Kollegen verschafft hat, wissen wir nicht. Es gibt drei Quellen, die uns etwas über die Praxis der Grafter Chirurgen mitteilen. Erstens erscheinen sie im Kassenbuch der Armenpfleger, weil sie der Armenkasse zur Last fallenden Patienten geholfen haben. Zweitens gehen sie ab und zu vor Gericht, als Ankläger von Patienten, die ihre Rechnungen nicht bezahlen wollen. Drittens werden sie in notariellen Gutachten erwähnt, die bei einem Prozeß zwischen Arzt und zahlungsunwilligem Patienten oft als Beweisstücke angeführt wurden. Bernard Nieuwentijt kommt in keiner dieser drei Quellen vor. Wir finden seinen Namen jedoch in anderen notariellen Schriftstücken, in denen er als Zeuge genannt wird.[73] Er war Nachbar des Notars Adriaen Cos in West-Graftdijk und hatte offensichtlich nicht soviel zu tun, daß er in seiner Praxis unabkömmlich gewesen wäre. So konnte er gelegentlich als Zeuge in die Kanzlei des Notars gerufen werden. Ein paar Jahre später wurde Nieuwentijt Stadtarzt in Purmerend. Viele Patienten wird er in West-Graftdijk nicht zurückgelassen haben. Der akademische Konkurrent konnte die Handwerker-Chirurgen nicht von ihrem angestammten Platz verdrängen.

Wie aber konnten diese Chirurgen ihre Dorfgenossen von ihrem Können überzeugen? In den Städten gab es Chirurgengilden, die die Regeln der Meisterprüfung festlegten. In den Dörfern war die lokale Obrigkeit dazu befugt, ihre eigenen Regeln aufzustellen. Der Magistrat von Graft hat das niemals getan. Das bedeutete, daß jeder Chirurg sich hier niederlassen konnte. Was seine Kunst wert war, mußten die Kunden am eigenen Leibe erfahren. Solche offenen Zulassungsregeln können leicht zu Überbesetzungen führen. In Durgerdam beispielsweise, einem Dörfchen, das Ende des 17. Jahrhunderts ungefähr fünfhundert Einwohner zählte, waren zu der Zeit immer zwei, manchmal sogar drei Chirurgen tätig.[74] Nach diesem Maßstab hätten in Graft zwölf bis zwanzig Chirurgen um die medizinische Versorgung konkurrieren können. Zu solchen Exzessen kam es aber nicht. Vielleicht können wir über die Gründe Mutmaßungen anstellen.

Graft war im 17. Jahrhundert sehr wohlhabend. Die reichen Grafter lebten bescheiden, doch unter ihnen werden immer genug Männer und Frauen gewesen sein, die bereit waren, für gute medizinische Versorgung auch gut zu bezahlen. Ein fähiger Chirurg konnte hoffen, daß er in Graft entsprechend seiner Fähigkeiten anerkannt wurde. Seine medizinische Kompetenz ist für uns im nachhinein schwierig nachzuvollziehen, wir können aber feststellen, daß die Chirurgen in der Regel zu den Notabeln gehörten. Sie wurden zu Schöffen, Armenpflegern, Kirchmeister oder Waisenvorstehern gewählt. In der reformierten Kirche bekleideten sie vorzugsweise das Amt des Ältesten und des Diakons. In den Steuerbüchern standen sie unter den am höchsten Veranlagten. Sie waren Männer von Ansehen mit gutem Ruf und achtbarem Einkommen. Oft wurde der Beruf vom Vater auf den Sohn übertragen. Es gab offenbar 1680 fünf Chirurgen in Graft. Andries Muurlinck war der Nachfolger seines Vaters Jan und seines Großvaters Andries. Gerrit Ledensetter überließ die Praxis seinem Sohn Gerrit. Die Familie hatte sich damals von Ledensetter in das feinere van Tiel umtaufen lassen und wird unter diesem Namen noch über Generationen zu den Dorfnotabeln gezählt. Chirurgenfamilien waren übrigens nicht an ein einziges Dorf gebunden. Jan van den Bosch aus Noordeinde ist von seinem Sohn Pieter im Amt beerbt worden. Sein zweiter Sohn Jan wurde Chirurg in Knollendam. Seine Tochter war mit dem Chirurgen Klaas Symentsz. van Marken verheiratet. Zum weiteren

Familienkreis gehörten dann noch Daniël van den Bosch in Beemster und Jan Daniëlsz. van den Bosch in Kwadijk.[75]

Diese Familienbande verstärkten die gegenseitige Solidarität, die sich über alle Fachgenossen erstreckte, die als anerkannt galten. Meister Reinier Cramer war zum Beispiel außer Chirurg auch noch Notar. Viel Arbeit verschaffte ihm das nicht, denn es gab ohnehin schon zu viele Notare in Graft. Sie verfaßten nur ein paar Schriftstücke im Jahr und hatten allesamt einen anderen Hauptberuf, wie etwa Dorfsekretär, Lehrer oder, wie im Falle Reinier Cramers, den des Chirurgen. Wenn seine Kollegen ein Testament oder einen Ehevertrag für sich selbst oder für ihre Kinder aufsetzen lassen wollten, gingen sie häufig zu Reinier Cramer.[76] Solche Akten können genauen Einblick in jemandes finanzielle Lage geben, und auch die besten Freunde behalten solches Wissen lieber für sich. Doch anscheinend waren die Verhältnisse untereinander so gut, daß die Kollegialität den Einblicken in die finanzielle Situation standhalten konnte. Es ging allen so gut, daß sie sich ihres Einkommens nicht zu schämen brauchten. Deshalb nehme ich an, daß es in Graft für Pfuscher keine Anstellung gab. Dadurch, daß sie eine ziemlich geschlossene Gruppe mit stark ausgebildetem Korpsgeist und Selbstbewußtsein bildeten, konnten die Chirurgen Konkurrenzgefühle unterdrücken. Von diesem Selbstbewußtsein zeugt Gerrit Ledensetter, der sich Gerrit van Thiel nannte, und sicher auch Reinier Cramer, der hinter seinen Namen häufig die Buchstaben MPC schreibt, Medicus Chirurgus Practicus. Es hört sich fast so schön an wie MD, Medicinae Doctor, aber das war er nicht. Er hat sein Handwerk in der Praxis, als Lehrling im Geschäft seines Meisters, gelernt.

Allzu kostspielig war eine solche Ausbildung nicht. Wir wissen von einem Grafter Jungen, wieviel Lehrgeld ihn seine Ausbildung gekostet hat. Jan Adriaensz. Herckles bezahlte 113 Gulden und 13 Stuiver.[77] Für das Erlernen eines Handwerks ist das ein normaler Betrag, auf keinen Fall ist es außergewöhnlich viel.[78] Für den Grafter Jungen Jan Jansen beispielsweise wurde 1677 ein Vertrag abgeschlossen, für hundert Gulden im Jahr eine nicht hoch angesehene Variante des Weberhandwerks zu erlernen.[79] In dem niedrigen Lehrgeld ist der Nutzen mit einberechnet, den die Meister von den Jungen hatten. In einer Chirurgenpraxis fand der Lehrling sogleich Arbeiten, mit denen er sich nützlich machen konnte.[80] Denn ein Chirurg war ja auch gleichzeitig Barbier. In den Städten entwickelten sich die beiden Berufsstände bereits auseinander. Auf dem Dorf aber konnte selbst der beste Chirurg nicht auf die Einkünfte durch das Rasieren verzichten. Darum hatten auch die Grafter Chirurgen ihre Stammkunden, deren Bärte sie ein- oder zweimal pro Woche versorgten[81] und die sie über den Dorfklatsch auf dem laufenden hielten.[82]

Zwischen dem Einseifen und Rasieren lernte der angehende Chirurg sein eigentliches Handwerk, nämlich die Behandlung von Wunden und Entzündungen, das Ziehen von Backen- und Schneidezähnen, die Pflege von Brüchen und auch das Heilen innerer Krankheiten.[83] Ging es um Behandlungen, die mehr Zeit und Sorgfalt erforderten, so war es auf dem Dorf üblich, daß Patient und Arzt einen Vertrag schlossen. Darin wurde festgelegt, welche Therapie der Chirurg anwenden würde, welche Verbesserung des Gesundheitszustandes auftreten sollte und welchen Lohn der Chirurg für seine Mühe verlangen konnte. Das eine konnte vom anderen abhängen. So erklärte Jan Cornelisz. Nachtegael auf seinem Sterbebett, »daß er mit den Ärzten festgelegt hatte, gesund zu werden oder nichts zu bezahlen«.[84] Die Erben meinten natürlich, daß sie dem Chirurgen nichts schuldig waren, da der Patient gestorben war. Das ist übrigens der einzige Vertrag mit dieser Klausel, den das Archiv von Graft im 17. Jahrhundert überliefert. Ich habe den Eindruck, daß die Position der Chirurgen stark genug war, um solche riskanten Absprachen umgehen zu können. In einer Zeugenerklärung von 1692 lesen wir von einem Patienten, der mit dem Chirurgen Pieter van Oudorp ebenfalls auf der Basis von »entweder gesund oder kein Geld« ins Geschäft kommen will, aber eine Abfuhr erhält: »So etwas machen Quacksalber, aber keine Meister.« Der betroffene Chirurg wollte unter keinen Umständen umsonst arbeiten. Er verlangte im Falle vollkommener Genesung eine redliche Bezahlung und ansonsten eine Vergütung von drei oder vier Gulden für die entstandenen Kosten. Darauf konnten sich die Parteien schließlich einigen.[85]

Daß solche Übereinkünfte überhaupt nötig waren, markiert den schwachen Punkt in der Position des Chirurgen. Ein normaler Handwerker konnte veranschlagen, wieviel Material und Arbeitszeit er auf die Herstellung seines Produktes verwenden würde, so daß er einen genauen Preis berechnen konnte, dessen Angemessenheit auch den Kunden überzeugte. Der Chirurg galt ebenfalls als Handwerker. Die Öffentlichkeit konnte eigentlich auch von ihm erwarten, daß er den Wert und die Qualität seiner Arbeit im voraus zu bestimmen wußte. Doch bei ihm wurde der Kunde des öfteren enttäuscht. Wenn er sich dann weigerte zu bezahlen, kam es zum Prozeß. Der Verlauf von Prozessen um ausstehende Rechnungen war in der Regel recht einfach, es sei denn, ein Chirurg war darin verwickelt. Der Gläubiger legte sein Rechnungsbuch vor, bestätigte die Dienstleistung unter Eid und bekam seine Forderung zugewiesen.[86] Ob es auch den Chirurgen so ergangen ist, wissen wir nicht sicher. Auffällig ist nämlich, daß das Gericht in ihren Angelegenheiten meist kein Urteil fällt. Es legte den Beschluß lieber in die Hände von Gutachtern. Man tat das nicht, weil die Schöffen die Risiken der Behandlung auf Kredit verringern wollten. Ihr Problem war eher, daß der Wert der ausgeführten Leistung nur schwer meßbar war. Der Chirurg stand mit einem Bein in der Wissenschaft, für die die Maßstäbe des Handwerkslebens nicht ohne weiteres anwendbar waren. Angesichts des Wohlstandes der Grafter Chirurgen müssen sie im großen und ganzen gute Arbeit geleistet haben.

Die Reihe der Handwerksberufe ist damit nicht ausgeschöpft. Wir haben weder über die Schmiede, die Glaser noch die Maler gesprochen. Unser Archiv gibt für diese Berufe nicht viel her. Das ist bedauerlich, aber es ist unwahrscheinlich, daß diese Berufe uns ein völlig anderes Bild des Grafter Handwerkslebens geben würden. In Graft war und blieb es eine Nebensache.

Geertruyd Roghman, *Spinnende Frau*

7 Frauen bei der Arbeit

Neeltje Simons war eine der wenigen Grafter Frauen, die einen Antrag
auf Scheidung gestellt haben. Sie war damals seit vier Jahren verheiratet
und junge Mutter zweier kleiner Kinder. Es hatte nicht an ihr gelegen,
daß ihre Ehe schiefging. In ihrer Bittschrift an die Schöffen bezeugt sie,
daß sie »sich immer ehrlich und wie es einer guten Frau geziemt verhalten hat, um mit ihrem Erwerb zwei kleine Kinder ehrlich durchzubrin-
gen«.[1]
Neeltje will sich in diesem Schriftstück von ihrer besten Seite zeigen.
Sie wird also ihr Verhalten als Mutter und Ehefrau so beschreiben, daß sie
damit die Sympathien ihrer Richter gewinnt. Sie sagt nicht, daß sie all ihre
Zeit dem Kochen, Waschen und Nähen gewidmet hat. Sie sagt, daß sie
ihrem Gewerbe nachging, also, daß sie ein Lädchen hatte. Das ist die
Weise, nach der, laut ihrer Bittschrift, eine junge, verheiratete Frau sich
ehrlich durch die Welt bewegt. Eine tugendhafte Hausfrau ist eine Frau,
die arbeitet, wenn sie auch einstweilen noch ein Kleinkind und einen
Säugling zu versorgen hat. Neeltje Simons schreibt nicht, daß sie im
Geschäft ihres Mannes aushilft, und auch nicht, daß es ihr gemeinsames
Geschäft ist. Nein, es ist ihr eigener Laden und ihre eigene Arbeit, genauso wie die Kinder, die sie stillt und versorgt, ihre Kinder sind.
   Bedeutet das, daß Grafter Frauen ein großes Maß an Selbständigkeit
besaßen? Das ist nur eine relative Wahrheit. Es gab 1680 insgesamt 832
Haushalte, von denen 500 von Ehepaaren geführt wurden, also 60,1 Pro-
zent. Ein alleinstehendes männliches Oberhaupt finden wir in 144 Fällen,
also 17,3 Prozent, und ein alleinstehendes weibliches Oberhaupt in 188
Fällen, das sind 22,6 Prozent. Eine geringe Anzahl der Alleinstehenden ist
nie verheiratet gewesen, weitaus die meisten waren Witwen und Witwer.
In Kapitel I haben wir die Grafter Bevölkerung in Wohlhabende, Unab-
hängige, Besitzlose und Arme eingeteilt. Wenn wir diese vier Kategorien
mit den drei obengenannten kombinieren, kommen wir zu folgendem
Ergebnis:

	Ehepaare	Männer alleinstehend	Frauen alleinstehend
Wohlhabende	69	22	21
Unabhängige	356	94	78
Besitzlose	24	19	31
Arme	51	9	58

Die Zahlen zeigen, was Geschlecht und soziale Gruppe anbelangt, deutliche Unterschiede auf. Von den Frauen in der obersten Kategorie kann angenommen werden, daß sie, zumindest streng ökonomisch gesehen, begehrte Ehekandidatinnen waren. Die Ehe zwischen Jan Jansz. Piet und Dieuwer Pieters wird 1675 im Hause der Braut geschlossen, weil sie an beiden Beinen gelähmt war. In der Gesellschaft der Frühen Neuzeit war die Frau in einem hohem Maße Geschäftspartnerin ihres Ehegatten, besonders in einem Seefahrerdorf wie Graft, wo die Männer häufig für lange Zeit weg von zu Hause waren. Für die Ehe mit einer Gelähmten muß es demnach besondere Gründe gegeben haben. Wir kennen sie nicht. Wir wissen nur, daß der Ehegatte Jan Jansz. Piet in der Liste von 1680 als: verheiratet, kinderlos, Wirt eines Kostgängers – vermutlich eine Blutsverwandte, die seine Frau versorgte – und Kapitalist eingetragen ist. Wird nicht Dieuwer einen gehörigen Anteil des Kapitals mitgebracht haben? Eine wohlhabende Frau konnte damit rechnen, sofort einen Ehegatten zu finden, sofern sie heiraten wollte. Lebte sie aber über dem Existenzminimum, konnte sie auch gut ohne einen Mann durchs Leben kommen. Daher vielleicht der relativ hohe Prozentsatz an reichen Witwen.

In der zweiten Gruppe sehen die Verhältnisse ganz anders aus. Für alle männlichen Familienoberhäupter, Witwer inbegriffen, war dies die normale soziale Position. Aber die Witwen sind deutlich unterrepräsentiert. Auf jeweils sechs Männer kommt in dieser Gruppe eine Frau. Offenbar war auf diesem sozialen Niveau eine zweite Ehe für Witwen die Regel. Oder wollen wir es lieber anders ausdrücken: Gelang es einer Witwe nicht, einen neuen Lebensgefährten zu finden, war die Chance, daß sie auf dem Mittelniveau nicht zurechtkam, sehr groß. Sie lief Gefahr, bald zu den Besitzlosen oder Armen zu gehören. Ob ihr das tatsächlich passierte, hing auch vom Schicksal ab. Der Beschluß, eine zweite Ehe einzugehen, scheint überwiegend in den Händen der Männer gelegen zu haben. Von den ersten 500 Bräutigamen, die im Familienbuch von Graft verzeichnet sind, waren 179 Witwer, also 35,8 Prozent. Unter den 500 Bräuten waren jedoch nur 96 Witwen, also 19,2 Prozent. Die Zahlen lassen vermuten, daß ein Witwer, der wieder heiraten wollte, das auch schaffte. Eine Witwe hingegen mußte warten, ob sich ihr die Gelegenheit bot. Blieb diese aus, dann sank sie im günstigsten Fall in die Gruppe der Besitzlosen ab, meistens jedoch in die der Armen. Auch dort wird der Unterschied zwischen Witwern und Witwen deutlich. Nur 6,25 Prozent der Witwer sind arm, von den Witwen 30,85 Prozent. Das bestätigt, daß es für Frauen normal war, daß sie für ihren Lebensunterhalt arbeiteten. Renten gab es nicht, und nur wenige konnten von ihrem Kapital leben. Von den Grafter Witwen waren das höchstens die 21 Wohlhabenden. Die 78 Unabhängigen und die 31 Besitzlosen haben gearbeitet, es sei denn, es waren erwachsene Söhne im Haus. Und auch von den 58 Armen haben die meisten wenigstens teilweise für ihren eigenen Lebensunterhalt gesorgt. Daß sie dazu imstande waren, kann schon ein Hinweis darauf sein, daß sie es gewohnt waren, Lohnarbeit zu verrichten. Sie mußten nicht als Witwen plötzlich für den Arbeitsmarkt umgeschult werden. Auch als Hausfrauen waren sie schon in den gängigen Frauenberufen tätig gewesen.

Die Arbeit konnte sowohl innerhalb als auch außerhalb der Wohnung verrichtet werden. Wahrscheinlich haben viele Grafter Mädchen ihr Berufsleben außer Haus begonnen. Es gab ja nur wenige Bauernhöfe, die die Töchter als Melkerinnen im elterlichen Betrieb beschäftigten. Die ebenfalls raren Handwerksbetriebe hatten eher Arbeit für Söhne als für Töchter.

Die meisten Möglichkeiten für junge Frauen und Mädchen lagen im Grafter Gewerbe. Vor allem in den Webereibetrieben treffen wir häufig Frauen an, auch sehr junge. Mary Pieters aus Schermerhorn stand 1661 vor Gericht, weil sie nicht davor zurückgeschreckt war, »Trijn Jacobsdr., die mit ihr zusammen arbeitete, auf die schiefe Bahn zu bringen«.[2] Mary hatte Trijn dazu angestiftet, ihrem Vater Geld zu stehlen. Das Mädchen hatte Mary 116 Gulden und 15 Stuiver gebracht, worauf die ältere Frau für Trijn ein seidenes Häubchen, eine seidene Schürze und ein Korallenkettchen gekauft hatte, »und hat ihr obendrein einen Bauch voll Pfannekuchen gebacken«. Das letzte Detail unterstreicht, was die ungleiche Verteilung der Beute schon vermuten ließ: Wir haben es hier mit einer sehr jungen Delinquentin zu tun. In diesem Webereibetrieb in Schermerhorn arbeiteten Frauen und Mädchen nebeneinander. In Graft wird das wohl nicht anders gewesen sein. In der Manufaktur arbeiteten in jedem Fall einige unverheiratete junge Mädchen.[3] Vom Standpunkt des Arbeitgebers aus gesehen, war Spinnen vielleicht auch die ideale Frauenarbeit. Es erforderte keine außergewöhnliche körperliche Kraft, so daß eine Frau die Arbeit schaffen konnte, aber ihr Lohn war immer niedriger als der eines Mannes.

Ob sie nach der Heirat dort weiterarbeiteten, hing vor allem vom Beruf ihres Ehegatten ab. Im Seefahrerdorf Graft war der Mann häufig lange außer Haus, und dann war es die Aufgabe der Frauen, sein Land, sein Vieh oder seine Geschäfte zu verwalten. Wie weit das führen konnte, geht deutlich aus der Anweisung hervor, die der Stadtrat 1653 für die Inhaber von Wassermühlen erließ. Die Akte fordert ausdrücklich, »daß jeder Müller mindestens achtzehn Jahre alt sein mußte und daß selbiger keine Frau sein soll«.[4] Solch eine Bedingung hätte man nicht gestellt, wenn es keinen Grund dafür gegeben hätte. Die Handhabung dieser Regel ist nicht geglückt. Die Witwe Griet Jans setzte 1692 den Betrieb in den Wassermühlen am Starnmeer fort,[5] und sie ist vielleicht nicht die einzige gewesen.[6] Männer- und Frauenarbeit ließen sich nicht strikt voneinander trennen. Die Grafter Gesellschaft hätte nicht funktioniert, wenn die Frauen ihre Männer nicht hätten vertreten können und wenn die Qualität ihrer Arbeit unter dem Niveau gewesen wäre.

Die Aussagen der Zeitgenossen vermitteln oft einen anderen Eindruck. 1672 klagten die Dörfer Schermereilands darüber, daß die Abgaben für Schlachtvieh viel zu hoch seien. Das kam daher, daß der Pächter immer im Sommer, wenn die Männer auf See waren, die Höfe inspizierte, um das Vieh zu schätzen. Der Pächter hatte dann ein leichtes Spiel, weil »die Frauen in Abwesenheit ihres Mannes vom Wert ihrer Tiere keine Ahnung haben«.[7] Es ist möglich, daß es nicht jeder Frau gelang, sich dem Pächter gegenüber zu behaupten. Aber sollten diese Frauen, die täglich mit Vieh zu tun hatten, den gängigen Preis einer Kuh oder eines Kalbs nicht gekannt haben?

Ich würde eher vermuten, daß die Einreicher dieser Bittschrift gute Rechner waren, die aus dem Ruf der Frauen Profit zu schlagen hofften.

Dieses Argument wurde auch gern vor Gericht gebraucht: Frauen sind dumm, das weiß jeder, und als anständiger Mann darf man das nicht ausnutzen. So entschuldigt 1633 ein Advokat zwei Frauen, die sich wegen Widerstands gegen eine Pfändung vor Gericht verantworten müssen, »dasselbe geschah in Abwesenheit ihrer Männer, so daß die Geladenen als Frauenzimmer die Sache nicht begriffen«.[8] Auch die Frauen selbst berufen sich darauf, um sich Widrigkeiten vom Halse zu halten – »warten Sie, bis mein Mann nach Hause kommt, ich verstehe nichts davon«[9] – oder um ungezogenes Benehmen nachträglich zu entschuldigen – »versuchte sich mit ihrer Dummheit zu entschuldigen«.[10] Dieser Platz wird den Frauen sogar in einem Dorf zugewiesen, wo sie häufig die Aufgaben des Mannes übernehmen mußten. Doch nicht jede Frau war die Stellvertreterin ihres Mannes. Viele Seeleute ließen bei ihrer Abfahrt keinen Betrieb oder Laden zurück, und dann war es an ihren Ehepartnerinnen, auf dem lokalen Arbeitsmarkt für sich selbst passende Arbeit zu finden. Wir wissen schon, daß sie dann in einem Webereibetrieb arbeiten konnte. Es gab allerdings darüber hinaus auch typische Frauenberufe, die niemals von Männern ausgeübt wurden und die eng mit der traditionellen Frauenrolle verbunden waren.

Das betrifft in erster Linie den Haushalt. Der Lehrer Maerten Jaspersz. Swaen wurde 1689 aus dem Schuldienst entlassen, weil er sexuelle Spielchen mit den älteren seiner Schülerinnen getrieben hatte. Er hatte sie zu diesem Zweck auf den Speicher oder in ein Seitenkämmerchen geschickt, »unter dem einen oder anderen Vorwand, sei es, um sauberzumachen oder etwas anders zu verrichten«.[11] So ging es in den Schulen offenbar zu. Mußte Staub gewischt oder gefegt werden, so rief man ein Mädchen herbei. Auch das Wäschewaschen ist ausschließlich eine Frauentätigkeit gewesen, und wahrscheinlich keine schlecht bezahlte. Die Armenaufseher bezahlten pro Person wöchentlich fünf oder sechs Stuiver an die Waschfrauen.[12] Um die Sauberkeit der Kleidung kann es nicht so schlecht gestanden haben, wenn die persönliche Reinheit wöchentlich soviel Geld wert war und auch die Armenfürsorge die Ausgaben selbstverständlich fand.

Völlig unersetzbar war die Frau im Beruf der Amme. In der Liste von 1680 sind einige Frauen als solche eingetragen. Die Art und Weise, wie sie ihren Beruf ausübten, kann durchaus Fragen aufwerfen. Nicht jedoch im

Falle der jungen Witwe Dieuwer Tuenis, die in den Büchern als Mutter eines Kindes unter vier Jahren registriert ist, mit der Bemerkung: »nach Utrecht verzogen als Amme«.[13] Dort in Utrecht wird sie bewiesen haben müssen, daß sie wirklich die Frau war, für die sie sich ausgab, nämlich eine junge Mutter, die einem Säugling die Brust geben kann. An ihrer Zuverlässigkeit besteht kein Zweifel. Etwas zögern kann man bei Neel Maertens, die als Witwe mit einem Kind älter als vier und »einem Kleinkind, das sie als Amme stillt«, eingetragen ist. Gab sie dem fremden Säugling ihre eigene Milch, dann muß sie etwa zur gleichen Zeit ihr jüngstes Kind und ihren Mann verloren haben.

Vor das schwierigste Problem stellt uns Joosjen Alberts, eine Witwe mit fünf Kindern, die alle älter als vier Jahre sind, vier von ihnen sogar älter als zehn Jahre. Der Vorname Joosjen kommt in Graft selten vor. Dadurch können wir sie näher identifizieren. Sie muß wohl dieselbe Joosjen Alberts sein, die am 4. November 1659 geheiratet hat. War sie 1680 noch in ihren fruchtbaren Jahren, dann muß sie erstens jung geheiratet haben, jünger, als es zu der Zeit in Holland üblich war.[14] Zweitens muß sie 1680 ihr sechstes Kind verloren haben. Drittens muß ihr Mann nicht lange davor verstorben sein. Völlig ausgeschlossen ist das nicht. Es ist jedoch ebenso möglich, daß Joosjen Alberts eine Amme von der Sorte war, die die Kleinen mit dem Breilöffel fütterte anstatt mit der Brust, so wie Shorter es für Frankreich in späteren Zeiten als weitverbreitete Praxis beschrieben hat.[15]

Eine traditionelle Frauenaufgabe ist auch die Pflege von Kindern, Kranken, Hilfsbedürftigen und Alten. Vielleicht sollte man erwarten, daß diese Dienste in einem Dorf des 17. Jahrhunderts freiwillig von Blutsverwandten oder den nächsten Nachbarn als Gemeinschaftspflicht verrichtet wurden. Wenn das in Graft der Fall war, so hat es jedenfalls in den Quellen keine Spuren hinterlassen. Und eigentlich denke ich, daß Graft mit seinen dreitausend Einwohnern und seiner Bevölkerungsfluktuation zu groß und zu unzusammenhängend dafür war. Vermutlich wählte man andere Lösungen. Wir schlagen noch einmal die Listen von 1680 auf und finden dort Anne Cornelis Romeyn, eine Witwe mit fünf Kindern. Sie wird Schwierigkeiten gehabt haben durchzukommen. Wie behalf sie sich? Sie nahm noch fünf weitere Kinder in Pflege. Das war ihre Arbeit, für die sie von der Armenfürsorge bezahlt wurde. Und daß nun gerade sie diese fünf Kostgänger in ihrem Haus hatte, ist auch kein Zufall. Eine Steuerliste gibt die Namen der Steuerpflichtigen in derselben Reihenfolge an wie die Häuser. Dadurch wissen wir, daß Anne Cornelis Romeyn die Nachbarin des Grafter Waisenhauses war. Dort wohnten damals 27 Kinder unter der Obhut eines Waisenvaters und einer Waisenmutter. Vielleicht war dort kein Platz mehr und darum wohnten fünf in einer Dependance bei der Nachbarin Anne Cornelis Romeyn. Es gab mehr solcher Adressen in Graft. Guurte Maertens hatte zwei Kinder in Pflege, Marytjen Floris vier, alle unter zehn Jahren, und wir könnten zu dieser Reihe noch verschiedene Namen hinzufügen. Für fast alle diese Frauen gilt, daß sie selbst Unterhalt bekamen. Das sind offenbar Frauen, die man gegen ein kleines Entgeld dazu bewegen konnte, die Versorgung der vielen Waisenkinder in diesem Seefahrerdorf auf sich zu nehmen. Die meisten Pflegemütter arbeiteten für die kirchliche oder weltliche Armenfürsorge. Einige jedoch arbeiteten auf Kosten von Privatleuten. Marytjen Lammers, eine Witwe mit vier eigenen Kindern, hatte noch vier in Pflege, »die von guten Freunden unterstützt wurden«. Das soll heißen, daß die Familie diesen vier Kindern das Kostgeld bezahlte, vielleicht auch, um die vier, die aus einer Familie stammten, zusammenzuhalten.

Es hat also Grafter Frauen gegeben, die Arbeit in der Kinderpflege fanden. Gab es vielleicht auch Möglichkeiten für bezahlte Arbeit in der Krankenpflege? Die Liste von 1680 sagt nichts darüber. Das Kassenbuch der Armenpfleger gibt jedoch Auskunft. 1667 wurde ein Betrag von zwei Gulden bezahlt »an ein Mädchen, daß bei Jan Oys Gattin wohnte, derweil die im Bett lag«.[16] Wie lange dieses Mädchen gebraucht hat, diese zwei Gulden zu verdienen, teilt die Quelle nicht mit. Zehn Tage scheinen eine vernünftige Schätzung, denn eine andere Frau bekam drei Gulden »und stand Trijntje van Keulen 15 Tage zur Verfügung«.[17] Eine Wochenpflegerin mußte mit weniger auskommen, sie bekam 19 Stuiver pro Woche.[18] Sogar für einen Frauenlohn sind das bescheidene Beträge. Es ist deshalb anzunehmen, daß die Frauen als mitwohnende Dienstmädchen bezahlt wurden, die freie Kost hatten[19] und beim Patienten oder bei der Wöchnerin über Nacht blieben. Es werden wohl ältere Frauen gewesen sein, die keine kleinen Kinder mehr hatten und zu Hause entbehrt werden konnten. So finden wir dann Anne Cornelis Romeyn, die 1680 noch fünf eigene und fünf fremde Kinder versorgte, 1698 als Wochenpflegerin wieder.[20]

Genauso wie bei der Kinderpflege muß es hier auch einen größtenteils für uns verborgenen Kreis von privaten Krankenpflegerinnen gegeben haben. Das ist schon deshalb wahrscheinlich, weil auch diejenigen, die nicht abhängig von der Armenkasse waren, dauerhafter Pflege bedurften. Es wird außerdem durch ein aktenkundig gewordenes Ereignis im angrenzenden De Rijp bestätigt. Dort riefen die Schöffen 1635, während der Pestepidemie, zu einer Kollekte zugunsten der Kranken auf, die selbst keine Mittel besaßen, »sich eine Pflegerin zu leisten«.[21] In dem zu der Zeit sehr reichen Dorf scheint die private Pflege sogar die Regel gewesen zu sein und Unterstützung aus der öffentlichen Kasse die Ausnahme.

Dazu paßt, daß diese Rijper Geschichte aus einem Privatarchiv stammt. Fast all unser Material stammt aus den Archiven der Obrigkeit, und die erzählt uns natürlich nichts über die Krankenversorgung auf eigene Rechnung. Oder läßt sich dort möglicherweise doch eine von diesen Pflegerinnen wiederfinden? Es gibt eine Quelle, die einen Anhaltspunkt liefern könnte, nämlich die ergiebigen Register öffentlicher Versteigerungen beweglicher Güter. Es sind sechzehn davon erhalten geblieben. Das älteste ist von 1645, das jüngste von 1679. Bei den meisten von diesen sechzehn Versteigerungen, insgesamt zwölfmal, treffen wir unter den Käuferinnen eine Frau an, die Sybrigh Maertens hieß.

Sie gehörte nicht zu den Reichen. Die Liste von 1680 zählt sie zu den Viertelkapitalisten, also zu den Menschen mit einem Vermögen von weniger als tausend Gulden. Bei ihrem Tode 1695 hatte sich das nicht geändert. Der Wert ihres Nachlasses belief sich auf fünfhundert Gulden.[22] Im Auktionshaus hatte sie stolze Beträge gelassen. In Gulden, Stuiver und Penning gab sie 1654 an einem Tag 20:12:8 aus, 1670 nahm sie Waren im Wert von 30:13:12 mit nach Hause und 1658 sogar für 88:7:8.[23] Natürlich überschreitet die Menge dieser Einkäufe bei weitem den persönlichen Bedarf. Die Liste von 1680 besagt, daß sie Krämersfrau von Beruf war, und bestätigt damit, was die Versteigerungsregister schon andeuten. Sybrigh Maertens besaß einen Laden, in dem alle möglichen Gebrauchtwaren über den Tresen gingen. Wiederholt lieferte sie Laken, Decken und Hemden an die Grafter Armenfürsorge und einmal sogar für elf Gulden eine komplette Ausrüstung für einen Grönlandfahrer.[24]

Sybrigh Maertens verkaufte alles, also auch Betten. So notieren die Armenpfleger 1677: »Sybrigh Maertens für ein Bett an Abraham Gerritsz. 7:4:0.«[25] Das ist ein solcher Schleuderpreis, daß wir ruhig vom Armenkauf des Jahres sprechen können. Auf den Güterversteigerungen bezahlte Sybrigh Maertens immer mehr, denn der Preis für ein neues Bett betrug ungefähr fünfzig Gulden. Wurde sie ihre Betten normalerweise für einen guten Preis los? Es ist möglich. Wenn wir aber die Liste von 1680 noch einmal heranziehen, sehen wir, daß sie an der »Lage Zij« von Graft gewohnt hat, zwischen Andries Muurlinck und Gerrit van Tiel, beide von Beruf Chirurgenmeister. Beide waren außerdem Notabeln, die recht hohe Dorfämter bekleideten. Zwischen den beiden wohnt die Krämersfrau Sybrigh Maertens, und das seit langer Zeit. Schon auf der Veranlagungsliste für das Feuerstellengeld von 1667 ist sie zwischen Gerrit Ledensetter und Meister Jan Muurlinck, dem Vater und Vorgänger von Andries, zu finden.[26]

Chirurgen nahmen häufig auch Patienten bei sich auf, wenn diese unter Krankheiten litten, die ständige Pflege erforderlich machten. Das kam auch in Graft vor.[27] Dann kommen wir doch unweigerlich auf Sybrigh Maertens, die regelmäßig Betten kauft. Handelte sie im Auftrag, und waren zumindest einige der Betten für die Patientenzimmer ihrer beiden Nachbarn bestimmt? Oder könnten die Betten in ihrem Haus gestanden haben? Platz gab es, denn sie verfügte über ein Haus mit zwei Feuerstellen. Hat sie dort selbst die Kranken versorgt, und kamen die Chirurgen von Zeit zu Zeit für die notwendige medizinische Versorgung zu ihr? Wir können nicht sicher sein. Eine Kombination aller dieser Gegebenheiten läßt sich vermuten.

Es ist jedoch nicht nötig, in Sybrigh Maertens eine professionelle Krankenschwester zu sehen. Der Beruf der Krämersfrau hat sie vermutlich voll ausgelastet. Das war kein so typischer Frauenberuf wie die Arbeit in Haushalt oder Pflege. Ein Mann hinter dem Waschzuber wird großes Aufsehen erregt haben, ein Mann hinter der Ladentheke nicht. Dagegen ist das Führen eines Krämerladens insofern ein typischer Frauenberuf, als daß er wenig Ausbildung und wenig Kapital verlangte. Als Willem Jansz. Loot, einst reicher Bauer in Koedijk, durch die Ungunst der Zeiten der Armut anheimfiel und nicht wußte, wie er da jemals wieder herauskommen sollte, versuchte er es hinterm Ladentisch. »Er hält sich mit Frau und

Kindern sehr einfach in einem alten, baufälligen Häuschen mit einem kleinen Krämerladen und weiß kaum, wovon er leben soll.«[28] Genau das richtige für eine Witwe, solch ein kleines Lädchen. Das wird nicht nur ein Zyniker denken.

Der Erfolg einer solchen Unternehmung war keineswegs garantiert. Die zwanzigjährige Waise Trijntje Hilbrandts erhielt 1695 die Zustimmung ihres Vormunds, ihr gesamtes Erbe im Werte von 426 Gulden »zur Gründung eines Geschäftes« zu verwenden. Die Waisenvorsteher fanden sich damit ab, wollten jedoch keine Verantwortung übernehmen.[29] Sie hielten es anscheinend nicht für eine solide Investition. Angesichts der vielen Witwen, die zu den Besitzlosen von Graft zählten, ist es wohl nicht zu weit hergeholt, wenn man vermutet, daß der Beruf der Krämersfrau im Dorf und den dazugehörigen Weilern überbesetzt war und ein harter Konkurrenzkampf bestanden hat.

Das kann zum Teil erklären, warum Grafter Ladenbesitzer so kulant waren. Bäcker gingen mit dem Brotkorb umher, um Haus für Haus zu versorgen,[30] und jeder Lieferant gab Dauerkredite. Was sie möglicherweise dazu brachte, läßt sich aus einer Liste hinterlassener Schulden einer Frau ableiten, deren Armut allgemein bekannt war und die Hillegont Conijn hieß:[31]

Mary Symons, Lebensmittel	1:16: 0
Trijntje Heyndricx, idem	2: 3:14
Nies de Kraemster, idem	5: 0: 0
Marijn de Lakenkoopster, Laken	7: 0: 0
Cornelis Willemsz., Roggen	3:12: 0
Trijn Alles, Strümpfe	2: 7: 0
Eef Jans, Gemischtwaren	5:10: 0

Ein so einfaches Verzeichnis enthüllt, wie eine arme Frau wie Hillegont Conijn ihre Einkäufe tätigte. Sie kaufte auf Kredit. Wurde ihr dieser verweigert, dann ging sie zu einem anderen, denn es gab genug Auswahl zwischen den vielen kleinen Geschäften. Beinahe alle ihre Lieferanten waren Frauen. Händlerinnen, die gern bereit waren, immer wieder neue Beträge anzuschreiben, weil sie jeden Kunden brauchten. Auch die Gunst eines kleinen, rückständigen Zahlers wie Hillegont Conijn wollten sie nicht verspielen. Es wurde ein harter Kampf um jeden Stuiver und Penning geführt.

Die Frau hinterm Ladentisch vertrieb in der Regel ihre eigenen Waren. Auch wenn sie verheiratet war, so wie Neeltje Simons, mit der wir dieses Kapitel eröffneten, war es ihr Geschäft und sie wurde beispielsweise im Kassenbuch der Armenfürsorge als Händlerin geführt. So uneingeschränkt läßt sich das für eine andere wichtige Gruppe von kleinen Selbständigen in der Grafter Gemeinschaft nicht sagen, nämlich für diejenigen, die eine Herberge oder Gastwirtschaft führten. Hinter dem Zapfhahn finden wir Frauen, die ihrem Mann helfen oder ihn vertreten, solange er auf See ist. Es ist aber auch möglich, daß eine Frau als Witwe die Sache allein fortsetzt oder auf eigene Faust ein Lokal eröffnet. Alle Varianten kommen vor, und es ist nicht immer einfach, die tatsächlichen Verhältnisse zu rekonstruieren.

So lesen wir im Auktionsbuch von Graft, daß am 8. Januar 1655 eine Versteigerung bei Mary Cornelis Coster im »Vergulde Hart« stattfand.[32] Ist sie nun eine selbständige, unverheiratete Geschäftsfrau, oder hat sie nur die Leitung im »Vergulde Hart«, weil ihr Mann auf See ist? Es gibt Grund zu vermuten, daß es sich um ihren eigenen Betrieb handelt. Viele Grafter Frauen hießen Mary, und verschiedene von ihnen hatten einen Cornelis als Vater, so daß es schwierig ist, alle Marys, Töchter des Cornelis, auseinanderzuhalten. Aber der Beiname Coster ist eindeutig und macht diese Frau erkennbar. Sie ist zweifellos die Tochter von Cornelis Willemsz. Coster, dem letzten Sproß aus der Familie, die das ganze 16. Jahrhundert über in Graft das Amt des Lehrers und Küsters innehatte.

Cornelis Willemsz. Coster hatte mit der Tradition gebrochen und das rauhere Leben an Bord eines Kriegsschiffes gewählt.[33] Mary wird wohl mehr nach ihrem Vater als nach den Vorfahren gekommen sein. Das erste, was wir über sie erfahren, ist, daß sie sich 1632 vor dem Tribunal der Vögte von Nieuwburgen verantworten mußte.[34] Was sie verbrochen hatte, verraten die Akten nicht, aber sie halten das Strafmaß fest. Sie wurde verurteilt, »vor dem Tribunal zu erscheinen und dort Gott und die Justiz auf Knien und mit gefalteten Händen um Vergebung zu bitten« und außerdem eine Buße von hundert Gulden zu bezahlen.

Das Urteil lehrt uns zweierlei. Erstens geht daraus hervor, daß Mary Coster den Befehlen der Obrigkeit nicht gehorcht hatte. Sie mußte die

Justiz um Vergebung bitten: Die selbst ist die beleidigte Partei. Die Form, in der sie ihre Entschuldigung vorbringen mußte, ist die für die Zeit gebräuchliche, für Frauen nicht anders als für Männer. Von Frauenfeindlichkeit zeugt die Art der Strafe also nicht. Dagegen gibt sie einen Eindruck vom Ansehen der Person. Das Bußgeld ist so hoch, daß es sich um einen ernsten Verstoß handeln muß. Eine Körperstrafe wie Geißelung wäre auch denkbar gewesen, oder drei Monate Zuchthaus. Gutgestellte jedoch bekamen in solchen Fällen die Gelegenheit, die entehrende Strafe auszulösen, indem sie ein hohes Bußgeld bezahlten.[35] Mary Coster muß also 1632 eine reiche Frau gewesen sein.

Ein Jahr später treffen wir sie wieder vor Gericht. Die Anklage lautet nun, »daß sie mit Tatel Vriesman, einem verheirateten Mann, sexuell verkehrt hatte«.[36] Diesmal fehlt ein Urteil. Vielleicht hat sich die Beschuldigung als nicht stichhaltig erwiesen. Aus der Formulierung der Anklage geht hervor, daß sie damals unverheiratet war, denn Ehebruch zwischen zwei verheirateten Personen hätte die Freveltat verschlimmert, und die Akten hätten es nicht verschwiegen. Mary Coster war also 1633 eine unverheiratete, wohlhabende, junge Frau, die einen Konflikt mit der Justiz hinter sich hatte und deren Ehre, vermutlich zu Unrecht, ins Gerede gekommen war. Zu all dem kann noch hinzugefügt werden, daß Mary Coster eine schöne Frau war. Eigentlich kennen wir sie genauso wenig wie ihre Zeitgenossen. Doch es gab ein Bild von ihr. Sie ist die einzige Grafter Frau, von der bekannt war, daß sie sich hat portraitieren lassen.[37] Mit all dem ist nicht bewiesen, daß sie schon 1633 die Wirtin vom »Vergulde Hart« war. Aber jede dieser Tatsachen stimmt mit der Hypothese überein.

Eine selbständige Frau ist Mary Coster jedenfalls geblieben. Sie hat 1658 noch Jan Lourisz. Appel geheiratet.[38] Aber am selben Tag, an dem die Heiratsbedingungen unterzeichnet wurden, machte sie auch ihr Testament,[39] unter ihrem eigenen Namen. Zwischen Eheleuten war das höchst ungebräuchlich, aber Mary Coster war es gewohnt, ihre eigenen Wege zu gehen. Die Gastwirtschaft ist nach dem Tod des Ehepaars an einen Bierbrauer aus Haarlem verkauft worden. Der ließ das Geschäft durch einen Pächter bewirten.[40] 1668 könnte das vermutlich Crijntjen Symons gewesen sein, die damals vor Gericht stand, weil sie während der Predigt gezapft hatte,[41] aber es kann natürlich auch sein, daß ihr Mann zu dem Zeitpunkt in der Kirche oder auf See war.

Ein Eintrag in der Liste von 1680 zeigt unverkennbar, daß *dieses* Lokal von einer Frau geführt wurde: »de basin Anne in 's Lants Welvaren«. Die beste Wirtschaft von Graft war das nicht. Wenn die Schöffen tafeln wollten, taten sie das stets im »Moriaenshooft«. Dort logierten auch die Predigtamtskandidaten, die zur Vorstellung predigten.[42] Dieses Gasthaus jedoch wurde 1680 weder von einem Mann noch von einem Ehepaar oder einer Witwe geführt, sondern von zwei Freundinnen, »Griet Adriaens und ihre Gefährtin Jannegjen«, wie es in der Liste heißt.[43]

In den zwanziger und dreißiger Jahren des 17. Jahrhunderts nahm die »Bonte Koe« unter den Herbergen von Graft den ersten Platz ein. Schöffen und Gemeinderäte hatten begeistert die Erlaubnis erteilt, in der Hoffnung, »daß ein ruhiger, behaglicher Ort im Dorf entstünde, um ehrbare Reisende unterzubringen« und um gelegentlich »dort in Ruhe zusammenkommen zu können«.[44] Ruhe ist jedenfalls, laut reformiertem Kirchenrat, an diesem erhofften Ort der Versenkung nicht eingekehrt.[45] Aber als der Magistrat den Weg zur Eröffnung freigab, wußte er sehr gut, daß die Herberge von einer Frau geleitet werden würde, von der Witwe Pieter Taems. Einen Nachteil hat man darin offenbar nicht gesehen.

Manchmal bekommen wir sogar den Eindruck, daß Wirtinnen die Regel und Wirte eher die Ausnahme waren. Siebenmal hat der Kirchenrat im Laufe des 17. Jahrhunderts Mitglieder angegriffen, weil die Art und Weise ihrer Bewirtschaftung anstößig war.[46] Einmal traf es einen Mann, fünfmal eine Frau und einmal ein Ehepaar, das in den Protokollen als »Mary Ronghs und ihr Mann«[47] bezeichnet wird. Warum die Frauen weiterhin Gäste bewirteten, sagt nur Trijn Claes: »Sie hat zu Protokoll gegeben, daß sie ihren Ausschank wegen ihrer schlechten Verhältnisse nicht aufgeben konnte.«[48] Sie hatte einen Beruf, den eine Frau allein leicht ausüben konnte. Sie brauchte dafür nicht ausgebildet zu werden, ein großes Ladenlokal war nicht notwendig, und der Verdienst war gut genug, um nicht auf Armenfürsorge angewiesen zu sein.

Diese Frauen brachten jedoch schnell ihren Ruf in Gefahr. Der Kirchenrat behielt Pieter Taems Witwe, die Wirtin der »Bonten Koe«, im Auge. Mary Coster vom »Vergulde Hart« hat sich, wie wir gesehen haben, gegen den Vorwurf des Ehebruchs verteidigen müssen. Die kleinen Kneipenbesitzerinnen liefen dauernd Gefahr, die gesellschaftlichen Grenzen zu übertreten, zum Beispiel sobald sie Bettlern und Landstreichern

Unterschlupf gaben, dem umherziehenden Volk, das in Graft nicht seßhaft war, aber dennoch eine wichtige Rolle im Ort spielte. Diese sind ein
Kapitel für sich. Die Auflistung von Frauenberufen ist hiermit übrigens auch für das
pays légal noch nicht ausgeschöpft. Die sogenannten Torfstecherinnen
haben wir nicht besprochen, die, welche in der Landwirtschaft arbeiteten,
und die Frauen, die nicht in einem Webereibetrieb beschäftigt waren,
sondern daheim am Spinnrad saßen. Wir haben jedoch genug gesehen,
um sagen zu können, daß Grafter Frauen eine gewisse Freiheit besaßen,
ihr eigenes Leben zu gestalten, auch wenn sie keinen Platz im oberen
Bereich der sozialen Pyramide hatten. Besonders attraktiv waren die
Wahlmöglichkeiten meistens nicht. Die relative Selbständigkeit der Grafter Frauen ist nicht gerade beneidenswert. Graft bleibt eine Männerge-
sellschaft, die Frauen einige sehr bescheidene Freiheiten einräumte. Daß
Graft ein großes Seefahrerdorf war, kann sich günstig auf die Möglichkeiten für Frauen, eine gewisse Selbständigkeit zu erkämpfen, ausgewirkt
haben. Zum Beweis müßte eine vergleichende Untersuchung mit anderen Orten angestellt werden.

Johannes van Vliet, *Der Verkäufer von Liedtexten*

8 Lesen und Schreiben

Durch Schule und Ausbildung erhielten die jungen Grafter Zugang zur Kultur. Sie konnten die Fähigkeiten erwerben, die notwendig waren, um für ihr gegenwärtiges und ewiges Leben Sorge tragen zu können. Am Ende der Erziehung stand die Hoffnung, daß sie ihren Platz auf dem Arbeitsmarkt einnehmen, einen eigenen Haushalt gründen und sich einer Kirchengemeinde anschließen würden. Kurz gesagt: Sie sollten imstande sein, selbständig an der Kultur teilzunehmen. Das Niveau, auf dem sie das tun konnten, hing von den Fähigkeiten ab, die sie in ihrer Lehrzeit erworben hatten. Lesen und Schreiben waren dabei grundlegend. Ausbildung und Vermittlung dieser Fähigkeiten sind für das Wesen einer Kultur entscheidend. Darum ist es von fundamentalem Interesse zu wissen, wie es um die Lese- und Schreibfähigkeiten der Grafter Männer und Frauen bestellt war.

Beginnen wir mit ein paar Zahlen. Hart hat für Amsterdam aus den Heiratsakten den Prozentsatz an Bräuten und Bräutigamen ermittelt, die imstande waren, die Urkunde mit einer Unterschrift zu bestätigen.[1] Die Amsterdamer Zahlen bilden seither die Basis unserer Kenntnis über den Grad der Alphabetisierung. Deshalb rufen wir sie uns an dieser Stelle in Erinnerung:

	Männer	Frauen
1630	57	32
1660	64	37
1680	70	44
1729–1730	76	51

Unter den Amsterdamer Bräutigamen gab es viele Fremde, die oft, was die Ausbildung anging, hinter den Niederländern zurückstanden. Für ein nordholländisches Dorf wie Graft könnten wir ein besseres Ergebnis erwarten. Eine Quelle, wie sie Hart für Amsterdam vorlag, gibt es für Graft im 17. Jahrhundert jedoch nicht. Wir sind für entsprechende, wenn auch nicht ganz vergleichbare Angaben auf notarielle Schriftstücke und die Archive der Waisenvorsteher angewiesen. Im notariellen Archiv finden sich neun Protokolle.[2] Wir geben hier die vergleichenden Zahlen für Männer und Frauen an, mit dem Anteil derer, die die Akte mit einer Unterschrift bestätigten:

		Männer		*Frauen*	
Salm	1659–1665	34	88,24 %	33	42,42 %
Salm	1677–1688	145	77,93 %	120	47,50 %
Salm	1680–1703	116	81,90 %	117	57,26 %
Oly	1658–1664	10	50,00 %	7	28,57 %
Kos	1675–1689	64	59,38 %	65	26,15 %
Kos	1690–1700	69	72,46 %	68	23,53 %
Kos	1700–1705	33	84,84 %	34	41,18 %
Cramer	1690–1698	80	78,75 %	90	51,11 %
Cramer	1698–1705	98	87,50 %	97	44,33 %
Insgesamt		649	77,97 %	631	43,74 %

Die kleine Kanzlei von Pieter Jacobsz. Oly liefert so wenig Material, daß die Prozentsätze auf Zufall beruhen können. Der große Unterschied zwischen den Grafter Notaren Salm und Cramer einerseits und dem West-Graftdijker Adriaen Kos andererseits ist sehr interessant. Die Qualität der Ausbildung sowie die Bereitschaft, besonders die Mädchen so lange in die Schule zu schicken, daß sie Schreiben lernen konnten, scheinen in diesem Weiler eine Zeitlang niedriger gewesen zu sein als in Graft. Erst um die Jahrhundertwende kommt man hier auf Durchschnittswerte, die im Hauptdorf schon lange Standard waren. Für die Männer im Dorf scheint in dieser Periode der Zustand stabil: Die Ergebnisse von Salms ältestem und Cramers jüngstem Protokoll unterscheiden sich nicht nennenswert. Die weibliche Schreibkundigkeit nimmt nach den Unterlagen der Kanzlei Salms etwas zu, bei Cramer hingegen fällt sie. Zählen wir beide zusammen, so bleiben auch hier die Verhältnisse ungefähr gleich.

Die Repräsentativität dieser Zahlen steht natürlich nicht fest. Den Gang zum Notar machten vielleicht doch eher die Reichen als die Armen. Die Waisenbücher geben weitere Anhaltspunkte, denn dort werden auch die bescheidenen Nachlässe verwaltet. Hier entsteht jedoch ein anderes

Problem, nämlich die sehr schwache Präsenz von Frauen. Männer unterschrieben selbst, Frauen ließen sich häufig durch ihren Ehegatten oder den Vormund vertreten. Das ergibt sich deutlich aus der folgenden Tabelle, in der wir die Gesamtzahlen, verteilt über die drei Perioden, mit dem prozentualen Anteil der Schreibkundigen angeben:[3]

	Männer		Frauen	
1616–1645	265	72,45 %	9	0,00 %
1646–1675	902	84,59 %	60	25,00 %
1676–1705	868	83,64 %	93	25,81 %
Gesamtsumme	2 035	82,60 %	162	24,07 %

Nach diesen Werten können wir bei den Männern von einer Prozentzahl an Schreibkundigen ausgehen, die in der zweiten Hälfte des 17. Jahrhunderts bei über achtzig liegt. In der ersten Hälfte dieses Jahrhunderts kann ihre Zahl etwas kleiner gewesen sein, aber der Anstieg hat sich doch recht früh vollzogen. Vier von fünf Männern waren demnach so schreibkundig, daß sie ihre Unterschrift setzen konnten. Der fünfte, der das nicht konnte, wird wohl immerhin Leseunterricht gehabt haben. Die Zahl reiner Analphabeten ist unter den Grafter Männern also eher klein gewesen. Die Frauen hingegen erreichen in den Waisenbüchern eindeutig schlechtere Ergebnisse als im notariellen Archiv. Hier liegt also die Vermutung nahe, daß bei ihnen der Gang zur Schule sozial gebunden war. Der breite Durchschnitt der Bevölkerung, die wir in den Waisenbüchern antreffen, hat eine geringere Schulbildung als die kleinere Gruppe, die Testamente und Heiratsurkunden verfassen ließ.

Angesichts der niedrigen Zahlen – auch für die letzte Periode handelt es sich nur um drei Frauen pro Jahr – ist Vorsicht geboten. Das günstigere Bild der notariellen Archive dürfen wir darum nicht aus den Augen verlieren. Wahrscheinlich sind die 24 Prozent in den Waisenbüchern doch zu niedrig. Aber deutlich ist in jedem Fall, daß Männer und Frauen nicht vollkommen gleichberechtigt an der Kultur teilhatten. Die Gemeinschaft befand offenbar, daß eine Frau zurechtkommen konnte, ohne schreiben gelernt zu haben, auch wenn ihr Mann von Berufs wegen ein versierter Schreiber war. Trijn Jans, die Witwe von Notar Pieter Heringa, gehörte zu den vielen Frauen, die Urkunden mit ihrem Signum unterschrieben.[4]

Nicht anders taten es Neel Jacobs, die Braut des Grundschullehrers Floris Jansz.,[5] und Jannetje van Stralen, die Ehefrau von Pfarrer Lambertus Twisker aus Oost-Graftdijk.[6] Sie mußten ihren Männern, dort wo sie sie brauchten, eine Hilfe sein. Schreiben jedoch konnten sie nicht. Für die Männer war das gesellschaftliche Bedürfnis nach Bildung deutlich größer. Es ist verführerisch, die hier gefundenen Prozentsätze mit denen der Wohlfahrtsempfänger zu vergleichen. An anderer Stelle wird noch deutlich werden, daß ungefähr jeder fünfte Grafter arm war. Alles sagt uns dieser Vergleich sicher nicht, denn gerade bei den Wohlfahrtsempfängern waren die Frauen überrepräsentiert. 1680 jedoch waren von den 644 männlichen Familienoberhäuptern 103 unterstützungsbedürftig oder ohne Vermögen, das sind also 16 Prozent. Eine Beziehung zwischen Schreibkundigkeit und gesellschaftlicher Selbständigkeit ist demnach nicht völlig ausgeschlossen. Die Zahlen jedenfalls liegen nicht weit auseinander.

Wenn solch ein Bezug existierte, erklärt das die Entwicklung zum Guten, die wir aus den Zahlen ableiten können. Man kann eingesehen haben, daß Schreiben und Lesen die gesellschaftliche Selbständigkeit vergrößerten. Anfangs wurden selbst die Spitzenfunktionen des Gemeindeverbandes nicht ausschließlich von Schreibkundigen bekleidet. 1634 wurde ein Dokument abgefaßt, das von allen Schöffen und Gemeinderäten bestätigt werden mußte.[7] Darunter stehen vierzehn Unterschriften und nur zwei Signa, doch nicht von den geringsten: Rong Jansz. und Ares Claesz. Beide waren Schöffen, Ares Claesz. sogar mit großer Regelmäßigkeit. Auch spätere Graftdijker Schöffen waren nicht immer des Schreibens mächtig.[8] Bis in die sechziger Jahre hinein waren auch schreibunkundige Notabeln an der Macht.

Ein Handicap wird das Fehlen dieser Fähigkeit dennoch gewesen sein. Die Waisenvorsteher von Graft tagten wöchentlich. Wurden Schriftstücke abgefaßt, so setzte man ein Signum oder eine Unterschrift darunter. Das eine war ebensogut wie das andere, beide hatten dieselbe Rechtskraft. Aber die Waisenvorsteher, die nicht schreiben konnten, scheinen seltener anwesend gewesen zu sein als ihre Kollegen, die schreiben konnten. In einer Funktion, die immer wieder die Schreibkundigkeit auf die Probe stellte, wird der Mangel dieser Fähigkeit doch als hinderlich erfahren worden sein.

Ob vielleicht auch Scham mit im Spiel war? Die Zahl der Schulkinder in Graft war groß. Auch die Ärmsten konnten ihre Kinder auf Kosten von Diakonen oder Armenvorstehern unterrichten lassen. Diejenigen, die sich später als lese- und schreibunfähig erweisen, werden sich das wohl selbst zuzuschreiben haben. Sie hatten zu oft die Stunden versäumt oder durch Mangel an regelmäßiger Übung ihr Wissen vernächlässigt.

Es ist jedenfalls auffällig, daß es Familien gab, in denen manche Kinder beim Erreichen der Volljährigkeit unterschreiben konnten, andere aber nicht. Die Witwe Lysbeth Jans versprach 1662, ihre drei Söhne »zur Schule zu schicken und sie lesen und schreiben lernen zu lassen, wenn Stand und Lage es zuließen«.[9] Ihre Habe sollte unter der Aufsicht der Waisenvorsteher bleiben, bis die Jungen 25 Jahre alt seien. Für den Ältesten, Cornelis Jansz., war es 1676 soweit. Er bestätigte die Akte bei der Übernahme mit einem Signum. Die zwei jüngeren Brüder wurden 1679 volljährig. Jan Jansz. setzte ebenfalls ein Signum, Lou Jansz. eine Unterschrift. Sowohl für Jan wie für Lou wurde das Alter 1662 mit ungefähr acht Jahren angegeben. Wahrscheinlich waren sie Zwillinge und sind gemeinsam zur Schule gegangen. Der eine schlug daraus sichtlich Profit, der andere nicht. Solche Unterschiede kommen mehrmals vor. Manchmal ist es der älteste Sohn, der nicht schreiben kann, manchmal der jüngste, manchmal der mittlere.[10]

Natürlich kann das auch mit zeitweisen Schwankungen des Wohlstands zusammenhängen oder damit, daß sich dem Kind auf Kosten der Schule ein Arbeitsplatz anbot. Aber die Kinder durften ein Wörtchen mitreden. Laut den Rijper Lehrern bestimmten die Kinder selbst, wo sie sich unterrichten ließen. Wenn diese Lehrer recht hatten und wenn es in Graft nicht anders zuging als in De Rijp, dann hatten die Kinder auch Einfluß darauf, ob sie schreiben, lesen oder weder das eine noch das andere lernten.

Eine Unterschrift gilt gemeinhin als ausreichender Beweis für Schreibkundigkeit. Doch sind da natürlich Zweifel berechtigt. Cornelis Cornelisz. Volger benötigte 1683 für seine Unterschrift eine ganze Zeile auf einem Blatt Papier im Quartformat.[11] Sein Kollege, der Waisenvorsteher Jacob Pietersz. Decker, schreibt die drei Worte, aus denen seine Unterschrift besteht, mühelos unter den einzelnen Vornamen seines Kollegen. Aber was Cornelis Cornelisz. Volger in seinen Riesenlettern aufschreibt, ist zumindest richtig. Ein anderer quasi-schreibkundiger Waisenvorsteher, Garbrant Cornelisz. aus Oost-Graftdijk, setzt eine Ansammlung von sechzehn einzelnen Buchstaben als Unterschrift, wovon einige richtig sind und andere, wenn sie überhaupt Teil des Alphabets sind, nicht zum Namen gehören.[12] Es hat den Anschein, als sei für Männer wie Garbrant Cornelisz. die Unterschrift ein speziell konstruiertes Gebilde, das mit einiger Mühe auf Anfrage lieferbar ist. Du mußt deinen Namen schreiben können, um mitzureden. Aber solche Männer waren mit dem geschriebenen Wort nicht wirklich vertraut.

Das erklärt auch, warum manche mal mit einem Signum, mal mit ihrem Namen unterschrieben. An sich kann das der Beweis für eine sich entwickelnde Schreibkundigkeit sein. Wenn der Graftdijker Schöffe Pieter Pietersz. 1643 noch ein Signum setzt[13] und ein Jahr später seine Unterschrift hinschreibt,[14] hat er einstweilen mit Erfolg geübt. Eine schöne, geradlinige Entwicklung sehen wir auch bei Pieter Arentsz. Root, der 1669 ein Signum setzt, zwei Jahre später als Pieter Arentsz. und 1676 als Pieter Arentsz. Root vollständig unterschreibt.[15] Bei Jan Cornelisz. Romeyn aber geht die Entwicklung den umgekehrten Weg. Seine Unterschrift verwandelt sich später in ein Signum.[16] Hatte er seine Unterschrift verlernt? Wagte er nicht mehr, sie zu setzen?

Die beste Antwort auf diese Fragen gibt uns die Lebensgeschichte von Maerten Adriaensz.,[17] Fischhändler aus Noordeinde. Dieser Mann hat über 25 Jahre die Fischgründe an der Schleuse von West-Graftdijk gepachtet. Das erste Mal 1670. Er setzt ein Signum. 1674 geht er zur Unterschrift über: Maerte Aenson. Da mußte noch einiges verbessert werden, und vielleicht hat Maerten diese Mühe gescheut. Er beläßt es vorläufig dabei und kehrt zu seinem Signum zurück. Erst 1682 zeigt das Register wieder eine Unterschrift: Maerten soen. Es kann ein Zufall sein, daß hier ein wesentliches Glied fehlt, aber wer wirklich schreiben kann, irrt sich nicht auf diese Weise. Maerten wird nicht ganz begriffen haben, was er da tat. Er malte einige Zeichen und überschlug dann unglücklicherweise eine Reihe. 1683 hat er besser aufgepaßt. Nun steht dort Maerten Aerson. Perfekt ist die Unterschrift endlich 1684. Sie hat sich zu Maerten Aeryensoen entwickelt, und so ist sie in den Pachtverträgen bis zu seinem Tode 1695 überliefert.

Auf den ersten Blick eine Erfolgsgeschichte: Wie ein einfacher Fischhändler schreiben lernte. Mit Fallen und Wiederaufstehen, aber er wird doch ein Meister der Kunst. Ärgerlicherweise gibt es andere Quellen, die uns diese Illusion nehmen. Maerten Adriaensz. ist einige Male als Vormund zugunsten der Grafter Waisenkinder aufgetreten. Sein Name kommt im Register der Waisenvorsteher wiederholt vor, zum ersten Mal 1663. Aufgrund des oben Gesagten erwarten wir ein Signum, aber es ist eine Unterschrift: Maer Aeryson. Schon zu diesem Zeitpunkt also bedient sich der Unterzeichnende der vermutlich nicht ganz begriffenen Kombination von Buchstaben, die in seinem Namen vorkommen, mit Auslassung von ein paar wesentlichen. In den siebziger Jahren blieb er eine Zeitlang ausschließlich bei dem Signum. Erst 1676 unterschreibt er wieder, nun als Maerten Aerson. Richtig gelernt hat er es jedoch niemals: Auf seine alten Tage schreibt er wieder »Maerten Soen«. Nicht einmal, zufällig, sondern konsequent, bei vier verschiedenen Gelegenheiten. Das verbindende Element zwischen »Maerten« und »Soen« fehlt weiterhin.

Dieser Mann hat Buchstaben gezeichnet, anstatt eine Unterschrift zu setzen. Wir können eigentlich genausogut sagen, daß »Maerten Soen« sein Zeichen ist. Der Übergang zwischen Zeichen und Unterschrift ist auch bei anderen manchmal fließend. Ymtjen Jans unterschreibt ihre Heiratsurkunde mit fünf einzelnen Großbuchstaben: YYANS. Der Notar läßt das als Unterschrift gelten. Aber besteht hier ein wesentlicher Unterschied zu dem von ihm als Signum betitelten Zeichen von Neel Pieters: NP?[18] Manchmal findet der Notar eine Zwischenlösung. Er schreibt dann nicht: Dieses Zeichen wurde von dem Betreffenden selbst gesetzt, sondern: Diese Buchstaben,[19] im Zweifelsfall auch: Dieses Zeichen oder dieser Buchstabe.[20] Die höhere Qualifikation »Buchstabe« wird vielleicht als eine Ermutigung aufgefaßt. Maertjen Ijsbrants gab 1720 ihr Bestes, um etwas aus ihrem Zeichen zu machen. Sie schrieb ziemlich unbeholfen ›MI‹. Ein Zeichen, beschlossen die strengen Waisenvorsteher. Ein halbes Jahr später erschien sie wieder. Diesmal gab sie sich keine Mühe. Sie kam mit dem einfachen Signum aus.[21] Wenn es dann doch nicht mehr als ein Zeichen war...

Schrift wurde im Leben dieser Menschen nicht oft gebraucht. Wer Geschäfte betrieb, bekam mit dem Problem der Buchhaltung zu tun. Darauf gehen wir im folgenden Kapitel ein. Die Menschen schreiben einander schon einmal kurze Briefchen.[22] Im Archiv der Waisenvorsteher befinden sich zum Beispiel zwei Briefe des ehemaligen Grafters Hans

Caspersz. aus Amsterdam an den Grafter Bäcker Jan Harmensz. Beide Briefe sind eigenhändig vom Verfasser unterzeichnet, aber es sind ganz deutlich zwei verschiedene Handschriften, auch in der Unterschrift. Bei den Briefen befindet sich noch eine von Waisenvorstehern verfaßte Erklärung, worunter Hans Caspersz. seinen Namen gesetzt hat. Die Unterschrift unterscheidet sich von der Schrift der beiden Briefe.[23] So haben wir dann drei verschiedene »Unterschriften« ein und desselben Mannes, die von drei verschiedenen Personen gesetzt wurden. Offenbar kam es Hans nicht darauf an, einen Brief, den er diktiert oder in seinem Namen hatte schreiben lassen, mit seiner eigenen Unterschrift zu bekräftigen.

Der zweite der beiden Briefe ist vermutlich von einem Grafter geschrieben worden oder zumindest von einem Schreibkundigen aus der Gegend. Er schreibt »dattelijck« statt »dadelijk« (sogleich) und »te kop« anstatt »te koop« (zu kaufen). Solche Formen finden wir auch in den Schriften des einzigen Grafters, der neben den Sekretären, Pfarrern und Notaren, unter ihnen Reynier Cramer, das Archiv mit einer großen Anzahl eigenhändig verfaßter Schriftstücke bereichert hat: der Netzhändler Mieus Cornelisz. Dieser Mann hat in vielen Ämtern der Gemeinschaft gedient, als Schöffe, Kirchmeister, Mühlenaufseher, Diakon, Oberster Deichgeschworener der Entwässerungsschleusen, Verwalter der Seefahrtskasse, und wahrscheinlich noch eine Reihe weiterer kleiner Gelegenheitsfunktionen wahrgenommen. Es gab ein paar andere, die einen genauso eifrigen Gemeinschaftssinn an den Tag legten. Aber in diese Gruppe sind Reynier Cramer und Mieus Cornelisz. die einzigen, die stets wieder zur Feder gegriffen haben, um niederzulegen, was passierte.

Der Chirurg Reynier Cramer aus Zaankant bedient sich einer sehr gewählten Form des Niederländischen, mit seinem Privat-Wörtchen »geneffens« (= neben) als markantestem Erkennungszeichen. Mieus Cornelisz. stammt vom Eilandspolder. Bei ihm ist die Wahrscheinlichkeit groß, daß er schrieb, wie es die meisten Grafter taten, vielleicht sogar schrieb, wie die Grafter sprachen.[24] »Buierman« und »buiervrouw«[25] sind zum Beispiel Schreibweisen, die er mit vielen seiner Landsmänner gemeinsam hat. Die regionale Aussprache erkennen wir auch in Formen wie »storrem«, »sellef« und »hellft«. Das lange »ij« klang bei ihm nicht wie ein i. Mieus Cornelisz. buchstabiert ziemlich konsequent »heij«,

»weij« und »zeij« anstatt »hij« (er), »wij« (wir) und »zij« (sie). Das Wort »missive« (Sendschreiben) wurde bei ihm zu »meseyve«, und statt »kopieën« (Kopien), schreibt er »copeyen«.

Strikt phonetisch buchstabiert er jedoch nicht. Erstens hält er sich für die V-Laute an den allgemeinen Sprachgebrauch. Der Grafter Laurens Symonsz., der jahrelang Verwalter der Sonderkasse war, schärft normalerweise den Laut beim Buchstabieren: »ofergeleefert de briefen« (statt: overgelevert de brieven; die Briefe übergeben).[26] Wahrscheinlich stimmte das mit dem überein, was er sagte und hörte, aber Mieus Cornelisz. folgt ihm darin nicht. Zweitens neigt Mieus Cornelisz. dazu, Konsonanten zu verdoppeln und Vokale kurz zu halten. Er schreibt demnach »te sammen« (statt: te samen; zusammen), »bequamme« (statt: bekwame; fähig), »urren« (statt: uren; Stunden), »Statten« (statt: Staten; Staaten) und »pratten« (statt: praten; reden). Wir sind wohl nicht berechtigt, darin eine Wiedergabe des alltäglichen Grafter Sprachgebrauchs zu sehen. Daß Mieus Cornelisz. und seine Freunde »ten prinsepallen« anstatt »ten principale« (der Vorgesetzte) gesagt haben, liegt noch innerhalb des Vorstellungsvermögens. Aber »uytwatterende sluysen« (uitwaterende sluizen; Entwässerungsschleusen) und »hemradden« für »heemraden« (Deichgeschworene) scheinen die gesprochene Sprache kaum wiederzugeben. Auffällig ist, daß auch das Briefchen von Hans Caspersz. eine solche Rechtschreibung aufweist. Haben sie beide beim selben Schulmeister gelernt?

Es drängt sich der Eindruck auf, daß dieser Grafter Notabel beim Schreiben nicht das Schriftbild eines gedruckten Textes vor Augen hatte. Zwar wissen wir, daß er gelesen hat. Er ist sogar der einzige Grafter, den wir beim Zeitunglesen ertappen können, »vor seinem Haus auf dem Heerewegh sitzend, mit seinem Vater, eine Courante (Zeitung) lesend«.[27] So sind ihm beim Lesen zweifellos auch Fremdwörter lateinischer und französischer Herkunft unter die Augen gekommen, aber Richtlinien für die eigene Rechtschreibung hat er daraus nicht entnommen. Das fremde Wort schreibt er nach seinem Klang ab, wobei wir das i als ein j lesen sollten: »madiestratten« und »colleedien« anstatt »magistraten« (Magistraten) und »colleges« (Kollegien).

So gehen übrigens alle Grafter Notabeln mit der Amtssprache um. Dorfschulze Maerten Taemsz. verspricht bei seinem Dienstantritt, sich

»wel te imbloieren«[28] statt »employeren« (bemühen). Sein Nachfolger Symon Claesz. Koedijck unterzeichnet ein Schriftstück »in apsensji van de weesmeester« (in Abwesenheit des Waisenvorstehers).[29] Schöffe Claes Jansz. Schippers verbucht eine »obelijgasij« (Obligation),[30] sein Kollege Cornelis Jansz. Schol hält eine »reseluysie« (Resolution) fest.[31] Der Ältere Abraham Jansz. schreibt »quote« (Quote) als »kote« nieder,[32] und alle kennen die »preveleedjes« (Privilegien), die im Rathaus von Graft aufbewahrt werden.

Sie alle kannten diese Wörter gut und wußten, was sie bedeuteten. Geheimsprache blieb für sie nur das Amtslatein, dessen sie sich in den Protokollen der Schöffenrechtsprechung bedienen mußten. »Pertijen hinckende formeren haerluyder stucken« (die Parteien verfassen in gegenseitigem Einverständnis ein Schriftstück.). In der Praxis werden sie wohl gewußt haben, was hiermit gemeint war. So nannte man das nun einmal in der Juristensprache. Aber es ist zweifelhaft, ob sie erklären konnten, daß dieses rätselhafte »hinckende« für das lateinische »hinc inde« (gegenseitig) stand. Es ist jedoch nicht ausgeschlossen, daß sie stolz auf ihre Fertigkeit waren, die »Graftolateinische« Kanzleisprache anzuwenden. Als Meynart Salm sich 1678 beim Holländischen Rechnungshof auf den Posten des Sekretärs als Nachfolger seines Vaters bewarb, bemühte er sein elegantestes Niederländisch, um in das genannte Amt »geexaltereert ende gehonoreert« (exaliert und honoriert) zu werden.[33] Die Haager Herren haben bestimmt die Augenbrauen hochgezogen, aber sie haben die »Exaltierung« Meynart Salms in der von ihm erhofften Weise vollzogen.

Der junge Salm bewahrte in seiner Kanzlei ein Bündel mit handgeschriebenen Mustern notarieller Schriftstücke auf.[34] Dafür war die Schreibkunst gut. Aber es kann auch ein Hinweis auf die Tatsache sein, daß er kein gedrucktes Werk besaß, das ihm bei seiner Arbeit zur Seite stand. Die Grafter Gemeinschaft war in jedem Fall bücherarm. In Nachlaßverzeichnissen finden sich überwiegend Bibeln, Testamente, Psalmbücher und Gesangbücher. Diese stellten auch einen Wert dar. Eine neue Kirchenbibel kostete vier oder fünf Gulden,[35] und eine gebrauchte brachte immer noch zwei Gulden ein. Die uns bekannte Wirtin Mary Coster kaufte ihre 1654 auf der Auktion von Gerbrant Jansz. für zwei Gulden und zwölf Stuiver.[36] So können wir uns vielleicht auch einen Reim darauf machen, warum der Landstreicher Jan Jansz. 1638 ein Psalmenbuch aus der Kirche von Wognum stahl.[37] Die Armenpfleger von Graft stellten 1696 für ein Psalmbuch nicht weniger als einen Gulden und drei Stuiver in Rechnung.[38] Der Wirt Jan Wyersz. ließ 1657 die kostbarsten Stücke aus dem Besitz von Yff Jansz. Moyemans beschlagnahmen, der nie seine Zeche bezahlte. Der Wirt wählte zwei Betten, zwei Kopfkissen, fünf Kissen, fünf Decken, vier Laken, drei Kupferkessel, eine Bettpfanne, eine Bibel und ein Testament.[39] Das waren vermutlich alle Güter in diesem Haushalt, die einen Handelswert von mehr als einem Gulden besaßen. Andere Bücher waren knapp in Graft. Manche Dorfbewohner werden wohl kleine Bibliotheken gehabt haben, insbesondere die Pfarrer. Angaben darüber sind nicht erhalten geblieben. Die Grafter Archive nennen zwei Fälle, in denen der Haushalt mehr als eine Handvoll Bücher besessen haben muß. Poulus van de Velde aus Oost-Graftdijk hinterließ bei seinem Tod 1675 so viele Schulden, daß sein ganzes Hab und Gut versteigert wurde. Es ging in drei Phasen: Zuerst seine beweglichen Güter, danach seine Bücher und schließlich sein Landbesitz.[40] Wie viele Bücher er hatte und was sie einbrachten, sagen die Quellen nicht. In jedem Fall waren sie einen extra Auktionstag wert, und die Testamentsvollstrecker müssen demnach der Meinung gewesen sein, daß nach diesen Artikeln in Graft eine kaufkräftige Nachfrage bestand. Vielleicht hat Gerrid Hermansz. hier gut zugelangt. Er ist der einzige Einwohner des Gemeindeverbandes, der einmal als »Buchverkäufer« bezeichnet wird. Daß er auch noch Bäcker war, deutet vermutlich darauf hin, daß Grafter Ladenbesitzer vom Buchhandel allein nicht leben konnten.[41] Der einzige andere Buchverkauf betrifft den Bibliotheksnachlaß des mennonitischen Lehrers Albert Cornelisz. Posjager. Er verkaufte seine Bücher außerhalb des Dorfes, mit Hilfe eines zu diesem Zwecke gedruckten Katalogs. Die Einnahmen kennen wir nicht. Wir wissen nur, daß die lateinischen Bücher für 82 Gulden den Besitzer wechselten.[42] Gehen wir von einem durchschnittlichen Preis von zwei Gulden pro Band aus, dann muß allein diese Sammlung zwei Regalbretter eingenommen haben.

Albert Cornelisz. Posjager brauchte Bücher, um zu arbeiten. Seine Bibliothek war eine Sammlung von Gebrauchsgegenständen. Amsterdamer Inventare zeigen, daß Anfang des 18. Jahrhunderts auch Amsterdamer so mit ihren Büchern umgingen. Neben Bibeln und Kirchenbüchern besaß man keine anderen Druckerzeugnisse als solche, die dem eigenen Beruf oder Betrieb dienten.[43] Von einem Dorf können wir sicher nicht mehr erwarten. Vollständige Titel geben die Grafter Inventare meistens nicht an, und die meisten, auch nicht gerade zahlreichen, Angaben über Bucheigentum sind ungenau.[44] In einzelnen Fällen jedoch erfahren wir etwas über das Wesen der Bücher. Entweder sind sie zur Erbauung bestimmt oder für den praktischen Gebrauch.

In die erste Kategorie gehört das »Goldene Gebetbüchlein«, das 1667 als Erbstück der achtjährigen Guyrt Jans zukam.[45] Ein Mädchen also, aber darüber wundern wir uns nicht. Die Lesekundigkeit unter Frauen muß, angesichts der Häufigkeit, mit der sich Kirchenbücher und Bibel in ihrem Besitz befanden, viel höher gewesen sein als die Fähigkeit zu schreiben. Es handelt sich hier um eine früh-reformatorische Schrift, die in der ersten Hälfte des 16. Jahrhunderts unter dem Titel »Dat gulden ghebede boecxken uut den Ouden ende Nieuwen Testamente« (das goldene Gebetbüchlein aus dem Alten und Neuen Testament) erschien. Es weist auf einen reformierten Eigentümer. Zweifellos gilt das für das Buch »Weg des Levens« (Weg des Lebens), welches wir im Nachlaß des Jan Klinkert antreffen.[46] Guilielmus Saldenus und auch Otto Belcampius gaben ein Buch mit diesem Titel heraus. Beide können gemeint sein, doch das macht kaum einen Unterschied, da beide Pfarrer in derselben Kirche waren. Jan Klinckert besaß außer »Weg des Levens« an Büchern nur noch zwei Bibeln und vier Neue Testamente. Die beiden anderen Buchbesitzer, die erbauliche Werke besaßen, können wir gleichfalls zu den Reformierten zählen. Das »Sermoenboek« (Predigtbuch) von Symon Klaasz. Yperen ist schwer einzuordnen, aber sein »Concordantieboek« (Konkordanzbuch) kann kaum etwas anderes sein als die bekannte Ausgabe von Trommius.[47] Im »Huisboek« (Hausbuch) von Adriaen Claesz. Backer schließlich erkennen wir das weitverbreitete Werk von Bullinger.[48]

Auch das Hausbuch wurde bei der Auflösung des Nachlasses einem Mädchen zugeeignet. Die vier Kinder des Verstorbenen bekamen jedes ein Bett und ein paar Textilien. Die älteste Tochter, die zwanzigjährige Sijtgen, bekam außerdem noch zwei Kessel und einen Becher. Der fünfzehnjährigen Aecht fielen die Bibel und ein Leuchter zu. Der einzige Sohn, der zehnjährige Claes, bekam von seinem Vater drei Hemden. Das jüngste Kind, die achtjährige Dieuwer, wurde Besitzerin eines Kupfertopfes und einer Pfanne, zweier Bücher, des Hausbuches und eines »Reisboek« (Reisebuch). Es kann ein Führer gewesen sein, der über Schleppkähne und Fährdienste informierte. Solch ein Buch war für ein Dorfmädchen von geringem Nutzen, und es wurde vielleicht nur ihrem Erbteil hinzugefügt, um die vier Anteile ungefähr gleich zu machen. Aber für sich genommen fällt es deutlich in unsere zweite Kategorie: Bücher, die für den praktischen Gebrauch bestimmt sind.

Die zwei Atlanten von Cornelis Jacobsz. sind vergleichbar mit diesem Reiseführer. Besonders kostbare Werke waren es nicht, vielleicht waren sie auch arg verschlissen. Beim Verkauf des Nachlasses der Güter von Cornelis kaufte der Dorfschulze Symon Coedijk das teuerste Exemplar für sechs Stuiver. Der reiche Kaufmann Jan Danser bezahlte acht Penninge für das andere, also nicht mehr als einen halben Stuiver.[49] Die zwei Personen markieren vermutlich die soziale Gruppe, bei der wir von einem bescheidenen Bücherbesitz ausgehen können. Zu der Gruppe gehören auch der schon erwähnte Symon Klaas Yperen, Viehhalter in guten Verhältnissen, und der Zimmermann Jan Jansz. Ridder, Mitglied des Grafter Kirchenrates. Symon hatte außer seinen Bibeln, seinen Kichenbüchern, seiner »Concordatie« und seinen Predigten auch noch ein »Laetboek«, daß wir als ein Handbuch für die chirurgische Praxis betrachten können. Dann besaß er noch eine gebundene Chronik. Kann das eine Geschichte des Kampfes gegen Spanien gewesen sein? Dem Inhalt nach würde es dann zu den erbaulichen oder nützlichen Büchern gerechnet werden. Vielleicht hat es etwas mit dem ziemlich geheimnisvollen »Krijghboeck« (Kriegsbuch) gemeinsam, das das Inventar von Jan Ridders Gütern zwischen dem Neuen Testament und einem Psalmenbuch angibt.[50]

Alle diese Bücher hatten einen Wert. Darum wurden sie inventarisiert. Billig waren nur die Atlanten von Cornelis Jacobsz., aber die haben wir ja auch in einer anderen Quelle gefunden, in den Registern der öffentlichen Versteigerungen. Die können uns hier wieder gute Dienste leisten. Inventare erfaßten keine Pamphlete, Almanache und andere einfache Druckerzeugnisse. Das waren Wegwerfartikel, die nicht für den Bücherschrank bestimmt waren und die nach der Lektüre, in den Augen praktisch orientierter Hausgenossen, in der Küche und anderen Räumen in und um das Haus herum nützliche Dienste leisten konnten.

Das wird auch das endgültige Los der Zeitung gewesen sein, die Mieus Cornelisz. draußen auf seinem Hof las. Nur der Zufall spielt uns Informationen wie diese zu. Aus dieser erfahren wir, daß auch in einem holländischen Dorf die politische Elite auf dem laufenden bleiben wollte. Ein glücklicher Zufall ist auch, daß der Rijper Schöffe Meynert Dicxsz. auf dem Umschlag seiner Tagebuchaufzeichnungen eine Notiz über die Anzahl von Pamphleten gemacht hat, die er zusammen mit Dirck Meynertsz. eingekauft hatte.[51] Kann ein einziges, abgenutztes Blatt viel beweisen? Nein, vielleicht nicht, aber möglicherweise doch genausoviel wie eine ähnliche Aufzeichnung, die ein Grafter Notabel auf der Hinterseite eines Versammlungsprotokolls über den Ankauf von Netzen gemacht hat.[52] Auch die Angabe ist einzigartig, wenngleich Netze in der Samtgemeinde Graft täglich hergestellt, gebraucht und gehandelt wurden. Möglicherweise bestand eine ebenso große Nachfrage nach Meldungen über aktuelle Ereignisse.

Auf den Inhalt dieser Pamphlete kommen wir in einem anderen Kapitel zurück, wenn wir danach fragen, wie die Grafter das nationale politische Geschehen erlebten. Wie Meynert Dircxsz. daran gekommen war, wird nirgends erklärt. Er kann sie in Alkmaar gekauft haben, möglicherweise aber auch bei einem fahrenden Händler. Die werden Graft ab und zu besucht haben, wenn auch kein einziges Dokument erhalten ist, das diese Vermutung bestätigen könnte. Immerhin wissen wir, daß die Mitglieder des Stadtrats jährlich neue Almanache bei dem Boten des Vogts und den Dienern des Landdrostes bezogen.[53] Die Bücher der reformierten Kirche zeigen darüber hinaus, daß von Zeit zu Zeit Privatpersonen mit Schriften vorbeikamen, die sie vermutlich selbst verfaßt hatten und die sie an die Mitglieder des Kirchenrates zu verkaufen versuchten. Die meisten Verkäufer blieben anonym: »eine studierte Person« oder ein Predigtamtskandidat.[54] Beim Namen genannt wurde nur Pastor Petrus Eyckborg, »ein ehemaliger Pfarrer, wohnhaft in Amsterdam«.[55] Von diesem in Gelderland aus dem Pfarramt entlassenen Eyckborg sind zwei Schriften bekannt: »De basuyn (Posaune) van Sodoma en Gomorrha« aus dem Jahre 1659 und »De basuyn echo ofte weerklanck« von 1661. Vielleicht ist er mit dem Restbestand durch die Kirchengemeinden Nordhollands gezogen, um seinen Lebensunterhalt im teuren Amsterdam besser bestreiten zu können. Beide Werke sind mehr als vierhundert Seiten stark. Eins von diesen beiden wird auch wohl gemeint sein, denn die Buchhaltung gibt den Ankauf eines Buches für fünf Gulden und acht Penning an. Dies wirft ein Licht auf die Wege der Bücherverbreitung. Auf diese Weise konnte die Posaune aus Gelderland in den Schrank eines einfachen reformierten Kirchenältesten auf Schermereiland geraten. Diese geistliche Lektüre hat zusammen mit den Almanachen, den Pamphleten und anderen kleinen Ausgaben den Bestand an »Büchlein« gebildet, die über viele Haushalte verteilt gewesen sein müssen. Unter den Registern der öffentlichen Versteigerungen finden sich fünf Listen, die diese Ware erwähnen: Manchmal sind es nur ein oder zwei Schriften, öfter aber gleich eine Anzahl von zehn.[56] Die Käufer scheinen aus allen Gruppen der lokalen Gesellschaft zu stammen. Der Lehrer Jacob Abrahamsz. kann ein berufliches Interesse gehabt haben, vielleicht auch der Chirurg Jan Muurlinck. Der gehört jedoch auch zu der stark vertretenen Gruppe von Notabeln, neben Schulze Symon Claesz. Koedijck, Sekretär Jan Salm und dem Schöffen Cornelis Jansz. Schol, Jacob Pietersz. Colles und Auwel Jansz. Schippers. Aber Bücherkäufer sind auch in der großen Gruppe von Personen zu finden, die weiter kaum bekannt sind, so wie Pieter Dircxsz., Cornelis Martensz. und Pieter Kat.

Und schließlich sind auch Frauen darunter. Leeghwater erzählt in seinen Memoiren, daß seine Großmutter sehr unterhaltsam von den Erfahrungen eines langen Lebens, »aber auch aus der Heiligen Schrift oder anderen Büchern« erzählen konnte.[57] Vielleicht wurden sie ihr vorgelesen. Das wird in Graft ab und zu vorgekommen sein, und es ist gut möglich, daß Mieus Cornelisz. aus diesem Grunde die schon öfter genannte Zeitung »mit seinem Vater« las. Aber Frauen lasen auch selbst und kauften selbst Bücher. An den Leseabsichten von Neel Claes kann man zweifeln. Sie kaufte 1653 »eine Blechkanne und ein altes Buch« für nur neun Stuiver. Daß das Buch hier den größeren Wert darstellte, ist nicht anzunehmen. Sie kann es auch beim Kauf dazugenommen haben. Auf der anderen Seite könnte diese Neel Claes auch identisch mit der Neel Claes sein, die 1651 bei der ersten Wahl der Waisenmütter aufgefordert wird, gemeinsam mit Jannetien Warmelts das neue Amt zu bekleiden. Dann gehörte sie zu den Persönlichkeiten von Graft und wir können sie uns sehr gut mit einem alten Buch vor sich auf dem Tisch vorstellen.

Von Aeff Backers weiß ich nicht mehr, als daß sie 1646 zwei Bücher für acht Stuiver erwarb und auf der Versteigerung neben dem Chirurgenmeister Jan Muurlinck die einzige war, die mit Büchern nach Hause ging. Oder wird sie die vielleicht selbst wieder als Handelsware in Umlauf gebracht haben? Die zwei anderen Frauen, die bei Versteigerungen Bücher erstanden haben, waren beide Ladenbesitzerinnen. Engelse Neel und Anne Maertens Poes. Die erste kaufte 1671 zwei Bücher für einen Stuiver. Wenn sie wirklich aus England stammte, wie ihr Beiname vermuten läßt, wird der Ankauf eher für die Kunden als für ihren eigenen Gebrauch bestimmt gewesen sein. Vielleicht aber wohnte sie damals auch schon lange genug in Graft, um niederländische Texte verstehen zu können.

Anne Poes beließ es bei einer Anschaffung: ein Musikbuch aus dem Nachlaß von Pieter Hoffkam, für anderthalb Stuiver. Anne Poes war eine wirklich wohlhabende Händlerin, die den größten Teil ihres Lebens ledig war.[58] Erst im späteren Alter heiratete sie den Witwer Pieter Meynsz. Bakker, der im ersten Ehejahr starb.[59] Ob sie Zerstreuung in der Musik sucht, ist uns weithin unbekannt, bei ihrem Tode hat sie kein Instrument hinterlassen.[60] Vielleicht diente ihr das Buch als Gesangbuch, vielleicht war sie eine der Mennonitinnen, die mit ihren eigenen Liedern zum Gemeindegottesdienst beigetragen haben.

Jedenfalls brachten die Dörfer von Schermereiland Lieder hervor, und nicht nur geistliche. 1682 hatten einige Grafter an einem Sonntagmittag in Schermerhorn die Kirche besucht. Weil es so regnete, gingen sie nach dem Gottesdienst in ein Gasthaus, und weil das Wetter nicht besser wurde, beschlossen sie, dort auch zu übernachten. Viel Platz gab es jedoch nicht, so daß Jan Jansz. Kramer, seine Frau Grietje Cornelis und Maerten Claesz.'t Hart ein Bett teilen mußten, mit Grietje in der Mitte. Wenn sie auch nichts dabei fanden, so dachte die Öffentlichkeit doch anders darüber. Als die Sache bekannt wurde, kamen diese Mitglieder der reformierten Kirche in der ganzen Umgebung ins Gerede, so daß sogar »die Kinder auf der Straße Lieder davon sangen«.[61] Erwachsene werden das wohl vor ihnen getan haben. Weder die Texte noch die Namen der Dichter sind erhalten geblieben. Aber die Episode bestätigt nochmals, daß auch bei einem überwiegend schlichten Umgang mit dem geschriebenen und gesprochenen Wort der Sprachgebrauch sich nicht auf die einfachen, täglichen Lebensbedürfnisse beschränkte. Die Grafter Kultur erreichte weder ein ausgesprochen hohes noch ein extrem niedriges Niveau. Dennoch kann ihr einige Bandbreite zugeschrieben werden.

Hendrik Bary, *Alte Frau bei Kerzenschein, Geld zählend*

9 Umgang mit Geld

Die meisten Grafter waren sowohl dazu in der Lage, ein Buch zu lesen, als auch, eine Unterschrift zu setzen, obwohl sie weder das eine noch das andere häufig taten. Hatten sie aber auch addieren und subtrahieren gelernt? Wohlgemerkt ist Rechnen doch das wichtigste Fach der frühen Schulerziehung. Nicht jeder hat das Bedürfnis, Bücher zu lesen oder Briefe zu schreiben. Aber jeder zückt beinahe täglich seine Geldbörse, und dann muß er addieren und subtrahieren können.

Solche Berechnungen sind bei einem einfachen Währungssystem, das auf dem Dezimalsystem beruht, nicht allzu kompliziert. Aber das 17. Jahrhundert kannte eine derartige Vereinfachung noch nicht. Man rechnete mit Gulden, die in zwanzig Stuiver eingeteilt waren, und mit Stuivern, die einen Wert von sechzehn Penningen hatten. Es ging dabei jedoch um Recheneinheiten, nicht um Münzarten. Eine Münze im Werte von einem Penning war nicht im Umlauf, und die bei allen Berechnungen verwendeten Carolusgulden, im Werte von zwanzig Stuivern, waren schon seit dem 16. Jahrhundert nicht mehr im Umlauf. Erst 1680 wurde wieder eine Silbermünze von diesem Wert gestanzt. Mit Geld umzugehen bedeutete darum in erster Linie, daß man imstande sein mußte, den Wert der tatsächlich existierenden Münzen in Gulden, Stuiver und Penning auszudrücken.

Das konnte eine sehr komplizierte Tätigkeit sein, denn in den Niederlanden wurden allerhand in- und ausländische Münzsorten als gültige Zahlungsmittel akzeptiert. Man konnte mit niederländischen Reichstalern bezahlen, aber auch mit spanischen Realen, mit holländischen Löwentalern, aber auch mit italienischen Dukaten, mit Rosenobeln, mit Angelotten, mit deutschen Goldgulden und mit Pistoletten. Der Wert jeder einzelnen Münze war genau vom wirklichen Gehalt an Gold und Silber abhängig. Da der Benutzer diesen natürlich nicht in jedem Fall wissen oder feststellen konnte, veröffentlichten die »Staten van Holland«, als höchste Obrigkeit, regelmäßig Münztabellen, worin nicht nur genau beschrieben wurde, welche Münzen erlaubt waren, sondern auch, welchen Wert sie besaßen. Jeder, der regelmäßig mit Geld in Berührung kam, mußte über diese Kurse informiert sein.

Das mußten auch die Grafter. Sie mußten mit den Braspenningen, den doppelten Stuivern, den Sechseinhalben, den sogenannten »Stotern« und den Schillingen umgehen können. Sie sollten wissen, was sie auf einen Zeeuwsen Taler herausbekamen, wenn sie eine Schuld von zwölf Stuivern entrichten wollten. Darum nehmen wir an, daß jeder, der regelmäßig kauft oder verkauft, die nötigen Übungen aus den Büchern von Meister Bartjens[1] gemacht haben müßte. Es wundert uns, daß der Pfarrer Franciscus Ridderus in einem Dialog einen Schiffer sagen läßt: »Ich verstehe nicht viel von der Rechenkunst.«[2] Wird der Pastor die Fähigkeiten eines gewöhnlichen Mannes nicht unterschätzt haben? Seien wir in diesen Vermutungen einmal zurückhaltend, denn Ridderus hat seine Pfarrerslaufbahn in Schermerhorn begonnen. Dort hat er genügend holländische Schiffer getroffen, und wenn er meint, daß sie nicht allesamt gute Rechenmeister waren, dann war es vielleicht um die Rechenkenntnis auf ganz Schermereiland schlecht bestellt.

Jeder, der in der Schule rechnen gelernt hat, muß ja in jedem Fall auch schreiben können. Der Kaufmann Dierck Miess, der 1300 Gulden zu Hause liegen hatte, um damit seine Geschäfte zu machen, unterzeichnete seine Heiratsurkunde mit einem Signum.[3] Der Wirt Claes Heyndricksz. war der Schriftkunst ebensowenig mächtig[4] wie der Bierverkäufer Cornelis Cornelisz. Parshout[5] oder der Müller Geert Heytes in Starnmeer.[6] Steuermann Bartel Jacobsz. lieh sich 650 Gulden und unterschrieb dafür drei Schuldscheine, alle drei mit einem Zeichen.[7] Dann brauchen wir die vielen Frauen, die als Verkäuferinnen ihren Lebensunterhalt verdienten, nicht mehr zu erwähnen.

Es ist anzunehmen, daß diese Menschen Zahlen lesen konnten und daß sie demnach auf jeden Fall die Ziffern erkennen konnten. Die handeltreibenden Analphabeten werden eine primitive Art der Buchhaltung entwickelt haben,[8] wiewohl wir die ab und an auch sehr persönlichen Systeme des Aufschreibens, die sie dabei gebrauchten, nur erahnen können.

Aber vermutlich stimmt auch für Graft, was uns über Zaanstreek berichtet wurde: Die Menschen waren dazu bereit, einander in Geldsachen viel Vertrauen zu schenken. De Jong zieht in seiner Geschichte der

Walfahrt als Beweisstück ein Zeugnis von drei Walreedern aus Jisp heran, die längst nicht über alle Ausgaben Quittungen vorlegten.[9] War das in Graft anders? Crijn Cornelisz. Bas gab 1684 dem Schiffer Jan Claesz. Kan 18 Gulden und 18 Stuiver mit, um diesen Betrag in Amsterdam einem Schiffer aus Hindelopen zu übergeben, der ihn dann an die Frau von Sybrant de Boer weitergeben sollte.[10] In Amsterdam angekommen, begab Jan Kan sich zum Hindeloper Fährschiff und überreichte den Geldbeutel einem Mann, der sich als Schiffer ausgab. Jan schrieb noch ein Briefchen dazu, das an die Frau adressiert war, die das Geld in Empfang nehmen sollte. Aber obwohl er offensichtlich selbst schreiben konnte, kam er nicht auf die Idee, um eine Quittung zu bitten. Diese Nachlässigkeit wurde ihm auch nicht zum Vorwurf gemacht. Crijn Cornelisz. Bas machte ihn für den Verlust haftbar, als herauskam, daß das Geld sein Ziel nicht erreicht hatte. Crijn warf seinem Boten vor, daß er darauf hätte achten müssen, ob der Mann, der das Geld von ihm entgegennahm, wirklich der Schiffer aus Hindelopen war. Jan Kan hatte zu leichtfertig einem Unbekannten getraut. Aber es war offensichtlich normal, daß man durch zweifache Vermittlung jemandem Geld zukommen ließ und von der Zwischenperson keinen schriftlichen Beweis oder ein Unterpfand verlangte. Auch Jan selbst hatte nichts unterzeichnet, als er das Beutelchen einsteckte.

War jemand vertrauenswürdig, so konnte man ihm aufs Wort Waren liefern, in der Erwartung, daß das Geld schon kommen würde. Auf Barzahlung ließen sich die Menschen des 17. Jahrhunderts nur selten ein. Kauf sofort – bezahl später, war die allgemeine Parole, und zwischen bekommen und bezahlen konnte leicht ein ganzes Jahr liegen.[11] Auch in solchen Fällen kam es bei den Graftern vor, daß über die Schulden kein schriftlicher Beleg existierte, beispielsweise bei der periodischen Bezahlung von Miete.[12] Und die Frau von Dirck Cornelisz. weigerte sich, einen Betrag von 10 Gulden und 15 Stuivern zu bezahlen, den ihr erster Mann angeblich dem Wirt Jaepke Jacobs schuldig geblieben war. Der Verstorbene hatte auf seinem Sterbebett erklärt, keine Bierschulden mehr zu haben.[13]

War nichts schriftlich festgelegt, dann stand Aussage gegen Aussage. Neeltjen Dircks und Barber Dircks waren 1644 bereit, unter Eid auszusagen, daß ihre Mutter Dieuwer Symons, selig, an die ebenfalls verstorbene

Händlerin Sus Jansdr. dreihundert Käse verkauft hatte. Sie waren selbst dabei gewesen, als der Kauf besiegelt wurde, »am Bette ihrer Mutter«. Ihre Forderung wurde jedoch abgewiesen.[14] Urteilten die Schöffen so, weil die Betreffenden verstorben waren? Es ist möglich, aber wahrscheinlich haben sie sich vor allem durch die Überlegung leiten lassen, daß der Fordernde auch für die entsprechenden Beweise sorgen sollte.

Wie man das tun konnte, zeigt uns Heyndrick van Daecken aus De Rijp, der 1632 für seine Nachbarin Anna Willems ein Fäßchen Branntwein aus Amsterdam holte. Er drängte darauf, daß sie schriftlich quittierte, »und ließ sie ins Buch schreiben«.[15] Vielleicht kannte er sie schon, und das zwang ihn zur Vorsicht, es wird nicht umsonst zu einem Prozeß gekommen sein. Ich kenne jedenfalls keinen anderen Fall, in dem so viele Vorkehrungen getroffen wurden. Normalerweise war es nur der Lieferant, der selbst über die Schulden Buch führte, manchmal zuerst »auf dem hölzernen Laden- buch an der Wand«,[16] danach in einem Verzeichnis oder Notizbuch. Wer das vorweisen konnte, bekam seine Forderung zugewiesen, vorausgesetzt, daß er bereit war, seinen Anspruch unter Eid zu bekräftigen.[17]

Die vielen kleinen Händlerinnen, die nicht schreiben konnten, ver- mochten jedoch kein Notizbuch zu führen. Absolute Sicherheit der Bezahlung gab es nicht. In einem Nachlaß kommt der Posten »Klecker- schulden« vor,[18] ein Wort, das für sich selbst spricht. Vor allem Ladenbesit- zer werden das Risiko getragen haben, denn Graft besaß unter seinen Ein- wohnern, wie wir wissen, ziemlich viele ökonomisch Schwache, von denen ebenfalls keine Barzahlung verlangt wurde. Aber die meisten kannten ihre Grenzen und hielten Maß.

Innerhalb dieser Grenzen fehlte es nicht an Unternehmungslust. Die Grafter nahmen, was sie kriegen konnten. Ein Seemann arbeitete an Land als Zimmermannsgeselle oder als Hechler, und ein Chirurg konnte, wäh- rend er Patienten versorgte, noch Zeit finden, ein notarielles Schreiben aufzusetzen. Streuung von Kapital und Arbeitskraft war das örtliche Rezept, nicht Spezialisierung. Und klein und groß handelte nach dersel- ben Regel. Jan Rieuwertsz. ging abends auf ein Glas ins Wirtshaus, ver- säumte aber nicht, seine Ware mitzubringen.[19] Guyert Michiels fuhr mit ihrer Schute von Oost-Graftdijk nach Purmerend und verkaufte auf dem Hinweg in Wormerveer an den Häusern eine Ladung Möhren. Zwar hatte sie diese erst unterwegs gestohlen,[20] aber das änderte nichts am

Prinzip: Sie nahm ihre Gelegenheiten war. Die Grafter des 17. Jahrhunderts waren geborene Opportunisten.

Normalerweise ging es um einfache Gelegenheiten, denn das Grafter Berufsleben hatte einfache Sitten und Gebräuche. Es war genug Geld im Umlauf, doch nicht das große Geld. Der Tuchhändler Vechter kaufte 1644 ein Haus für 448 Gulden und einen Stuiver. Er bezahlte bar mit folgenden Münzsorten:[21]

17 Geldstücke von 13 Gulden	221
20 Geldstücke von 5 Gulden	100
7,5 Geldstücke von 14 Gulden	105
1 Geldstück von 11 Gulden	11
2 Geldstücke von 4,5 Gulden	9
Kleingeld	2:1

Vechter muß mit Gold bezahlt haben, denn Silbermünzen von so hohem Wert gab es nicht. Es könnten zwei Dukaten von 4 Gulden und zehn Stuivern dabeigewesen sein und zwanzig halbe Rosenobeln von 5 Gulden. Das Geldstück von 11 Gulden ist möglicherweise ein englischer Jacobus. Diese Werte lassen sich in der seinerzeit gültigen Tabelle der Münzkurse wiederfinden,[22] die alle im Umlauf befindlichen Gold- und Silbermünzen aus dem In- und Ausland verzeichnete. Sie mußte regelmäßig korrigiert und angepaßt werden, was zuletzt 1641 geschehen war. Auf dem Papier wurden jedoch keine Münzen von 13 oder 14 Gulden genannt. Wohl gibt es den Rosenobel von 10, den Jacobus von 11, den Goldenen Reiter von 12 Gulden. Goldgeld wurde offenbar über dem offiziellen Kurs gewertet, weil es ein seltenes Gut war. Der Kaufmann Pieter Jansz. Lakeman hinterließ 1671 einen Betrag von 534:15:14 in bar. Separat unter diesen Kostbarkeiten vermerkt, steht jedoch ein »gouden rijder«, auf 13 Gulden geschätzt[23] – auch hier etwas mehr als die 12:12, worauf diese Münze damals veranschlagt war. Auch bei den wenigen, die etwas besser bei Kasse waren, sehen wir, daß die Angaben meist höher sind, als es die Tabellen erwarten lassen.[24]

Ahnungslosigkeit kann hier nicht im Spiel gewesen sein. Auch in Graft wurden die Bildseiten der Münzen abgedruckt,[25] mit deren Hilfe man alle im Umlauf befindlichen Geldsorten erkennen konnte. Das hat offenbar eine Aufwertung der Goldmünzen nicht verhindert, was übrigens kein typisches Dorfphänomen war. Auch in Amsterdam war Goldgeld mehr wert, als die Tabellen angaben.[26] Ob die Amsterdamer Wechselbank nun der Meinung war, es täte nichts zur Sache, ob sie ihr Geld in Gold oder Silber bekam,[27] bei den Bürgern kam die Botschaft nicht an. Wenn wir Menschen mit Fisch, mit Flachs, mit Bier, mit Kühen oder mit Kleidern bezahlen sehen,[28] glauben wir um so eher, daß ein goldener Dukat mehr wert war als die vier Gulden, die die Münztabelle dafür veranschlagen will. Auf den Kurs von Silber- und Kupfergeld mußte das keinen Einfluß haben. Daran mangelte es in Graft nicht.

Was taten die Grafter mit dem Geld, wenn sie mehr verdienten, als sie ausgeben konnten? Die Samtgemeinde lebte vornehmlich von Seefahrt und Fischerei und den damit zusammenhängenden Gewerben. Die Grafter Betriebe stellten Segeltuch, Schiffstaue und Netze her, wobei Hanf der wichtigste Grundstoff war. Um dieses Produkt bestand ein reger Handel, mit einem niedrigen Grad an Spezialisierung. Jeder, der über Geld verfügte, konnte in die Rolle des Hanfkaufmanns schlüpfen. 1691 beispielsweise brachte ein Amsterdamer Seemann siebzehn Bund Hanf von Riga nach Graft.[29] Fünf waren für Claes Claesz. de Jonge bestimmt. Der hatte vermutlich den Handel und die Verarbeitung von Hanf zu seinem Hauptberuf gemacht. Zumindest wissen wir, daß er ein paar Jahre später, 1697, das Hanfspinnen an Arbeiter in Twente in Auftrag gab.[30] Er muß Geschäfte von größerem Umfang gemacht haben. Aber die beiden anderen Abnehmer waren Claes Jacobsz. Gorter (Gort = Grütze), dessen Name vermuten läßt, daß er Lebensmittel verkaufte, und Meyndert Salm, der der Samtgemeinde als Sekretär diente. Beide kauften 1691 jeder sechs Bund Hanf.

Ein Bund ist eine variable, aber keine kleine Größe. Pieter Jacopsz. Colles Frau kaufte 1648 zwei Bund Hanf, eins von 1314 und eines von 1180 Pfund.[31] Wir wissen auch, was sie bezahlen mußte: 283 Gulden und 14 Stuiver. Der Preis lag an der Obergrenze.[32] Aber auch der Sekretär Meyndert Salm muß zwischen 700 und 800 Gulden für seine sechs Bund ausgegeben haben, die zusammen ungefähr 7000 Pfund gewogen haben werden. Für die kleinen Vermögen der Grafter Honoratioren waren das sehr ansehnliche Beträge. Wenige besaßen ja mehr als 5000 Gulden. Offenbar war es vertretbar und gewinnbringend, einen beträchtlichen Teil des eigenen Kapitals in Hanf umzusetzen. Vermutlich lautete die

Absprache, daß die Käufer erst zur Zahlung verpflichtet waren, sobald die Ware geliefert war. Daß sie die Einbußen dieser Beträge von den Risiken der Seefahrt abhängig machten, ist kaum anzunehmen, sicher nicht im Lichte dessen, was im folgenden ausgeführt wird.

War der Hanf erst zu Tauen, Seilen oder Netzen verarbeitet, wurden diese größtenteils an Ortsansässige verkauft. Grafter Kaufleute belieferten jedoch nicht nur den lokalen Markt. Jacob Gerritsz. Lijnslager gab 1670 dem Graftdijker Schiffer Gerrit Dircksz. Kunst 6 075 Pfund geschlagenes Tauwerk mit nach Spanien, wo es gut 841 Gulden einbringen sollte.[33] Von diesem Geschäft wissen wir nur, weil über diese Transaktion prozessiert wurde. Aber wir können sicher sein, daß große Mengen an Netzen und Seilen das Dorf per Frachtschiff verlassen haben und, nicht zu vergessen, Käse auf den Märkten in Alkmaar und Amsterdam verkauft wurde. Daniël Veenvos aus Amerika bestellte sogar »weißes Grafter Leinen«.[34] Aber diese sonst nirgendwo erwähnte lokale Spezialität bringt vielleicht nur das Heimweh eines Grafters in der Fremde zum Ausdruck, dem in seinem Lokalpatriotismus all das, was sein Geburtsort hervorgebracht hat, ein bißchen feiner und ein bißchen weißer erschien.

Es lassen sich keine Statistiken über den Grafter Im- und Export erstellen. Es ist wahrscheinlich, daß auch hier viel Platz für Interessenten war, die sich mit kleinem Kapital am Handel beteiligten. Dem Grafter Schiffer Gerrit Cornelisz. gaben Jan Klinckert und Jan Danser 1694 Geld, das er mit Gewinnbeteiligung investieren sollte.[35] Den lokalen Verhältnissen nach waren sie reich. Jan Klinkert aber riskierte nicht mehr als 50 Gulden und Jan Danser nur 25. Pieter Adriaensz. fuhr 1656 mit 50 Gulden in seiner Schiffstruhe nach West-Indien, »in der Hoffnung, damit gut zu verdienen«.[36] Mit Handel auf solch einer Basis wurde natürlich niemand Millionär. Wer 25 Gulden in Guinea investiert, macht keine Geschäfte. Er geht auch nur ein bescheidenes Wagnis ein. Weil die Grafter vorsichtige Menschen sind, werfen sie nur wenige Gulden in den großen Ozean. Graft ist nicht der Ort, an dem die wirklichen Risiken afrikanischer und westindischer Märkte übernommen und getragen werden. Wer ein echter Kaufmann werden wollte, der zog in eine große Stadt. Die Dansers taten das schließlich[37] und sind gut damit gefahren. Jacob Abrahamsz. gehörte zu denjenigen, die ihnen vorausgingen.[38] Aber das ist eine ganz andere Geschichte.

Die Grafter des 17. Jahrhunderts waren stolz auf ihren Geburtsort. Als das Noordermeer trockengelegt werden sollte, beklagte sich Zuidschermer, daß es dann seine Wasserverbindung zu Alkmaar verlöre. Die Grafter spendeten ihnen Trost: »Wir werden von nun an eure Handelsstadt werden.«[39] Es blieb ein unerfüllter Traum. Die Vernünftigen kehrten zu ihren Büsen und Hechelhütten zurück, um weiter fleißig am eigenen, bescheidenen Wohlstand zu basteln. Nur einige hörten nicht auf, von der Handelsstadt Graft zu träumen. Das waren Abraham Jansz. und sein Sohn Jacob.

In Graft fanden regelmäßig Auktionen sowohl von Mobilien wie Immobilien statt. Wer wollte, konnte dort ein Haus zum Verkauf anbieten, eine Weide, eine Heringsbüse, einen Anteil an einem Schiff oder den Ertrag eines Ackers. Manchmal wurden hunderte von Gulden an einem Tag umgesetzt, aber es blieb ein Kaufen und Verkaufen in den bescheidenen Grenzen einer Dorfökonomie. Das Kostbarste waren die Heringsbüsen, die in Ausnahmefällen Preise über 3 000 Gulden erreichten. Versteigerungen, auf denen Güter zum Vielfachen einer solchen Summe den Besitzer wechselten, gab es selten.

Am 22. August 1662 jedoch fand im Wirtshaus »Moriaenshooft« (Mohrenkopf) eine große Versteigerung statt, nicht von Hanf oder Leinsamen, nicht von Netzen oder Schifftauen, sondern von einem Produkt, das in Graft weder weiterverarbeitet noch produziert wurde: 250 Fässer Virginiatabak, angeboten von dem Zwischenhändler Barent Polijn.[40] Sicherlich wurde in Graft Tabak verbraucht. Das Rauchverbot in allen Webereibetrieben und Hechelhütten ist ein deutlicher Hinweis.[41] Das Dorf besaß seine Tabaklädchen[42], in denen ein beachtlicher Vorrat gelegen haben muß. Volckert Cornelisz. Snijder kaufte 1634 in Amsterdam für mehr als 64 Gulden Tabak ein,[43] und der Grafter Dirck Dircksz. lieferte 1628 an drei Mitbürger Tabak im Wert von 180 Gulden.[44] Auch bei einem hohen Preis von beispielsweise 30 Gulden pro hundert Pfund macht das immer noch rund 600 Pfund.

Nachfrage bestand zweifellos, aber ein lokaler Bedarf von 250 Fässern liegt außerhalb des Vorstellungsvermögens. Ein Faß Virginiatabak wog mindestens 350 bis 400 Pfund.[45] Der Gesamtvorrat kam also mindestens auf 87 500 bis 100 000 Pfund, und der Ertrag muß bei über 20 000 Gulden gelegen haben.[46] Die Käufer kamen aus der ganzen Provinz: Hoorn, Alkmaar, Enkhuizen, Wormer, Jisp und Assendelft werden als Herkunftsorte angegeben. Bei 18 von 32 Käufern ist kein Wohnort angegeben. Sind das alles Einwohner von Graft? Nein, vertraute Namen zeigt die Liste der Käufer kaum. Die Reichen der Generation fehlen: kein Simon Koedijk, kein Jacob Cornelisz. Kan, kein Jan Muurlinck. Wohl ein Jacob Zouares, Isaak Levy und David Moreno, aber die wird man nirgendwo anders als im jüdischen Viertel von Amsterdam suchen müssen. Offenbar war es Barent Polijn gelungen, das Großkapital nach Graft zu locken. Abraham Jansz. war dabei und kaufte auf der Versteigerung acht Fässer Tabak. Vor allem aber hat er versucht, Barent Polijn die Kunst abzuschauen. Kaufmann Abraham Jansz. hatte selbst Beziehungen nach Virginia, wo der Alt-Grafter Jan Michielsz. seinen Wohnsitz gewählt hatte.[47] 1663 bot er seinen eigenen Tabak auf der Versteigerung in Graft an.[48] Ein Makler wie Polijn war er noch nicht. Er bot den Käufern nicht mehr als 70 Fässer an. Ein Jahr später wiederholte er den Versuch in größerem Maßstab.[49] Dann kam der Zweite Englische Krieg dazwischen. 1668 machte er noch einen bescheidenen und offenbar letzten Versuch.[50] Sein Sohn Jacob hat dort 1684 wieder angeknüpft und die letzte Tabaksversteigerung organisiert, die unsere Akten verzeichnen.[51] Ein Vergleich aller fünf Versteigerungen liefert folgendes Ergebnis, wobei das Faß auf 350 Pfund berechnet ist:

Jahr	Anzahl der Fässer	davon verkauft	pro 100 Pfund	Mindestertrag	Anzahl der Käufer
1662	250	250	22,89	20 029	32
1663	70	55	24,95	4 803	14
1664	166	97	26,78	9 092	21
1668	34	17	27,43	1 632	9
1684	111	107	13,90	5 206	13

Es ist das traurige Bild eines mißglückten Experimentes. Abraham Jansz. bringt viel kleinere Mengen auf den Markt als Polijn, zieht weniger Käufer an und setzt weniger ab. Zwar profitiert er vom gestiegenen Tabakpreis, aber das wiegt die Umsatzeinbußen nicht auf. Seinem Sohn Jacob gelingt es, fast den gesamten Vorrat loszuwerden. Aber er muß einen Preis akzeptieren, der noch weit unter dem untersten Rekord von 18 Gulden pro hundert Pfund liegt, der 1679 für die Amsterdamer Warenbörse berechnet werden konnte.[52] Jacob hatte sich übernommen. Er blieb aktiv im Tabakhandel,[53] hatte aber Mühe, seinen Verpflichtungen nachzukommen. Im Oktober 1689 kaufte er von Josua Mozes Polak in Amsterdam 25 Fässer für 5,25 Stuiver das Pfund, mit dem Versprechen, es innerhalb von drei oder vier Tagen zu bezahlen. Einen Monat später war ihm das noch nicht geglückt.[54] Auf eine Forderung von mehr als 2 000 Gulden war seine Kasse nicht eingestellt. 1690 mußte er mit den düstersten Vorahnungen nach Amsterdam aufbrechen.[55]

So gingen die Grafter für gewöhnlich doch nicht mit ihrem Geld um. Es war nichts für sie, hunderte von Gulden in ein einziges Produkt zu investieren und alles auf eine Karte zu setzen. Ein gewisses Risiko gingen sie ein, aber es sollte nicht zuviel auf dem Spiel stehen. Solche Behutsamkeit ist überdies charakteristisch für die gesamte Ökonomie des 17. Jahrhunderts, auch in den großen Städten. Der reiche Kaufmann rechnet mit Hundertern, wo der Grafter sich auf Zehner beschränkt, aber beide beschränken ihr Risiko. Das wesentliche Mittel dafür ist die Streuung von Kapital. Vor allem in der Seefahrt hat das Prinzip häufig Anwendung gefunden. Eine Heringsbüse, die selten mehr als 3 000 Gulden kostete, wurde normalerweise durch eine Gesellschaft von Reedern in Fahrt genommen, die Gewinn und Verlust miteinander teilten. Bei einer Heringsbüse besitzt jeder gewöhnlich ein Sechzehntel, bei einem Handelsschiff werden das öfter 32, 64 oder 128 Anteile sein.

Dasselbe Prinzip gilt auch bei Investitionen im lokalen Gewerbe. Die Ölmühlen, Hanfschlägermühlen, Gerbereien und Webereibetriebe waren nahezu immer Gruppeneigentum. Von den Hanfschlägerbetrieben de Jonker werden beispielsweise stets vierundzwanzig Anteile gehandelt, von der Grafter Gerberei vierzig und sogar von den weniger kostbaren Webereibetrieben doch meist noch sieben Anteile. Der Preis für einen Anteil lag zwischen 20 und 100 Gulden, je nach Qualität und Ertrag des Objektes. So ein Betrag war für viele aufzubringen, und ein eventueller Verlust ließ sich tragen. Auch wer den vollen Preis bezahlen konnte, war zu dem Risiko selten bereit. Man schrak davor zurück, ein paar tausend Gulden von einer einzigen Mühle abhängig zu machen, die immer Gefahr lief, einem Sturm oder einem Feuer zum Opfer zu fallen. Nur die

Grafter Seilerei de Poel wurde 1678 an einen einzelnen Mann verkauft.[56] Solch ein Objekt war durch Feuer und Wind weniger gefährdet. Aber das Geld für diesen großen Ankauf kam nicht aus Graft. Es war der Rijper Geschäftsmann Jacob Theunisz. Lijnslager, der die verlangte Summe auf einmal auf den Tisch legte. Natürlich gab es auch in Graft ein paar Einwohner, die solch einen Betrag hätten hinblättern können. So jemand war zum Beispiel Jan Jansz. Klinkert, der bei seinem Tode 1702 zehn Geldsäcke mit einem Inhalt im Werte von 5293 Gulden und 10 Stuivern hinterließ,[57] ordentlich nach Münzarten sortiert. Er hatte sein Kapital nicht angelegt. Jan Klinkert besaß keine Schiffsanteile, keine Lagerhäuser, keine Staatspapiere und nicht einmal einen Quadratmeter Land. Offenbar glaubte er nicht an sichere Investitionen. Sicher war sein Geld nur auf dem Boden seiner westindischen Holzkiste. Jan Klinkert kann natürlich ein ganz gewöhnlicher Geizhals gewesen sein. Auf jeden Fall ist er eine treffendere Karikatur des Grafter Investitionsverhaltens als der überambitionierte Jacob Abrahamsz.

Grafter Kapitalisten sind nämlich langweilige Investoren gewesen, Menschen ohne Phantasie, die einen sicheren Gewinn von zehn Gulden immer einer Chance auf tausend Gulden vorzogen. Risiken gingen sie mit Duiten und Stuivern ein, aber das große Geld mußte in Sicherheit sein. In vierzig willkürlich ausgewählten Inventaren[58] begegnen uns folgende Posten:

Art von Besitz	Anzahl der Besitzer	Gesamtbesitz
Land	33	1 097 Achel
Bargeld	29	26 943 Gulden
Privatanleihen	19	17 408 Gulden
Gesellschaftsanleihen	16	27 802 Gulden
Schiffsanteile	17	mehr als 51
Anteile an Mühlen u. ä.	16	27

Der Wert eines Anteils kann nicht angegeben werden, weil er von der Größe des Anteils, dem Alter des Objekts und dem Risikograd abhing. Im Durchschnitt sind jedoch 50 Gulden ein wahrscheinlicherer Wert als 100. Die Neigung zu sicheren Kapitalanlagen geht aus dieser Aufstellung deutlich hervor.[59] In gewissen Grenzen sind viele dazu bereit, das Spiel mit den Schiffsanteilen mitzuspielen, doch nur einige sehr Wohlhabende besitzen mehr als drei. Lambert Lambertsz. hält mit elf Anteilen den Rekord, er hinterließ aber obendrein noch gut 40 Achel Land und 1200 Gulden in bar.[60] Pieter Ysbrandtsz. besaß außer seinen sieben Anteilen 41,5 Achel Land. 2600 Gulden hatte er in öffentlichen Investitionen angelegt, und 3380 Gulden standen bei diversen Privatleuten aus.[61] Am auffälligsten ist die Verteilung bei Cornelis Danser, der sich Kaufmann nannte.[62] In den Inventaren seiner Güter sind die Schätzungen angegeben, so daß wir wissen, daß sein Landbesitz 12181 Gulden wert war. Die Provinz Holland stand bei ihm mit 5337 Gulden in der Kreide, diverse Privatleute mit 1081 und die Vereinigte Ostindien Companie (VOC) in Enkhuizen mit 225. Mehr als sechs Schiffsanteile besaß er aber nicht. Darunter befanden sich vielleicht ein paar große, so daß sie auf den relativ hohen Betrag von 890 Gulden geschätzt wurden. Aber das war immer noch nicht mehr als 4,32 Prozent seines Vermögens, so daß ein verlorenes Schiff ihm wenig anhaben konnte.

Was der Mut zum Risiko abwerfen konnte, läßt sich gut an der Verwaltung des Nachlasses von Anna Jans Sappes ablesen.[63] Diese wohlhabende Frau hinterließ ihr ganzes Vermögen der Gemeinschaft als einen besonderen Fonds zur Unterstützung der Armen. Im ersten Jahr werden daraus folgende Einnahmen gezogen:

	Besitz	Ertrag
Provinzanleihen	6270 Gulden	365:12:8
Land	35 Achel	114:0:0
Privatanleihen	2250 Gulden	112:0:0
Ladung von Nanningh Tuenisz. auf halben Gewinn	300 Gulden	75:0:0

Die 75 Gulden sind ein Rekord geblieben. Aber in 19 Jahren kam der Gesamtertrag der 300 Gulden auf 764 Gulden beziehungsweise auf durchschnittlich 40,21 Gulden pro Jahr. Das bedeutete 13,4 Prozent Rendite, was für das ganze Vermögen Zinsen von ungefähr 1500 Gulden abwarf, während nun die Gesamtsumme in dem sehr guten ersten Jahr bei 667:2:8 stehenblieb.

Die Nachlaßverwalter haben nicht daran gedacht, so mit dem ihnen anvertrauten Geld umzugehen. Privatleute hatten in all ihre Schiffsanteile zumindest noch soviel Vertrauen, daß sie ein paar davon besitzen wollten, die institutionellen Investoren aber gingen ganz auf Nummer Sicher. Wenn sie schon Geld in den Handel steckten, dann unter Vermeidung jeglichen Risikos. Die Verwalter des »Extrabeutels«, eines kleinen Sonderfonds zugunsten der Kirche, hatten 1618 ihr ganzes Kapital von 700 Gulden bei fünf Grafter Privatleuten angelegt.[64] Einer der Begünstigten war Claes Rongsen, der sich als Steuermann auf das Schiff von Jan Pietersz. Groen unter Mitverantwortung seiner Reeder hundert Gulden geliehen hatte. Claes Rongsen hat das Geld zweifellos riskiert und vielleicht ein schönes Sümmchen dabei gewonnen. Seine Geldgeber mußten mit fünf Prozent zufrieden sein, aber derer konnten sie sich sicher sein. Das war ihnen mehr wert als die Chance auf großen Gewinn plus Inkaufnahme des vollen Risikos. Vorsicht blieb die Regel,[65] auch wenn der Zinssatz sank. Die »Staten van Holland« bezahlten Anfang des 17. Jahrhunderts 6,25 Prozent, aber verringerten die Zinsen ab 1642 auf 5 Prozent und ab 1657 auf 4 Prozent.[66] In der Samtgemeinde Graft konnte man Geld gegen 5 Prozent, manchmal auch mehr, bekommen.[67] Ende des Jahrhunderts sanken die Zinsen nicht unwesentlich, auf weniger als 4 Prozent.[68]

Kredit war in Holland leicht zu bekommen, auch in Graft. Wer Geld brauchte, konnte sich an eines der öffentlichen Kollegien wenden, wie das der Kirchmeister, der Waisenvorsteher oder der Verwalter des Vermächtnisses von Anna Jans Sappes. Auch konnte er sich an einen Mitbürger wenden, der nicht einmal übermäßig reich zu sein brauchte. Die verlangten Beträge überschritten selten 500 Gulden. Das gibt das Ausmaß von Grafter Handel und Industrie an. Niemand hatte sehr viel, viele hatten etwas mehr, als sie selbst brauchten. Dieses wenige konnte ihnen viel wert sein. Der frischgebackene Chirurg Gerard Voshout erhielt von einem Patienten einen *zesthalf* (fünfeinhalb Stuiver), nachdem er ihn um einen Schilling (sechs Stuiver) gebeten hatte. Wahrscheinlich ein simpler Irrtum. Voshout aber nahm die Sache äußerst ernst und schlug dem vermeintlichen Betrüger die Nase blutig.[69] Auf diese Weise beglich er den Wertunterschied von einem halben Stuiver. Offenbar mußte er aufs Kleingeld achten. Darin müssen die meisten auch sehr sorgfältig gewesen sein. Grafter warfen nicht mit Geld um sich, und Gold bekamen sie selten

in die Finger. Der Umgang mit Geld läßt Vorsicht vermuten und Geldbörsen, die nicht zum Bersten mit Münzen gefüllt sind. Bescheidenheit
ist das Stichwort. Aber dürftig und armselig war das Leben nicht.

III

Das Dorf als Gemeinschaft

Edam . Moninckendam . Medenblick et Purmerēt.
Mess.rs les Magistrats de la Ville de Delft
et de la Haye serrant le Dueil .

10

VV . fecit .

Jan van de Velde II, *Trauerzug bei dem Begräbnis des Prinzen Maurits in Delft 1625*

10 Die herrschende Elite

Im 17. Jahrhundert war die Republik der Niederlande ein Land der Ränge und Stände. Damit ist noch nichts Besonderes gesagt, denn dieses Merkmal gilt für jede Gesellschaft zu allen Zeiten und an allen Orten. Es bekommt erst Bedeutung, sobald es mit einem konkreten Beispiel gefüllt werden kann. Was sind die Qualitäten, die jemandem einen hohen Rang innerhalb der Standeshierarchie verschaffen, wie werden sie gewichtet, und wie verhalten sie sich zueinander? Eben diesen Fragen ist für die Republik des 17. Jahrhunderts bislang nicht die Beachtung geschenkt worden, die sie verdienten. Die brauchbarste allgemeine Betrachtung ist bisher von Groenhuis verfaßt worden, der die Fragen im zweiten Kapitel seiner Dissertation über die soziale Stellung der reformierten Pfarrer bis 1700 behandelt hat.[1] Er unterscheidet vier Rangsysteme, die miteinander zusammenhingen und die Verhältnisse bestimmten: Religion, Geld, Familie und Erziehung. Von dem Schema werden wir auch Gebrauch machen, wenn wir uns in diesem Kapitel auf die Suche nach der Elite von Graft begeben.

Unter Elite verstehen wir vor allem die Gruppe, die die wichtigsten Dorfämter bekleidete und so die Pflichten der Obrigkeit ausführte. Die Gesamtzahl dieser Funktionen liegt sehr hoch. Auf formeller Ebene können wir vier Sorten von Ämtern unterscheiden. Erstens gibt es Funktionäre, die bei den »Staten van Holland« angestellt sind. Die wichtigsten unter ihnen sind der Dorfschulze und der Sekretär der Samtgemeinde. Zweitens gibt es die vierzehn Mitglieder des Grafter Gemeinderats, die auf Empfehlung des Rats vom Vogt selbst ernannt werden. Sie nehmen bis zum Alter von siebzig Jahren an Sitzungen teil. Drittens gibt es eine große Zahl von Funktionären, überwiegend mit kontrollierenden Aufgaben, die von den Gemeindeoberen auf unbestimmte Zeit ernannt werden. Viertens gibt es noch die größte Gruppe, die der Amtsträger, die normalerweise für einen Zeitraum von zwei Jahren eingesetzt werden, ebenfalls von den Grafter Gemeindeoberen selbst. Nach den Verhältnissen von 1658 gehören zur letzten Kategorie folgende Personen:[2]

5 Schöffen
4 Waisenvorsteher
7 Kirchmeister
2 Waisenhausväter
2 Waisenhausmütter
4 Poldermeister
1 Mühlenmeister
8 Armenpfleger
8 Straßenaufseher
8 Heuverwalter
6 Aufseher der Armenabgaben

Insgesamt gibt diese Reihenfolge auch die Wichtigkeit der Funktion an. Es ist kein militärisches Rangsystem, nach dem wir sagen könnten, daß ein Waisenvorsteher wesentlich höher steht als ein Kirchmeister. Dennoch besteht ein Unterschied zwischen hoch und niedrig, wobei die Armenpfleger sich an der Grenze zwischen den beiden Gruppen befinden. Wer nicht zur eigentlichen Elite gehört, wird in der Regel nicht weiter als bis zu diesem Rang aufsteigen, und wer zu der Spitzengruppe gerechnet werden kann, aus der die Schöffen hervorgehen, hat der Gemeinschaft nur ausnahmsweise in den drei niedrigsten Funktionen gedient.

Nur hin und wieder stoßen wir auf den Namen eines der Funktionäre, die auf unbestimmte Zeit ernannt werden. Wenige sind es jedenfalls nicht gewesen. Es gab Beauftragte für Eheangelegenheiten, Hanfprüfer, Heringsbeurteiler, Kornvisierer, Beauftragte für das Brotgewicht, Begutachter der Netze, Landvermesser, Schweinebeschauer, Fleischbeschauer und Versteigerer. Was sie genau taten, interessiert uns im Moment weniger, als daß sie Mann für Mann von Schöffen und Gemeinderäten eingesetzt wurden und demnach eine öffentliche Funktion ausübten. Das gilt ebenfalls für die Brückenmeister, die vermutlich von den Einwohnern jedes Viertels eingesetzt wurden und die das Recht hatten, Abgaben zur Instandhaltung von Brücken, Straßen, Wällen und Gräben zu fordern.[3] Die Gesamtzahl dieser Männer, die einen Teil der Verantwortung für das öffentliche Wohl mittrugen, muß um die hundert gelegen haben, oder anders gesagt: betrug ungefähr zehn Prozent der männlichen Berufstätigen. Dann geht es um diejenigen, die zu einem bestimmten Zeitpunkt gleichzeitig im Dienst waren. Die gesamte Gruppe, aus der diese Personen ausgewählt wurden, war sicher zwei- oder dreimal so groß. Wir können also ruhig sagen, daß ein beachtlicher Teil der Bevölkerung aktiv an der Aufrechterhaltung der Regeln beteiligt war, die für die Gemeinschaft galten. Zunächst gehen wir also einmal davon aus, daß in der Samtgemeinde von Graft kein scharfer Gegensatz zwischen Volk und Obrigkeit bestand. Die praktizierte Politik muß eine breite Tragfläche gehabt haben. Viele von den niedrigen Funktionären gehörten nicht zur Elite. Der Kern der Oberschicht wurde vermutlich vom Gemeinderat gebildet, doch dieser läßt sich nur schwer zum Untersuchungsgegenstand machen. Wir besitzen keine kompletten Listen von Gemeinderatsmitgliedern. Ihre Namen tauchen nur zufällig auf. Für die anderen Funktionen liegen im Archiv Daten von 1621 an vor. Zusammengenommen liefern sie uns ein paar hundert Namen. Aber wenn es um die Elite geht, dann können wir uns auch auf das höchste Amt beschränken, also auf diejenigen, die mindestens einmal in ihrem Leben zu Schöffen gewählt wurden. Sie waren auf dem ersten Platz, und der Rang wurde ihnen auch durch niemanden streitig gemacht, denn die Grafter Schöffen waren nicht nur Richter, sondern auch Regenten. Einmal werden sie in den Akten zugleich Bürgermeister genannt,[4] zum Zeichen, daß sie in der Samtgemeinde auch die höchste Regierungsmacht ausüben.[5] Das ist die Gruppe, die zur näheren Untersuchung gesondert betrachtet werden soll: die Schöffen von Graft. Und damit untersuchen wir eigentlich auch den Gemeinderat, denn alle seine Mitglieder, die wir noch mit Namen kennen, haben auch das Schöffenamt innegehabt.[6] Wollen wir die vollständige Amtslaufbahn verfolgen, dann ist das für die ältesten Generationen nicht möglich, weil wir ja nicht wissen, wer vor 1621 Waisenvorsteher, Poldermeister etc. war. Darum beschränken wir uns auf die Schöffen, die zwischen 1641 und 1680 im Amt waren, insgesamt 52 Personen. In der folgenden Tabelle geben wir ihre Namen an, mit der gesamten Dauer der amtlichen Laufbahn, den Jahren des ersten Antritts und schließlich des Abtretens als Schöffen, und die Anzahl der Male, die die Betreffenden ein in der obigen Liste genanntes Amt bekleidet haben (abgekürzt mit dem Anfangsbuchstaben der Funktion).

			S	W	K	WV	P	M	A
Adam Cornelisz.	1638–1672	1642–1672	7	1	1	–	3	1	–
Adriaen Thaemsz.	1628–1659	1631–1649	4	2	–	–	2	–	–
Auwel Jansz. Schippers	1668–1692	1676–1692	4	1	–	–	–	1	1
Claes Aresz.	1629–1666	1641–1666	4	4	–	–	2	–	–
Claes Gootjes	1658–1663	1658–1663	2	–	–	–	–	–	–
Claes Jansz. Schippers	1655–1678	1644–1678	4	–	–	–	–	1	1
Claes Will. Mackes	1624–1658	1631–1658	5	–	1	–	–	–	–
Corn. Claesz. de Boer	1668–1702	1668–1702	10	–	–	–	–	–	–
Corn. Jansz. Jellis	1652–1665	1664–1665	1	–	–	4	–	–	–
Corn. Jansz. Schol	1667–1694	1672–1694	6	1	–	–	–	–	–
Cornelis Lauwes	1639–1648	1647–1648	1	–	2	–	–	–	–
Corn. Pietersz. Vinck	1643–1667	1663–1667	2	1	1	–	–	–	–
Dirck Cornelisz.	1636–1643	1636–1643	2	–	–	–	–	–	–
Dirck Jansz. Cramer	1633–1660	1640–1655	3	3	–	–	–	–	3
Jacob Corn. Kan	1642–1670	1649–1670	5	2	1	–	–	–	–
Jacob Jac. Vinckes	1655–1682	1674–1682	3	–	3	–	–	–	2
Jac. Pietersz. Colles	1653–1676	1658–1676	4	–	1	–	2	–	1
Jacob Will. Mackes	1621–1654	1621–1654	6	1	1	–	–	–	–
Jacop Tuenissen	1647–1668	1647–1668	5	–	–	–	–	–	–
Jan Areiansz.	1631–1656	1650–1656	2	1	3	–	–	–	–
Jan Claesz. Schippers	1626–1659	1643–1659	2	2	2	–	–	–	–
Jan Cl. Seylemaker	1651–1652	1651–1652	1	–	–	–	–	–	–
Jan Jacobsz. Oom Jan	1666–1700	1680–1700	6	–	3	–	–	–	–
Jan P. v. d. Bosch	1666–1675	1672–1673	1	1	2	–	–	–	–
Jan Pietersz. Sloten	1642–1662	1655–1662	2	2	2	–	1	1	1
Lau Viensen	1640–1656	1648–1653	2	2	–	–	–	–	–
Maerten Jansz.	1629–1654	1634–1651	4	2	–	–	–	–	3
Maerten Jelgersz.	1649–1669	1656–1669	4	1	–	–	–	–	1
Mieus Cornelisz.	1623–1652	1630–1652	5	–	1	–	–	1	–
Nanningh Cornelisz.	1630–1655	1630–1655	5	–	–	–	–	–	–
Nanningh Tuenisz.	1627–1642	1632–1642	2	–	1	–	–	–	–
Pieter Arentsz. Root	1665–1689	1670–1689	6	–	1	–	–	–	1
Pieter Corn. Backer	1621–1641	1633–1641	2	3	1	–	–	–	–
Pieter Corn. Kan	1637–1676	1652–1676	2	5	1	–	–	–	–
Pieter Jansz. Lakeman	1667	1667	1	–	–	–	–	–	–
Pieter Pietersz. Kroon	1636–1644	1636–1644	2	–	–	–	–	–	–
Pieter Ronghsz.	1630–1664	1644–1664	4	4	–	–	–	–	–

			S	W	K	WV	P	M	A
Pieter Willemsz.	1646–1662	1646	1	2	–	–	–	–	–
Reynier P. Cramer	1678–1704	1679–1704	7	–	–	–	–	–	1
Rongh Remmes	1626–1660	1635–1660	3	3	2	–	–	–	–
Symon C. Koedijck	1660–1677	1662–1669	2	1	–	1	–	–	–
Symon Heynesz.	1660–1680	1668–1680	4	3	–	–	–	–	1
Tuenis D. Bergen	1663–1679	1673–1679	2	1	–	2	–	–	–
Tuenis Garmensz.	1662–1678	1665–1678	4	1	–	1	–	–	–
Tuenis Heyndricksz.	1657–1660	1660	1	–	–	–	1	–	–
Tuenis Nanninghsz.	1646–1672	1662–1672	2	2	1	–	1	1	2
Tuenis Pietersz.	1645–1652	1645–1649	2	1	–	–	–	–	–
Vincent Pietersz.	1628–1642	1628–1642	3	–	–	–	–	–	–
Willem Claesz. Mackes	1633–1658	1645–1654	2	2	3	–	–	–	–
Willem Dircksz.	1654–1657	1654–1657	2	–	–	–	–	–	–
Willem Jacobsz.	1666–1693	1666–1693	7		–	–	–		
Willem Pietersz.	1665–1699	1670–1699	8	–	1	–	–	–	–

Aufgrund dieser Tabelle können wir nun feststellen, welche Funktionen von wie vielen Personen bekleidet wurden und für welche Zeiträume. Dabei geben wir auch die Zahlen für die drei niedrigsten Funktionen an, die nicht in der Tabelle vorkommen:

Ämter	Anzahl der Personen	Anzahl der Amtsperioden
Schöffen	52	180
Waisenvorsteher	28	55
Kirchmeister	22	35
Waisenhausväter	4	8
Poldermeister	8	14
Mühlenmeister	6	6
Armenaufseher	12	18
Straßenaufseher	3	7
Heuverwalter	6	7
Aufseher der Armenabgaben	5	6
Summe	146	336

Allein die Tatsache, daß unsere Gruppe nur aus 52 verschiedenen Personen besteht, weist darauf hin, daß dort viele Wiederwahlen stattgefunden haben. Graft hatte fünf Schöffen, die manchmal ein Jahr, meistens aber zwei Jahre hintereinander Mitglied waren. Die Anzahl der Schöffen mit nur einer Amtsperiode beträgt nicht mehr als sieben. In den meisten Fällen läßt sich das vermutlich durch einen frühzeitigen Tod oder Wegzug aus der Samtgemeinde erklären, denn die Gesamtsumme der Jahre des amtlichen Lebens liegt in der Regel recht hoch. Es sind 8 Schöffen dabei, die ihr Amt 10 Jahre oder weniger lang bestreiten. Für 9 Schöffen sind es 11–20 Jahre, für 23 Schöffen 21–30 Jahre und für 12 Schöffen 31–40 Jahre. Der Durchschnitt liegt für alle zusammen bei gut 23 Jahren.

Die relativ lange Dauer macht wahrscheinlich, daß eine Amtslaufbahn nicht allzu spät im Leben begann. In Ermangelung von Taufregistern kennen wir nur in Ausnahmefällen die Geburtsdaten. Nur von einigen Schöffen sind sie zufällig bekannt. Claes Aresz., der 1601 geboren wurde, wurde 1629 Waisenvorsteher, 1634 Schöffe. Jacop Tuenissen, aus dem Jahrgang 1614, bekleidete das Schöffenamt im Jahre 1647. Symon Claesz. Koedijck, einem Mann aus sehr guter Familie, der später sogar Dorfschulze werden sollte, wurde 1656 im Alter von neunundzwanzig Jahren eine Ernennung zum Heuverwalter zuteil. Er wurde 1660 Waisenvorsteher, Schöffe im Jahre 1662. Nur etwas älter war Rongh Remmes, der 1598 geboren wurde und 1635 Schöffe wurde. Jan Pietersz. van den Bosch war einunddreißig, als er 1666 zum Waisenvorsteher ernannt wurde. Die erste Anstellung als Schöffe folgte sechs Jahre später. Aufgrund all dieser Angaben ist es wahrscheinlich, daß die erste Wahl zum Schöffen vor dem vierzigsten Lebensjahr stattfand.[7]

Viel älter hingegen war ein sechster Mann, dessen Geburtsdatum wir kennen, Cornelis Jansz. Schol. Er wurde 1620 geboren und wurde erst 1667 Waisenvorsteher, Schöffe 1672. Danach kehrte er mit großer Regelmäßigkeit in das Kollegium zurück. Seine Qualität stand also nicht in Zweifel. Sein später Start als öffentlicher Funktionär hat offensichtlich seine Ursache darin, daß er sich erst als erwachsener Mann in Graft niedergelassen hat. Innerhalb der Samtgemeinde geboren zu sein war keine Ausgangsvoraussetzung für die Wahl. Das Reglement der Waisenkammer schrieb vor, daß Waisenvorsteher in Holland geboren sein und mindestens sieben Jahre in der Samtgemeinde Graft gewohnt haben mußten.[8] Für die anderen Ämter wird diese Regel wohl auch gegolten haben, und wie so oft im 17. Jahrhundert hatte sie eine eher indizierende als eine zwingende Bedeutung. Reynier Cramer hat kaum vier Jahre im Gemeindeverband gewohnt, als er bereits zum Schöffen gewählt wurde.[9] Deutlich wird auch, daß nach den Schöffen die Waisenvorsteher und die Kirchmeister am höchsten angesehen waren. Abgesehen von den neun, die nie ein anderes Amt als das des Schöffen bekleidet haben, sind nicht mehr als sechs auf unserer Liste zu finden, die keine dieser beiden Würden je bekleidet haben. Von den Poldermeistern und den Mühlenmeistern wurde wahrscheinlich ein spezielles Fachwissen verlangt, was die Anzahl der Kandidaten verringert haben kann. Vielleicht galt das auch für die Waisenväter, nach der Frequenz zu urteilen, mit der Cornelis Jansz. Jellis mit dieser Aufgabe betraut ist. Mußten das richtige Vaterfiguren sein? Der einzige Grafter, der als »regierender Kirchenältester« beerdigt ist, Abraham Jansz.,[10] hat zehnmal als Waisenvater fungiert. Aber auch der Sklavenkapitän im Ruhestand, Lourens Jansz. Slot, wurde ein paarmal in dieses Amt gewählt.

Jacop Tuenissen müssen wir ebenfalls für einen Experten auf seinem Gebiet halten. Er zeichnet allein für fünf der sieben Straßenaufseher-Amtsperioden verantwortlich. Die anderen Schöffen, die niedrigere Funktionen bekleideten, als Straßenaufseher, Heuverwalter oder Aufseher der Armenfürsorge, stammen überwiegend aus Noordeinde. Auf diesen Umstand kommen wir gleich zurück.

Läßt sich über diese Männer etwas sagen, das uns hilft, sie im Rangsystem von Religion, Geld, Familie und Erziehung anzusiedeln? Auf all diese Fragen ist eine Antwort möglich, wenn auch nur eine kurze. Das gilt sehr nachdrücklich für das Kriterium »Erziehung«. Grafter Männer und Frauen bekamen keine andere Schulbildung, als ihnen die Samtgemeinde bieten konnte. Die Veranlagungsliste von 1680 gibt an, daß damals schon zwei Grafter Jungen studierten, nämlich ein Sohn von Pastor Pieter Heringa aus Oost-Graftdijk in Utrecht und ein Sohn des Schöffen Willem Pietersz. in Leiden. Sie waren aber für eine Laufbahn außerhalb ihres Geburtsortes bestimmt. Abgesehen von den Pfarrern hat während des ganzen 17. Jahrhunderts nur ein Akademiker in der Samtgemeinde gewohnt, nämlich der Mediziner Bernard Nieuwentijt, der in Erwartung einer festen Arbeit zeitweilig zu seinen Eltern in die Pfarrei von West-Graftdijk gezogen war.

Grafter Notabeln wurden auf der Dorfschule erzogen. Die hatten sie alle besucht, gewöhnlich lange genug, um auch des Schreibens mächtig zu werden. Aus unserer Gruppe von 52 waren vier nicht in der Lage, ihre Unterschrift zu setzen: Pieter Pietersz. Kroon, Pieter Ronghsz., Rongh Remmes und Cornelis Pietersz. Vinck. Die ersten drei wohnten in dem an echten Notabeln etwas ärmeren Graftdijk; Cornelis Pietersz. Vinck wohnte in Noordeinde. Eine höhere Ausbildung besaßen vermutlich nur die beiden Chirurgen Jan Pietersz. van den Bosch und Reynier Pietersz. Cramer. Vielleicht zählte das mit, denn der Chirurgenberuf verschaffte Status. Nach 1680 sollten ihre Kollegen Andries Muurlinck und Gerrit van Tiel ins Schöffenamt aufsteigen.

Diese Chirurgen gehörten zu den Wohlhabenden. Damit sind wir dann unbemerkt beim zweiten Kriterium angekommen: Einkommen und Vermögen. Die Bedeutung dieses Charakteristikums bedarf keiner weiteren Erörterung. Nicht umsonst wird der Gemeinderat ab und zu auch »der Reichtum« genannt.[11] Bei der Gründung des Gemeinderats von Graft im Jahre 1563 wurde bestimmt, daß dieser aus den Reichsten und den Fähigsten bestehen sollte.[12] Das zweite war nach Auffassung der Menschen des 17. Jahrhunderts kaum vom ersten zu trennen. Verantwortlichkeit für das Gemeinwohl lag im Noorderkwartier bei den Vornehmen, nicht bei »einfachen Leuten, die zwar geschickt im Handel sind, doch nicht genug wissen von den Dingen, die für das Gemeinwohl gut sind oder die es stören«.[13] Von den 52 obengenannten Schöffen waren 1680 noch elf am Leben, so daß sie in der Salz- und Seifensteuerveranlagung vorkommen. Fünf waren volle, sechs waren halbe Kapitalisten. Stellen wir eine andere Momentaufnahme daneben: 1654 wurde eine Vermögenssteuer bei den reichsten Einwohnern erhoben, der sogenannte »Tausendste Pfennig«. Von den vierzig am höchsten Besteuerten sind sechs Frauen und vierunddreißig Männer. Genau die Hälfte der Männer waren irgendwann einmal Schöffen. Bei der anderen Hälfte sind der Dorfschulze, der Pastor und der Müller dabei, der als öffentlicher Funktionär für eine Wahl nicht in Betracht kam. Die übrigen vierzehn sind keine Schöffen geworden, aber sie haben alle in Ämtern gedient, bis auf eine Ausnahme auch in den höheren, nämlich denen des Waisenvorstehers und Kirchmeisters.

Familienbeziehungen zwischen Mitgliedern der Dorfelite verstehen sich eigentlich von selbst. Auf der Liste der 52 sehen wir Jan Claesz. Schippers mit seinen beiden Söhnen Auwel und Jan; Vater und Sohn Pieter Willemsz. und Willem Pietersz., die Gebrüder Claes und Jacob Willemsz. Mackes; und die beiden Brüder Kan, deren Vater Cornelis Pietersz. Kan auch schon vor 1640 Schöffe war. Auch Symon Heynesz. und Tuenis Hendricksz. waren Brüder, auch wenn sie dann verschiedene Varianten ihres Vatersnamens gebrauchten. Die meisten Beziehungen bleiben für uns wahrscheinlich unsichtbar. Der Dorfschulze von De Rijp legte 1673 gegen die Wahl Isaack Arentsz. und Wouter de Baer zu Schöffen Beschwerde ein. Wouters Schwester war nämlich mit Claes Jansz. Sygers verheiratet, der als Schöffe in seinem Amt belassen wurde, und die Halbschwester von diesem Claes war die Ehefrau des zuvor genannten Isaack. Das alles stand, so meinte der Dorfschulze, im Widerspruch zur Resolution der »Staten van Holland«, die nicht zuließen, das Schwäger gleichzeitig das Amt des Schöffen ausübten.[14] Ohne Zweifel gab es solche Beziehungen auch zwischen den Grafter Schöffen. Cornelis Jansz. Schol zum Beispiel heiratete 1674 als Witwer die Schwägerin des Dorfschulzen und Altschöffen Symon Claesz. Koedijck. Dieser Dorfschulze war wiederum der Sohn und Schwiegersohn eines Schöffen.[15] Eine simple Namensliste zeigt dergleichen Verbindungen nicht.

Dennoch muß man mit den Namen auch vorsichtig sein, denn Dirck Jansz. Cramer war nicht mit Reynier Pietersz. Cramer verwandt, der sich als junger Chirurg in Graft niedergelassen hatte. Zwar hatte Dirck einen Sohn namens Claes Dircksz. Cramer, der jedoch nicht weiter aufgestiegen ist als bis zum Waisenvorsteher. Das war sogar sein erstes Amt. Danach hat er als Waisenvater und Armenvogt der Gemeinschaft gedient, aber Schöffe ist er nie geworden. Es hat den Anschein, als sei eine so frühe Mitgliedschaft in der Waisenpflege ein Test: Wer ihn besteht, der kommt weiter, wer ihn nicht besteht, der kommt nicht für das Schöffenamt in Betracht, auch wenn er in den niederen Funktionen zu gebrauchen wäre. So wurde auch der Chirurg Jan Muurlinck zwar sechsmal zum Waisenvorsteher, aber nicht ein einziges Mal zum Schöffen ernannt.

Es ging also nicht allein um Geld und Herkunft. Die Grafter Elite war breit genug, um einigen Spielraum für die Qualitätsauslese zu lassen. Cornelis Jansz. Schol, Jacob Willemsz Mackes, Reynier Pietersz. Cramer müssen sehr fähige Männer gewesen sein, von denen die Gemeinschaft sich gern vertreten ließ. Der Respekt, den man ihnen entgegenbrachte, schimmert manchmal in den Akten durch. Als Mieus Cornelisz. als Buchhalter der Diakonie vor dem Kirchenrat Rechenschaft ablegt, wird »Euer Hochwohlgeboren« für die Sorgfalt und Mühe gedankt.[16] Das ist kein gewöhnliches Prädikat für diensthabende Diakone. Der einzige, der ebenso respektvoll behandelt wurde, war Claes Willemsz. Mackes.[17] Beide sind auf unserer Liste der Schöffen zu finden, beide dienten auch in Kirchenämtern.

Doch es besteht ein Unterschied. Claes Willemsz. Mackes war dreimal Kirchenältester, Mieus Cornelisz. hat es nie weiter gebracht als bis zum Diakon. Wir wissen, daß er einen langdauernden Konflikt mit der Familie des Pastors hatte, wodurch seine kirchliche Karriere zum Stillstand kam. Darin ist Mieus Cornelisz. in der Tat eine Ausnahme. Dennoch fällt auf, daß es für gewöhnlich große Unterschiede in der Häufigkeit gab, mit der jemand in die bürgerlichen und in die kirchlichen Ämter gewählt wurde. Wir können das am besten aus den Kirchenratsprotokollen von Graft ablesen. Die geben ab 1623 die Namen der gewählten Amtsträger an und ab 1645 auch die zwei aufgestellten Kandidaten, so daß wir von dem Datum an über die Namen der Nicht-Gewählten verfügen. Im folgenden geben wir für alle 52 Schöffen auf unserer Liste zuerst die Anzahl uns bekannter Kandidaturen und danach die der Wahlen an. Die Spalten eins und zwei beziehen sich auf die Diakone, die Spalten drei und vier auf die Kirchenältesten.

Die Schöffen aus West- und Oost-Graftdijk sind mit einem Sternchen gekennzeichnet, denn für die Weiler sind die Angaben weniger vollständig. Für Oost-Graftdijk beziehen sie sich nur auf die Gewählten, nicht auf die Kandidaten. Für West-Graftdijk sind insgesamt keine Angaben verfügbar.

	Diakone		Kirchenälteste	
	Kandidaten	Gewählte	Kandidaten	Gewählte
Adam Cornelisz.	1	1	5	3
Adriaen Thaemsz.	0	0	1	0
Auwel Jansz. Schippers	2	2	4	2
Claes Aresz.*				
Claes Gootjes	0	0	0	0
Claes Jansz. Schippers	4	3	5	0
Claes Willemsz. Mackes	0	0	4	3
Corn. Claesz. de Boer*				
Corn. Jansz. Jellis	1	1	0	0
Corn. Jansz. Schol	1	1	6	4
Corn. Lauwes*				
Corn. Pietersz. Vinck	1	1	3	2
Dirck Cornelisz.	0	0	0	0
Dirck Jansz. Cramer	2	2	0	0
Jacob Corn. Kan	4	3	4	1
Jacob Jacobsz. Vinckes	0	0	0	0
Jacob Pietersz. Colles	0	0	0	0
Jacop Tueniszen*	0	0	3	3
Jacob Willemsz. Mackes	0	0	4	3
Jan Areiansz.*				
Jan Claesz. Schippers	0	0	8	7
Jan Claesz. Seylemaker	0	0	0	0
Jan Jacobsz. Oom Jan*	3	3	4	4
Jan Pietersz. v. d. Bosch	2	2	3	3
Jan Pietersz. Sloten	4	3	3	2
Lau Viensen	0	0	0	0
Maerten Jansz.	0	0	0	0
Maerten Jelgersz.	0	0	5	5
Mieus Cornelisz.	2	2	0	0
Nanningh Cornelisz.	0	0	0	0
Nanningh Teunisz.*	0	0	1	1
Pieter Arentsz. Root	2	1	4	0
Pieter Corn. Backer	0	0	2	2

	Diakone		Kirchenälteste	
	Kandidaten	Gewählte	Kandidaten	Gewählte
Pieter Corn. Kan	1	1	7	5
Pieter Jansz. Lakeman	0	0	0	0
Pieter Pietersz. Kroon*	0	0	1	1
Pieter Ronghsz.	1	1	4	4
Pieter Willemsz.	1	1	8	3
Reynier Pietersz. Cramer	2	0	2	1
Rongh Remmesz.*	1	1	0	0
Symon Claesz. Koedijck	3	2	0	0
Symon Heynesz.	0	0	0	0
Tuenis Dircksz. Bergen	2	2	1	1
Tuenis Garmensz.*	0	0	3	3
Tuenis Hendricksz.	0	0	0	0
Tuenis Nanninghsz.*	1	1	1	1
Tuenis Pietersz.	1	1	4	3
Vincent Pietersz.	0	0	0	0
Willem Claesz. Mackes*	1	1	2	2
Willem Dircksz.	0	0	1	0
Willem Jacobsz.	3	3	0	0
Willem Pietersz.	3	3	2	2

Für vier von unseren 52 Schöffen stehen also keine Angaben zur Verfügung. Von zwölf anderen wurde keine Kandidatenaufstellung oder Wahl verzeichnet. Die übrigen 36 sind alle Kandidaten gewesen, und 34 von ihnen sind auch mindestens einmal gewählt worden. Völlig erfolglos waren nur Adriaen Thaemsz. und Willem Dircksz., die beide auch nur einmal nominiert sind. Die große Mehrheit ist also einmal im Kirchenrat gewesen. Von genau der Hälfte sind nur erfolgreiche Berufungen bekannt, aber das Bild ist verzerrt, denn von den achtzehn, die immer gewählt wurden, kommen neun aus Oost-Graftdijk, wo das Protokoll nur die Gewählten, nicht die Verlierer verzeichnet. Von den anderen neun sind drei ausschließlich vor 1645 gewählt worden, als auch in Graft nur die Namen der Gewählten aufgenommen wurden. Bei näherem Hinsehen können wir also sagen, daß höchstens bei einem Drittel auch die Wahl immer auf die Kandidatur folgte.

Nun war es nicht die Gemeinde, die wählte, sondern der Kirchenrat. Der stellte zuerst die Kandidatenliste auf und führte anschließend die Wahl durch. Die Wahlen spiegeln also die bevorzugte Reihenfolge innerhalb des kleinen Kreises von Amtsträgern. Schöffen hingegen werden vom Gemeinderat gewählt, wovon die meisten Mitglieder auch zu der Gruppe gehörten, aus der die kirchlichen Würdenträger hervorgingen, aber die personale Zusammensetzung beider Kollegien lief doch immer einigermaßen auseinander. Das führte offenbar auch zu einem Unterschied in den Vorlieben. Reynier Pietersz. Cramer war eine dominierende Figur im Gemeinderat, aber man sah ihn offenbar nicht gern im Kirchenrat. Auch bei Claes Jansz. Schippers und Pieter Arentsz. Root bekommen wir den Eindruck, daß man sie anstandshalber auf der Kandidatenliste plazierte, aber daß die Brüder des Kirchenrats sie doch eigentlich nicht wollten. Damit ist nicht gesagt, daß innerhalb des Dorfes Parteien existierten oder daß es verschiedene Strömungen innerhalb der Kirchengemeinde gab. Aber es gibt Unterschiede in Veranlagung und Charakter, die, wenn es einmal Konflikte gibt, auch der Boden für Parteilichkeit sein können.

Bis jetzt ging es um die 36 Nominierten für den Kirchenrat. Aber wie ist es mit den anderen sechzehn? Eher sollten wir von den anderen zwölf sprechen. Die vier West-Graftdijker, über die wir in Ermangelung eines Protokollbuches nichts wissen, können wir als Kirchenratsmitglieder notieren. In den Weilern war die Elitegruppe, wie aus Kapitel 1 bereits hervorging, nicht allzu groß, so daß noch mehr als im Dorf Graft die kirchlichen und weltlichen Regierenden aus demselben kleinen Kreis hervorgingen. Darüber hinaus waren die beiden Teile von Graftdijk zu 75 bis 80 Prozent reformiert. Katholiken wohnten dort so gut wie gar nicht, und die dort lebenden Mennoniten gehörten hauptsächlich zu den Armen. Alle Oost-Graftdijker Schöffen waren Kirchenratsmitglieder. Es wäre seltsam, wenn dasselbe nicht für die Männer aus dem angrenzenden Weiler galt. Bleiben zwölf für die nähere Untersuchung übrig.

Von den zwölf können wir dann zuallererst Jan Claesz. Seylemaker und Pieter Jansz. Lakeman getrost streichen. Der erste war Träger eines so bekannten Namens, daß das häufige Bekleiden hoher Ämter sich für ihn geradezu von selbst zu verstehen schien. Seine Laufbahn brach ab, ehe sie richtig beginnen konnte, sei es dadurch, daß er starb oder daß er aus der Samtgemeinde wegzog. Über den zweiten wissen wir mit Sicherheit, daß er jung gestorben ist, wohl im Jahre 1671. Unter seinen Hinterlassenschaften finden wir eine Bibel, eine Ausgabe des neuen Testaments und eine Lastschrift der reformierten Kirche von Graft über 1 450 Gulden.[18] Mitglied der Kirche ist er bestimmt gewesen. Bleiben zehn Männer übrig. Haben die etwas miteinander gemeinsam? Von den meisten kann das in der Tat gesagt werden. Bis auf zwei Ausnahmen – Jacob Jacobsz. Vinckes und Jacob Pietersz. Colles – stammen sie alle aus Noordeinde. Wir erinnern uns aus Kapitel 1, daß dieser Weiler die größte religiöse Vielfalt besaß. Sowohl die Katholiken als auch die Mennoniten hatten dort ihre Versammlungsorte. Beide Glaubensrichtungen waren dort zahlreich vertreten, und die Mennoniten zählten eine ganze Reihe Wohlhabender zu ihren Mitgliedern. In den Quellen der Mennoniten finden wir vier Schöffen aus Noordeinde wieder: Maerten Jansz., Nanningh Cornelisz., Symon Heynesz. und Teunis Heyndricksz. Die älteste der mennonitischen Quellen ist die Mitgliederliste von 1655. Dirck Cornelisz. und Vincent Pietersz. waren zu diesem Zeitpunkt bereits gestorben. Daß sie ebenfalls zu den Mennoniten gehörten, läßt sich also nicht völlig ausschließen. Wir können zusammenfassen, daß die Schöffen, die keine kirchlichen Würdenträger waren, fast alle in Noordeinde wohnhaft waren und daß die meisten nicht reformiert, sondern mennonitisch gesinnt waren.

Daraus kann dann hervorgehen, daß das Kriterium »Wohlstand« wichtiger für einen Schöffenkandidaten war als das Kriterium »Religion«. Standen in der Gruppe der reicheren Reformierten zu wenige Kandidaten zur Verfügung, so wählte man lieber einen Mennoniten mit einer starken als einen Reformierten mit einer schwachen sozialen Stellung. Bei gleichem Wohlstand jedoch hatten die Reformierten immer Vorrang. Von vier Noordeindern ist bekannt, daß sie Kommandeure bei der Walfahrt waren. Von ihnen ist Willem Jacobsz. siebenmal zum Schöffen ernannt worden, die anderen nicht ein einziges Mal. Sie waren alle drei Mennoniten. Willem Jacobsz. war reformiert und bekam darum jedes Mal den Vorzug. Ein deutliches Zögern geht auch aus dem Fall von Maerten Jansz. hervor. Von ihm ist zufällig bekannt, daß er 1586 geboren wurde.[19] Eine erste Wahl zum Schöffen wäre um das Jahr 1621 zu erwarten gewesen. Er erhielt jedoch sein erstes öffentliches Amt als Waisenvorsteher erst 1629 und mußte bis 1634 auf seine Wahl zum Schöffen warten. Wäre er reformiert gewesen, hätte seine Laufbahn als öffentlicher Funktionär vermutlich schon zehn oder zwölf Jahre früher begonnen. Es war seine mennonitische Gesinnung, die ihn so lange auf der Warteliste stehen ließ.

Schöffen mußten aus allen Teilen der Samtgemeinde gewählt werden. Nur dank dieser Regelung konnten die Mennoniten aus Noordeinde bis in das höchste Kollegium aufsteigen. Zu Anfang blieb eine Karriere in den Dorfämtern den Reformierten vorbehalten. Reiche Dörfler anderer Glaubensrichtungen standen nicht ganz mit leeren Händen da, aber sie stiegen nicht weiter auf. Ein gutes Beispiel liefern die Straßenbaumeister Jochem Michielsz. und Arent Pietersz. Throon. Der erste hatte das Amt ununterbrochen von 1659 bis 1700 inne. Der zweite trat zum ersten Mal 1647 und 1648 an. 1653 versuchte er es wieder und blieb dann bis zu seinem Tode 1690 Straßenaufseher. Arent Pietersz. Throon ist außerdem noch viermal Waisenvorsteher gewesen. Jochem Michielsz. ist nie höher als bis zum Straßenaufseher aufgestiegen. Sozial ging es keinem von beiden schlecht. Jochem war Linienschiffer nach Amsterdam, Arent verdiente sein Brot als Zimmermann. Beide genossen auch das Vertrauen ihrer Mitbürger, denn sonst wären ihnen diese dauernden Wiederwahlen nicht zuteil geworden. Aber sie waren nicht reformiert. Jochem war Vorstandsmitglied der katholischen Gemeinde, ihm gehörte das »Pfaffenhaus«, in dem in Noordeinde die Messe gesungen wurde. Arent hatte bei den Mennoniten eine noch einflußreichere Position inne. Er hat seiner Gemeinde jahrelang als Lehrer gedient. Ein Reformierter mit seiner Begabung und seinem Wohlstand wäre immer wieder zum Schöffen gewählt worden. Aber Arent Pietersz. Throon hat es zumindest noch zum Waisenvorsteher gebracht, dank seines Domizils, denn er war wohnhaft in Noordeinde. Für einen Mennoniten gab es eine Perspektive. Ein Katholik kam sogar in Noordeinde nicht so schnell für die höheren Ämter in Betracht. In der Veranlagungsliste von 1680 treffen wir 38 Männer an, die als volle Kapitalisten besteuert wurden und demnach ein Vermögen von mehr als zweitausend Gulden besaßen. Von diesen 38 haben sechs nie ein einziges öffentliches Amt bekleidet. In drei von diesen sechs Fällen kennen wir die religiöse Gesinnung nicht. Die anderen drei waren katholisch. Wir können deshalb wohl schlußfolgern, daß die Grafter Katholiken auf der Leiter des gesellschaftlichen Ansehens noch eine Stufe weiter unten standen als die Mennoniten.

Zur sozialen Elite konnten sie durchaus gehören, wie es uns in Kapitel 3 in der Person von Cornelis Aresz. gezeigt wurde. Dessen Status wurde durch die Wahl zum Waisenvorsteher angehoben. So kann es noch dem einen oder anderen Katholiken gegangen sein. Aber es ist uns kein Schöffe bekannt, der dieser Kirche angeschlossen war. Daß die Katholiken selbst nicht wollten, ist theoretisch möglich, aber unwahrscheinlich. Das Reglement des Waisenhauses schrieb ausdrücklich vor, daß die Gewählten nicht ablehnen durften.[20] Für andere Ämter ist die Regel nicht mehr in den Akten zu finden, aber sie hat zweifellos existiert. Als Pieter Jansz. 1694 die Ernennung zum Aufseher der Armenfürsorge ablehnte, fanden die Schöffen das ernst genug, um sich an den Vogt zu wenden.[21] Zu einem Prozeß kam es nicht, aber Pieter Jansz. muß sich vollkommen unter Druck gesetzt gefühlt haben und gab nach, denn 1694 und 1695 taucht er tatsächlich als Armenaufseher auf. Wer einmal gewählt war, für welches Amt auch immer, mußte der Gemeinde für die ganze Amtszeit zur Verfügung stehen. Er konnte nicht aus der Samtgemeinde wegziehen, bevor er seinem Dienst nicht mindestens ein Jahr lang nachgekommen war.[22] Das Mittragen der Verwaltungsbürde wurde offenbar als öffentliche Pflicht angesehen, der sich niemand entziehen konnte. Nur Mennoniten konnten in Holland aus Gewissensgründen freigestellt werden. In Graft scheinen sie nicht darum gebeten zu haben, vermutlich weil die Gemeinde in Noordeinde zu der nicht so strengen »Waterlandsen« Richtung gehörte.

So also stellt sich das kollektive Portrait der Grafter Elite vorläufig dar. Es sind Männer in der zweiten Hälfte ihres Lebens, zwischen 35 und 70 Jahren alt. Sie haben lesen und schreiben gelernt, und viel weiter geht ihre schulische Laufbahn nicht, aber sie haben ein gutes Auskommen. Sie gehören der reformierten Kirche als aktive Mitglieder an. Regelmäßig fungieren sie als Kirchenälteste oder Diakone. Sie stammen aus den besten Familien des Dorfes, einem kleinen Kreis, innerhalb dessen viele miteinander verwandt und verschwägert sind. Zu festgesetzten Zeiten gehen sie ins Rathaus, um als Schöffen Recht zu sprechen oder um die Samtgemeinde als Schöffen oder Gemeinderäte zu regieren.

Die inhaltliche Seite der Regierungsarbeit ist ein Kapitel für sich. Zur Abrundung dieses Kapitels werden wir noch auf die formelle Seite der

Arbeit eingehen. Sie ist natürlich weniger wichtig als die materielle, aber sie ist doch nicht ohne Bedeutung. Wir kommen Menschen näher, wenn wir wissen, welche Regeln sie für ihre Versammlungen aufstellten und befolgten. Darum kann die äußere Seite der Regierungsarbeit nicht ganz außer acht gelassen werden.

Die Menschen des 17. Jahrhunderts machen es uns jedoch nicht so einfach. Das wird uns in dem Moment klar, in dem wir mit dem Anfang beginnen. Versammlungen pflegen vom Vorsitzenden eröffnet zu werden. Wir stoßen sogleich auf ein Problem. Wer war Vorsitzender, wenn die Grafter Regenten zusammenkamen? Es gibt keine Anweisung, die uns die Frage beantwortet, und auch die Resolutionen schweigen darüber. Zwar lautet der erste Beschluß, den das Resolutionsregister vermeldet, auf die Namen des Dorfschulzen, der Schöffen und der Gemeinderäte. Bevor wir aber, zufrieden mit diesem erfolgreichen Start, davon ableiten, daß der Dorfschulze als Erstgenannter wahrscheinlich Vorsitzender gewesen ist, tun wir gut daran, noch etwas weiter in dem Register zu blättern. Dann treffen wir nämlich auch auf Beschlüsse, die im Namen des Dorfschulzen und der Schöffen, also ohne den Gemeinderat gefaßt wurden, und auf andere, die von Schöffen und Gemeinderäten, also ohne den Dorfschulzen gefaßt wurden. Die Variante mit Dorfschulze und Gemeinderat kommt gleichfalls vor, und manchmal ist es auch nur der Rat allein. Ab 1654 macht man ausschließlich Gebrauch von der Formulierung »Schöffen und Gemeinderäte«, aber wer soll herausbekommen, ob das seither auch der einzige ordentliche Weg war oder ob die straffe Uniformität nur eine Angewohnheit des neuen Sekretärs Jan Meyndertsz. Salm war? Ein formeller Beschluß diesbezüglich ist jedenfalls nirgends verzeichnet. Wenn andere Quellen uns keine Aufklärung verschaffen, läßt diese Angabe also keine Schlußfolgerung zu.

Für De Rijp allerdings steht fest, daß die Versammlung von Dorfschulze, Schöffen und Gemeinderat vom Dorfschulzen präsidiert wurde. Er galt als das erste Mitglied der Versammlung und stellte das Ergebnis der Abstimmungen fest.[23] Die Samtgemeinde De Rijp war 1607 durch die Abspaltung von Graft entstanden und kann also in gewissem Sinne als eine Tochtergemeinde gelten. Die Einrichtung der Verwaltungs- und Regierungsinstanzen in De Rijp schloß weitgehend an den alten Grafter Brauch an. Darum ist es wahrscheinlich, daß in Graft der Dorfschulze

ebenfalls Vorsitzender war, zumindest in der Versammlung von Dorfschulze, Schöffen und Gemeinderat. Kamen die Schöffen jedoch ohne
den Rat zusammen, nämlich um Recht zu sprechen, dann war es zwar der
Dorfschulze, der als erster mit der rituellen Frage zur Tat anspornte:
»Freunde, wäre es nicht Zeit, daß wir begännen?«[24] Vorsitzender jedoch
war der Schöffenpräsident. Die Rijper Schöffen nahmen es ihrem Dorfschulzen schwer übel, wenn er sie zusammenrief, indem er sein Dienstmädchen bei den Herren vorbeischickte.[25] Wie es sich eigentlich gehörte,
geht aus dem Kassenbuch der Schöffen von Graft hervor. Schöffenpräsident Cornelis Jansz. Schol trägt 1690 zweimal ein, daß er seinem Dienstmädchen im Namen des Gemeindeverbandes einen Stuiver bezahlt hat,
um die Schöffen in Noordeinde zur Versammlung einzuladen.[26] Das
nannte man korrekte Verwaltung. Ein Mädchen ist nicht wie das andere.

Vielleicht war der Schöffenpräsident auch Vorsitzender, wenn Schöffen
und Gemeinderat sich ohne den Dorfschulzen versammeln wollten.
Gewöhnlich wird in der rechtshistorischen Literatur angenommen, daß
der Dorfschulze in einer lokalen Regierung auf dem Lande die Leitung
innehatte.[27] Vielleicht wurde die südholländische Praxis für die ganze
Provinz zur Norm erhoben. Die Regenten von Graft und De Rijp erklärten 1677, daß dort allerhand Angelegenheiten in Versammlungen von
Schöffen und Gemeinderäten behandelt werden, zu denen der Dorfschulze nicht eingeladen wurde. Sie kannten auch kein einziges Dorf im
Noorderkwartier, wo es anders zuging.[28] Ein Dorfschulze, so sagten sie in
derselben Akte, war nun einmal kein Regent. Es sei denn, er war gleichzeitig Ratsmitglied, so wie es bei dem Grafter Dorfschulzen Symon
Claesz. Koedijck der Fall war. Aber das war ein Altschöffe von Graft, der
bei seiner Ernennung zum Dorfschulzen bereits dem Rat zugehörig war.
Die Kombination hat jedoch schlecht funktioniert. Nach seinem Tod
erklärten die Gemeinderäte die beiden Ämter für unvereinbar.[29]

Ändert es nun etwas, daß der Dorfschulze den Vorsitz innehatte?
Geben wir an dieser Stelle nicht der Tendenz nach, alles aus den Akten
herausholen zu wollen, was sie uns nur erzählen können, wenn es auch
die unbedeutendste Kleinigkeit ist? Aber es geht eben nicht um Kleinigkeiten. Regeln, die erfüllt werden, können Ausdruck von Werten und
Anliegen sein. Wer eine Regel verändern will, hat etwas darin entdeckt,

daß er für sich selbst oder für das Gemeinwohl als schädigend erachtet. Die Akten, die uns in das Verhältnis zwischen dem Dorfschulzen und den Regenten Einblick geben, stammen überwiegend aus den siebziger Jahren des 17. Jahrhunderts. Sie sind im Archiv von Graft zu finden, aber auch in dem von De Rijp. Die beiden Dorfschulzen haben sich offenbar gemeinsam auf ihre Position besonnen und waren der Meinung, daß der bestehende Zustand nach Veränderung verlangte. Zusammen haben sie 1677 ein Gesuch bei dem Kollegium eingereicht, bei dem sie angestellt waren, bei der Holländischen Rechenkammer.[30]

Die Meinungsverschiedenheiten mit den Regenten bestanden damals schon einige Zeit. Der Dorfschulze von De Rijp, der in diesem Konflikt der aktivste war, hatte schon 1673 drei Beschwerden gegen Schöffen und Gemeinderat seines Wohnortes eingelegt. Erstens wurde er bei der jährlichen Ablösung der Magistraten nicht einbezogen. Zweitens wurde er nicht gefragt, wenn Gericht gehalten wurde, und es war der Schöffenpräsident, der die Versammlungen einberufen konnte. Drittens wurden Briefe von den »Staten van Holland« oder vom Rat des Noorderkwartiers zwar in seinem Beisein geöffnet, aber nicht besprochen.[31]

Aus allen drei Punkten geht hervor, daß die Verwaltung der Samtgemeinde von den Regenten ausgeübt wurde und nicht vom Dorfschulzen. Daß der Dorfschulze darüber klagte, kann ein Hinweis auf die Tatsache sein, daß er ein bereits länger bestehendes, für ihn ungünstiges Verhältnis ändern wollte. Daß dem ein unlängst erfolgter Machtverlust vorausging, ist nicht unmöglich. Im benachbarten West-Zaandam hat der Dorfschulze im Laufe des 17. Jahrhunderts immer mehr Macht an die Schöffen abtreten müssen.[32] Ein Hinweis auf die Schwächung seiner Stellung liegt auch in der Tatsache, daß die Pacht des Dorfschulzenamtes in Ursem 1674 von 30 auf nur vier Gulden zurückgefallen ist, weil es »ein Amt von sehr schlechten Bedingungen ist, ohne besondere Profite oder Einnahmen«.[33] Ein Amt, dessen Einkünfte stark reduziert sind, kann nicht besonders viel Macht verliehen haben, und das sind Gründe genug zu glauben, daß die Dorfschulzen in dieser Region zurückgedrängt wurden. Aus dieser Perspektive betrachtet, kann es in der Tat von Bedeutung sein, daß die Beschlüsse in Graft seit 1654 im Namen der Schöffen und Gemeinderäte gefaßt wurden. Das würde dann auf eine tatsächliche Veränderung hindeuten.

Worauf sie zurückzuführen ist, verraten die Akten nicht. Die Gründe müssen wir erraten, doch einen Anhaltspunkt haben wir: Schermereiland befand sich um 1650 in voller Blüte. Es hatte ganz und gar Teil am Wohlstand des Goldenen Jahrhunderts, und die drei Samtgemeinden der Insel zählten zu der Zeit zusammen an die zehntausend Einwohner. Eine große Bevölkerung und ein breit gefächertes Wirtschaftsleben erschwerten die Verwaltungslast. Die Aufgaben der Gemeindeoberen nahmen nicht nur an Umfang, sondern auch an Gewicht zu. Deshalb kam die Frage auf, ob die alte Organisationsform dem noch entsprach. Einzelne Signale fangen wir auch auf. Der Dorfschulze bekam 1646 zwei Assistenten.[34] Das neue Reglement der Waisenkammer wird 1655 aufgestellt.[35] Waisenmütter und Waisenväter gibt es von 1651 und 1652 an, zur Entlastung der Waisenvorsteher. Auch von Armenpflegern hören wir nicht früher als 1652. Davor wird auch ihre Aufgabe aller Wahrscheinlichkeit nach von den Waisenvorstehern ausgeführt.[36] Die Instituierung der reformierten Kirche in West-Graftdijk und Oosterbuurt Ende der vierziger Jahre können wir gleichfalls als Zeichen der Notwendigkeit zur Verteilung der Lasten auf mehrere Personen ansehen. Die Anzahl der Kirchmeister stieg 1647 von vier auf sieben.

Es kamen also mehr Verwalter und dementsprechend mehr Weisungen. Das konnte jedoch nicht verhindern, daß die höchsten Organe in der Samtgemeinde größere Verantwortung als bisher tragen mußten und daß mehr und schwierigere Arbeit bei ihnen anfiel. Das betraf sowohl den Dorfschulzen als auch die Schöffen und die Gemeinderäte. Aber die Reaktionen konnten unterschiedlich sein. Die Verwicklungen rund um das Amt des Dorfschulzen in Graft und De Rijp in den siebziger Jahren lassen vermuten, daß die Dorfschulzen einen anderen Weg einschlagen wollten als die lokalen Eliten. Der Dorfschulze von De Rijp zeigte sich am aktivsten. Er wollte, daß zweimal in der Woche Recht gesprochen würde und daß die Schöffen jeden Tag zur Beratung ins Rathaus kämen. Die Rijper Regenten lehnten sich sehr entschieden dagegen auf, »da die Wahrnehmung und Ausführung der notwendigen Angelegenheiten in diesen schweren Zeiten den Schöffen, die auch ihre eigenen Dinge zu erledigen haben, genug zu schaffen macht«.[37]

Es bestand also anscheinend eine Meinungsverschiedenheit angesichts der Anforderungen an eine Verwaltung. Der Dorfschulze meinte, daß die

Aufgaben der Obrigkeit einen solchen Umfang erreicht hatten, daß sie die permanente Aufmerksamkeit der Schöffen verlangten. Die Schöffen dagegen betrachteten ihr Amt weiterhin als Nebenaufgabe, als eine schwere zwar, doch immer noch als eine, die in den Stunden zu erfüllen sei, die nach der täglichen Arbeit abfielen. Nach dem Willen des Dorfschulzen sollte die dörfliche Verwaltung vollkommen professionalisiert werden. Die bezahlten Beamten – Schulze und Sekretär – sollten einen Großteil der Arbeit an sich ziehen, und die Elite sollte nur soweit miteinbezogen werden, als sich in ihrer Mitte Personen fänden, die reich genug seien, sich der öffentlichen Sache ganz und gar zu widmen. Ging es bei der Auseinandersetzung um diese Alternativen, dann stand tatsächlich einiges auf dem Spiel. Die Dörfer von Schermereiland wären dann von bezahlten oder unbezahlten Berufskräften verwaltet worden, und die breite Elite von vollen und halben Kapitalisten hätte sich auf eine Handvoll erfolgreicher Rentiers beschränkt.

Wir können erahnen, wie die Entwicklung verlaufen wäre, wenn der Schermer Wohlstand noch lange Zeit angehalten hätte. Hätte sich die Bevölkerung weiter ausgebreitet, wären mehr Schiffswerften dazugekommen, mehr Industriemühlen, mehr Heringsbüsen und Schiffe für den Walfang, dann wären Schritte in Richtung einer Professionalisierung vielleicht unvermeidlich gewesen. Da sich jedoch im letzten Viertel des 17. Jahrhunderts die Verhältnisse stabilisierten und gegen Ende der Periode bereits der Rückgang begann, erwies sich die traditionelle Methode der Verwaltung in der Freizeit als ausreichend. Dennoch bekommen wir den Eindruck, daß ein bestimmtes Maß an Rationalisierung notwendig wurde. Die Gruppe der Verwalter scheint zu schrumpfen. In den achtziger Jahren sind es immer wieder dieselben Männer, die nach einer obligatorischen Ruheperiode von zwei Jahren auf die Schöffenbank zurückkehren. Die Kontinuität ist gut an der Liste der Schöffenpräsidenten abzulesen, deren Namen von 1684 an bekannt sind:[38]

1684 Reynier Pietersz. Cramer
1685 Auwel Jansz. Schippers
1686 Cornelis Jansz. Schol
1687 Willem Pietersz.
1688 Reynier Pietersz. Cramer

1689 Auwel Jansz. Schippers
1690 Cornelis Jansz. Schol
1691 Willem Pietersz.
1692 Reynier Pietersz. Cramer
1693 Jan Cornelisz. Jellis
1694 Cornelis Jansz. Schol
1695 Willem Pietersz.
1696 Reynier Pietersz. Cramer
1697 Jan Cornelisz. Jellis
1698 Andries Muurlinck
1699 Willem Pietersz.
1700 Reynier Pietersz. Cramer
1701 Andries Muurlinck, verstorben und nachgefolgt
von Reynier Pietersz. Cramer
1702 Reynier Pietersz. Cramer
1703 Reynier Arentsz. Smit
1704 Reynier Pietersz. Cramer
1705 Cornelis Jansz. Kuiper
1706 Reynier Arentsz. Smit
1707 Reynier Pietersz. Cramer
1708 Reynier Pietersz. Cramer
1709 Cornelis Jansz. Kuiper

Diese Liste spricht für sich. Erstens wählt man den Präsidenten immer aus den Vertretern des Dorfes Graft. Das könnte eine feste Regel gewesen sein, aber dort war das Angebot qualifizierter Kräfte am größten, so daß die Möglichkeit zur Abwechslung bestanden hätte. Doch sehen wir statt dessen eine deutliche Einschränkung der Auswahl. Dieselben Männer werden immer wieder gewählt, in feststehender Reihenfolge. Neue Personen treten nur dann an, wenn ein Mitglied der kleinen Gruppe verstirbt. Auf diese Weise kommt Jan Cornelisz. Jellis an die Stelle von Auwel Jansz. Schippers und Andries Muurlinck steigt nach dem Tod von Cornelis Jansz. Schol in das höchste Amt auf. Sie kommen turnusmäßig an die Reihe ihres Vorgängers und werden dann auch immer wieder gewählt. Daß dies eine Veränderung bedeutet, können wir am leichtesten durch einen Vergleich konstatieren. Während der ersten zwanzig Jahre, für die im Archiv die Wahllisten erhalten geblieben sind – also über die Zeit von 1621–1641 –, sind aus dem Dorf Graft fünfzehn verschiedene Personen zu Schöffen gewählt worden. Sieben dienten einmal, sechs zweimal, und drei wurden dreimal nominiert. Die Ruhezeit betrug nicht zwei Jahre, so wie Ende des 17. Jahrhunderts, sondern mindestens fünf Jahre. Zweitens wird die dominierende Position von Reynier Pietersz. Cramer überdeutlich. Während der letzten zehn Jahre ist er sechsmal als Vorsitzender zu finden. Das alte Prinzip von regelmäßiger Abwechslung wurde aufgegeben. Wenn Reynier Cramer zum Kollegium gehörte, akzeptierte ihn jeder als Vorsitzenden. Nicht immer jedoch, denn im letzten Kapitel wurde schon deutlich, daß er im Kirchenrat viele Gegner gehabt haben muß. Aber als Kopf der Dorfoberen war er offenbar die richtige Person.

Und vermutlich hat man auf diese Weise auch vermieden, daß der Dorfschulze unter den Gemeindeoberen zum ersten Platz aufrückte. Das war der eigentliche Beginn der Konflikte 1673 und 1677. Dorfschulze von Graft war damals ein Mann, der die Gemeindeoberen gut kannte, Symon Claesz. Koedijck. Er hatte damals schon zwei Wahlen zum Schöffen hinter sich und wußte also, worum es im Rathaus ging. Es ist deshalb fraglich, ob sein Streben nach Stärkung der eigenen Position einzig und allein seiner Herrschsucht zugeschrieben werden muß, so wie es die Schöffen und Gemeinderäte glaubten.[39] Ehrgeizig war er vermutlich, aber er kann auch zu der objektiven Überzeugung gekommen sein, daß die große und reiche Samtgemeinde Graft ein echtes Regierungsoberhaupt brauchte.

Die Erfahrung könnte es ihn gelehrt haben. Aber gerade auch deshalb, weil er aus ihrer Mitte kam, wiesen die Grafter Regenten ihn ab. Sie wollten nicht von einem Standesgenossen regiert werden, der als provinzialer Beamter außerhalb ihrer Kontrolle stand. Andererseits machte sich das Bedürfnis nach Führung bemerkbar. Das kann gleichzeitig den schnellen Aufstieg von Reynier Cramer erklären. Er hatte erst vier Jahre in Graft gewohnt[40], als er 1679 zum Schöffen gewählt wurde, und alt kann er auch noch nicht gewesen sein. Ein knappes Jahr bevor er nach Graft kam, war er in Oost-Zaandam in die Kirchengemeinde aufgenommen worden.[41] Er wird damals eher fünfundzwanzig als dreißig Jahre alt gewesen sein, denn er ist erst 1721 gestorben.[42] In ihm hatte man den Mann gefunden, der die Gemeindeoberen führen und organisieren konnte. Als Schöffe und

Gemeinderat hat er seitdem immer öfter auch formell die Samtgemeinde geleitet. Die Professionalisierung wurde also vermieden. Die Elite behielt die Angelegenheiten in der Hand.[43] Eine beständige Teilnahme war natürlich gefordert, wenn die Schöffen und Gemeinderäte sich versammelten. Es gab vierzehn Gemeinderäte und fünf Schöffen. Zählt man den Dorfschulzen mit, waren es also zwanzig Personen. Anwesenheitslisten sind nur für die Jahre 1679–1703 erhalten geblieben. Diese lassen eine durchschnittliche Teilnahme von 10,66 erkennen. Aber das scheint schlechter, als es ist, denn Dorfschulze Koedijck war in den Jahren Gemeinderat und auch die Schöffen machten in der Mehrheit gleichzeitig einen Teil des Rats aus.[44] In Wirklichkeit bestand die Versammlung also aus fünfzehn oder sechzehn Mitgliedern, wovon in der Regel zehn oder elf anwesend waren. Das ist keine schlechte Quote, denn das durchschnittliche Alter der Gemeinderäte muß recht hoch gewesen sein, so daß sich immer mal einer oder zwei krank meldeten. Außerdem arbeiteten viele Grafter Notabeln in Manufaktur und Handel, und geschäftliche Belange zwangen sie ab und an zu verreisen, auch außerhalb der Provinz.[45] Schöffen konnten sich dann auch bei Abwesenheit durch Vorgänger im Amt vertreten lassen.[46] Für Ratsherren war angesichts der relativ guten Beteiligung eine Vertretungsregelung nicht nötig. Das Interesse an der öffentlichen Sache war groß genug.

In einer Versammlung dieses Umfangs müssen die Stimmen schon verteilt gewesen sein, doch vermerken die Resolutionen nur selten Mehrheitsbeschlüsse.[47] Von einer Forderung nach Einigkeit in wichtigen Angelegenheiten wird nichts deutlich, auch nicht von qualifizierten Mehrheiten. Nach welchem Verfahren man im Grafter Rathaus abstimmte, bleibt uns im großen und ganzen verborgen. Dagegen wissen wir ungefähr, wie man im Rathaus von De Rijp und in den reformierten Kirchenräten bei Abstimmungen vorging. Personenwahl fand »mit stillen Stimmen« statt.[48] Wenn das mittels Briefchen geschah, so mußte Schreibkundigkeit vorausgesetzt werden. In einer Versammlung, in der nicht jeder schreiben konnte, waren andere Lösungen notwendig. In manchen Versammlungen wurde laut abgestimmt. So verraten die Protokolle von Oost-Graftdijk 1665, daß bei der Wahl von zwei Ältesten Gerrit Cornelisz. sechs Stimmen erhielt, Allert Claesz. fünf, Cornelis Cornelisz. Snijer drei und

Cornelis Jansz. Knecht keine, »so daß des Pfarrers letzte Stimme nichts zur Sache tat und auch nicht tun konnte«.[49] Wäre die Abstimmung strikt geheim gewesen, hätte das niemand sagen können. Es ist auch möglich, daß das Wahlverfahren dem der Wahl der Schöffen in De Rijp entsprach. Dort wollte es der Brauch, daß sich die beiden abtretenden Schöffen mit dem Sekretär in ein anderes Zimmer begaben, wo dann die Mitglieder des Rats einer nach dem anderen hineingingen, um »im geheimen« abzustimmen.[50] Solche Techniken verraten, daß Schreibkenntnisse noch nicht so verbreitet waren, daß sie bei einem führenden Kopf in der Verwaltung vorausgesetzt wurden, weder im Rathaus noch im Kirchenvorstand.

Damit sind wir wieder einen Schritt weiter gekommen. Wir kennen nun nicht nur das Gruppenbild der Grafter Honoratioren, wir wissen auch, wie diese Männer in ihren Versammlungen abstimmten und wer dabei die Leitung hatte. Aber das sind alles vorbereitende Fragen für ein späteres Kapitel. Worauf es vor allem ankommt, sind die Beschlüsse, die in den Versammlungen gefaßt wurden. Was wollte man regeln, warum auf diese Weise, und welche Angelegenheiten hat man bevorzugt behandelt oder vernachlässigt?

Anonym, *Willst du sichren Reichtum haben? Mußt du auch den Armen schenken.*

11 Frauen von Stand

Die Sprüche Salomos schließen mit einem Loblied auf die tüchtige Frau. Wer glaubt, alle Niederländer des 17. Jahrhunderts seien Calvinisten gewesen und hätten deshalb ihren Frauen nicht gegönnt, sich über Küche und Kinderzimmer hinaus zu entfalten, sollte das letzte Kapitel des Buchs der Sprüche lesen. Die tüchtige Frau sorgt in der Tat dafür, daß ihre Hausgenossen zu essen haben und warm gekleidet sind. Aber der Dichter spricht ausführlich auch über das Geld, daß sie durch eigene Arbeit verdient. Sie erwirbt Felder, sie legt Weingärten an, sie stellt Leinenkleidung her und verkauft sie, sie liefert Gürtel an den Kaufmann. Das ist die Hausfrau, wie Salomon sie preist: das Modell, welches einem bibelfesten Volk weder fremd noch einerlei gewesen sein kann.

Für das alte Graft gilt, daß Frauen sich bewußt oder unbewußt Salomons Rat entsprechend benahmen. Wer als Fremder das Graft des 17. Jahrhunderts besuchte und unterwegs eine erwachsene Frau sah, konnte mit ziemlich großer Wahrscheinlichkeit zwei Dinge über sie sagen: erstens, daß sie verheiratet war, und zweitens, daß sie bezahlter Arbeit nachging. Die tüchtige Frau hatte einen Mann und arbeitete gern mit ihren Händen.

So haben wir die Grafter Frau bis jetzt auch kennengelernt. Ihr Mann und ihre Arbeit waren das wichtigste in ihrem Leben und bestimmten die Qualität ihres Daseins. Ihr Ansehen und ihr Stand waren von beidem abhängig. Je höher Stand und Ansehen waren, um so größer waren die Möglichkeiten, ihrem eigenen Leben Inhalt zu verleihen und Einfluß auf das Leben anderer auszuüben.

Ihre natürliche Einflußsphäre war die Familie. Aber die liegt innerhalb der Privatsphäre. Die Frau von Stand, der hier unsere Aufmerksamkeit gilt, unterscheidet sich jedoch durch die Tatsache, daß sie Einfluß auf den öffentlichen Sektor ausüben kann. Beinahe alle kirchlichen und weltlichen Ämter von Graft waren zwar fest in der Hand von Männern, aber es gibt doch eine Funktion, die ausschließlich von Frauen bekleidet werden konnte. Das Grafter Waisenhaus kannte außer Regenten auch Regentinnen oder Waisenmütter, wie sie in den Akten heißen. Von den männlichen Amtsträgern wissen wir, daß sie aus der Elite hervorgingen. Es liegt nahe, dasselbe für die Frauen anzunehmen und also die Waisenmütter genauer unter die Lupe zu nehmen, wenn wir mehr über Frauen von Stand wissen wollen. Waisenmütter gab es ab 1651. Es ist denkbar, daß sie genauso wie die männlichen Amtsträger aus allen Teilen der Samtgemeinde gewählt wurden, aber das Archiv gibt uns leider keinen vollständigen Einblick. Das Wahlregister[1] gibt indes jedes Jahr die Namen zweier Frauen aus dem Dorf Graft an, und von 1673 an vermerkt es gleichfalls zwei Waisenmütter für Noordeinde. Der Anteil Graftdijker Frauen an dieser Verwaltungsarbeit ist nicht mehr nachvollziehbar.[2] Wir werden deshalb mit den Waisenmüttern in Graft und Noordeinde auskommen müssen. Zuerst geben wir die Namen der Grafter Regentinnen in der Zeit von 1651–1705 an, mit der Anzahl der Jahre, die diese Frauen Dienst taten, und der Periode, in die die Amtszeit fällt. In der rechten Spalte stehen die Namen ihrer (manchmal vermuteten) Ehepartner, mit der höchsten Funktion, die sie in der Samtgemeinde bekleideten.

Aeltjen Cornelis	1	1671	unbekannt	
Brecht Cornelis	2	1675–1676	Symon Coedijck	Schulze
Bregt Jans	4	1695–1700	Reynier Arentsz. Smit	Schöffe
Crijntje Jans Colles	1	1705	Jan Corn. Jellis?	Schöffe
Dieuwer Claes	6	1668–1685	Jacob Pietersz. Colles	Schöffe
Elisabeth van Hout	2	1698–1699	Reynier Cramer	Schöffe
Grietje Cornelis	2	1662–1663	Tuenis Garbrantsz.	Schöffe
Grietje Muurlinck	4	1667–1684	Tuenis Dircxsz. Bergen	Schöffe
Guyrtje Claes	2	1676–1677	Dirck Jansz. Vet	Kirchmeister
Guyrtje Cornelis	7	1657–1673	Auwel Claesz.	Kirchmeister
Guyrt Dircx	3	1674–1679	Willem Pietersz.	Schöffe
Guurtje Jans	2	1703–1704	Symon Coedijck?	Schöffe, Schulze
Guierte Pieters	2	1663–1664	Jan Bartelsz.?	kein Amt
Jantjen Pieters	8	1669–1686	Pieter Jansz. Sloten?	kein Amt
Jannetien Warmelts	9	1651–1664	unbekannt	
Lysbeth Mighiels	8	1688–1702	Gerrit Geritsz.	Armenpfleger

Madeleentje Dircx	4	1677–1683	unbekannt	
Maertje Dircks	2	1702–1703	Meynard Salm	Sekretär
Mary Garments	6	1681–1695	unbekannt	
Maritgen Lauwes	2	1657–1658	Heertjen Gerritsz.	Armenpfleger
Mary Pieters	2	1690–1691	Jan Olofsz.	Waisenvater
Neel Claes	2	1651–1652	Dirck Pietersz. Mackes	kein Amt
Neel Heertjes	5	1670–1688	Jan Muurlinck	Waisen-vorsteher
Neeltje Lakenmans	6	1696–1705	Andries Muurlinck	Schöffe
Sijtgen Alberts	3	1653–1655	unbekannt	
Sijtgen Tuenis	2	1691–1692	Claes Corn. Brouwer?	Waisenvater
Trijn Claes I	2	1666–1667	Will Jacobsz. Mackes	Kirchmeister
Trijn Claes II	4	1689–1694	Jan Meyndertsz. Salm	Sekretär
Trijn Jans	2	1658–1659	Pieter Heringa	kein Amt
Trijn Lubberts	4	1661–1666	Abraham Jansz.	Kirchmeister

Hier ist jedoch einige Vorsicht geboten. Bei dem begrenzten Namesvorrat ist die Identifikation nicht immer gleich sicher. Das gilt für Frauen noch mehr als für Männer, weil sie in den Quellen weniger oft vorkommen. Wir müssen hier vor allem mit den Heiratsregistern auskommen, die jedoch erst 1656 beginnen, so daß wir die vielleicht sehr angesehenen Ehepartner von Jannetien Warmelts, Mary Garmants und anderen nicht mehr nachvollziehen können. Das führt dann zu der relativ hohen Anzahl von fünf Frauen, bei denen der Name des Mannes nicht zu finden ist. Eine einzelne kann unverheiratet gewesen sein, aber auf diesem sozialen Niveau ist das weniger wahrscheinlich. Von vierundzwanzig kennen wir mit ziemlicher Sicherheit den Ehepartner. Die meisten standen hoch in der Amtshierarchie: ein Dorfschulze, hier mit zwei Ehepartnerinnen vertreten, zwei Sekretäre, acht Schöffen, vier Kirchmeister und ein Waisenvorsteher. Zwei stiegen nicht höher als bis zum Waisenvater auf, zwei waren Armenaufseher. Vier haben nie eine Obrigkeitsfunktion bekleidet.

Läßt sich über die vier etwas näheres sagen? Es ist deutlich, daß die Männer der Waisenmütter im allgemeinen einen hohen sozialen Status hatten, unter Berücksichtigung der Ämter, die sie bekleideten. In der Regel werden sie auch hohen Wohlstand genossen haben. Fünf der Waisenmütter kommen als Familienoberhäupter in der Liste von 1680 vor, weil sie damals Witwen waren. Dieuwer Claes, Grietje Muurlinck, Madeleentje Dircx und Trijn Claes gehörten zu den Vollkapitalisten; Guyrtje Claes ist als halbe Kapitalistin eingetragen. Wägen wir all das ab, dann ist es nicht wahrscheinlich, daß die Waisenmütter, die mit Nicht-Amtsträgern verheiratet waren, auch über bescheidene Mittel verfügten. Wir müssen eher annehmen, daß sie in jedem Fall zu den Bessergestellten gehörten. Wenn sie dann doch keine Ämter bekleideten, dann ist die religiöse Gesinnung der wahrscheinlichste Grund für den Ausschluß. Weil im Dorf Graft kaum Mennoniten wohnten, werden wir dabei zunächst an die Katholiken denken müssen.

Für das Dorf Graft stellen wir also fest, daß die beiden Waisenmütter in der Regel reich und in der großen Mehrheit reformiert waren, aber daß die Katholikinnen hier, anders als bei den Männerämtern, möglicherweise mehr Anteil hatten. Um diese Erkenntnis reicher, konzentrieren wir uns darum auf die Waisenmütter in Noordeinde. Die folgende Tabelle enthält dieselbe Art von Angaben wie die vorherige.

Aecht Ares	6	1675–1702	Tuenis Dircksz.	Eintreiber für die Armenkasse
Aecht Jacobs	6	1681–1692	Cornelis Maertensz.	kein Amt
Aecht Willems	2	1673–1674	Dirck Pietersz.	kein Amt
Aefjen Jans Koons	2	1683–1684	Pieter Jansz.	Straßenaufseher
Anna Jans	2	1698–1699	Heertje Gerrits	Armenaufseher
Ariaentje Jans	4	1676–1683	Adriaen Cornelisz.	kein Amt
Dieuwer Balser	4	1679–1688	Tuenis Windigh	Waisenvorsteher
Engel Jans	2	1702–1703	Claes Jacobsz.	kein Amt
Grietje Jacobs	5	1692–1698	Pieter Jacobsz. Kroon	Eintreiber für die Armenkasse
Grietje Poulus	1	1696	Jan Dircksz.	Straßenaufseher
Griet Tijs	2	1686–1687	Simon Heynes	Schöffe
Guurt Heertjes	1	1683	Aris Dircksz.	kein Amt
Hiltjen Gijsberts	5	1688–1695	Cornelis Gerritsz.	kein Amt
Lysbeth Viens	4	1674–1681	Jacob Jacobsz.	kein Amt
Maertjen Adriaens	2	1678–1679	Egbert Hend. Backer	kein Amt
Maertjen Majers	2	1704–1705	unbekannt	

Maertjen Symons	3	1699–1705	unbekannt	
Maertjen Taems	2	1695–1696	unbekannt	
Neel Gerrits	1	1673	Dirck Jansz.	kein Amt
Neel Pieters	4	1684–1704	Vincent Jacobsz.	Schöffe
Neel Willems	2	1700–1701	unbekannt	
Teunisjen Albers	2	1689–1690	Jan Jansz. Kriek	kein Amt
Trijn Pieters	2	1677–1678	Pieter Taems	kein Amt

Hier bietet sich also ein völlig anderes Bild als im Dorf Graft. Unter den neunzehn Ehepartnern, die wir mit Namen kennen, begegnen wir nur zwei Schöffen und einem Waisenvorsteher. Fünf haben niedrigere Ämter bekleidet, und elf haben nie eine einzige Funktion innegehabt. Warum diese Männer so wenig amtliches Ansehen erlangten, wird uns klar, wenn wir das Heiratsregister zu Rate ziehen. Vier dieser neunzehn Hausfrauen, nämlich Anna Jans, Ariaentje Jans, Lysbeth Viens und Trijn Pieters, wurden offenbar in der reformierten Kirche getraut. Von Maertjen Adriaens wissen wir das nicht. Der Name ihres Mannes ist nur bekannt, weil sie in der Liste der Waisenmütter als »Egberts Frau« näher umschrieben worden ist. Das muß dann wohl Egbert Hendricksz. Backer gewesen sein, aber im Familienbuch kommen sie nicht vor. Bleiben noch vierzehn übrig. Sie alle waren Mennonitinnen.

Nun wissen wir bereits, daß die Mennoniten in Noordeinde stark vertreten waren. Aber so günstig wie in dieser Liste von Waisenmüttern standen die Verhältnisse doch nicht für sie. Eine so hohe Quote für die mennonitischen Schwestern ist kaum anders zu erklären als durch das Mittel positiver Diskriminierung. Mennonitische Waisenmütter in Noordeinde werden nicht, wie beispielsweise Schöffen, aus Mangel an besseren Kandidatinnen gewählt, sondern gerade, weil man das so wollte. Die Grafter waren offenbar der Meinung, daß die Sorge um das Waisenhaus alle religiösen Gesinnungen etwas anging. Darum richteten sie die Wahl im Dorf Graft ab und zu auch an die katholischen Frauen, und die Ernennung einer Mennonitin war in Noordeinde eher die Regel als die Ausnahme.

Wenn diese Annahme stimmt und die Waisenmütter also nicht überwiegend von den Reformierten, sondern aus der ganzen Bevölkerung gewählt wurden, dann kann das erklären, warum wir so vielen verschiedenen Namen begegnen: dreißig für 55 Jahre in Graft und dreiundzwanzig für 33 Jahre in Noordeinde. Für sich genommen, war hier die Anzahl der Kandidatinnen viel größer als die Menge verfügbarer Plätze, weil es ja das einzige öffentliche Amt war, das den Frauen offenstand. Fiel zudem noch die religiöse Trennung weg und mußte jede einigermaßen angesehene Frau einmal an die Reihe kommen, dann mußte die Anzahl der Wiederwahlen notwendigerweise begrenzt bleiben.

Alle Männer dieser Waisenmütter waren also vermutlich gut situiert, hatten sie auch als Folge ihrer religiösen Gesinnung selbst keinen Anteil an der Macht. Für die reformierten Waisenmütter sprach das amtliche Ansehen ihrer Männer gehörig mit, wie aus den Listen für das Dorf Graft hervorgeht. Doch mußte noch ein weiterer Aspekt in Rechnung gestellt werden. Wir erinnern uns, daß Reynier Cramer in den achtziger und neunziger Jahren der mächtigste Mann von Graft war. Von seiner ersten Wahl im Jahre 1679 an kehrte er ständig wieder in den Kreis der Schöffen zurück. Reynier Cramer hatte sich 1675, in Begleitung seiner jungen Ehefrau Elisabeth van Hout, im Dorf Graft niedergelassen. Der Chirurg wußte seine Frau in guter Gesundheit zu bewahren, so daß er 1699 seine Silberhochzeit feiern konnte, zumindest wenn dieser Brauch seinerzeit in Graft existierte. Das Fest durfte Elisabeth als Waisenmutter miterleben. Aber es war wohl ihre erste und einzige Wahl, trotz des sehr hohen Status ihres Mannes.

Wenn nur der Verdienst von Reynier Cramer gezählt hätte, dann hätte Elisabeth van Hout viel eher und viel öfter Sorge für die Grafter Waisen getragen. Aber es kam auch auf die Eigenschaften der Person an. Junge Frauen wie Neeltje Lakenmans und Bregt Jans verdankten die frühe Wahl zur Waisenmutter nicht allein der hohen Position ihrer Männer. Der sicher ebenso angesehene Cornelis Jansz. Schol hat seine Frau nie Waisenmutter werden sehen, und Auwel Jansz. Schippers ebensowenig. Andere sind vor allem oder sogar ausschließlich als Witwen für diese Würde nominiert worden: Madeleentje Dircx, Guurtje Jans und die jüngste von den beiden, die in der Grafter Liste als Trijn Claes vorkommen. Das eigene Prestige dieser Frauen hat bei der Wahl offenbar mitgespielt.[3]

Was hatte Neeltje Lakenmans, das Elisabeth van Hout nicht hatte? Beide waren reich, beide hatten sie einen Chirurgen geheiratet, und beide waren auch außerhalb von Graft geboren. In der Herkunft kann der Unterschied also nicht bestanden haben. Charakter und Fähigkeiten können eine große Rolle gespielt haben, doch es passiert nur selten, daß wir eine Grafter Frau aus den Akten gut genug kennenlernen, um mehr als eine vage Vermutung über ihre Persönlichkeit anzustellen. Wir wollen zumindest versuchen, ob dieser Weg uns weiterführen kann. Wir beschreiten ihn in Gesellschaft von Mary Cornelis Coster.

Wir kennen diese Frau aus Kapitel 7 als Wirtin des »Vergulde Hart«. Dort wurde auch schon gesagt, daß sie, unabhängig von ihrem Mann, ein eigenes Testament hat aufsetzen lassen. In dieser Akte vermacht sie dem Waisenhaus einen Betrag von zweihundert Gulden. Das Geld darf nicht ausgegeben, sondern muß dem Kapital hinzugefügt werden, es sei denn, daß der Bau eines neuen Waisenhauses beschlossen wird. In dem Fall darf nicht nur, sondern muß sogar die volle Summe dafür verwendet werden, »weil die Erblasserin so ihre ernsthafte Liebe zu den Waisen ausdrücken und gleichzeitig einen Grundstein legen möchte« [4] Sie wußte, wovon sie redete, denn ihr Bräutigam, Jan Lourisz. Appel, war genau im selben Jahr, nämlich 1658, zum Waisenvater gewählt worden. Dieses Vermächtnis wird ganz und gar in seinem Sinne gewesen sein, aber es war seine Braut, die den Beschluß faßte und in den Worten ihres Testaments ihr Herz sprechen ließ.

An dem Tag, an dem der Sekretär Jan Meyndertsz. Salm als Notar dieses Dokument in seine Bücher eintrug, ließ auch der achtzehnjährige Bertelt Willemsz. in derselben Kanzlei sein Testament machen. Jungen seines Alters taten das nur ab und zu, bevor sie in See stachen. Die Begünstigten sind dann normalerweise die nächsten Familienangehörigen, die Blutsverwandten ersten und zweiten Grades. Bertelt Willemsz. suchte sich einen anderen Erben aus. Er hinterließ alles, was er besaß, seiner Tante Mary Cornelis Coster. Diese Verfügung zum Vorteil einer viel älteren Frau, die er nach menschlichem Ermessen sicherlich überleben würde, kann ihre materiellen Aussichten nicht nennenswert verbessert haben. Und überdies, wie reich war ein Matrose von achtzehn Jahren an Geld und Gut? Das Testament ist auch nicht in Kraft getreten, denn Bertelt kam gesund wieder und wurde drei Jahre später mit Trijntje Cornelis verheiratet, die damals automatisch seine natürliche Erbin wurde. Die Botschaft des Testaments ist nicht, daß Mary Coster ein ansehnliches Erbe bevorstand. Was es wirklich sagen will, ist, daß Bertelt für seine Tante warme Zuneigung empfand.

Mary Coster ist kurz nach ihrer Hochzeit gestorben. Das wird wohl der Grund dafür sein, daß sie es nicht mehr zur Waisenmutter gebracht hat. Ich nehme an, daß sie über die Eigenschaften verfügte, die die Gemeinschaft in einer Waisenmutter suchte. Wir haben sie bereits bei den Mennoniten gesehen, die sich durch besondere Mildtätigkeit auszeichneten. Dieser Ruf wirkte sich so stark zu ihrem Vorteil aus, daß sie trotz ihres Glaubens in einem überwiegend reformierten Teil der Samtgemeinde doch Armenpfleger und Waisenväter werden konnten. Gut möglich, daß für Waisenmütter dieselben Erwägungen gegolten haben, vielleicht in noch viel stärkerem Maße als für die Männer. Freigiebigkeit wird die wichtigste Qualität gewesen sein, wodurch Frauen sich im positiven Sinne auszeichnen und ihrer eigenen Persönlichkeit Ausdruck verleihen konnten.

Wenn denn ein Grafter Frauenleben dafür den Beweis geliefert hat, dann das von Anne Jans Sappes. Wir kennen ihren Namen schon aus Kapitel 7 als den der Stifterin des Anne-Jans-Sappes-Fonds. Ihre Grabinschrift gibt wieder,[5] wie die Samtgemeinde ihr Andenken bewahrte:

Anno 1635 den 14. Januar starb Anne Jans aus Graft und ruht, von
   diesem Stein bedeckt,
soll aber zu gegebener Zeit wieder auferweckt werden.
Den Armen von Graft hat sie in ihrem Testament ihr Gut vermacht,
dafür wird sie hier gerühmt.

Es ist vor allem die Bestimmung ihres Nachlasses gewesen, die das Gedenken an sie lebendig gehalten hat. Sogar die Straße, in der sie gewohnt hatte, hieß noch lange Anne-Jans-Sappes-Nachbarschaft. Eine großzügige Geberin ist sie nicht erst nach ihrem Tod geworden. Sie war keine Frau, die sparsam ihr Geld aufbewahrte, um ein ansehnliches Erbe hinterlassen zu können. Auch zu Lebzeiten verwendete sie ihr Vermögen, um andere zu unterstützen, wo es ihr sinnvoll erschien. Dabei spielte ihr eigener Wille eine ganz entscheidende Rolle. Anne Jans war eine sehr freigiebige und sehr eigensinnige Frau.

Wie sie ihren Reichtum erworben hat, ist nicht bekannt. Vielleicht war sie eine Geschäftsfrau, vielleicht hatte sie ihr Kapital auch vornehmlich geerbt. Aber Geld besaß sie in jedem Fall. Das Register über den »tausendsten Penning« von 1621 – eine Steuer, die allein von den Wohlhabenden erhoben wurde – notiert hinter ihrem Namen einen Betrag von fünf Gulden, womit sie zu den zwanzig reichsten Einwohnern der Samtgemeinde gehörte.[6] Nirgends in den Akten ist die Rede von einem Mann oder von Kindern, und sie wird auch nirgends Witwe genannt. Ihr Testament ist ebensowenig von enttäuschten Blutsverwandten angefochten worden.[7] Offenbar stand ihr niemand nahe genug, um einen selbstverständlichen Anspruch auf das Erbe geltend machen zu können. Aller Wahrscheinlichkeit nach ist sie niemals verheiratet gewesen. Angesichts ihres großen Wohlstands hat sie den Status einer ledigen Frau vermutlich bewußt gewählt.

Darum hatte sie auch die freie, vollkommene Verfügung über ihre Güter und hat diese Macht auf ihre Weise genutzt. So wie ein anderer mit seinem Geld Handel trieb, so hatte sie es auf Wohltätigkeit abgesehen. Sie war zwar nicht die einzige, die den Armen ab und zu ansehnliche Beträge spendete, aber mit Abstand die großzügigste. Das älteste Register der Waisenvorsteher klärt uns darüber auf. Es stammt aus einer Zeit, als die Waisenvorsteher noch die vollständige Verantwortung für die bürgerliche Armenfürsorge trugen. Es verzeichnet wiederholt große Geschenke, vor allem in den Jahren 1608–1625, die von Grafter Männern und Frauen zugunsten der Armen gemacht wurden. Die folgende kleine Liste gibt an, welche Beträge jährlich von Männern, von Frauen und von Anne Jans allein geschenkt wurden.[8]

	Männer	Frauen	Anne Jans
1608	466	100	–
1609	25	200	–
1610	90	50	–
1611	30	100	–
1612	200	–	160
1613	26	–	–
1614	50	200	–
1615	–	50	–
1616	–	–	–
1617	325	–	–
1618	–	–	–

1619	–	–	–
1620	50	–	–
1621	64	–	–
1622	–	300	–
1623	–	–	480
1624	–	–	1 105
1625	–	500	325
1626	–	–	200
1627	–	–	150
1628	–	–	275
1629–1648	50	100	100
Summe	1 376	1 900	2 795

Für spätere Jahre sind Angaben dieser Art nicht mehr verfügbar. Das soll nicht heißen, daß die Grafter ihr Verhalten geändert haben. Aus Testamenten geht hervor, daß sich auch in der zweiten Hälfte des 17. Jahrhunderts noch laufend Menschen fanden, die bereit waren, ansehnliche Beträge für die Armen zu spenden. Aber eine Quelle, die diese Mildtätigkeit registrierte, gibt es für die Zeit nicht, so daß wir uns mit obenstehender Liste zufriedengeben müssen.

Wenn sie repräsentativ ist, dann können wir sagen, daß Schenkungen etwas häufiger von Männern als von Frauen getätigt wurden. Siebzehn männlichen Geldgebern stehen dreizehn weibliche, inklusive Anne Jans, gegenüber. Insgesamt jedoch waren die Frauen viel großzügiger, auch wenn wir Anne Jans nicht mitrechnen. Bei den Männern ist oft ein erfolgreiches Schiffsunternehmen der Anlaß für eine Spende. Siebenmal wird ausdrücklich gesagt, daß die Gabe von Reedern stammt. Wahrscheinlich traten sie nach geglückter Fahrt einen bestimmten Anteil vom Gewinn ab. Das erklärt, warum manche Geschenke nicht in runden Zahlen ausgedrückt sind, sondern auch noch, hier vernachlässigte, Beträge in Stuivern angegeben sind.

Frauen scheinen immer runde Summen geschenkt zu haben, die im Durchschnitt höher waren als die der Männer. Unter den zwölf Frauen in der mittleren Spalte sind nur zwei, die einen niedrigeren Betrag als hundert Gulden notieren ließen. Bei den siebzehn Männern kommt das zwölfmal vor. Da ein Familienbuch für diese Periode nicht vorhanden ist, können wir über diese Frauen weiter wenig sagen. Aber wir finden einige Namen von Personen in dem Register wieder, die 1621 mit dem »Tausendsten« besteuert wurden. Außer Anne Jans sind das Neel Pieters, Mary Jacobs und Brecht Jans. Mit Trijn Claes Joppes und Trijn Heertjes waren das damals die sechs reichsten weiblichen Familienoberhäupter von Graft. Vier von diesen sechs kommen also in den Büchern der Waisenvorsteher als Stifterinnen vor, so daß wir die Annahme wagen können, daß wohlhabende alleinstehende Frauen sich ihrer Verantwortung für die Armen vielleicht mehr als andere bewußt waren. Wenn das der Fall ist, dann hat Anne Jans dem Brauch entsprechend gehandelt. Außergewöhnlich war allein das Maß, in dem sie bereit war zu geben. Sie allein hat nicht viel weniger als die Hälfte aller Schenkungen gemacht, die von Waisenvorstehern registriert wurden.

Sie war in hohem Maße freigiebig, aber sie wollte selbst bestimmen, was mit ihrem Geld geschah. Beinahe alle ihre Geschenke haben eine deutliche Bestimmung. So stellt sie fünfzig Gulden für die beiden Kinder von Cornelis Fransz., dem Weber, zur Verfügung, dessen Frau im Kindbett gestorben war.[9] Das Geld geht also an eine bestimmte Familie und mußte dann vom Vater des Hauses zu einem ebenfalls bestimmten Zweck verwendet werde. Vermutlich mußten die Waisenvorsteher auf den rechtmäßigen Gebrauch der Mittel achtgeben. Ganz sicher ist das bei dem Geschenk von hundertfünfzig Gulden zugunsten von Pieter Claesz. Snijder,[10] der kurz zuvor für Folckert Cornelisz. zu arbeiten begonnen hatte. Die Waisenvorsteher sollten ihm jährlich die Zinsen, die dieser Betrag einbrachte, auszahlen, doch nur, »solange Pieter Claesz. bei Volkkert arbeitet und sich schickt«.

Anne Jans stellte gern ihre eigenen Bedingungen und ließ sich durchaus anmerken, wenn sie mit Bedingungen, die andere gestellt hatten, nicht einverstanden war. 1623 machte sie zweimal eine Schenkung an die Armen des Dorfes Graft. Niemand in den Weilern sollte davon einen Heller empfangen, »weil die von Graftdijk und Noordeinde die von Graft aus einer Schenkung ausgeschlossen hatten«.[11] Jemand hat also offenbar den Armen eines bestimmten Weilers Geld hinterlassen, so wie wir das in Testamenten des öfteren lesen. Aber so etwas war nicht im Sinne von Anne Jans. Sie hat damals sicher deutlich machen wollen, wer das meiste für die Armen tun konnte, und dieser Wink ist wahrscheinlich auch verstanden worden. Bei einer Schenkung 1624 wird Noordeinde wieder von Anne Jans begünstigt,[12] und als sie 1632 ihr Testament machte, bestimmte sie die eine Hälfte ihres Vermögens für die Armen von Graft und die andere Hälfte für die in den drei Weilern.[13]

Daraus entstand der Anne-Jans-Sappes-Fonds, aus dem jährlich kleine Beträge an dreißig bis vierzig Familien ausgezahlt wurden. Der Fonds zahlte nicht in Naturalien, wie es bei anderen Stiftungen der Armenfürsorge üblich war, sondern in Form von Geld. Die Begünstigten bestimmten also selbst über die Verwendung: Sie konnten das Geld für dringend benötigte Kleider oder Bettwäsche ausgeben oder endlich einem langgehegten Wunsch nachgeben, der von der regulären Armenfürsorge nicht erfüllt werden konnte: ein halbes Pfund Fleisch, eine Unze Tabak, ein Halstuch oder ein Kettchen. Das nahm einem zwar nicht die täglichen Sorgen, gab aber dafür dem grauen Alltag etwas Farbe. Dafür hat Anne Jans Sappes vielleicht einen guten Riecher gehabt.

Hatte das etwas damit zu tun, daß sie eine Frau war? Vielleicht insofern, als jede Hausfrau die materiellen Seiten des täglichen Lebens kannte. Wenn man Inventare hinterlassener Güter von Grafter Ehepaaren liest, kann man in den meisten Fällen aus dem Besitz kaum ableiten, wie der Mann seinen Unterhalt verdiente, zumindest, wenn er keinen handwerklichen Beruf ausübte. Was die Menschen außer dem Mobiliar im Hause haben, steht in der Küche oder liegt im Wäscheschrank. Das Haus ist die Domäne der Frau, das macht jedes Inventar aufs neue deutlich. Sie ist es, die von allen Gütern den Wert und Nutzen kennt. Es werden wohl auch die weiblichen Erben gewesen sein, die wußten, was gemeint war, wenn im Testament vom besten Rock oder vom besten Hemd, vom »Tagesrock« oder den »Alltagskleidern« die Rede war.[14]

Kleider, Bettwäsche, Silberzeug und später auch Porzellan bildeten den wertvollen Teil des häuslichen Besitzes. Er ging vom Vater auf den Sohn und von der Mutter auf die Tochter über. Diese Güter hielten lange, auch die Kleider. Nur selten wird für Kleider eine Einschränkung gemacht, »sofern sie dann noch benutzbar sind«[15] oder »falls dieselben vor den Motten bewahrt werden konnten«[16]. Angesichts der vielen Vermächtnisse müssen die Kleider also in den meisten Fällen in einem guten, gepflegten Zustand gewesen sein, und offensichtlich trugen die Grafter Frauen dafür Sorge. Sie erkannten sogar die Kleidung, die zu einer bestimmten Familie gehörte. Als Foockel Jans 1673 versuchte, in De Rijp bei einem Trödler die Kleider zu verkaufen, die sie bei ihrer Tante in Oost-Graftdijk gestohlen hatte, mußte sie Rechenschaft darüber ablegen, wie sie daran gekommen war.[17] Das geübte Auge eines Trödlers in De Rijp erkannte offenbar die schwarzen und grauen wollenen Überröcke dieser Oost-Graftdijkerin gleich wieder. Das hat Grafter Frauen jedoch nicht davon abgehalten, dieselben Kleider anzuziehen, die auch schon ihre Mütter und Großmütter getragen hatten. Lediglich eine Frau hält in ihrem Testament fest, daß ihre Tochter die geerbten Kleider nicht verkaufen darf, »es sei denn, daß sie aus der Mode gekommen sind, oder um etwas zu kaufen, das ihr besser gefällt«.[18] Aber diese Erblasserin kommt auch nicht aus Graft. Sie ist eine Pfarrersfrau, die in der Stadt aufgewachsen ist und einiges an Modebewußtsein in die Pfarrei von West-Graftdijk mitgebracht hat. Vielleicht hat sie schon damals über die Kleider der Grafter Frauen so gedacht wie fast ein Jahrhundert später der Leidener Arzt Le Francq van Berkhey, für dessen kultivierten Geschmack sie »altmodisch« und sogar »entsetzlich« waren.[19] Für die durchschnittliche Grafter Frau jedenfalls war es selbstverständlich, ihre Garderobe an die nächste Generation weiterzugeben.[20]

Wer sich fragt, ob in einem Frauenleben auch Platz für andere als materielle Güter war, der bekommt aus den Testamenten und Inventaren eine deutliche Antwort: Charakteristisch für die Frau ist das schön ausgestattete Kirchenbuch. Nicht, daß jede Frau solch ein kostbares Objekt besaß, weit gefehlt. Wenn aber irgendwo in einer Grafter Wohnung eine Bibel oder ein Psalmenbuch mit Silberumschlag zu finden war, gehörte es fast immer einer Frau. Die drei Kinder des mennonitischen Predigers Albert Cornelisz. bekamen alle ein Neues Testament und ein Psalmenbuch, als sie alt genug waren, selbständig davon Gebrauch zu machen. Die Exemplare für den einzigen Sohn Cornelis kosteten zwei Gulden und zehn Stuiver. Die für seine Schwesterchen Maritjen und Teunisjen waren fast doppelt so teuer, zusammen acht Gulden und neun Stuiver.[21] Es widersprach offensichtlich nicht der mennonitischen Schlichtheit, wenn sich die Frauen mit ihren exquisiten Kirchenbüchern sehen ließen.

Wie die Grafter Frauen mit dem in den Büchern überlieferten geistigen Erbe umgingen, verraten die Quellen uns nicht. Über ihr Selbstverständnis aber erfahren wir etwas, wenn wir ein mennonitisches Liederbuch des 17. Jahrhunderts aus De Rijp aufschlagen. Es enthält viele Beiträge aus der Feder der Dorfbewohner. Die meisten Autoren sind anonym geblieben. Einige jedoch haben ihre Namen in die Verse einfließen lassen. Das kommt 37mal vor: Wir finden neun Männer, ein Ehepaar und sechsundzwanzig Frauen. Dieses Verhältnis dürfen wir wohl kaum auf die insgesamt 181 Lieder in dem Band übertragen, wovon dann etwa 125 von Frauen geschrieben worden wären. Die Mitgliederlisten der Mennonitengemeinde in Noordeinde verzeichnen immer mehr Schwestern als Brüder. Auch wenn das in De Rijp anders gewesen wäre, dann hätten doch zweifellos nicht nur die sechsundzwanzig dem Namen nach bekannten Frauen den Herausgebern ihre Verse anvertraut. Daß relativ viele Frauen ihre Beiträge signierten, können wir als eine nur halbbewußte Reaktion auf die kulturelle Anonymität verstehen, zu der die Frauen des 17. Jahrhunderts meistens verdammt waren. Brecht Cornelis, Duyfjen Maertens, Liesbet Remmets und all die anderen wollten vielleicht einmal zeigen, daß auch sie in der Lage waren, ihren Anteil zum geistigen Aufbau der Gemeinde beizutragen.[22]

Die Frau von hohem Stand haben wir in diesem Kapitel in ihrer traditionellen Sphäre angetroffen: in der von Glaube und guten Taten. Die Reformation hat zwar die Klöster aufgehoben, den Frauen aber dennoch ein Arbeitsfeld in denselben Bereichen des öffentlichen Lebens zugeteilt. Organisation und Finanzierung der Wohltätigkeit sind zumindest im Gemeindeverband Graft Aufgaben geblieben, in denen sich Frauen in irgendeiner Form engagierten.

Bei den Mennonitinnen konnte sich die aktive Teilnahme auch auf den Kirchgesang ausdehnen. Das hatten sie ihren reformierten Geschlechtsgenossinnen voraus. Die Reformierten schrieben ihre Kirchenlieder nicht selbst, sondern sangen die Psalmen von Datheen. Diese waren den Männern und Frauen schon in der Schule beigebracht worden – sofern sie zur Schule gegangen waren. Wie viele das taten, ist bereits in einem früheren Kapitel zur Sprache gekommen.

Jan van de Velde II, »Possen«: Ein stockbetrunkener Mann wird um seine Börse gebracht

12 Gemeinschaft und Ordnung

Wir wissen, wer die Gemeindeoberen waren. Was aber tun sie, wenn sie im Rathaus zusammenkommen? Jedes öffentliche Amt ist mit Rechten und Pflichten verbunden. Weil aber ein solches Amt dem allgemeinen Interesse dient, sind die Rechte den Pflichten untergeordnet. So waren es vor allem die Pflichten, die bei der ersten offiziellen Handlung eines jeden neu ernannten Ratsmitgliedes betont wurden: beim Ablegen des Amtseides. Der Text dieses Eides faßt die grundsätzlichen Pflichten bestens zusammen.[1] Die neu gewählten Ratsmitglieder geloben Treue gegenüber der holländischen und der lokalen Obrigkeit, die Wahrung von Rechten und Privilegien, die Interessen der Samtgemeinde und ihrer Einwohner zu beherzigen und bei allen Versammlungen anwesend zu sein. Über die letzte Pflicht wurde bereits in einem anderen Kapitel gesprochen. Die erste Treue, gegenüber der Provinz und ihren Gesetzen, soll später an die Reihe kommen. Das übrige ist der Gegenstand dieses Kapitels.

Die Regenten von Graft geloben dem Dorf und den Weilern ihre Treue. Die heimatliche Scholle muß ihnen also etwas bedeuten. Für die Grafter Elite können wir das bestätigen, nachdem wir in Kapitel 3 gesehen haben, daß das Land und das Wasser der Samtgemeinde den Graftern soviel wert war, daß sie ihr geringes Kapital auch dann in eigenen Grafter Grund und Boden investierten, wenn er nur wenig Ertrag brachte. Diese Männer liebten ihr Dorf oder ihren Weiler, und das allein war bereits Grund genug, ihm »gut und treu zu sein«, so wie es der Eid von ihnen forderte.

Sie waren stolz auf die Samtgemeinde Graft. Diese war nicht nur groß und wohlhabend, sie konnte sich auch rühmen, ihren Reichtum selbst erwirtschaftet zu haben. Der noch so geliebte Boden war von schlechter Qualität. Graft zog nur wenig Profit aus der großen Nachfrage, die auf dem Markt des 17. Jahrhunderts nach Butter, Käse und Nutzgewächsen bestand. Es war ein Dorf der Seefahrt und Fischerei, es lebte von Handel und Gewerbe. Die Fischer verkauften das, was sie in der Nordsee und im nördlichen Eismeer gefangen hatten; das Gewerbe verarbeitete Rohstoffe, die aus fernen Ländern eingeführt wurden. Graft selbst besaß kaum etwas und sorgte doch für einen gewissen Wohlstand. Dieses Dorf hatte es weiter gebracht als manche Stadt in den östlichen und nördlichen Provinzen, und das alles dank des Eifers und der Anstrengung der Dorfbewohner.

Möglicherweise wurden die Dörfler vom halbstädtischen Format Grafts dazu verleitet, sich »Bürger von Graft« zu nennen. Dieser Terminus ist nicht nur für die Honoratioren in Gebrauch,[2] sondern für alle Einwohner: Die Akten meinen die gesamte Bevölkerung, wenn sie von »der Bürgerschaft von Graft« sprechen.[3] Ich weiß nicht, ob das eine spezielle Grafter Eigenart war. Vielleicht war die Bezeichnung auch in anderen Dörfern gebräuchlich, aber es deutet nicht viel darauf hin. Im großen *Woordenboek der Nederlandse Taal* sucht man unter dem Stichwort »burger« (»Bürger«) vergeblich nach der Bedeutung »Dorfbewohner«. Außerdem fällt im Archiv von Graft auf, daß sich in den von außen eingegangenen Schriftstücken diese Bezeichnung nicht findet.[4] Wenn Grafter vor dem Regionalgericht in Alkmaar standen, wurden sie nicht mit Bürger, sondern mit Nachbar, Nachbarin, Nachbarsgesell oder Nachbarsgesellin angesprochen. Allein die Tatsache, daß diese Männer und Frauen verreisen mußten, um vor dem Richter zu erscheinen, beweist, daß das Wörterbuch im formellen Sinne zweifellos Recht hat. Graft ist kein unabhängiges Rechtsgebiet. Für Diebstahl, Totschlag, Zauberei, Aufruhr und Vergewaltigung stehen die sogenannten Bürger von Graft außerhalb ihres eigenen Wohnortes vor Gericht. Das Grundmerkmal eines Bürgers fehlt ihnen also.

Dennoch spricht aus diesem Wortgebrauch ein bestimmtes Selbstbewußtsein, das sich auf die ganze Gemeinschaft erstreckt. Diese Tatsache an sich ist schon interessant. Jan de Vries hat in seinem Buch über die landwirtschaftlichen Gebiete im westlichen Teil der Niederlande nachgewiesen, daß wir auf dem holländischen Dorf eher mit Individualismus als mit Gemeinschaftssinn rechnen müssen.[5] Haben die Bürger von Graft Erfolgsaussichten, wenn sie gegen dieses Urteil Berufung einlegen? Betrachten wir ihren Fall doch einmal genauer. Inwieweit bilden die Grafter nach außen hin eine Gemeinschaft?

Zunächst sollten wir bei einem bestimmten Wort aus der Eidesformel innehalten, einem Wort, das vielleicht schon in unserer kurzen Zusammenfassung aufgefallen ist. Die Grafter Regenten mußten für die örtlichen Privilegien eintreten und sie bewahren. Für den Wert, den die Niederländer ihren Privilegien beimaßen, spricht die Geschichte des Aufstands gegen Spanien Bände. Die Schändung dieser Vorrechte wurde wiederholt als eines der Hauptmotive dafür genannt, daß man zu den Waffen gegriffen hat. Zunächst sind wir geneigt, dabei an Provinzen und Städte zu denken. Das Archiv von Graft aber zeigt, daß es auch auf dem Land wohlbewahrte Privilegien gab.

Graft hatte seine eigenen, speziellen Privilegien, es konnte sich auf Schriftstücke berufen, in denen es mit Namen erwähnt wurde, zum Beispiel, wenn es um die Freistellung von einer bestimmten Gebühr[6] oder das Recht auf Fischfang in bestimmten Gewässern ging. Ausdrücklich wurde darin dann festgehalten, daß der Fang den Graftern zustand. Die Grafter Privilegiensammlung ging darüber jedoch noch weit hinaus. Für seine stattliche Kollektion war das Dorf im ganzen Landstrich bekannt. 1601 wandten sich die Dörfer von Kennemerland mit einem dringenden Gesuch an Graft. Sie hatten während des Krieges die Originale ihrer eigenen Privilegien verloren und baten nun darum, Abschriften der Dokumente, die im Grafter Archiv aufbewahrt wurden, machen zu dürfen.[7] Offenbar kannten sie den Reichtum der Sammlung und wußten, daß die dort befindlichen Akten auch ihnen dienen konnten. So wird das Grafter »Cartularium« mit einem Privileg von Floris V. aus dem Jahre 1291, die Rechtsprechung in Kennemerland betreffend, eröffnet. Weiter finden wir dort Urkunden von Jan II., von Willem III. und von fast allen holländischen Grafen bis hin zu Filips II. Das alles war mehr als eine hübsche vaterländische Antiquitätensammlung. Es war geltendes Recht. Als sich De Rijp 1607 von Graft abspaltete und eine selbständige Gemeinde wurde, legte es gleichfalls ein Privilegienbuch an,[8] um festzusetzen, daß es die gleichen Rechte und Freiheiten besaß, die Graft jemals verliehen worden waren. De Rijp wußte sie zu nutzen. 1690 geriet das Dorf mit dem Vogt in einen Konflikt über die Polderverwaltung. Beide Parteien beriefen sich damals auf Privilegien, die ihnen von »Herzog Philips und Graf Willem« verliehen worden waren.[9] Welche Schriften sie genau meinten, geht daraus nicht hervor. Wahrscheinlich geht es um ein Kennemer Privileg von Graf Willem VI. von 1407 und um die 1455 abgefaßte Charta von Kennemerland.[10] In jedem Fall beziehen sich die Rijper auf das letzte Privileg, wenn sie 1692 dem Vogt gegenüber zu ihrem großen Bedauern feststellen müssen, daß er leider nicht das Recht habe, eine Visitation in De Rijp durchzuführen. Das Dorf könne ihm das sehr wohl zugestehen, wenn es so etwas für zweckdienlich halte. Ein Recht jedoch könne der Vogt nicht besitzen, denn das Gegenteil gehe eindeutig aus dem Privileg von Herzog Filips vom 12. März 1455 hervor beziehungsweise aus der Kennemer Charta.

Privilegien geben an, was Recht ist. Sie halten das fest, was die Vorfahren mit Mühe und Streit errungen haben, »zum Wohl ihrer Gemeinde und ihrer Nachkommen«.[11] Wer sich an die Abmachungen halte, könne nicht vom Wege abkommen. Der Vogt behaupte – sagen die Rijper 1690 –, daß die Regierung des Dorfes in ein großes Durcheinander geraten sei. Das könne aber nicht wahr sein, denn sie richte sich ganz nach ihren »Privilegien, Patenten und alten Gewohnheiten«. Das sei der beste Garant für die Aufrechterhaltung von »gegenseitiger Harmonie, Ruhe und Frieden, Gunst und Liebe, worin die Süße unseres Lebens besteht«.[12] Privilegien stellen also einen kostbaren und unvergänglichen Besitz dar. Wer sie hat, darf sie nicht mißachten oder preisgeben. Ein Dorf, das ein ganzes »Cartularium« von Rechten und Freiheiten im Archivschrank[13] aufbewahrt, kann mit Fug und Recht stolz darauf sein. Darum schwören die Grafter Gemeinderäte einen Eid darauf, die Privilegien zu bewahren, und darum ist auch die erste Pflicht des Schulzen, sie zu schützen.[14]

Die Privilegien sind aufgeschrieben und von der Obrigkeit besiegelt worden. Es ist vor allem die Besiegelung, die das Recht bekräftigt. Die schriftliche Niederlegung der Rechte ist kein unbedingtes Muß. Die Samtgemeinde von Graft beruft sich auch auf »ihre natürliche Freiheit«,[15] auf »das Recht der Natur«[16] und auf »ihren alten Brauch«, der besteht, »so lange der Mensch sich erinnern kann«.[17] Aber ohne gräfliches Siegel bleibt das schnell »vergessene Gut« ein heikler und anfechtbarer Besitz.

Privilegien sind also von unschätzbarem Wert, jedoch umfassen sie längst nicht alle rechtlichen Fragen. Vor allem legen sie die Rechte der Gemeinschaft gegenüber Dritten fest. Sie geben keine Regeln für den Umgang innerhalb der Samtgemeinde an. Dafür sind die Grafter selbst zuständig. In einem der Privilegien wurde Graft ein eigener Gemeinderat, bestehend aus Schöffen und Gemeinderäten, zugebilligt. Diese waren befugt, Verordnungen zu erlassen, und das mußten sie auch, so versichern uns die Schöffen,»weil kein Volk und keine Gemeinde ohne Ordnung existieren kann, und deshalb muß man sie durch gute Gesetze und Ordonnanzen, wie Nerven aneinander gebunden, mit täglicher Aufsicht im Zaume halten«.[18] Die Einhaltung dieser Verordnungen ist darum nicht weniger wichtig, als die Aufrechterhaltung der Privilegien. Als Schulze Symon Koedijck sich 1692 weigerte, bestimmten Verordnungen nachzukommen, wurde er von drei Mitgliedern des Gemeinderats förmlich und offiziell ermahnt,»wenn ihm irgendein ein Unglück geschähe, was Gott verhüte, daß solches ihm hiermit zu wissen sei: daß er die Ursache davon sei, weil er sich nicht an unsere Anordnungen gehalten hat«.[19]

Solche erhabenen Erklärungen setzen natürlich voraus, daß die Magistraten die Verordnungen einerseits in ihrem eigenen Haus sorgfältig verwahren und sie andererseits nach außen hin allgemein bekannt geben. Auch diesen Gedanken haben die Grafter Regenten in einer Regierungsmaxime festgelegt.»Durch die Zahl der Jahre und den Wandel der Zeiten«, so erklärten sie 1609,»ist es nötig, alle Dinge, die man in wesentlicher Erinnerung behalten will, schriftlich niederzulegen, um damit allen zukünftigen Zank und Streit und alle Uneinigkeit zu vermeiden«.[20] Die Grafter Geschichte ist von Zank und Streit nicht verschont geblieben. Daß wir aber noch davon wissen, haben wir dem Geist zu verdanken, der diese Resolution beseelt hat, denn er hat der Samtgemeinde ein schönes Archiv verschafft. Aus diesem Grund bietet sich Graft für eine solche Untersuchung an. Ganz anders sieht die Suche im Nachbardorf Zuidschermer aus, wo die Schöffen 1633 unbekümmert erklärten, daß sie die Angewohnheit haben, vollgeschriebene Schöffenrollen»zu kassieren, zu zerreißen und als altes Papier zu verkaufen«.[21]

Die Veröffentlichung der Verordnungen konnte mündlich oder schriftlich erfolgen. Die Akten unterscheiden zwischen Bekanntgeben und Anschlagen. Mit ersterem meint man nicht die Bekanntmachung durch Drucklegung, sondern durch Ausrufen oder Vorlesen.[22] Das ist die Handlung, die den Inhalt einer Akte im wesentlichen öffentlich macht. Oft wurde er außerdem noch angeschlagen, so daß jeder, der wollte, den genauen Wortlaut nachlesen konnte. Es ist aber der ausgerufene Text, der als veröffentlicht angesehen wird. Das Ausrufen ist der alte Brauch aus der Zeit vorherrschenden Analphabetentums, das Anschlagen eine neue und nicht unbedingt notwendige Hinzufügung. Der Gemeinderat von Graft beschloß 1607 sogar nachdrücklich, Verordnungen nur durch öffentliches Verlesen bekanntzugeben. »Wenn jemand darum ersucht, diese Verordnungen abschreiben zu dürfen, wird ihm das verweigert und nicht stattgegeben.«[23] Warum konnte das schaden? Wahrscheinlich, weil die Grafter Regenten nicht glaubten, daß das sorgfältige Studieren der örtlichen Verordnungen von einem hochentwickelten Bürgersinn zeugte. Der Gemeinderat von Graft repräsentierte die ganze Bevölkerung. Dieses Selbstverständnis hatte sich im Laufe der Zeit entwickelt. Im 16. Jahrhundert existierte noch der Brauch, daß die Schöffen bei der sonntäglichen Lesung die Männer der Samtgemeinde zusammenriefen, wenn sie mit ihnen irgendeine Angelegenheit von allgemeinem Interesse besprechen wollten. Die meisten jedoch gingen, sobald die Messe vorbei war, nach Hause, »ohne zu den Schöffen zu kommen und ihre Meinung kundzutun, was man tun oder lassen sollte«.[24] Darum wurde 1563 ein Gemeinderat gebildet. Dieser konnte nun im Namen der Gemeinschaft sprechen, und so sollte es auch bleiben.

Der Gemeinderat war nun die Stimme der Bürgerschaft von Graft und nahm als Vater die Interessen seiner Kinder wahr. Im ältesten Protokollbuch finden wir auch wirklich die Beweise einer Art väterlicher Fürsorge, die eher an ein kirchliches als an ein weltliches Regierungskollegium denken lassen. Griet Willems wurde verwarnt, nicht so oft mit Brandstiftung zu drohen, wofür sie im ganzen Dorf berüchtigt war.[25] Jan Garbrantsz. wurde in der Versammlung freundlich ermahnt, ein gutes Vorbild beim Bepflastern des Weges vor seinem Haus zu geben und so jeglichem Gerede zuvorzukommen.[26] Später sehen wir Schöffen und Gemeinderäte nicht mehr in dieser erzieherischen Rolle. Das kann aber natürlich auch daran liegen, daß solche Kleinigkeiten nicht jedem Sekretär die Mühe des Aufschreibens wert waren. Vielleicht haben die Regenten diese pädagogische Aufgabe dennoch weiter erfüllt.

Der Verantwortung für das öffentliche Wohl waren sie sich zweifellos immer bewußt. Sie nahmen es sich zu Herzen, und sie vertrugen es schlecht, wenn jemand von außerhalb ihres Kreises anderer Ansicht war. Die Regierenden faßten abweichende Vorschläge meist nicht anders auf denn als Antasten ihrer Autorität. Es hat durchaus Mutige gegeben, die es dennoch wagten, eine gegenteilige Meinung auszusprechen und sogar darauf zu beharren. Notar Pieter Heringa machte einen Aufstand daraus, als die Obrigkeit ihn aufforderte, ein Toilettenhäuschen abzureißen, das er auf seinem eigenen Grundstück, aber zur Straße hin gebaut hatte. Anstatt zu gehorchen, nahm Pieter Heringa diesen Befehl zum Anlaß eingehender Verhandlungen. Er erklärte sich dazu bereit, das anstößige Objekt zu entfernen, wenn die entsprechende Verordnung abgeändert würde.[27] »Allem Anschein nach«, so empörten sich die Schöffen und Gemeinderäte, »hält er den Gemeinderat dazu nicht für klug genug«. Heringas böse Absicht stand für sie fest. Er handelte nicht aus einem konkreten Eigeninteresse, »sondern aus Streitsucht«.

Vielleicht hat die Regenten am meisten gestört, daß Pieter Heringa sein Recht auf höherer Instanz suchte, außerhalb des Dorfes, beim Rat des Noorderkwartiers. Das rief ihnen schmerzhaft die Grenzen ihrer eigenen Macht in Erinnerung: Sogar gegen die Plazierung eines Toilettenhäuschens konnte ein Querulant noch Berufung einlegen. Die Regenten waren immer ungehalten, wenn sich jemand mit ihnen auf Diskussionen einließ. In den dreißiger Jahren des 17. Jahrhunderts wurde ein langandauernder Streit über die Frage geführt, wer berechtigt war, den Schulmeister anzustellen. Ein bedeutender Grafter – der Kaufmann Johannes Wouters, Sohn des reformierten Pfarrers – nahm es mit dem gesamten Grafter Rathaus auf. Dank seines großen persönlichen Prestiges, vor allem aber mit Hilfe einflußreicher Freunde außerhalb der Samtgemeinde wußte er sich, zum Verdruß der Regenten, lange zu halten. Einer der Schöffen, Mieus Cornelisz., hat einen eigenhändig verfaßten Bericht dieser Vorfälle hinterlassen. Seine Darstellung suggeriert, daß die Schöffen das bedauerliche Gefühl hatten, eine Dorfleitung sei in ihren Möglichkeiten viel zu beschränkt. Mieus Cornelisz. zweifelte jedenfalls nicht daran, daß es dem unverschämten Opponenten in einer Stadt schlecht ergangen wäre. »Wäre Johannes in einer Stadt, die Autorität besitzt, würde er sich unterstehen, solche Ansprüche zu stellen.«[28] Dort, so vermutete er, würde man es nicht dulden, daß Johannes seine gesetzliche Obrigkeit beschimpfte, statt sie zu respektieren.[29]

Dorfregenten mußten sich zwar einiges gefallen lassen, aber ihre Untertanen taten doch auch gut daran, sich selbst nicht zu überschätzen. In De Rijp baute ein gewisser Cornelis Maertensz. Seeman 1638 ein neues Haus, zwar auf eigenem Grundstück, doch, in den Augen der Schöffen, ohne dazu berechtigt zu sein. Es kam zu einem Prozeß vor Vogt und Lehnsherren von Nieuwburgen. Cornelis gewann. Die gekränkten Schöffen legten beim Hof von Holland Berufung ein, worauf ihnen die Gegenpartei einen Vergleich anbot. Wenn er den Bau fertigstellen dürfe, sei er bereit zu bezahlen, was die Schöffen von ihm forderten. Diese präsentierten ihm eine Rechnung mit drei Posten. Erstens die Prozeßkosten: 9 Gulden und 12 Stuiver. Zweitens der Schaden, den die Gemeinde infolge des Neubaus erlitten hatte: 150 Gulden. Am meisten Anlaß zum Nachdenken gibt jedoch der dritte Posten, wenn es auch der niedrigste ist: 8 Gulden zugunsten der Armen,»als Strafe für sein ungebührliches Benehmen in dieser Sache, für die Mißachtung der gesetzlichen Obrigkeit und ihrer guten Anordnungen«.[30] Das sagen die Schöffen einem Mann, der soeben einen Prozeß gegen sie gewonnen hatte. Dieser gehorcht und bezahlt fast 170 Gulden, um tun zu können, was ein höheres Gericht ihm bereits zugestanden hat.

Die wohlhabenden Dörfler konnten es sich leisten, gegen die lokale Obrigkeit zu prozessieren. Dennoch stellte ein solcher Rechtsstreit ein Risiko dar, das sie so schnell nicht eingingen. Wenn sie gewannen, ließen sich die Regenten Zeit damit, das Urteil auszuführen, und oft waren zusätzliche Schritte nötig, um das wohlerworbene Recht wirklich durchzusetzen.[31] Geld kostete es in jedem Fall, und außerdem: Wer sich gegen die Regenten zu Wehr setzte, schloß sich selbst von der Macht aus. Eine Funktion in der Dorfregierung rückte damit in unerreichbare Ferne. Höhere Ämter übertrug man lieber Personen, die Konflikte mieden. Auch große Prozessierlust gegen Privatleute war nicht zu empfehlen. Im ältesten Schöffenregister treffen wir auffällig häufig auf die Namen Albert Cornelisz. Bosman und Andries Muurlinck Senior, Chirurg.[32] Keiner von beiden hat je ein Amt bekleidet, obgleich Sohn und Enkel von Meister Andries mehrmals der Gemeinschaft dienen durften. Den erforderlichen Wohlstand wird auch Andries Muurlinck Senior besessen haben, so daß die starke Vermutung aufkommt, daß ihm vornehmlich sein Charakter im Weg stand. Die Schöffen von De Rijp jedenfalls rühmten sich der Tatsache, daß in ihrem friedliebenden Dorf nur selten Prozesse geführt wurden.[33] Dann konnte man natürlich auch keine Regenten dulden, die ständig selbst prozessierten.

Das gute Einvernehmen mit den Regierenden und ein angemessener Anteil an der Macht hatten für die meisten Grafter einen gewissen Wert. Darum konnten Schöffen und Gemeinderäte in der Regel mit einer entgegenkommenden Haltung ihrer Untertanen rechnen. Man hatte sie als Väter des Dorfes anerkannt, und sie waren bereit, sich dementsprechend zu verhalten. Es ist mehr als einmal geschehen, daß Grafter, die sich vor einem Gericht außerhalb der Samtgemeinde verantworten mußten, die Unterstützung ihrer eigenen Obrigkeit genossen, manchmal durch Beistand mit Rat und Tat,[34] manchmal durch das Einreichen von Bittgesuchen[35], manchmal, indem die Samtgemeinde sich auf ihre Seite stellte.[36]

Bei den Gutsituierten und auch in der breiten Mittelschicht war die Autorität der Gemeindeoberen darum gut gefestigt. Pieter Heringa bekam das zu spüren, als er bei seiner obengenannten Aktion 1612 auf die Suche nach Mitstreitern ging. Alle Befragten antworteten einträchtig, daß sie in den Verordnungen ihrer Magistraten niemals etwas zu Tadelndes gefunden hätten, sondern im Gegenteil fest daran glaubten, daß diese »den Alteingesessenen zum Besten« gereichten.[37] Schwieriger war es mit den Besitzlosen und den Bedürftigen. Dort wirkten die Machtmittel nicht, die gegenüber der Elite und der Mittelschicht erfolgreich waren. Verlust von Einfluß und Beziehungen spielte für sie kaum eine Rolle. Einen Baas brauchten sie auch nicht zu schonen, denn ein Seemann konnte auch außerhalb Grafts anheuern. Die Verweigerung des Unterhalts dagegen konnte sehr wohl ein Druckmittel gegenüber Bedürftigen sein. Man findet nur wenige Beispiele dafür, aber das kann natürlich auch daran liegen, daß dieses Mittel eine große Präventivwirkung hat. Als Gruppe potentieller Widersacher bleiben also schließlich die nicht unterstützungsbedürftigen Besitzlosen.

Die eigentliche Anzahl dieser Unregierbaren ist nicht so groß. Waren sie aber tatsächlich aufsässig, so konnte sie der Arm der lokalen Autoritäten nicht mehr erreichen. Cornelis Hendricksz. wurde 1657 vom Schulzen von Schermerhorn beim Mißachten der Fischereiverordnungen ertappt. Der Schulze nahm das Bötchen von Cornelis in Beschlag und erlegte ihm ein Bußgeld auf. Der Verurteilte rief sodann seine Freunde zusammen, holte sein Boot wieder hinter dem Schulzenhaus hervor, zerschlug dort Töpfe und Pfannen und fuhr mit einem halben Faß Bier als Beute davon.[38] Nun war aber Cornelis Hendricksz. ein Grafter, und vielleicht hatte er deshalb so wenig Respekt vor dem Schulzen von Schermerhorn. Eine solch fragwürdige Entschuldigung kann für Claes Swaen aus De Rijp, der wegen wiederholter Gewalttätigkeit gegen seine Frau weder Tisch noch Bett mit ihr teilen durfte, nicht gelten. Um sie vor seinen Belästigungen zu schützen, nahm man ihm außerdem das Versprechen ab, De Rijp für immer zu verlassen. Er kehrte jedoch nach kurzer Zeit in das Dorf zurück, klopfte bei seiner Frau an und jagte sie vor den Augen des Dorfschulzen auf die Straße, »Scherze rufend und den Schulzen von De Rijp verspottend: Komm, fang mich!«.[39]

Mit diesem Übeltäter wurde der Schulze nicht fertig. Aus der Geschichte wird deutlich, daß er es nicht einmal versucht hat. Es gab auf dem Land nicht viele Dorfschulzen, von denen man das Gegenteil behaupten konnte. Ein wirklich widerspenstiger Gesetzesbrecher war gegen die Autorität eines Dorfschulzen immun. In De Rijp hat ein gewisser Jan van Schagen[40] mehrere Jahre hintereinander den Menschen das Leben schwer gemacht. Er schickte seine Familie zum Betteln an die Häuser, den Ertrag dieser Arbeit aber brachte er fast ganz alleine durch: in den Kneipen von Graft und De Rijp. Als er eines späten Abends ins Wirtshaus von Jan Huybertsz. ging, trat der Wirt mit der Frage auf ihn zu, ob er aus einem Töpfchen trinken wolle, da alle Krüge in Gebrauch seien. Jans Antwort war ein Messerstich in den Oberschenkel des Schankwirts. Dieser reichte keine Klage ein, legte Jan aber später die Chirurgenrechnung vor. Jan sagte, daß er sofort bezahlen könne, und wies auf sein Messer. Der Wirt beließ es dabei. Jan van Schagen aber blieb Stammkunde und behauptete noch geraume Zeit seine Unantastbarkeit vor dem Gesetz.

Im Falle eines Jan van Schagen mußte man sich an eine höhere Instanz wenden. Darum brauchten die Dörfer ein höheres Gericht, im Falle von Graft und De Rijp war das die Vogtei von Nieuwburgen. Reichten die Machtmittel der lokalen Obrigkeit nicht aus, so suchte sie aus eigenem Antrieb die Hilfe des Vogtes, um sich die Kriminellen vom Leibe zu halten.[41] Diesen Weg beschritten die Regenten jedoch nicht allzu häufig. Die holländische Rechenkammer war 1669 sogar der Meinung, daß viele Verbrechen in der Vogtei von Nieuwburgen ungestraft blieben, weil die Dorfschulzen in vielen Fällen keine Anzeige erstatteten.[42] Nun dürfen wir diesem Zeugnis nicht bedingungslos glauben, denn es stammt von einem direkt Beteiligten, nämlich dem Vogt selbst. Andererseits jedoch ist es nicht unwahrscheinlich, daß die Dörfer den Vogt nur im äußersten Notfall einschalteten.

Die Hauptursache für diese Zurückhaltung ist die Sorge um die eigene Selbständigkeit. Darauf kommen wir in einem späteren Kapitel zurück, wenn wir auf Grafts Verhältnis zur Außenwelt eingehen. Hier spielen jedoch noch zwei andere Motive mit. Beide sind von fundamentaler Bedeutung in einem jeden Menschenleben: Zeit und Geld. Recht war langsam, und Recht war teuer. Das galt für alle Ebenen der Rechtsprechung. Vrerick Symons beklagte sich 1608, daß sein Sohn fünfmal vom Vogt vorgeladen worden war. Dreimal wurde er angehört, die beiden anderen Male war seine Sache nicht zur Sprache gekommen. Er hatte um Vergütung für die versäumte Arbeitszeit gebeten, aber die war ihm verweigert worden, obwohl allein die Reise nach Alkmaar über das Schermermeer jedesmal mehr als anderthalb Stunden dauerte.[43]

Eine solche Serie von Vorladungen, ohne daß der Prozeß sichtbare Fortschritte machte, war beim Vogtsgericht üblich. Aber die Schöffen in Graft machten es nicht besser. So kam beispielsweise der Fall von Taems Cornelisz. gegen Cornelis Cornelisz. Voordewint über den Ankauf eines Pferdes zum ersten Mal am 8. Februar 1674 zur Sprache. Danach stand er auf dem Tagesplan jeder folgenden Sitzung, bis zum Richterspruch am 25. Oktober.[44] Der Kläger und der Beklagte hatten damals zehnmal erscheinen müssen, worauf streng geachtet wurde, denn als sie einmal beide abwesend waren, am 7. Juni, wurden sie prompt wegen Nichterscheinens mit einer Geldstrafe belegt. In den Protokollen der Schöffen trifft man auf eine ganze Reihe dieser langsam voranschleichenden Rechtssachen. Im genannten Prozeß ging es wenigstens noch um einen beachtlichen Einsatz, denn der Kläger forderte einen Betrag von vierzehn Silberdukaten, also 42 Gulden. Dennoch hat sein Pferd Taems Cornelisz., der als Gewinner aus dem Streit hervorging, einiges gekostet. Er wohnte in Purmerend und mußte für sein gutes Recht eine Menge Reisezeit einsetzen.

Andererseits hat er noch einmal Glück gehabt: Den Schöffen war es gelungen, selbst ein Urteil zu fällen. Es kam nämlich auch vor, daß die Angelegenheiten ihnen zu kompliziert waren. Dann baten sie um juristischen Rat auf Kosten der Parteien, für die jeder den gleichen Betrag einsetzen mußte. Das 17. Jahrhundert war keine Zeit spektakulärer Preissteigerungen, aber juristisches Fachwissen schien ein immer kostbareres Gut zu werden. Das älteste Gesuch um Rat, das wir in den Protokollen finden, vermerkt einen Preis von fünf Gulden, einen Reichstaler pro Person. Der letzte Rat, im Jahre 1699, kostete 36 Gulden, sechs Silberdukaten für Kläger und Beklagten zusammen.[45] Solche Ausgaben hatte man als unvermeidlich zu akzeptieren. Die Schöffen von De Rijp hielten es für pure Übertreibung, wenn ihr Schulze behauptete, selbst für die schwierigsten Angelegenheiten ausreichendes Rechtswissen zu besitzen: »was vermessen ist und was sie nicht glauben«.[46]

Aus all den Gründen war es wichtig, Prozesse zu vermeiden. Um so wichtiger war es, daß die Grafter Obrigkeit von ihrem Recht, Verordnungen zu erlassen, Gebrauch zu machen wußte. Wir dürfen dieses Privileg keinesfalls unterschätzen. Eine Dorfgemeinschaft ist vielen regionalen und provinzialen Mächten unterworfen. Daß diese Tatsache auch Graft häufig zu schaffen machte, wird uns später noch klar. Außerdem verfügt ein Dorf nur über bestimmte Einkünfte. Was von der Obrigkeit eingenommen wird, ist meist für die provinzialen Steuerempfänger in Alkmaar bestimmt oder für die Münzmeister verschiedener Wasserbehörden. Doch dürfen wir daraus nicht schließen, daß die Gemeindeoberen eine untergeordnete Rolle im Leben der Grafter spielten. Im vorigen Kapitel wurde uns schon klar, daß Schöffen und Gemeinderäte eine große Anzahl zeitlich befristeter und dauerhafter Funktionäre ernannten, die mit der Ausführung von Gemeindebeschlüssen beauftragt waren oder die Kontrolle über ihre Einhaltung ausübten. Das spricht für eine recht intensive Beschäftigung mit dem Leben und Wohl der Dorfbewohner. Auch daraus, daß Gemeindeverordnungen vergeben und geschützt wurden, wird eine weitreichende Sorge für die Instandhaltung der ganzen Gemeinschaft deutlich.

Für eine Samtgemeinde mit gut dreitausend Einwohnern kann das eine große Verwaltungslast bedeuten. Diese wollten die Schöffen und Gemeinderäte so gut es ging vermeiden, wie es uns ein früheres Kapitel schon gezeigt hat. Die Samtgemeindeoberen beschränkten sich darum möglichst auf allgemeine Koordination, die größtenteils der Schöffenpräsident übernahm. Die eigentliche Ausführung wurde an allerlei Kollegien delegiert, wie etwa die Waisenvorsteher, die Armenpfleger, die Straßenaufseher, die Heuverwalter und viele andere mehr. Diese verwalteten ihre eigenen Gelder oder wälzten anfallende Kosten unmittelbar auf die Betroffenen ab. Ersteres galt vor allem für die Kirchmeister und die Armenpfleger, die über Immobilien verfügten. Zweiteres sehen wir am Arbeitsplatz der Straßenaufseher. Ihnen oblag die Instandhaltung öffentlicher Wege, sie regelten das aber so, daß jeder Einwohner für den guten Zustand der Straße vor seinem eigenen Haus verantwortlich war. Auf diese Art und Weise war es möglich, die kollektiven Einrichtungen ohne Eigenmittel auf einem akzeptablen Niveau zu halten.

Dank dieses Systems weitgehender Delegierung konnte in der Samtgemeinde für vieles Sorge getragen werden, ohne daß es fortlaufend auf dem Plan von Schöffen und Gemeinderäten stand. Die Kirche, die Schule und die Armenfürsorge nahmen im Leben der Grafter einen sehr wichtigen Platz ein, und alle drei wurden von der Gemeinschaft getragen. Aus den Verordnungsbüchern und den Bittgesuchen von Gemeinderäten und Schöffen aber kann ihre Geschichte nicht abgeschrieben werden. Diese Verwaltungs- und Betreuungsaufgaben waren erfolgreich delegiert. Ein Großteil der Arbeit war den Gemeindeoberen damit abgenommen.

Wieviel das ausmacht, sehen wir am besten an der Gesundheitsversorgung. Anfang des 17. Jahrhunderts existierten dafür keine eindeutigen Regelungen. Die medizinische Versorgung der Armen wurde gewöhnlich von den Diakonen finanziert. Die Gemeindeleitung hatte jedoch noch keine feste Instanz eingerichtet, auf die sie gegebenenfalls zurückgreifen konnte, und mußte bei auftretenden Krankheitsfällen über eine Lösung der Kostenfrage nachdenken. So wurde 1618 mit dem Chirurgen Andries Muurlinck abgesprochen, daß er für 80 Gulden das schmerzende Bein von Swarte Ruts' Kind behandeln würde,[47] und 1620 übernimmt er die Versorgung von Jan de Kuyser, für 70 Gulden pro Jahr, »ob er nun stirbt oder nicht«.[48] Später finden wir solche Beschlüsse nicht mehr, was aber nicht bedeutet, daß die Obrigkeit die Behandlung der Armen nicht mehr für wichtig hielt. Im Gegenteil, gerade weil die Gesundheitsversorgung ein allgemeines Anliegen war, fand auch eine allgemeine Delegierung statt.

Jan Muurlinck, der Sohn des genannten Andries, übernahm die Sorge für die Armen des Dorfes gegen einen festen Betrag von 40 Gulden pro Jahr, die aus der Kasse der Armenpfleger bezahlt wurden.[49] Die Rechnung seines Vaters war 1618 noch aus dem Ertrag einer Spendensammlung beglichen worden. Nun, da die Verantwortung in die Hände eines

Kollegiums mit eigenen Einkünften delegiert war, waren Ad-hoc-Maßnahmen überflüssig geworden. Die ideale Regelung kam übrigens erst nach Jan Muurlincks Tod zustande. Seine Nachfolge als Armenchirurg trat Reynier Cramer an. Da dieser Reynier Cramer gleichzeitig das tatsächliche Dorfoberhaupt war, wußte er die Absprachen dahingehend zu verändern, daß sowohl die Armen als auch er selbst davon profitierten. Das Festgehalt verfiel. Er heilte seine Patienten auf Unkostenbasis. Es kostete die Gemeinschaft mehr Geld, aber der Chirurg brauchte nicht mehr mit vierzig Gulden auszukommen. Auch bei den Armen konnte er sich nun die teuren Behandlungen erlauben,[50] die beispielsweise bei Malariakranken nötig waren.

Verordnungen wurden auf diesem Gebiet nicht erlassen. Die Angelegenheiten wurden vertraglich geregelt. So war beispielsweise eine Hebamme gegen einen festen Betrag für die Armen des Dorfes da.[51] Außer ihren Namen wissen wir fast nichts von diesen Frauen. Die Resolutionen von Schöffen und Gemeinderäten liefern uns nur eine Angabe: »Die Sache von Jacomijne der Hebamme bleibt noch offen, und man wird Piet Jaspers und Magdaleen Dircks fragen, ob sie dazu bereit sind.«[52] Hohe Erwartungen weckt diese Resolution nicht. Nies Claesdr., die in Graft fünfundzwanzig Jahre lang als Hebamme gearbeitet hatte, war gut anderthalb Jahre früher, am 20. Januar 1619, gestorben.[53] Jacomijne war offenbar eine Kandidatin für die Nachfolge, wollte aber nicht oder war nicht geeignet, so daß man nach einer anderen Interessentin Ausschau hielt. Die hoffte man unter den Frauen des Dorfes zu finden. Es wäre ein außergewöhnlich glücklicher Zufall gewesen, wenn eine von ihnen wirklich eine ausgebildete Hebamme gewesen wäre. Im Idealfall hätte diese nichts anderes als ihre Fähigkeiten in die Praxis umsetzen müssen, so daß man sie kaum hätte zu prüfen brauchen. Realistischer scheint, daß die Regenten eine Frau suchten, die bereit war, Geburtshilfe zu leisten, um hinterher zu schauen, ob sie sich für den Beruf eignete.

Es sieht nicht danach aus, als hätte man in späterer Zeit höhere Anforderungen gestellt. Sofern wir die Identität der Hebammen noch kennen, handelt es sich um verheiratete Frauen, die in Graft geboren waren und immer in dem Dorf gewohnt hatten. Trijn Jans, die 1674 heiratete, wurde 1685 Hebamme.[54] Nach ihrem Tode im Jahr 1693 wurde ihre Arbeit von Sara Jans übernommen[55], einer Frau, die sicher in den Fünfzigern gewesen sein muß, denn sie hatte 1662 geheiratet. Ob sie wirklich während ihrer dreißig Ehejahre mit Jan Claes Kan eine Ausbildung zur Hebamme genossen hat? Es scheint eher, daß sie gewählt wurde, weil sie eine ansehnliche Anzahl eigener Geburten vorweisen konnte und anderen beigewohnt hatte, als daß sie eigens dafür ausgebildet war. Diese Frauen taten, was sie konnten, und das Dorf mußte damit zufrieden sein. Das war es auch. Klagen sind in den Protokollen der Schöffen und Gemeinderäte nicht registriert, und niemals ist gegen eine Grafter Hebamme ein Prozeß angestrengt worden. Praktisch gesprochen heißt das, daß diese Aufgabe erfolgreich delegiert wurde. Die Dorfleitung brauchte sich darum nicht mehr zu kümmern.

Es sind vor allem drei Bereiche, in denen die Regenten selbst aktiv waren: die Wartung von Wegen und Gewässern, die allgemeine Sicherheit und die Einrichtungen, die für den Lebensunterhalt notwendig waren.

Die Beaufsichtigung der Wege und Gewässer war an Straßenaufseher und Poldermeister delegiert. Diese hatten eine kontrollierende, keine verordnende Befugnis. Die allgemeinen Bestimmungen wurden von Schöffen und Gemeinderäten gezeichnet. Hier handelte es sich schließlich um Angelegenheiten, die große Aufmerksamkeit und Sorgfalt erforderten. Wir wissen bereits, daß das Wasser in der Grafter Gemeinschaft von elementarer Bedeutung war. Wir wissen außerdem, daß der Reichtum an Wasser mit der Knappheit an Land einherging, so daß man mit dem wenigen festen Boden, den es gab, sparsam umgehen mußte. Kein Wunder also, daß diese Angelegenheiten ein paarmal recht ausführlich behandelt wurden. Im Archiv findet sich eine Verfügung aus dem Jahr 1599 und eine spätere von 1608, also direkt nachdem die Abspaltung De Rijps die Grafter Domäne eingeschränkt hatte. Des weiteren sind eine sehr ausführliche von 1613 und schließlich noch ein paar kleinere, die 1635 und 1656 erlassen wurden, erhalten.[56]

Einige Merkmale haben alle diese Regelungen miteinander gemein. Erstens legen sie die Durchführung fast völlig in die Hände der Bürger. Die Straßenaufseher bildeten kein Bauamt mit eigenem Personal. Wenn die Gräben sechs Fuß breit und viereinhalb Fuß tief sein mußten, dann hatten die Eigentümer dafür Sorge zu tragen. Wenn öffentliche Wege mit Steinen gepflastert werden sollten, so hatte jeder Dorfbewohner die

Pflicht, den Weg vor seinem Haus selbst zu pflastern. Die Straßenaufseher mußten dann nur noch kontrollieren, ob jeder die Arbeit im richtigen Maß und mit demselben Material, »mit Klinkersteinen«, ausgeführt hatte.[57] Die Reglements gaben die Richtlinien an, die Straßenaufseher prüften, ob ihnen entsprochen wurde. Die eigentliche Arbeit aber hatten die Dorfbewohner zu leisten.

Alles, was beschlossen wird, ist jedoch auch in ihrem eigenen Interesse. Das ist das zweite Merkmal: Alle Regelungen nehmen ihren Ausgang im praktischen Nutzen. Die Brücken an der Schleuse von Graftdijk müssen so hoch sein, daß ein Prahm mit Kühen darunter herfahren kann, so die Regelung von 1613. Für einen mit Heu beladenen Prahm muß die Brücke geöffnet werden können. Brücken, die nicht klappbar oder drehbar sind, müssen also so hoch sein, daß ein Heuschlepper noch darunter herfahren kann. Maßgebend war, was man im täglichen Leben brauchte. Wenn es notwendig war, traf man besondere Maßnahmen. Für die Uferbefestigung des Landes vor dem Haus von Geert Aers an der Schleuse von Graftdijk stellten die Behörden ein Dutzend Eichenpfähle zur Verfügung, »woran die Schiffer sich mit ihren Bootshaken abstoßen können, damit sie eine gute Durchfahrt haben«.[58] Die Situation erforderte hier eine Sondermaßnahme, die die finanziellen Möglichkeiten des zur Instandhaltung Verpflichteten überstieg. In solchen Fällen nahm die Gemeinde die Verantwortung wieder auf sich, um das Ziel, den größtmöglichen praktischen Nutzen, mit Mitteln aus der eigenen Kasse zu erreichen.

Interessen von Nachbarn können aufeinanderprallen. Wenn jemand die Gemeindeoberen um die Erlaubnis bittet, einen Graben zuschütten zu dürfen, eine Scheune oder einen Damm zu bauen, dann ist die Voraussetzung immer, daß seine Nachbarn damit einverstanden sind und nicht daran gehindert werden, Wege und Wasser zu nutzen.[59] So wird als drittes Merkmal deutlich, daß alle Veränderungen an Straßen und Wasserwegen nur in Absprache mit dem nächsten Nachbarn vorgenommen werden durften. Das Ich-Zeitalter war in Graft noch nicht angebrochen.

Was als viertes und letztes noch auffällt, ist der deutliche Vorrang des Wassers vor dem Land. Es gab weitaus mehr Bestimmungen für Brücken und Gräben als für Wege und Straßen. Freier Verkehr, das haben wir bereits in Kapitel 3 gesehen, bedeutete freie Fahrt auf dem Wasser. Der Straßenverkehr war dem bedächtigen Tempo des Spaziergängers angepaßt. Ein Pferd durfte man in der bebauten, geschlossenen Ortschaft nur im Schrittempo reiten, »ohne zu galoppieren oder zu springen, worauf ein Bußgeld von zwanzig Stuivern« stand.[60] Das macht einen Gulden Bußgeld oder, anders gesagt, einen satten Tageslohn: Man meinte es offenbar ernst mit der Geschwindigkeitsbegrenzung.

Alles zusammengenommen wird deutlich, daß es sich hier um Angelegenheiten von großem allgemeinen Interesse handelte, die viel Zeit in Anspruch nahmen. Für Schöffen und Gemeinderäte war wichtig, daß sie sie soweit wie möglich den Straßenaufsehern überlassen konnten. Im vorigen Kapitel konstatierten wir bereits, daß in den fünfziger Jahren eine Intensivierung der örtlichen Verwaltung nötig wurde. Ihr Kollegium bestand aus acht Personen, von denen jährlich die Hälfte wechselte. Eine Wiederwahl war möglich, aber anfangs nicht die Regel. Im Laufe des 17. Jahrhunderts änderte sich das grundlegend, wie aus folgender Tabelle hervorgeht, die immer Perioden von zehn Jahren zusammenfaßt:

	neu gewählt	*wiedergewählt*
1621–1630	46	34
1631–1640	43	37
1641–1650	33	47
1651–1660	20	60
1661–1670	7	73
1671–1680	8	72
1681–1690	2	78
1691–1700	4	76

Die Zahlen sprechen für sich. Sie machen eine deutliche Kursänderung sichtbar. Gab es zunächst regelmäßige Abwechslung und eine Verteilung der Last auf viele Personen, so sehen wir in der zweiten Hälfte des Jahrhunderts eine stärkere Kontinuität. Wer für diese Arbeit geeignet war, sollte ihr so lange wie möglich nachgehen. Der wachsende Verwaltungsaufwand erforderte auch hier eine strengere Auswahl der Amtsinhaber und verkleinerte folglich den Kreis der Kandidaten.

Der zweite Bereich, für den die Gemeindeoberen Sorge trugen, war der der öffentlichen Sicherheit. Teilweise fällt dieser mit der Wartung der Wasserwege zusammen. Außerdem ging dieses allgemeine Interesse über die Samtgemeinde von Graft hinaus. Der Zustand der Deiche in der ganzen Region fiel unter die Verantwortung einer höheren Instanz als der der Grafter Schöffen und Räte. Brandschutz hingegen war ein rein lokales Anliegen. Die Kontrolle war auch nicht an ein separates Kollegium delegiert. Die praktische Regelung war vom uns bekannten Typ, wobei alle Einwohner gemeinsam die Verantwortung trugen und einen ledernen Brandlöscheimer im Hause haben mußten.[61] Die Zweckmäßigkeit dieser bescheidenen Vorkehrung kommt in einem anderen Kapitel zur Sprache.

Zur Sicherheit wurde auch nachts Wache gehalten. Dies tat ein bezahlter Wächter,[62] dem die Dorfbewohner zur Seite standen. Für Graft ist leider keine Verfügung erhalten geblieben, wohl aber für De Rijp.[63] Dort mußten jeden Abend um zehn Uhr vier Nachtwächter antreten, um bis vier Uhr Dienst zu tun. Der Dorfwächter von De Rijp bittet 1619 ausdrücklich darum, »daß kein Weibsvolk wachen soll«, aber eine entsprechende Regelung ist nicht getroffen worden.[64] Auch die Freistellung von Frauen verstand sich nicht von selbst. In Graft wurde die Gattin von Gerret Rieuwerts 1635 gefesselt, weil sie sich weigerte, ihren Wachdienst zu leisten.[65] Die Frau wurde vor Gericht geladen, nicht ihr Mann. Dieser wird wohl auf See gewesen sein, und so konnte er die Wachpflicht nicht wahrnehmen, als sein Haushalt an der Reihe war. Abwesenheit war keine triftige Entschuldigung. Der Dorfwächter hatte dann das Recht, auf Kosten des Betroffenen einen Stellvertreter zu mieten.[66] Wollte die Seemannsfrau diese Kosten sparen, so mußte sie selbst die Wache übernehmen. Angesichts der zahlreichen Seeleute auf Schermereiland werden Frauen auf Nachtwache keine Seltenheit gewesen sein.

Die Nachtwache war demnach prinzipiell genauso geregelt wie die Wartung von Wegen und Gewässern und der Brandschutz: Die ganze Bevölkerung wurde in die Pflicht genommen. Weder die oberen noch die unteren Schichten konnte sich dem entziehen. Auch der Chirurg Gerardus Voshout war dafür nicht zu vornehm und mußte wie jeder andere einen Gulden Strafe bezahlen, wenn er eine halbe Stunde zu spät zur Wache erschien.[67] Ebensowenig waren gesellschaftliche Randfiguren wie Cornelis Jacobsz. und Symon de Wever in De Rijp vom Dienst befreit, die nach der Wache um vier Uhr morgens zusammen stehlen gingen.[68] Wer konnte auch besser wissen als sie, daß die Luft jetzt rein war...

Das geschah 1686. Offenbar war damals ein 1653 gefaßter Beschluß in Vergessenheit geraten,[69] der bestimmte, daß die Nachtwache die spezielle Aufgabe »qualifizierter und treuer Bürger« sein sollte. »Qualifiziert« ist ein Begriff, den das 17. Jahrhundert für die soziale Elite gebrauchte. Die Rijper Regenten hatten damals eine Bürgerwehr im Sinn, in etwa vergleichbar mit den städtischen Schützengesellschaften, denen nur die angesehensten, d. h. wohlhabendsten Bürger angehören durften. Man wollte diese Nachtwächter mit »den üblichen militärischen Waffen« ausrüsten. Ein ziemlich ambitionierter Plan, zumal im mennonitischen De Rijp, wo eine große Anzahl Wohlhabender aus Gewissensgründen das Tragen von Waffen verweigern mußte. Kein Wunder also, daß er nicht in die Tat umgesetzt wurde. Daß wir ihn hier erwähnen, hat vor allem mit der Jahreszahl 1653 zu tun. Wir haben schon des öfteren konstatiert, daß in den fünfziger Jahren sowohl die wachsende Bevölkerung als auch der zunehmende Wohlstand die Dorfoberen auf Schermereiland zu einer Neuorganisation der Verwaltungsaufgaben zwang. Die Gründung einer Schützengesellschaft aus den »Bürgern« von Graft oder De Rijp würde gut zu solch einem Streben nach Effizienz passen.

Dieser Plan ist nicht verwirklicht worden. Die Sorge um Sicherheit blieb eine der kollektiven Aufgaben, die im Interesse aller waren. Zu diesen gehört schließlich noch die Sicherung des Lebensunterhalts, die in den Bemühungen um Qualität und Verfügbarkeit des notwendigen Lebensbedarfs zum Ausdruck kommt. Die Sorge hat zwei Seiten. Nach außen hin ist es wichtig, über den guten Namen des Grafter Produktes zu wachen. Darum gab es Warenprüfer für Hering und Warenprüfer für die Brotfässer.[70] Von solchen Funktionären wurde verlangt, daß sie die Materie von Grund auf kannten. 1699 mußte der Gemeinderat einen Kontrolleur für Hanf anstellen, den Grundstoff, der in Graft für die Herstellung von Fischernetzen und Tauwerk gebraucht wurde. Das Amt war bis dahin von Cornelis Jansz. Schol, siebenfacher Schöffe und einer der Großen in der Samtgemeinde von Graft, bekleidet worden. Die Effektivität seiner Kontrolle beruhte sicherlich nicht zuletzt auf Schols hohem persönlichen Ansehen. Es wäre also zu erwarten, daß man seinen Nachfolger in demselben Kreis suchen würde. Die Wahl fiel jedoch auf Claes Cornelisz. Broertjes,[71] der niemals Schöffe war. Er diente der Gemeinschaft als »hondenslager«; er war dafür zuständig, die Hunde aus der Kirche zu trei-

245

ben, in gewisser Weise also ein Ordnungshüter. Diese Funktion erforderte Mut und auch Autorität. Boertjes' Durchsetzungsvermögen war jedoch von anderer Art als das seines Vorgängers, des Schöffen. Gemeinsam hatten sie, daß sie sich beide mit Hanf auskannten. Bei der Auswahl der Kontrolleure war das Fachwissen offensichtlich das erste und wichtigste Kriterium. Es war die beste Garantie für den guten Ruf und die Qualität der Grafter Ware.

Ein großer Teil der Produktion fand gleich vor Ort Absatz. Die Menschen fischten mit Grafter Netzen, spannten Grafter Segeltuch und aßen Grafter Brot. Es war nicht die primäre Aufgabe der Obrigkeit, alle ausreichend mit Speis und Trank, Kleidung und Arbeitsgeräten zu versorgen. Aber sie sorgte dafür, daß die Dinge verfügbar und bezahlbar blieben. Die Ratsmitglieder Cornelis Jansz. Kuiper und Reynier Arentsz. Smit erklärten 1704, daß die Getreidesteuer noch nie direkt von den Einwohnern erhoben wurde, weil sie von den Bäckern schon im Brotpreis miteinberechnet war. Sie waren darüber ausgezeichnet informiert, »weil sie viele Jahre in der Regierung des Dorfes gewesen sind und die obengenannte Angelegenheit für die Einwohner von großer Wichtigkeit ist«.[72] Das muß man als Schöffe und Gemeinderat wissen: wieviel ein Brot kostet und wie der Preis sich zusammensetzt.

Brot war für die Menschen des 17. Jahrhunderts das wichtigste Nahrungsmittel. Darum behielt die lokale Obrigkeit auch den gesamten Produktionsprozeß im Auge. Zu Anfang gab es in Graft nur einen Müller, Cornelis Pietersz.[73] Dieser Mann besaß ein Monopol, und man wachte darüber, daß er es nicht mißbrauchte. Der Müller stand unter Vertrag. Er war verpflichtet, die Preise zu verlangen, die die Obrigkeit festgelegt hatte.[74] Aber er war der einzige Müller und verhielt sich auch so. Er lieferte keine gute Ware ab, war unhöflich zu den Kunden und hielt seine Mühle nicht sauber.[75] Schließlich war die Geduld der Regenten erschöpft. Es mußte noch eine zweite Mühle dazukommen. 1619 kam ein Vertrag mit Pieter Claesz. Joppes zustande. Er verpflichtete sich, zu denselben Bedingungen wie Cornelis Pietersz. zu arbeiten, bekam aber eine Startprämie von 200 Gulden, um seinen Betrieb angemessen einzurichten. Wenn Klagen über ihn laut wurden, so sollte er beim ersten Vergehen ein Bußgeld von 12 Gulden zahlen und beim zweiten gleich seine ganze Mühle verlieren.[76] Die ihm geschenkten 200 Gulden waren eine Art ewige Hypothek auf die Mühle, wobei die Zinsen bei gutem Benehmen ausbezahlt wurden. Cornelis Pietersz. hatte einen anderen Vertrag. Ihm konnte man diese strengen Strafen im nachhinein nicht mehr auferlegen. Man hoffte aber zweifellos, daß er sich nun bessern werde, um nicht all seine Kunden an den ordentlichen, zuvorkommenden Pieter Claesz. Joppes zu verlieren. Es bestand eine hohe Nachfrage nach Getreide und Brot. Es gab jedoch auch Produkte, die zwar weniger umsetzten, auf die man aber dennoch nicht ganz verzichten konnte. Der Kerzenmacher Jan Oleffsz. hinterließ bei seinem Tod 1640 einen Betrieb, der in die roten Zahlen geraten war.[77] Schöffen und Gemeinderäte übernahmen das Unternehmen und stellten selbst einen Kerzenmacher an, der demnach als ein öffentlicher Amtsträger betrachtet werden kann.[78] Wie es überhaupt zum Konkurs gekommen war, sagen die Akten nicht, aber wir können es vermuten. Kerzen kosteten zu der Zeit 4 bis 4,5 Stuiver das Pfund. Der Verbrauch pro Haushalt kann nicht hoch gewesen sein. Die Grafter lebten bei Tageslicht, lasen selten Bücher und wußten um die Gefahr der Arbeit bei Kerzenlicht. Bei weitem der beste Abnehmer war noch die reformierte Kirche, aber auch die kam mit durchschnittlich fünf Pfund Kerzen pro Woche aus.[79] Die Kerzenmacherei bot also keine sichere Existenz; einen selbständigen Nachfolger für Jan Oleffsz. hätte man wohl kaum nach Graft locken können. Doch wäre es für die Grafter ebenso teuer wie unbequem gewesen, ihre Kerzen in Alkmaar zu beschaffen. Darum griffen die Regenten ein und erhielten die Einrichtung mit Mitteln aus der Gemeindekasse aufrecht.

Wahrscheinlich war diese Praxis zur damaligen Zeit nicht ungewöhnlich. Im späten 18. Jahrhundert hatte das kleine, aber ziemlich wohlhabende Ransdorp einen eigenen Schuster angestellt.[80] Die gut zweihundert Einwohner lieferten ihm nicht genug Arbeit. Hätten aber die Ransdorper für jede Reparatur nach Durgerdam laufen müssen, so wären nicht nur ihre Schuhe schneller verschlissen, sondern sie hätten auch jedesmal viel Zeit verloren. Dann war es in jederlei Hinsicht vorzuziehen, den Schuhmacher mit öffentlichen Geldern zu unterstützen.

Was ist nun das Resümee all dieser Beobachtungen? Wir haben Bekanntschaft mit einer selbstbewußten und stolzen Gemeindeleitung gemacht, die von ihrem eigenen Wert überzeugt ist – zu überzeugt vielleicht, wenn man bedenkt, daß auch ihre Möglichkeiten zum Teil sehr eingeschränkt sind. Jede Art von Einmischung in das, was sie für ihre eigenen Angelegenheiten hält, verträgt sie schlecht, dafür aber versucht sie nach Kräften für das Wohl der Gemeinde zu sorgen. Sie verteilt so viele Aufgaben wie möglich und kommt auf diese Weise erfolgreich einer drohenden Professionalisierung der Verwaltung zuvor. Die aktive Mitarbeit der »Bürger« ist nahezu auf allen Gebieten notwendig, so daß die Einwohner Grafts und der drei Weiler auch selbst in die Sorge um das allgemeine Wohl einbezogen werden. Sie sind mitverantwortlich, und so manches geht buchstäblich auf ihre Rechnung. Das aber führt nicht zu größeren Spannungen. Die Einwohner haben sich offensichtlich mit der Weise, in der sie regiert werden, und mit den Pflichten, die man ihnen auferlegt, abgefunden. Sie sind zur Mitarbeit bereit, wenn diese verlangt wird. Ob das reicht, um auf die Existenz eines wirklich erlebten Gemeinschaftsgefühls zu schließen, ist zweifelhaft. Vielleicht kann man von nicht mehr als einer weitreichenden Akzeptanz der auferlegten Ordnung sprechen, die eher durch Macht und Gewohnheit als durch das bewußte Leben höherer moralischer Normen aufrechterhalten wurde. Spätere Kapitel werden uns einen Einblick in diese Frage geben.

Johannes van Vliet, *Aus dem Geben besteht unser Leben*

13 Arme und Schwache

Jeder fünfte Grafter war arm, und jeder sechste war nicht dazu in der Lage, ohne fremde Hilfe zu überleben. Das verdeutlichen die Zahlen, die bereits in Kapitel 1 für die Situation im Jahre 1680 herangezogen wurden. Die meisten Bewohner der Samtgemeinde gehörten zur Mittelschicht, die nicht auf Unterstützung angewiesen war. Aber auch sie lebten nur knapp über dem Existenzminimum. Eine Veränderung ihrer Situation – etwa durch den Tod des Hauptverdieners – konnte sie in die graue Masse der Besitzlosen und Bedürftigen zurückwerfen. Nur eine kleine Minderheit war reich genug, um auch einen schweren Schlag zu verkraften. In einer solchen Gesellschaft war Armut ein alltägliches Problem.

Die Sorge für Arme und Schwache ist der beste Prüfstein für die Qualität und den Zusammenhalt einer Gemeinschaft, vor allem, wenn sie permanent vonnöten ist. Vor diese Prüfung war Graft im 17. Jahrhundert pausenlos gestellt. Auch wenn wir nur für das Jahr 1680 eine scharfe Momentaufnahme besitzen, so können wir annehmen, daß der Anteil der Wohlfahrtsempfänger auch danach auf keinen Fall sank. Die Kosten der Armenfürsorge müssen konstant auf einem ziemlich hohen Niveau gelegen haben und von der Gemeinschaft getragen worden sein.

Haben wir die Möglichkeit, den Umfang dieser Kosten näher zu bestimmen? Besonders übersichtlich war die Grafter Armenfürsorge nicht. Es gab spezielle Armenpfleger für Graft, West-Graftdijk, Oost-Graftdijk und Noordeinde, alle mit einer eigenen Kasse. Es gab drei reformierte Diakonien in Oost-Graftdijk, West-Graftdijk und in Graft und Noordeinde. Die Mennoniten hatten ihre Diakonie für die Gemeinde in Noordeinde und gesonderte Kollegien für jeden der beiden Teile von Graftdijk. Über eine katholische Armenfürsorge sind zwar kaum Angaben verfügbar, doch hat sie nicht völlig gefehlt. Des weiteren gab es noch das Waisenhaus, und schließlich muß der Nachlaß von Anne Jans Sappes gesondert erwähnt werden: ein Fonds, der jährlich Geldbeträge auszahlte, vor allem an diejenigen Armen, die sich auf eine Verwandtschaft mit der Erblasserin berufen konnten.[1] Das bringt uns auf insgesamt dreizehn verschiedene Instanzen.

Über die Einkünfte und Ausgaben der meisten dieser Kollegien ist nichts bekannt. Nur teilweise sind die Bücher der Armenpfleger von Graft, der reformierten Diakone von West-Graftdijk und dem Fonds von Anne Jans Sappes erhalten geblieben. Der letztgenannte Fonds[2] verfügte über Einkünfte aus Eigenkapital und verteilte jährlich die Zinsen an dreißig bis vierzig Personen. Abhängig von der Anzahl der Begünstigten belief sich die jährliche Auszahlung auf zehn bis zwölf Gulden pro Kopf. Unter den vielen Stiftungen der Armenfürsorge nahm der Fonds von Anne Jans Sappes eine Sonderstellung ein. Er diente nicht so sehr zur Linderung unmittelbarer Not als vielmehr dazu, den armen Blutsverwandten der Stifterin etwas Erleichterung im täglichen Kampf um die Existenz zu verschaffen. Den Verhältnissen der Zeit entsprechend, so wie wir sie in diesem Kapitel näher kennenlernen werden, war auch ein Betrag von zehn Gulden pro Jahr eine nicht zu verachtende Hilfeleistung.

Auch das Waisenhaus nahm eine Sonderposition unter den Wohlfahrtseinrichtungen ein. Rechnungsbücher sind nicht mehr vorhanden. Aber wir kennen die Gesamtausgaben und Einkünfte von Jahr zu Jahr. Sie machen deutlich, daß das Grafter Waisenhaus keine Schwierigkeiten hatte, über die Runden zu kommen. Das Versorgungsniveau entsprach den Maßstäben der Zeit.

Eine normale Kasse für Sozialfälle führten die Grafter Armenpfleger. Die fünfjährlichen Durchschnittswerte der Ausgaben in Gulden[3] zeigen folgendes Bild:

1665–1670[4]	760,62
1670–1675	791,32
1675–1680	741,83
1680–1685	791,50
1685–1690	904,28
1690–1695	817,25
1695–1700	1050,70
1700–1705	1237,17
1705–1710	983,60

Auch hier verfügte man offensichtlich über ausreichende Einkünfte. Fast jedes Jahr blieb sogar etwas übrig, mit dem das Kapital aufgestockt werden konnte. Die gegen Ende unserer Periode beträchtlich gestiegenen Ausgaben hat man mühelos aufgefangen. Der Rückgang der Ausgaben nach 1705 hat übrigens angehalten. Er ist der starken Emigration vor allem der Ärmeren zuzuschreiben, so daß die Diakonie weniger für die Armenfürsorge ausgeben mußte. In Kapitel 5 wurde deutlich, daß der Bevölkerungsrückgang bereits um das Jahr 1685 begonnen haben muß. Damals waren es vor allem die Bessergestellten, die die Samtgemeinde verließen. Das schadete dem Arbeitsmarkt, und der Druck auf die Armenkassen wuchs. Die Reserve aber war groß genug, um die Hilfeleistung dem gestiegenen Bedarf anpassen zu können.

Nach diesen Zahlen kann die Abwanderung aus Graft in zwei Phasen unterteilt werden: Zuerst gehen die Reichen – oder besser: die Reicheren – und daraufhin die Ärmeren. 1669 lebten auf Schermereiland vierzig Schiffer im Dienst von Heringsreedereien. Am Ende des Jahrhunderts waren es nur noch vier oder fünf.[5] Nachdem sie abgewandert waren, fand auch der einfache Seemann auf dem lokalen Arbeitsmarkt keine Arbeit mehr. Im Laufe des 18. Jahrhunderts ist er ganz verschwunden.[6] Es hat den Anschein, als habe in Graft so etwas wie ein natürliches Gleichgewicht zwischen arm und reich bestanden. Die Gemeinschaft konnte die Kosten für einen bestimmten Anteil an Fürsorgeempfängern tragen. 1680 betrug der Anteil der Armen, wie wir sahen, ungefähr 16 Prozent. Für ein jüngeres Datum verfügen wir über detaillierte Angaben: 1807 lebten 18 Prozent der Grafter von der Wohlfahrt.[7] In der letzten Zahl sind die Kinder inbegriffen, die in den Waisenhäusern untergekommen waren. Lassen wir diese außer acht, dann kommen wir auf 16,4 Prozent, also ungefähr auf dieselbe Zahl wie 1680. Es ist nicht ausgeschlossen, daß wir damit die Grenze der finanziellen Belastbarkeit angegeben haben. Graft konnte es sich erlauben, ein Sechstel seiner Bevölkerung zu unterstützen. Stieg der Anteil der Armen an, so mußte es sich selbst korrigieren: durch Emigration oder, wenn das nicht geschah, durch den Anstieg der Sterbeziffer.

Daß diese Grenze immer galt, ist damit natürlich nicht gesagt. Sie hing vom Wohlstand der gesamten Bevölkerung und von ihrer Bereitschaft ab, für die Armen tatsächlich auch Sorge zu tragen. Es fällt auf, daß sich die Anteile für das wohlhabende Graft von 1680 und das viel ärmere Graft von 1807 kaum unterscheiden. Das scheint der Grenze von 16 Prozent eine gewisse Beständigkeit zu verleihen. Im 17. Jahrhundert hat sie kein Problem für die Gemeinschaft dargestellt. Die Pflichten der Armenpflege blieben erfüllbar.

Aber um wieviel Geld ging es dabei? Ist es möglich, das annähernd zu erraten? Wir können darüber nur spekulieren. 1807 betrugen die Ausgaben für die Armen, ohne die Waisenkinder, 5 661 Gulden. Davon gaben die Armenpfleger 500 Gulden für das Dorf Graft aus, das sind beinahe 9 Prozent. Gehen wir nun von der nicht beweisbaren Annahme aus, daß der Anteil der Grafter Armenpflege in der Gesamtbelastung ungefähr gleich geblieben ist, dann haben wir die Ausgaben von 1679–80, nämlich 825 Gulden, ebenfalls 9 Prozent des Ganzen, vorliegen. Die Gesamtsumme muß sich dann auf 9 167 Gulden belaufen haben. Das macht pro Wohlfahrtsempfänger 18,19 Gulden.

Versuchen wir es noch auf eine andere Art und Weise. 1680 gab es 504 bedürftige Personen. Wer bedürftig war, fiel unter die Brotzuteilung. 1680 bedeutete das ein Brot pro Woche.[8] Manche waren das ganze Jahr über bedürftig, andere, wahrscheinlich die meisten, vor allem in schlechteren Zeiten, etwa während der Wintermonate. Nehmen wir nun wiederum vollkommen willkürlich an, daß jeder der durchschnittlich 504 Bedürftigen sechs Monate im Jahr unterstützt wurde und also ein Brot pro Woche empfing, dann kommen wir insgesamt auf 13 104 Brote im Jahr. Die Roggenpreise waren 1680 relativ niedrig. Gehen wir für ein Acht-Pfund-Brot von einem Preis von durchschnittlich 6 Stuivern aus, dann sind das auf ein ganzes Jahr berechnet 3 931,2 Gulden. Des weiteren wissen wir, daß die Armenpfleger des Dorfes Graft im Rechnungsjahr 1679–80 insgesamt 825 Gulden ausgaben, davon für Brot und Getreide 344,3 Gulden bzw. 41,73 Prozent der Gesamtsumme. Träfe dasselbe Verhältnis auf die gesamte Armenfürsorge von Graft zu,[9] dann stimmt der obengenannte Betrag von 3 931,2 Gulden ebenfalls mit dem Anteil von 41,73 Prozent an den Gesamtausgaben überein, und diese betrugen 9 420,56 Gulden. Pro Kopf sind das dann 18,69 Gulden. Wir können auch annehmen, daß das von den Armenpflegern von Graft für Brot und Getreide ausgegebene Geld mit dem Anteil von 9 Prozent an der Gesamtsumme übereinstimmt. Dann kommt die Summe der Ausgaben auf 9 167,4 Gulden. Der Pro-Kopf-Betrag beläuft sich demnach auf 18,19 Gulden.

Die obenstehenden Rechnungen beruhen auf einer äußerst unsicheren Basis. Darum kann es Zufall sein, daß sich ihre Ergebnisse kaum unterscheiden. Das Ergebnis an sich scheint jedoch nicht unwahrscheinlich. Das Kassenbuch der Armenpflege[10] nennt uns Personen, die allein von der Fürsorge leben. Sie empfangen im Jahr 65 Gulden (ein Kind), 83 Gulden und 10 Stuiver (Alter unbekannt, doch noch nicht ganz erwachsen), 96 Gulden, 97 Gulden und 10 Stuiver, 130 Gulden. Der letzte Betrag, für Hilgont Claes, fällt aus dem Rahmen. Wahrscheinlich ist diese Frau oft krank gewesen, wodurch die ihr gewährte Unterstützung weit über das Normale hinausging. Bei aller Vorsicht können wir diese Beträge mit den Ausgaben für die Kinder des verstorbenen Albert Cornelisz. vergleichen, die in relativem Wohlstand vom Nachlaß ihres Vaters lebten. Für jeden von diesen dreien wurden pro Jahr durchschnittlich 90 Gulden und 14 Stuiver bezahlt.[11] Deutlich mehr als für ihre von der Wohlfahrt unterstützten Altersgenossen, aber weniger als für einen Erwachsenen. Es läßt sich darum annehmen, daß die Lebenshaltungskosten in Graft für einen Erwachsenen pro Jahr zwischen 90 und 100 Gulden gelegen haben, auf dem Mindestniveau der Armenfürsorge. Eine Unterstützung von 18 Gulden pro Kopf stellte eine deutliche Aufbesserung des eigenen Einkommens dar, beispielsweise für eine Frau, die mit Spinnen pro Tag fünf oder sechs Stuiver verdiente. Mit den 18 Gulden konnte sie sich gerade über Wasser halten. Mehr als das bezweckte die Armenfürsorge auch nicht.

Mehr wäre auch kaum finanzierbar gewesen. Zu einem großen Teil mußte das Geld von den Graftern selbst kommen. Die meisten Wohlfahrtseinrichtungen besaßen feste Güter und Zinsbriefe, aus denen sie ihre Einkünfte bezogen. Wir verfügen über eine Liste aus dem Jahre 1687, auf der angegeben ist, wieviel die Zinsbriefe wert waren, die die verschiedenen Diakonien und Kollegien von Armenpflegern bei der Provinz besaßen:

Armenvogte Graft	6 075
idem West-Graftdijk	2 600
idem Noordeinde	3 100
Diakonie Graft	10 850
idem West-Graftdijk	750
idem Oost-Graftdijk	1 000

Mennoniten Noordeinde	2 000
Gesamt	26 375

Mit den Zinsbriefen des Waisenhauses (2 100) und des Anne-Jans-Sappes-Fonds (6 700) beläuft sich der Gesamtbesitz zugunsten der Armen auf 35 175 Gulden, aber diese beiden gehörten ja nicht zur normalen Armenfürsorge. Vier andere Einrichtungen, die dazugehören, stehen nicht auf der Liste: die Armenpflege von Oost-Graftdijk, die katholische Armenpflege und die mennonitischen Diakonien in den beiden Teilen von Graftdijk. Wahrscheinlich sind alle vier sehr klein gewesen. Ein Zinsbrief brachte jährlich 4 Prozent ein. Für die Beträge in der obengenannten Aufzählung sind das also 1 055 Gulden. Die Einkünfte aus Immobilien sind nicht bekannt. Wir wissen aber, daß die Einkünfte aus dem Anne-Jans-Sappes-Fonds 1687 gut 446 Gulden betrugen.[12] Der Ertrag der Zinsbriefe muß sich auf 268 Gulden belaufen haben, so daß noch 178 Gulden aus Landbesitz und aus Krediten an Privatpersonen kommen mußten.[13] Von der reformierten Diakonie in Graft ist bekannt, daß sich das Gesamtkapital 1687 auf 16 900 Gulden belief.[14] Davon müssen dann gut 6 000 Gulden in anderer Form als in Zinsbriefen angelegt gewesen sein. Es ist wieder einer der zu Spekulationen verführenden Zufälle, daß das Verhältnis zwischen Zinsbriefen und anderen Investitionen in beiden Fällen ungefähr gleich ist. Das heißt: drei zu zwei. Gilt diese Regel für alle wohltätigen Einrichtungen, so können wir sagen, daß neben den 1 055 Gulden Einkünften aus Zinsbriefen noch ungefähr 700 Gulden aus dem übrigen Kapital gewonnen werden konnten.

Zusammen sind das 1 755 Gulden. Die jährlichen Ausgaben berechneten wir auf mehr als 9 000 Gulden. Die Differenz muß aus den Taschen der Grafter Männer und Frauen gekommen sein. Zwar bezog die Armenpflege auch Einkünfte aus Steuergeldern, aber dabei handelte es sich in der Regel um Sonderabgaben. Der nicht-bedürftige Anteil der Bevölkerung, ungefähr 2 500 Personen, bezahlte jährlich etwa 7 500 Gulden zugunsten der Armen, zu einem kleinen Teil durch Steuern, zu einem größeren Teil direkt durch Kollekten in Kirchen und Spendensammlungen an den Häusern. Das war ungefähr ein Betrag von drei Gulden pro Kopf. Ausgehend von der bereits bekannten durchschnittlichen Familiengröße von 3,8 Personen, können wir sagen, daß ein Grafter Haushalt pro

Jahr 11,4 Gulden an die Armen verschenkte. Das war kaum weniger als ein guter Handwerker in zwei Wochen verdiente. Die Last war zu tragen: Pro Woche mußte jede Familie gut vier Stuiver für die Armen beiseite legen. Aber viel mehr war auch nicht möglich. Wir sagten bereits, daß der Lebensunterhalt eines Erwachsenen jährlich mehr als 90 Gulden kostete. Ein Ehepaar mit zwei Kindern mußte pro Jahr auf ein Einkommen von gut 300 Gulden kommen, wenn etwas übrig bleiben sollte. Die vier Stuiver pro Woche waren also ein Opfer im Rahmen des Möglichen. Wir rechnen dann nicht einmal die paar Heller mit, die ab und zu einem vorbeiziehenden Bettler in die Hand gedrückt wurden.

Mit diesen Zahlen können wir unterschiedlich umgehen. Angesichts der vielen eingebauten Spekulationen können wir herzlich über sie lachen und sie zum Altpapier werfen. Wir können sie aber auch kritiklos als maßgeblich für die Armenpflege des 17. Jahrhunderts akzeptieren, denn Zahlen sind immer willkommen. Zu empfehlen ist weder das eine noch das andere. Ihr Sinn ist kein anderer als der, Fragen aufzuwerfen und eine Richtung für die kritische und verifizierende Untersuchung anzugeben. Wenn die hier vorsichtig angebotenen Antworten einen Wert haben, dann den, daß sie für die Solidarität der Gemeinschaft sprechen. Sie war dazu bereit, das Schicksal der Armen nach besten Kräften mitzutragen.

Wenn diese Annahme wahr ist, muß die Bereitschaft zu geben während der letzten Dekade des 17. Jahrhunderts, als die Zahl der Bedürftigen anstieg, noch gewachsen sein. Im 18. Jahrhundert konnte sie, infolge der durch den Abzug so vieler Armer zurückgegangenen Kosten, wieder abnehmen. Die Erträge aus Spendenaktionen zugunsten der Armen mußten also zuerst steigen, um danach wieder sinken zu können. Wir wissen nichts über die wöchentlichen Kollekten in den Kirchen. Es sind aber Zahlen verfügbar, die sich auf die Sammlungen in den Häusern beziehen. Wir geben hier die jährlichen Summen in Gulden an:[15]

1657	62	1663	170	1669	136
1658	144	1664	161	1670	131
1659	296	1665	159	1671	143
1660	163	1666	151	1672	157
1661	111	1667	179	1673	184
1662	174	1668	176	1674	109

1675	129	1686	321	1697	219
1676	146	1687	163	1698	267
1677	98	1688	238	1699	153
1678	99	1689	228	1700	260
1679	116	1690	244	1701	216
1680	88	1691	229	1702	221
1681	285	1692	225	1703	226
1682	269	1693	225	1704	200
1683	291	1694	271	1705	183
1684	308	1695	88		
1685	307	1696	265		

Was sagen uns diese Zahlen? Zunächst fällt der Betrag für das Jahr 1659 auf. Die besondere Opferbereitschaft ist vielleicht die Reaktion auf eine akute Notsituation gewesen, beispielsweise der Untergang einer Heringsbüse oder eines anderen Schiffes mit vielen Grafter Seeleuten an Bord. Für diese Annahme spricht auch, daß die Ausgaben des Waisenhauses in den Jahren 1659–1660 und 1660–1661 plötzlich viel höher waren als normal:[16]

1657–1658	550
1658–1659	716
1659–1660	1 127
1660–1661	1 255
1661–1662	769
1662–1663	728

Die niedrigen Einnahmen gegen Ende der siebziger Jahre können ein Hinweis auf die Krise sein, die schon öfter deutlich wurde – »dieser elende Zustand von Zeiten und Dingen«, wie es der Kirchenrat von Graft umschrieb.[17] Das Auffälligste sind jedoch die seit 1681 enorm gestiegenen Einkünfte. Sie gehen auf eine bewußte Politik zurück. In den Jahren 1657 bis 1680 ist insgesamt 71mal gesammelt worden, im Durchschnitt also dreimal pro Jahr. Für die folgende Periode hingegen sind 188 Sammlungen verzeichnet bzw. 7,5 Sammlungen pro Jahr. Offenbar befanden die Armenpfleger, daß die Gemeinde mehr geben müsse, und man leistete dieser Überzeugung Folge. Eine so sprunghafte Zunahme der Einnahmen läßt sich jedenfalls nicht aus einer sich langsam erholenden Ökonomie erklären. In den achtziger Jahren haben die Geschäfte im Gegensatz zu den schlechten siebziger Jahren zwar floriert, der Unterschied kann aber nicht so groß sein, wie diese Zahlen suggerieren. Wir sollten eher davon ausgehen, daß die Gemeinde die Botschaft begriffen hat: Es wurde mehr Geld gebraucht, also sollten die Einwohner mehr geben. Deutlich niedrigere Einnahmen, wie in den Jahren 1695 und 1699, sind aus einer geringeren Anzahl von Sammlungen in diesen Jahren erklärbar. Damals wurde offenbar auch weniger Geld gebraucht.

Wir sehen, wie sich gegen Ende des Jahrhunderts ein steter Rückgang ankündigt. Die finanzielle Belastbarkeit der Gemeinde beginnt abzunehmen. Die Opferbereitschaft kann mit dem noch immer steigenden Bedarf nicht Schritt halten. Dann beginnen die Armen langsam fortzuziehen. Da nach den Arbeitsplätzen auch das Niveau der Armenfürsorge sinkt, ist Graft kein attraktiver Wohnort mehr. 1705 haben so viele Sozialfälle das Dorf verlassen, daß die gesunkenen Spendenerträge wieder ausreichen. Das Gleichgewicht zwischen Armut und finanzieller Belastbarkeit ist wiederhergestellt. Die Samtgemeinde von Graft kann ihrer Verantwortung erneut gerecht werden.

Verantwortung schließt eine sparsame Verwaltung der Mittel nicht aus. Die Armenfürsorge war für so einen großen Ort wie Graft eine schwere Belastung. Wenn jeder bekommen sollte, was er unbedingt brauchte, dann war ein sorgfältiger Umgang mit den verfügbaren Mitteln notwendig. Auf drei verschiedene Weisen wurde das gewährleistet: erstens durch die Form der Unterstützung, zweitens durch die Auswahl der Unterstützungsbedürftigen, drittens durch ihre Kontrolle.

Was den ersten Punkt angeht, können wir uns kurz fassen. Es war ein allgemeines Prinzip der Armenfürsorge des 17. Jahrhunderts, daß die Unterstützungen in der Regel aus Naturalien bestanden, nicht aus Geld. Arme erhielten Brot, Torf, Pökelfleisch und ab und zu Kleidung oder Schuhwerk. Geld aber bekamen sie nicht in die Finger. Die Rechnungen des Chirurgen, des Hauswirts und des Schulmeisters wurden von Armenpflegern und Diakonen direkt bei den Dienstleistern beglichen. Der Wunsch nach frei verfügbarem Geld mußte unerfüllt bleiben, es sei denn, ein wohlwollender privater Spender kam zur Hilfe. Eine Witwe in Zuidschermer hinterließ Trijn Klaas Nantjes 1698 einen Betrag von 50

Gulden unter der ausdrücklichen Bedingung, daß nicht die Diakone, die sie unterhielten, sondern Trijn Klaas selbst »die genannten 50 Gulden in ihre eigenen Hände bekommen soll, genießen und nach ihrem Gutdünken darüber verfügen«.[18] So werden die Armen es öfter gewollt haben, aber das ließen ihre vorsichtigen Versorger nicht zu. Einmal mehr verstehen wir dann, wie willkommen die Auszahlungen von zehn oder zwölf Gulden aus dem Nachlaß von Anne Jans Sappes für die Begünstigten gewesen sein müssen. Jedes Jahr stand wenigstens eine kleine Summe zu ihrer freien Verfügung. Anne Jans muß die Armen gut gekannt haben.

Die Auswahl der Wohlfahrtsempfänger fand aufgrund der Herkunft statt, und vor allem Fremden gegenüber zeigte man Strenge. Wer außerhalb Hollands geboren war, kam erst nach siebenjährigem Aufenthalt in der Samtgemeinde für die Wohlfahrt in Betracht. Für holländische Einwanderer betrug der Zeitraum zwei oder drei Jahre, wie es der Gemeinderat mit der bekannten Lockerheit des 17. Jahrhunderts formuliert:[19] Irgendwo muß die Grenze sein, aber auf ein Jahr mehr oder weniger kommt es nicht an. Der Zweck solcher Bestimmungen war zweifellos, den Zulauf in als reich angesehene Städte und Dörfer zu bremsen. De Rijp war darin ganz strikt und wollte eigentlich niemandem gestatten, sich ohne einen ordentlichen Nachweis seiner Herkunft niederzulassen.[20] Wenn so jemand bedürftig wurde oder wenn es seine Nachkommenschaft traf, dann konnten bei der Gemeinde, aus der der Betreffende kam, Ersatzansprüche geltend gemacht werden.[21]

Wer lange genug in der Samtgemeinde gewohnt hatte, kam für die Unterstützung in Betracht, aber im Prinzip immer nur ergänzend war eine Beihilfe. Zuerst mußten alle eigenen Mittel eingesetzt werden, sowohl die finanziellen als auch die physischen. Der Fürsorgeempfänger unterstand der Vormundschaft. Seine Versorger hatten ein Verfügungsrecht über seine Güter und seine Arbeitskraft, und bei seinem Tod fiel sein Nachlaß an Armenpfleger oder Diakone, wie wenig dort auch immer zu holen war. »Empfangen aus dem Nachlaß von Maertien Floris 16:16:0«, notierten die Armenpfleger 1681.[22] Das Einziehen so ärmlicher Hinterlassenschaften scheint kleinlich. Aber wer sollte mehr Recht auf das Erbe geltend machen können? Nur die nächsten Blutsverwandten, doch die hätten sich dann zu Lebzeiten um die Erblasserin kümmern können. Taten sie das nicht, so verfiel ihr Anspruch.[23] Einiges an Lehrgeld haben die Grafter Armenpfleger bei aller Vorsicht zahlen müssen. 1617 war ein alter Mann verstorben, der jahrelang durch die Diakonie unterstützt worden war. Er hatte von seiner Unterstützung die stolze Summe von 700 Gulden sparen können.[24] Zum Glück war mit der Kirche vereinbart, daß sein Erbe ihr zugute kommen sollte.[25] Der alte Jan Gerritsz. wußte also im voraus, daß seine Sparsamkeit dem allgemeinen Interesse dienen würde. Aber diese Erfahrung mußte die Armenpflege bei der Ermittlung der Unterstützungshöhe aufhorchen lassen.

Darum war die Armenpflege immer auch mit Kontrolle verbunden, woran nichts Unredliches und Kleinliches ist. Es handelte sich dabei eben um die schwerste Last, die die Gemeinschaft zu tragen hatte. Man mußte wohl einige Schutzmaßnahmen ergreifen, um die Möglichkeiten des Mißbrauchs zu verringern. Die Quellen machen jedoch nicht den Eindruck, als sei die Beaufsichtigung übermäßig genau gewesen. Angesichts der großen Anzahl von Armen und angesichts der Schwäche der menschlichen Natur ist es durchaus wahrscheinlich, daß immer ein paar zu Unrecht Unterstützung empfangen haben und daß andere in der großen Gruppe nicht so enthaltsam gelebt haben, wie es ihre Lage nach Auffassung der Pfleger erforderte. In Anbetracht dessen ist die Ernte an aktenkundigen Fällen außergewöhnlich klein.

Die Diakone von Graft haben 1638 die Witwe Jannetgen Marcus ihres zügellosen Lebens wegen ernsthaft gerügt. Sollte ihnen das nochmals zu Ohren kommen, würden sie sie im Stich lassen. Die Ermahnungen haben Jannetgen nicht zur Reumütigkeit bewegt. Sie bestellte sich den Pfarrer ins Haus und regte sich heftig über die Nachbarn auf, die sie zu Unrecht beschuldigt hatten, »mit langen Klagereden, Geschrei und Verleumdungen«.[26] Ein halbes Jahr später war sie wieder im Gespräch. Die Diakone fragten, was zu tun sei. Der Kirchenrat riet mit äußerster Vorsicht. Die Brüder müßten zwar ganz nach Lage der Dinge handeln, doch »auch bedenken, daß die Kinder wegen der Fehler ihrer Mutter keinen Schaden nehmen sollten«.[27] Wenn es darauf ankam, durfte man einem wirklich Armen die Hilfe nicht verweigern. 1642 kam im Kirchenrat die Angelegenheit von Jan Rieuwertsz. zur Sprache. Er hatte seine Frau verlassen und machte keine Anstalten, das eheliche Zusammenleben wieder aufzunehmen. Man unterbreitete seinerzeit den Diakonen, mit Einstellung des Unterhalts zu drohen.[28] Der Rat forderte aber nicht, daß sie tatsächlich dazu übergehen müßten, und es kam auch nicht dazu. Armut war auch hier das ausschlaggebende Motiv für Hilfe, sogar wenn das Verhalten des Unterstützten nicht den Maßstäben der Diakonie entsprach. Arme, die die Kirche mit der Entschuldigung versäumten, sie hätten keine entsprechende Kleidung, wurden nicht von der Liste gestrichen. Sie bekamen bessere Kleidung.[29]

Die Armenpfleger haben kein Protokollbuch hinterlassen, das einen Einblick in ihre Politik geben könnte. Nur am Rande wird ab und zu deutlich, daß wirkliche Not gegenüber formalen Argumenten Vorrang hatte. Ein gewisser Foppe verschwand 1618 plötzlich aus Graft. Seine Kinder blieben allein zurück. Sie fielen unmittelbar der öffentlichen Kasse zur Last, nachdem man sich allerdings bei ihren Alkmaarer Verwandten informiert hatte, ob diese etwas für die Kinder tun könnten.[30] Die Armenpfleger von West-Graftdijk erklärten 1700, daß sie die Fürsorge für die Kinder des verstorbenen Jacob Jacobsz. übernähmen. Sie seien dazu vielleicht nicht befugt, solange aber nicht feststand, wer sie unterstützen sollte, würden sie diese Aufgabe, als Ausdruck von Liebe und Barmherzigkeit, auf sich nehmen.[31]

Die Armenpfleger nannten sich »nicht befugt« – warum wählten sie nicht die Formulierung »nicht verpflichtet«? Vielleicht dürfen wir dieses eine Wort nicht so schwer gewichten. Es steht aber immerhin in einem notariellen Schriftstück, ein Schreiben von der Sorte, die im Ruf der Genauigkeit und Präzision im Sprachgebrauch steht. Und sollte es auch ein Irrtum sein, so paßt das gewählte Wort doch gut in die Auffassung der Armenpflege im 17. Jahrhundert. Jan Pietersz. Gelis hinterließ den Armen 1608 hundertfünfzig Gulden, »die Bedürftigkeit der menschlichen Natur bedenkend und auch die Unbeständigkeit des weltlichen Reichtums und im Sinne des Herrn Jesus Christus, der uns die Armen zur Fürsorge anempfohlen hat«.[32] Auch wenn solche Erwägungen nicht in allen Testamenten vorkommen, so bedenken doch viele die Diakonie oder die Armen.[33] Vor allem das Waisenhaus sprach die Großzügigen an. Der Armenvogt Jan Cornelisz. Groen hinterließ bei seinem Tode 1667 all seinen Besitz dem Waisenhaus.[34] Claes Meyndertsz. hatte 1680 ein umherziehendes Kind in sein Haus genommen, und auch Claes Heynes fühlte sich dazu bewogen, zwei Waisenkinder »um Gotteslohn bei sich aufzunehmen«.[35] Nicht jeder wird gleichermaßen sein Mitgefühl mit Armen und Schwachen zum Ausdruck gebracht haben. Wer sich aber Rechenschaft von seinem Verhältnis zu Gott und den Menschen ablegte, wird seinem Gewissen gefolgt sein.

Solch ein großes Dorf wie Graft hat immer auch eine gehörige Anzahl von Menschen mit durchgebracht, die keinen Platz unter den Arbeitenden einnehmen konnten. Wer aber arbeiten konnte, mußte so weit gehen, wie seine Kräfte reichten. Auch die vollständig Unterstützten verdienten ab und an noch etwas dazu. Das ging dann direkt an ihre Versorger. Im Kassenbuch der Armenpfleger treffen wir beispielsweise im Jahre 1700 die folgenden Posten an:[36]

Spinnlohn Leendert Leeu	18:10:8
Spinnlohn Trijn Heertjes	9:18:0
Spinnlohn Maertjen Klinckerts	9:15:8
Arbeitslohn Jan Jansz.	8:12:8
Spinnlohn Mary Velsens	8:18:8
Arbeitslohn Issent Baes	3: 7:0
Lohn Aryan de Vries	4: 0:4

Es handelt sich hier immer um Einkünfte pro Quartal. Auf das Jahr umgerechnet, liegen all diese Einkünfte unter dem Existenzminimum von neunzig bis hundert Gulden im Jahr. Hier handelte es sich um Personen, die, aus welchen Gründen auch immer, nicht dazu in der Lage waren, eine normale Arbeitsleistung zu erbringen. Wenn beispielsweise Mary Velsens die Tochter von Jacob Jansz. Velsen ist, der 1682 von den Armenpflegern Schulgeld empfing, um seine Kinder lesen lernen zu lassen, dann muß sie 1700 noch eine junge Frau gewesen sein. Auch wenn sie das ganze Quartal über für einen niedrigen Tagelohn von 5 Stuivern gesponnen hat, dann hätte sie leicht das Doppelte von dem verdient haben können, was sie an die Armenpfleger abgeführt hat. Wahrscheinlich handelt es sich bei den meisten der Obengenannten um geistig oder körperlich Behinderte, die nur über eine begrenzte Arbeitskapazität verfügten oder für die nur ab und zu ihren Möglichkeiten entsprechende Arbeit zu finden war. Ein gewisser Anderis, der vollständig unterstützt wurde, führte 1665 10:16:6 an die Armenpfleger ab und 1657 noch einmal 11:14:0, die er mit Schusterarbeiten bei Willem Simenss. verdient hatte.[37] Die Beträge sind so niedrig, daß die

Auftragsarbeit eher dazu zu dienen scheint, Anderis beschäftigt zu halten, als ihm einen Broterwerb zu verschaffen. Das galt vielleicht auch für verschiedene andere, die auf der oben angegebenen Liste zu finden sind. Der einzige, der ein vollwertiges Arbeitseinkommen hat, ist Leendert Leeu. Bei ihm könnte man der Meinung gewesen sein, daß er nicht imstande war, sein Geld vernünftig und zweckmäßig zu verwalten.

Die Quellen registrieren zwei Gruppen von Behinderten, die in der Grafter Gesellschaft lebten: die Blinden und die Schwachsinnigen. Einmal taucht auch die Information auf, daß in der reformierten Kirche von Graft spezielle Bänke »für die Schwerhörigen« standen,[38] aber in den Akten der Armenfürsorge kommen sie nicht vor. Wir stoßen auch auf keine Beinamen, die auf dieses Gebrechen hindeuten. Selten können die Schwerhörigen nicht gewesen sein, wenn eigens für ihren Kirchenbesuch Bänke gezimmert wurden und noch dazu für die nicht geringe Summe von 95:12:8. Vielleicht kam Taubheit bei Älteren so häufig vor, daß sie nicht als ein individuelles Persönlichkeitsmerkmal betrachtet wurde.

Bei den Sehbehinderten war das anders. Die Salz- und Seifenveranlagung von 1680 gibt viermal an, daß jemand blind und arm ist.[39] Reiche Blinde sind dort nicht registriert. Daß es sie natürlich gab, beweist Adriaen Dingemans, der 1660 die Fischgründe an der Schleuse von West-Graftdijk gepachtet hatte.[40] Er lebte von seinem Kapital, und das war die einzige Möglichkeit für einen Blinden, sich selbständig zu unterhalten. Die Ärmeren bekamen Hilfe, indem Geld auf ihren Namen festgesetzt wurde. Das tat Anne Jans Sappes 1612 für Yff Jansz., und Symon Claesz. tat es für Jaspar Heyndricksz.[41] Letzterer stand unter Vormundschaft des sehr angesehenen Jacob Willemsz. Mackes.[42] Es kann natürlich zwischen den beiden eine Familienbeziehung bestanden haben. Wenn nicht, dann läßt die Anweisung eines so angesehenen Mannes vermuten, daß die Gemeinschaft sich für Jaspar Heyndricksz. verantwortlich fühlte. Das würde gleichfalls erklären, warum der blinde Cornelis 1661 von den Armenpflegern wöchentlich zwei Gulden und zehn Stuiver erhielt und 1662 zwei Gulden und zwölf Stuiver.[43] Die Beträge liegen deutlich über dem Durchschnitt und deuten an, daß zusätzliche Unterstützung, beispielsweise in Form einer Haushaltshilfe, gewährt wurde.

Zahlreicher waren die Schwachsinnigen, »die von Gott Heimgesuchten, die in ihrem Verstand Geschlagenen«. Doch von ihnen hören wir eigentlich nur, wenn sie bei Erbschaften besonders bedacht werden[44] oder wenn sie unter Vormundschaft gestellt werden.[45] Wenn sie nicht über üppige Mittel verfügten, dann nahmen sie wahrscheinlich mehr schlecht als recht ihren Platz unter den Werktätigen in der Gemeinschaft ein.[46] Gerrit Woutersz. aus Koedijk stritt 1639 vor Vogt und Lehnsherren von Nieuwburgen ab, daß er seine Frau des Ehebruchs beschuldigt habe. Er begriff auch nicht, was der Vogt damit zu schaffen hatte. Und wenn seine Frau so etwas behauptet hätte, könne man dem keinen Glauben schenken. Sie habe nun einmal »ihre Phasen«, in denen sie nicht im Vollbesitz ihrer geistigen Kräfte sei.[47] Doch erfüllte diese Frau anscheinend ihre haushaltlichen und ehelichen Pflichten. Warum sollte in Graft nicht möglich sein, was in Koedijk möglich war? Bei einem Volksaufruhr 1678 in Krommenie fiel besonders ein Mann auf, der »durch die Narrenmühle gedreht worden war«,[48] Gewiß gab es die auch in Graft, und gewiß hatte die Gesellschaft für sie einen Platz. Mit einfacher Handarbeit konnten sie ihren eigenen Lebensunterhalt bestreiten. Sonst kamen sie auf solchen Listen vor wie der obigen, Listen von Bedürftigen, die ihren Lohn an die Armenpfleger abführten. So wurden sie von der Gemeinschaft getragen.

Im Prinzip galt das für alle, die die Normen der Gemeinschaft nicht verletzten. Sie wurden als Mitbürger von Graft akzeptiert, und darum wurde ihnen auch in ihrer Armut geholfen. Ihre persönliche Lebensgeschichte läßt sich meistens nicht schreiben. Selten haben die Quellen mehr zu bieten als einzelne Posten in einem Kassenbuch. Nur bei einigen sind von der ausradierten Lebenslinie noch genug Punkte erkennbar, um teilweise eine Rekonstruktion zu ermöglichen. Halten wir darum zum Abschluß noch für einen Augenblick bei den Abenteuern von Moye Neel Jans inne.

Am 20. Oktober 1654 wurde die spärliche Habe von Jochem Wilmsz. Klinckert, zu Lebzeiten Bierverkäufer von Graft, versteigert.[49] Unter den angebotenen Gütern befand sich eine Partie Laken, die für ungefähr einen Gulden pro Stück weggingen. Ein Laken bringt nur die Hälfte dieses Betrages ein. Es geht für zehn Stuiver an Moye Neel (Hübsche Neel). Wir kennen sie noch aus Kapitel 2, als wir auf ihren bemerkenswerten Beinamen hinwiesen. Eine so saloppe Titulierung weist auf keine gute soziale Position, ebensowenig wie der auffallend niedrige Preis ihres Ankaufs. Die Frauen von Graft kamen gern ins Wirtshaus, wenn dort etwas versteigert wurde, und vielleicht war Moye Neel immer dabei. Doch sie kaufte selten etwas. Erst 1670 ist ihr Name bei der Versteigerung der Güter der verstorbenen Ladenbesitzerin Anne Maertens notiert worden.[50] Moye Neel geht nach Hause mit einem Töpfchen grüner Erbsen für einen Stuiver und vier Penningen und einem Pelz für fünf Stuiver. Der war bestimmt nicht von Spitzenqualität, denn bei anderen Versteigerungen sehen wir Pelze zu Preisen von über drei Gulden über den Tisch gehen.

Moye Neel war offenbar keine reiche Frau. Das Kassenbuch der Armenpfleger bestätigt das, denn sie kommt regelmäßig darin vor. Am 6. März 1655 bekommen drei Lieferanten insgesamt 5:9:4 ausbezahlt, für Öl, Seife, Zucker und jungen Käse, zugunsten von Moye Neel. Warum sie das alles erhielt, kommt am 18. April heraus. Denn da bekommt Pieter Kistemaker 1:4:0 ausbezahlt, »für den Sarg von Moye Neels Kind«. Sie war also Mutter geworden, und das Kind ist innerhalb von zwei Monaten gestorben. Das Kassenbuch verzeichnet danach noch vier andere Geburten.[51] Auf eine davon folgt wiederum rasch die Beerdigung.[52] Ihr Name wird zum letzten Mal am 6. Dezember 1680 erwähnt, diesmal unter den Einkünften. Ihr Nachlaß fiel den Armenpflegern zu und hat 16:10:12 gebracht.

Die Armenpfleger werden die Wohnung nicht leergeräumt haben, denn Moye Neel hinterließ vier Töchter, die alle der Armenkasse zur Last fielen. Das ist eine mehr, als wir aufgrund des Kassenbuches erwarten würden, denn das gibt fünf Geburten an, wobei zwei von den Kindern schnell gestorben sind. Die jüngste von Moye Neels Töchtern kommt auch nicht darin vor. Sie war laut der Salz- und Seifenveranlagung von 1680 in jenem Jahr noch unter zehn, während die letzte Geburt in dem Kassenbuch unter 1668 verzeichnet ist. Aber wir erfahren noch mehr. Das Begräbnisbuch enthält die Angabe über eine Beerdigung am 11. Januar 1666: »Guertje Willems, Tochter von Moye Neel«.[53] Die Sterbefälle in dem Kassenbuch sind vom April 1655 und vom April 1665. Es muß sich hier also um ein siebtes Kind handeln. Das Kassenbuch hat nur fünf Geburten festgehalten. Moye Neel ist also zweimal selbst für eine Geburt und einmal für eine Beerdigung aufgekommen. Das Geld stammt aus ihrer eigenen Tasche oder aus der des ansonsten unbekannten Willem, welcher der Vater der 1666 begrabenen Guertje Willems gewesen sein muß.

Über diesen Willem wissen wir nichts weiter. Vielleicht war er Seemann, der ab und zu an Land kam, um ein Kind zu zeugen, und der die
Sorge für den Sprößling seiner Frau überließ. Sie muß auch selbst etwas
verdient haben, mit Spinnen, mit Scheuern oder was sich sonst noch
anbot. Wir wissen durch Zufall, daß der Tabakhändler Abraham Jansz.
1664 74 Fässer Tabak bei ihr eingelagert hat.[54] Diesen Platz hatte sie vermietet, und vielleicht verkaufte sie ab und zu auch kleine Mengen Tabak.
So verfügte sie von Zeit zu Zeit über Geld, um Lebensmittel und die
Särge für die Kinder bezahlen zu können und um bei günstiger Gelegenheit auf einer Versteigerung ein Töpfchen Erbsen oder einen halbver-
schlissenen Pelz zu erstehen.

Das ist das Leben von Moye Neel Jans. Daß sie im Goldenen Zeitalter
lebte, wird ihr nicht aufgefallen sein. Sie hat das tägliche Dasein vermutlich nur von seiner schwierigen Seite kennengelernt. In kinderreichen
Familien und Häusern von Witwen war die größte Armut zu Hause.
Moye Neel hat zuerst sieben Kinder zur Welt gebracht, oder vielleicht
noch mehr, und blieb dann als Witwe zurück. Alt wird sie nicht geworden
sein. Angesichts des Alters ihres jüngsten Kindes bei ihrem Tod ist es
unwahrscheinlich, daß sie die fünfzig noch erreicht hat. Man hat sie nicht
im Stich gelassen. Die Gemeinschaft hat sie unterstützt, auch wenn Moye
Neel nicht mehr als das Allernötigste bekam. Sie hat sich damit abgefunden. Diejenigen Armen, die sich nicht anzupassen wußten, haben andere
Mittel gewählt, um an Geld zu kommen. Sie konnten betteln, stehlen
oder der Prostitution nachgehen. Moye Neel tat das nicht. Hätte sie gebet-
telt, so wäre sie aus der Armenversorgung herausgefallen, und hätte sie es
mit Diebstahl oder Prostitution versucht, dann hätte sie sich vor dem
Vogtgericht verantworten müssen. Sie hielt sich an die Normen der
Gesellschaft, die sie wie alle Armen in ihre Gemeinschaft einzubinden
suchte. Nach den Möglichkeiten, die der Samtgemeinde Graft gegeben
waren, hat die Armenfürsorge ihren Zweck erfüllt.

IV

Normen und Werte

Daniel van den Bremden, *Winter*

14 Die Ehe

Am 28. Januar 1691 vergnügte sich eine Gruppe von Eisläufern auf dem westlichen Ringgraben bei Graftdijk, als plötzlich in der Kurve ein Schlitten auftauchte, der fast den ganzen Platz in Beschlag nahm. Die ersten fünf Läufer vermochten dem Fahrzeug gerade noch auszuweichen. Nummer sechs und sieben wurden angefahren und stürzten. Neeltje Maertens konnte aus eigener Kraft wieder aufstehen, Cornelis Aukesz. jedoch blieb mit gebrochenem Bein auf dem Eis liegen. Der Schlittenfahrer war weitergefahren. Vielleicht hoffte er, daß niemand ihn erkannt hatte. Doch da hatte er sich geirrt. Der Vater des Opfers reichte Anklage gegen ihn ein, und drei der Eisläufer machten in der Kanzlei von Notar Adriaen Kos ihre Aussage.[1]

Daher wissen wir, wie die Gruppe sich zusammensetzte: sieben Jungen und Mädchen, zwischen siebzehn und zwanzig Jahren. Wir kennen auch ihr Ziel. Sie wollten auf Schlittschuhen nach Landsmeer und zurück, eine Tour von bestimmt fünfzig Kilometern. Sie waren kaum aufgebrochen, und es war vier Uhr nachmittags, als das Unglück passierte. Es dämmerte schon, aber sie hatten noch einen langen Weg vor sich. Hätten sie nicht etwas eher losfahren können? Nein, das ging nicht. Das Ganze spielte sich an einem Sonntag ab. Die Jugendlichen waren erst in der Kirche gewesen oder, wie sie selbst gesagt hätten, bei der Ermahnung, denn sie alle waren Mennoniten. Das geht aus der Akte des Notars hervor. Die Zeugen erklären sich dazu bereit, ihre Aussage mit einem Eid zu bekräftigen.

Dieses Abenteuer im Dunkeln, draußen auf dem Eis, wurde uns ohne Umschweife erzählt wie ein ganz normales Ereignis. Nach den Gesetzen der Zeit handelt es sich hier um minderjährige Kinder. Der angefahrene Cornelis Aukesz. strengt deshalb auch selbst noch keine Rechtssache an, sein Vater tut es für ihn. Aber die gemischte Gesellschaft aus unverheirateten Jungen und Mädchen hat, ohne die Begleitung von Vätern und Müttern, eine Schlittschuhfahrt unternommen, von der sie erst spät, nach Einbruch der Dunkelheit, heimgekehrt wären.

Durften die mennonitischen Jugendlichen mehr als die reformierten? Wer den Ruf der Täufer des 17. Jahrhunderts kennt, wird das nicht so schnell ohne weiteres glauben. Wollen wir aber sicherheitshalber einmal versuchen, ob wir nicht auch reformierte Jugendliche in ihrem Alltag ertappen können. Am Sonntag, den 28. Dezember 1681 wurde das erste Aufgebot für Aegt Pieters und den Chirurgen Pieter Jansz. van den Bosch verlesen. Am selben Abend begann Jan Abrahamsz. in Noordeinde die Nachricht zu verbreiten, »daß der Chirurg Pieter seine Tochter Neel Jans mit Gewalt vom Stuhl gerissen und gegen ihren Willen vergewaltigt hatte«.[2] Pieters Vater ließ es nicht dabei bewenden. Er rief einige Zeugen auf, lauter »Frauen von Ehr und Frömmigkeit, von gutem Namen und Ruf«, und zwar Neel Jacobs, 28 Jahre alt, Aaltie Gootiens, 27 Jahre alt, und Trijn Kornelis, 24 Jahre alt. Alle erinnerten sich noch gut daran, daß Neel Jans am 12. Dezember 1681 ihr Hemd gewaschen hatte, »welches durch ihre Menses sehr infiziert und beschmiert war«. Von Schwangerschaft war also nicht die Rede. Aber was für uns wichtiger ist: Die Zeugnisse erzählen auch etwas von der Art und Weise, wie junge Menschen miteinander umgingen. Alle hatten sie einmal neben Meister Pieter auf dem Bock gesessen, wenn er mit seinem Wagen die Runden drehte, »und nicht die mindeste Unehre oder nichts, was danach aussah, festgestellt«.[3]

Auch Neel Jans wird einst auf dem Karren mitgefahren sein. Hat sie von einem besseren Leben geträumt als dem in dem überfüllten Häuschen ihres Vaters Jan Abrahamsz. mit seinen sieben Kindern? Als klar war, daß Pieter eine andere Braut gewählt hatte, konnte sie noch einen letzten Trumpf ausspielen. Nach Ansicht ihrer Freundinnen spielte sie falsch, und sie konnte Pieters Ehe nicht aufhalten. Diese Geschichte aber bestätigt eindeutig, daß junge Männer und Frauen einander leicht Gesellschaft leisten konnten. Nicht nur in Gruppen, so wie die eislaufenden Täufer, sondern auch tête-à-tête auf dem Wagen oder – wahrscheinlich noch öfter in diesem wasserreichen Dorf – zu zweit in einem Bötchen. Wenn entlang des Zaan Jugendliche abends in ihren Bötchen herumfuhren, »nichtige und unnütze Liedchen« singend,[4] dann wird es auch nördlich des Starnmeeres so zugegangen sein. Im Waterland des 18. Jahrhunderts konnte ein Junge verschiedene Mädchen besuchen, ohne daß das zu Verpflichtungen führte. Erst wenn sie zusammen die Nacht verbrachten, sagt

Le Francq van Berkhey, »beginnen die Eltern, die Sache mit mehr Aufmerksamkeit zu überdenken«.[5] Soviel kühle Gelassenheit deutet darauf hin, daß die Eltern von Waterland ihren Kindern Freiheit ließen. Diese Beobachtungen bestätigen, was Haks in seiner Dissertation für ganz Holland annimmt, nämlich daß die jungen Leute auf dem Heiratsmarkt selbst die Initiative ergriffen. Die Eltern mischten sich, laut Haks, hauptsächlich in einem Punkt ein. Sie strebten nach Ehen innerhalb der eigenen Religionsgemeinschaft.[6] Das könnte dann gut der Hintergrund für die mennonitische Eislauftour nach Landsmeer gewesen sein. Die Teilnehmer kamen aus Graftdijk, wo wenig Ehen registriert sind. Die einzige aus unserer Eislaufgruppe, die darin genannt wird, ist Marie Remmens. Diese hat tatsächlich im selben Jahr 1691 noch geheiratet. Möglicherweise hat ihr Bräutigam Claes Simonsz. den ereignisreichen Lauf mitgemacht.[7] In jedem Fall hat Kapitel 5 uns schon gelehrt, daß in allen Grafter Kirchengemeinden Ehen innerhalb der eigenen Konfession die Regel waren.

Wenn die Kirche versuchte, sich in die Partnerwahl einzumischen, so verfolgte sie damit einen Zweck. Sie wollte ihre Normen durchsetzen, ganz gleich ob sie mennonitisch, katholisch oder reformiert war. Nur das Archiv der letzteren ist so ausreichend bestückt, daß wir einen Einblick gewinnen, aber die Maßstäbe waren zweifellos bei allen drei Kirchengemeinden gleich. Man wollte, daß die Eheschließung auch der Moment sei, in dem der sexuelle Verkehr begann.

Man wollte es oder, besser gesagt: Man hätte es gern gehabt. Ganz einfach war es wohl nicht, diese Regel durchzusetzen. Wir haben schon gesehen, daß rund 40 Prozent der Grafter Jugendlichen erst heiratete und dann einer Kirchengemeinde beitrat. Solange sie keine Mitglieder waren, befanden sie sich außerhalb des kirchlichen Zugriffs. Der Kirchenrat konnte jedoch die Eltern auf Unschicklichkeiten aufmerksam machen, und genau das zeigen uns die Protokolle auch ein paarmal. »Denjenigen Gemeindemitgliedern, in deren Häusern der unschickliche Beischlaf der jungen Paare geschieht, bevor bestimmte Gebote erfüllt sind, soll bei Hausbesuchen die Ungehaltenheit des Kirchenrates kundgetan werden.«[8] Der Kirchenrat ärgerte sich also nicht über die jungen Paare, denn die standen nicht unter seiner Aufsicht, sondern über diejenigen, die ihnen die Gelegenheit gaben, sich zu treffen. Das schienen zwei Frauen gewesen zu sein, Garberich Cornelis und Dieuwer Symons. Beide sagten, es sei ohne ihre Zustimmung geschehen.⁹ Sie hätten davon gewußt und Einspruch erhoben, seien aber nicht erhört worden.

Vielleicht waren beide Witwen, vielleicht auch Seemannsfrauen, die zeitweilig die häusliche Autorität ihrer fahrenden Männer übernommen hatten. Ob die Männer ihre Autorität hätten geltend machen können, bleibt noch die Frage. Wir befinden uns hier in einem Lebensbereich, in dem große Kompromißbereitschaft besteht. Es wird schon aufgefallen sein, daß in den oben zitierten Worten des Kirchenrats Beischlaf als ungehörig bezeichnet wird, wenn er stattfindet, »bevor bestimmte Gebote erfüllt sind«. Die Gebote waren die Aufgebote, die dreimal verlesen wurden. Sie gingen der Eheschließung voraus. Ein wirklich strenger Kirchenrat mußte fordern: Kein Beischlaf vor der Hochzeit. Das Grafter Konsortium wählte eine nachsichtigere Formulierung, die dem Brautpaar einen Vorschuß von drei Wochen gab. Wer sein erstes Aufgebot bestellt hatte, war eigentlich schon getraut.¹⁰ Ein gewisser Pieter Cornelisz. wollte sich 1682 dem zweiten Gebot entziehen, weil seine Frau inzwischen mit Jacob Pietersz. Spaansleer geschlafen hatte. Es ist ihm nicht geglückt.¹¹

Der Kirchenrat hat die Aufgebotenen und Verlobten gewähren lassen. Die Quellen gestatten uns keinen vollständigen Einblick in seine Politik, denn leider können wir für das 17. Jahrhundert keine Heirats- und Taufregister nebeneinanderlegen. Wir können also auch nicht sehen, wie viele Kinder vor Ablauf von neun Monaten nach dem Tag der Eheschließung geboren wurden, aber es ist anzunehmen, daß es nicht wenige waren. Doch findet sich in den Protokollen der Kirchenräte von Graft und Oost-Graftdijk nur ein einziges Beispiel kirchlichen Einschreitens gegen das Beisammensein vor der Ehe. Das betrifft Dieuwer Pieters, die 1637 vom Abendmahl ausgeschlossen wurde, weil sie noch nicht verheiratet war. Das konnte sie auch nicht sein, denn die Eheschließung hatte sich verzögert. Sie hatte wegen der Geburt ihres ersten Kindes nicht in die Kirche kommen können.¹²

Das ist der einzige Fall dieser Art, und der Kirchenrat trat ihr gegenüber nicht besonders streng auf. An der nächsten Abendmahlsfeier konnte sie als inzwischen verheiratete Frau wieder teilnehmen. Von der Kanzel aber war bekanntgegeben worden, »daß es eine Schwester in der Gemeinde gibt, die sich vergessen hat und ihre Ehe in der Art der weltlichen Kinder begann«.[13] Ihr Name wurde also offensichtlich nicht in der Öffentlichkeit erwähnt, doch wird jeder gewußt haben, wie diese weltlich gesinnte Schwester hieß. In den Protokollbüchern lesen wir ab und zu von Witwen, die sich bei ihrer zweiten Eheschließung nicht so ehrbar betragen haben, »wie es sich für Christenwitwen geziemt«.[14] Aber jüngere wurden nicht ermahnt.

Man machte wahrscheinlich auch deshalb kein Aufhebens davon, weil sich normalerweise keine weiteren Komplikationen ergaben. Das Taufregister von Westgraftdijk meldet nur eine uneheliche Geburt.[15] Wegen Kindsmordes hat nicht eine einzige Grafter Frau vor Gericht gestanden. Das Vogtsregister von Nieuwburgen hat für dieses Delikt im ganzen Bezirk auch keinen anderen Namen aufgezeichnet als 1615 den der geflohenen Haesien Engels aus Ursem.[16] Offenbar ging es in den meisten Fällen von Beischlaf um vorehelichen Verkehr, auf den rasch die Hochzeit folgte.

Die Liebenden hatten einander dann auch schon die Treue geschworen, und große Unterschiede zum »rechtmäßigen« Geschlechtsverkehr hat man vielleicht nicht gesehen. Cornelis Taems aus Starnmeer bezeugte 1659, das er mit Trijn Dirckx, »gegenwärtig wohnhaft im Beemster, seiner Dienstmagd, gemeinsam einen Bund geschlossen hat, miteinander nach Gottes Geboten sich in den ehelichen Stand zu begeben und einander niemals zu verlassen. Wonach sie miteinander ins Bett gegangen sind und sich dort miteinander verlustiert haben, auf diese Weise etwa drei Monate in fleischlicher Wollust lebend, wonach Trijn Dirckx ihn, den Zeugen, schändlich verlassen hat«.[17] Eine kuriose Mischung von Begehren und Versprechen, aber am deutlichsten klingt doch die Empörung darüber heraus, daß die Frau, die mit einem Mann geschlafen hatte, auch noch die Treulosigkeit besitzen konnte, ihn im Stich zu lassen. Cornelis Taems muß sich als bereits gebunden betrachtet haben, auch wenn die Formalität der gesetzlichen Heiratsbestätigung fehlte. Solch eine Auffassung war seinerzeit in der Gegend normal. Dirck Jansz. Dil aus Ursem wurde 1660 nur deshalb als Vergewaltiger verurteilt und verstoßen, weil er Neel Ijsbrants »niemals auf eine Heirat angesprochen hatte.«[18] Eine zwingende Verpflichtung für Zusammenwohnende, eine formale Ehe einzugehen, scheint nicht existiert zu haben. Kornelis Maartensz. Landhoek im eingedeichten Schermer hinterließ 1700 all sein Hab und Gut »seiner Dienstbotin Aagte Gerrits«. Sie würde auch das Kind aufziehen, das die letzten fünf Jahre in seinem Haus gewohnt hatte.[19] Warum Aagte Gerrits diese Last auf sich nehmen sollte und wie das Kind dahingekommen war, sind Fragen, die das Testament unbeantwortet läßt. Kinder kommen im Testament von Jacob Lourisz. aus Akersloterwoude nicht vor. In Ermangelung natürlicher Erben teilt er seinen Besitz zwischen »Trijn Jans, die neben seinem Hause wohnte«, und »seiner Dienstmagd Griet Symons«[20] auf. Die beiden haben ihm wahrscheinlich auch zu Lebzeiten etwas bedeutet.

Es ist möglich, daß auf abgelegenen Bauernhöfen wie diesem die Regeln von Recht und Anstand nicht so strikt eingehalten wurden wie in den Dorfkernen. An sich verhält sich die Justiz solchen Angelegenheiten gegenüber nicht völlig gleichgültig. Das Vogtsregister enthält fünf Anklagen gegen Paare, die unverheiratet unter einem Dach leben. Es sind jedoch durchgehend Fälle mit Komplikationen. Nur im ersten der fünf, aus dem Jahre 1615, liegen keine weiteren erschwerenden Umstände vor. Die Anklage gegen Cornelis Pietersz., dessen Wohnort nicht angegeben wird, lautet nur, daß er »einige Wochen unverheiratet mit seiner Geliebten zusammengewohnt hat«.[21] Vielleicht war diese anonyme Geliebte inzwischen seine Frau geworden und der Vogt wollte nicht mehr als ein Bußgeld kassieren. Über den Ablauf dieser Sache ist nichts bekannt.

Dasselbe können wir von drei Anklagen aus den vierziger Jahren sagen: Wir wissen nicht, ob es zu einer Verurteilung gekommen ist. Aber in diesen Fällen werden noch andere Fakten genannt als nur das Zusammenwohnen an sich. Pouwels Cornelis und Maritgen Maertens in Noord-Scharwoude hatten ein Kind in die Welt gesetzt. Lysbet Jacobs in Schermerhorn teilte ihr Bett mit Joseph Henricxsz. Engelsman, obwohl nicht feststand, daß ihr Ehemann wirklich gestorben war. Auch Trijn Dircx in De Rijp hatte keine Gewißheit über das Schicksal ihres zur See fahrenden Mannes, aber sie wohnte bei dem Gastwirt Jan Cornelisz., und sie hatten schon mehrere Kinder.[22]

Die Geburten können nicht unbemerkt geblieben sein, auch wenn lange niemand eingriff. Wir können darum vermuten, daß in den Dörfern ebenso wie an der Peripherie der Samtgemeinde das Zusammenwohnen unverheirateter Paare durchgehend toleriert und nur gelegentlich verfolgt wurde. Eine Geburt kann für den Vogt Anlaß gewesen sein, etwas zu unternehmen, und auch Zweifel an der Witwenschaft der Frau kann ein Handlungsmotiv gewesen sein. Die meisten Fälle dieser Art wurden indes stillschweigend geduldet. Guert Jans und Pieter Jansz. Bel in De Rijp sind verurteilt worden. Ihr Zusammenwohnen stand jedoch, laut Urteil der zu Rate gezogenen Rechtsgelehrten, im Widerspruch zu allen geistlichen und weltlichen Gesetzen, weil diese beiden als Tante und Neffe Blutsverwandte waren. Sie wurden für ein Jahr und sechs Wochen verstoßen.[23] Sollten sie De Rijp gemeinsam verlassen haben, so hat diese Strafe ihr Vergehen wohl eher aufrechterhalten als daß es ihm ein Ende gemacht hätte.

Eine zu enge Verwandtschaft war ebenso ein Heiratshindernis wie die Unsicherheit über den Tod eines früheren Ehepartners. Wir könnten darum vielleicht sagen, daß unverheiratetes Zusammenwohnen nur dann bestraft wurde, wenn auch die Ehegemeinschaft der Partner rechtsungültig war. War von solchen Hindernissen nicht die Rede, dann war das Zusammenwohnen zwar verwerflich im moralischen, aber nicht strafbar im juristischen Sinne. So dachten die Grafter bereits im 16. Jahrhundert. Wenn in der Zeit der Vogt einmal eine Verordnung gegen »unverheiratete Personen, die zusammenwohnten«, erlassen wollte, erklärten zwar auch die Regenten, daß sie darin einen ernsthaften Mißstand sähen, aber eine Verordnung hielten sie nicht für das richtige Bekämpfungsmittel.[24] An diesem Standpunkt hielten ihre Nachfolger noch im 17. Jahrhundert fest. Der Kirchenrat ging gegen Mitglieder in wilder Ehe vor, die Obrigkeit unternahm gegen Bürger in wilder Ehe nichts.

Das alles ändert nichts an der Tatsache, daß eine Ehe, die einmal geschlossen war, im Prinzip ein unzerbrechliches Band schuf. Solange die Treue nur versprochen wird, besteht die Gefahr, daß jemand anderes auch vor Gericht ältere Rechte einklagt.[25] Zweimal ist eine geplante Heirat auch nicht zustande gekommen. Alle drei Aufgebote waren schon verlesen für Cornelis Gerbrandtsz. und die Witwe Duyfjen, als der Vogt einschritt und die Eheschließung verbot. Er wußte nicht genau, ob Duyfjen wirklich Witwe war. Zwei Monate später war das Problem gelöst. Der verschwundene Ehegatte kehrte von seiner langen Reise zurück, und Duyfjen empfing ihn herzlich, im Hause von Cornelis Gerbrantsz., »in gutem Einvernehmen und in Frieden«.[26] Die Männer von Waterland sind treu, sagt Le Francq van Berkhey, und sehr kompromißbereit im Umgang mit ihren Frauen.[27]

Die Ehe zwischen Henrick Cornelisz. Kan und Guyrtje Baerts kam nicht zustande, weil die Braut nach Bekanntmachung des zweiten Aufgebotes nicht mehr wollte. Vielleicht meinte sie, daß eine andere Frau größere Ansprüche erheben konnte. Henrick jedenfalls hat im selben Jahr noch geheiratet: Meynsjen Grieckes. Ohne einen zwingenden Grund wäre solch ein Auswechseln der Braut nicht möglich gewesen. Nicht einmal die einhellige Zustimmung aller Betroffenen war in diesem Stadium ein ausreichender Grund für die Auflösung der Hochzeitsaufgebote. Geschah es auch mit Widerwillen sowohl der Braut als auch des Bräutigams, die Zeit, es sich anders zu überlegen, war vorbei und die Eheschließung unaufhaltsam.

Ein solcher Bund wird wahrscheinlich nicht aus Liebe geschlossen worden sein. Doch Liebe betrachten die Menschen des 17. Jahrhunderts nicht als Voraussetzung für eine Ehe. Es ist angenehm und wohl auch wünschenswert, wenn sich zwischen Braut und Bräutigam bereits Zuneigung findet, aber notwendig wird Liebe erst, sobald die Ehe geschlossen und aus dem Brautpaar ein Ehepaar geworden ist. Dann haben sie einander Liebe und Treue versprochen, nicht solange die Gefühle dauern, sondern solange sie leben. Die Liebe zwischen Mann und Frau ist nach der Auffassung der Zeit eine besondere Form christlicher Liebe, und das bestimmt ihren Charakter. Christliche Nächstenliebe ist ja nicht abhängig von Erwiderung und Sympathie. Sie ist eine christliche Pflicht. Um so stärker gilt das für die eheliche Liebe, die durch ein feierliches Geständnis bekräftigt wird. Pflichtbewußtsein soll den Umgang zwischen Mann und Frau bestimmen.

Wie es in den Ehen wirklich zuging, verraten uns die Quellen meistens nicht. Keesjen Coster schaute eines Abends bei Hendrick Dircksen vorbei, um ihn zu einer Partie Trumpfen einzuladen. Als Hendrick sich weigerte, wurde Keesjen so böse, daß er »Hendrick Dircksen einen Faustschlag vor den Kopf versetzte, als er auf einem Stuhl am Herd saß, und was noch schlimmer ist, mit seiner Frau, die hochschwanger war, auf seinem Schoß«.[28] In den Portraits von Ehe und Treue, die uns aus dem 17. Jahrhundert erhalten geblieben sind, kommen solche Bilder nicht häufig vor. Aber so wie Rembrandt seine Saskia, so hat dieser Grafter Seemann seine Trijn oder Neel bei sich auf den Schoß genommen. Und ebenso, wie Rembrandts Malerei die ganze Welt zum Teilnehmer seiner fröhlichen

Liebelei macht, so bleibt auch Hendrick, als Keesjen hereinkommt, unbekümmert, mit seiner Hausfrau auf dem Schoß, am Herd sitzen. Es ist uns nur ein kurzer Blick auf das Alltägliche gegönnt, das fast immer außerhalb unseres Blickwinkels liegt und doch hinter so vielen Haustüren zu finden war.

Das Unbeabsichtigte dieses zufälligen Einblicks garantiert einen hohen Grad an Zuverlässigkeit und vergrößert die Chance, daß es auch repräsentativ ist. Hier fehlt das Pflichtgemäße, das andere Reaktionen und Meinungen mit färbt. Der Kirchenrat von Oost-Graftdijk rechnete Dirck Jansz. Reyntjes seine Trunkenheit schwerer an, weil seine Frau erst vor kurzem gestorben war.[29] Aber vielleicht störte die Kirchenoberen weniger sein offensichtlicher Mangel an Liebe, als vielmehr, daß er die Anstandsregeln verletzt hatte. Anstandserwägungen können auch als Unterton in Grabinschriften durchklingen. Wir können ihnen nichtsdestoweniger einigermaßen Vertrauen schenken. Graft mag ein großes Dorf gewesen sein, es gab aber immer genug Personen, die die Verstorbenen und ihre Hinterbliebenen kannten. Eine Grabinschrift unterlag der Kontrolle und konnte die Wirklichkeit vielleicht ausschmücken, nicht aber verspotten. Neeltien Dirckx, die unter der Grabplatte Nr. 33 begraben wurde,

> War die Frau von Jacob
> Laursz. van't Slodt,
> die Welt verließ sie
> zu seinem Verdruß
> und zur Klage der Kinder.[30]

Die primitive Form und der etwas unbeholfene Versuch zu dichten lassen uns um so eher an die Aufrichtigkeit Jacobs und seiner Kinder glauben, auch deshalb, weil solche Herzensergüsse auf dem Grafter Friedhof selten sind. Es gibt mehr Grabinschriften, die von dem Glauben an eine selige Zukunft zeugen, als von Wehmut über den Abschluß eines in Harmonie verlaufenen Lebens. Darin erkennen wir den Geist des 17. Jahrhunderts wieder, denn der gläubige Christ übt sich darin, am Grab nicht nur Schmerz, sondern vor allem auch Trost zu suchen. Die einzigen Zeugnisse, die doch den Kummer ausdrücken, gewinnen dadurch Echtheit und Kraft. Es wird schon stimmen, was Le Francq van Berkhey später über die Frauen von Waterland aussagte: Sie sind so vorbildliche Hausmütter, daß sie ihre Männer vollständig vereinnahmen.[31]

Aus den paar verstreuten Aussagen zur Bestätigung von Zuneigung und Treue müssen wir, um des Gleichgewichts willen, etwas mehr machen, als sie eigentlich hergeben, denn die Quellen stellen natürlich viel öfter die Menschen in ihrer Schwäche dar. Fast alles, was wir über das eheliche Zusammenleben erfahren, ist in der weltlichen Rechtsprechung und in den Berichten über die Kirchenzucht niedergelegt. Sie sprechen vor allem von gefährdeten und gebrochenen Verhältnissen. Manchmal hängt der Haussegen schief. Manchmal ist die Rede von Ehebruch.

Um Ruhe und Frieden in den Haushalten bemüht sich die weltliche Justiz jedenfalls nicht, solange die Grenze zum Kriminellen nicht überschritten wird. Mary Dirckx wurde 1634 in Gewahrsam genommen, weil sie ihren Mann vergiftet haben soll. Es ist die einzige Mordanklage im Graft des 17. Jahrhunderts, und es gibt ein wenig zu denken, daß diese gerade ein verheiratetes Paar betrifft. Aber vielleicht sagt die Beschuldigung mehr über den Ruf der beiden aus als über ihr tatsächliches Verhalten, denn Mary Dirckx wurde freigesprochen.[32] Nur in solch extremen Fällen griff die Justiz ein. Ein größeres Maß an Einmischung wurde von der Gemeinschaft nicht geduldet. Der Vogt Jacob Bors versuchte 1608 weiter zu gehen. Er lud Maerten Claesz. vor Gericht, weil dieser bei einem ehelichen Wortgefecht seiner Frau ein Kissen an den Kopf geworfen hatte.[33] An dieser Angelegenheit hat Jacob Bors jedoch keinen Spaß gehabt. Diese Einmischung hat ihm neben anderen Vorwürfen eine Beschwerde eingebracht, die die Dörfer der Vogtei gegen ihn erhoben. Wenn ein solches Vergehen strafbar geworden wäre, hätte der Vogt in allen Dörfern seines Gebietes eine Menge Bußgelder kassieren können.

Ehekräche sind eher eine Domäne der Kirche. Ein einzelnes böses Wort oder das in einem Anfall von Wut aus dem Alkoven geworfene Kopfkissen bewegt jedoch den Kirchenrat noch nicht zur Handlung. Er tritt nur dann in Erscheinung, wenn der Streit nicht sporadisch vorkommt, sondern den Charakter der Ehe bestimmt. Ganz so zahlreich sind die Fälle übrigens nicht. Die Protokollbücher geben sechs an, fünf davon in der ersten Hälfte des 17. Jahrhunderts. In vier dieser fünf Fälle ist auffälligerweise nur einer der Partner Kirchenmitglied.

Das kann dafür sprechen, daß die reformierte Kirche mit der Einmischung in die Eheangelegenheiten versucht, moralischen Einfluß zu üben, die Häufung von Mischehen aber kann bei diesen kleinen Zahlen auch Zufall sein, und eine dritte Möglichkeit ist der höhere Grad an Öffentlichkeit. Gerade in dem einen Fall der beiden zankenden, verheirateten Kirchenmitglieder beschloß der Kirchenrat, sie vom Abendmahl auszuschließen, »um Ärgernisse sowohl innerhalb wie auch außerhalb der Gemeinde zu vermeiden«.[34] Es war also das öffentliche Gerede, das dazu führte, daß sie ferngehalten wurden, und man holte bei Nachbarn Informationen ein, bevor man sie erneut zum Abendmahl zuließ.[35] Es ist denkbar, daß in religiös gemischten Ehen die Gefahr des öffentlichen Ärgernisses größer war. Einer der beiden hatte ja Familienmitglieder außerhalb der Kirche. Diese hätten dann der reformierten Kirche vorwerfen können, sie sehe es mit der Zucht nicht so eng. Im Fall von Jasper Jorisz. war es ausdrücklich ein Motiv des Ausschließens, daß man überall über seinen »unruhigen Haushalt«[36] redete.

Jasper selbst fühlte sich mehr als Opfer denn als Schuldiger. Er beklagte sich bitter darüber, »daß er wegen eines uneinsichtigen Weibes, wie er sie nannte, in Schande geraten sei und von der Tafel des Herrn ausgeschlossen bliebe«.[37] In der Formulierung des Protokollanten schwingt Distanz mit, aber auch der Kirchenrat wird eingesehen haben, daß diesem Übel nicht mit einem einzigen Ausschluß vom Abendmahl abzuhelfen war. Wenige Grafter haben soviel kirchenamtliche Fürsorge benötigt wie der Weinhändler Pieter Cornelisz., der selbst sein bester Kunde war. Doch hat der Kirchenrat niemals gänzlich die Geduld mit ihm verloren. Zu entschuldigen war seine fortwährende Trunkenheit nicht, wohl aber konnte man einiges Verständnis für seine Schwäche, angesichts »der überall bekannten Bosheit seiner Frau«, aufbringen.[38] Vielleicht weil der Kirchenrat wußte, daß er in diesen Fällen machtlos war, sind solche Angelegenheiten aus den Protokollbüchern verschwunden. Der einzige spätere Fall von 1680 betrifft einen Mann, der nicht nur immer betrunken war, sondern vor allem an extremer Schwermut litt, die ihn zu einer Gefahr für sich selbst werden ließ.[39]

So verschwinden die ehelichen Streitigkeiten aus dem Blickfeld, während der ehelichen Treue weiterhin die ganze Aufmerksamkeit des Kirchenrates gilt. Die Gesellschaft duldete vorehelichen Geschlechtsverkehr und ließ meistens auch diejenigen gewähren, die ohne Trauschein unter ein und demselben Dach wohnten. Strenger war sie aber, wenn die Verheirateten sich einen Seitensprung erlaubten. Die Obrigkeit nahm das sehr übel. Der Rijper Schöffe Jan Decker wurde für unehrenhaft und meineidig erklärt und all seiner Ämter beraubt, weil er Ehebrecher war.[40] In Graft sind zwei Fälle bekannt. Neeltgen Auwels und Jan Turcksz. ergriffen beide die Flucht, als sie 1640 vor das Vogtsgericht geladen wurden.[41] Diese Flucht schienen sie offenbar dem Schicksal vorzuziehen, welches das Gericht ihnen auferlegt hätte. Jan Turcksz. war keine Persönlichkeit so wie Jan Decker in De Rijp. Er war ein einfacher Schuster. Aber auch er war sichtlich davon überzeugt, daß eine Verurteilung wegen Ehebruchs zu einer schweren Strafe führen würde.

Der zweite Grafter Fall spielte sich 1646 ab. Die Anklage gegen Cornelis Gerritsz. Slocker lautete, daß er »mit vielen schönen Worten und Drängen mehrmals versucht hatte, sich mit Mary Jeuriaens« – der Ehefrau von Jelle Brantges – »während der Abwesenheit ihres getrauten Ehemannes fleischlich zu vereinen«. In der Weihnachtswoche von 1645 war sie seinem Drängen erlegen. Kurz vor Sonnenaufgang hatten sie auf der Heerestraat, auf der Seite des Wirtshauses de Rot, miteinander geschlafen und waren dabei auf frischer Tat ertappt worden.[42] Aus zwei Gründen verlangt diese Angelegenheit unsere Aufmerksamkeit. Der erste ist, daß sich hier nur der männliche Partner zu verantworten hat, als sei Mary Jeuriaens nur das Opfer eines raffinierten Verführungskünstlers. Der zweite ist der, daß das ehebrechende Paar keinen besseren Ort finden konnte als ein ungeschütztes Grundstück am Rande des öffentlichen Weges, wobei die Temperatur nur knapp über dem Gefrierpunkt gelegen haben kann. All das läßt vermuten, daß Ehebruch nicht häufig vorkam. Nur ein süßholzraspelnder Experte der Verführungstechnik konnte eine Frau soweit bringen, und wenn er sie dann endlich herumgekriegt hatte, wußte er nicht, wohin er sie bringen sollte.

Haben die Grafter es mit den christlichen Sittengesetzen wirklich so genau genommen? War Ehebruch im täglichen Leben ein ebenso seltenes Delikt wie im Kriminalregister des Vogts? Es ist sehr gut möglich, daß die gerichtlichen Archive die Praxis ziemlich unvollständig wiedergeben. Der obengenannte Cornelis Gerritsz. war von Vorbeigehenden erwischt worden, so daß seine Angelegenheit direkt an die Öffentlichkeit gelangte.

Wenn es aber der betrogene Mann oder die betrogene Frau war, die die Tat entdeckten, hat man die eigene Schande vielleicht nicht nach außen bringen wollen.[43] Der Barbier-Chirurg Pieter van den Bosch erteilte seinem Rasierkunden Jacob Jansz. Schouten beim Einseifen eine tüchtige Lektion, weil Jacob es seiner Meinung nach mit Jannetje Willems hielt, der jungen Ehefrau des Chirurgenkollegen Gerrit Gerritsz. van Tiel junior. Als Gerrit van Tiel davon erfuhr, reichte er jedoch keine Klage gegen Jacob Schouten und auch nicht gegen seine eigene Frau ein, sondern gegen Pieter van den Bosch. Seine Klage war zweiteilig. Erstens traf die Anschuldigung Jannetje in ihrer Ehre und in ihrem Ruf. Diese Verdächtigung wäre nicht nur für sie, sondern auch für all ihre Nachkommen eine Schande. Zweitens hatte Pieter van den Bosch seinen Kollegen Gerrit van Tiel »vor der ganzen Welt zum gehörnten Tier ausgerufen«, eine unerträgliche Schmach für den gutmütigen Gerrit. Er forderte eine Strafe von tausend Gulden, aber um das Geld ging es ihm nicht. Das sollten die Armen haben. Weder für tausend Gulden noch für alles Geld der Welt wollten Gerrit und seine Frau diese Beleidigung ertragen.[44]

Pieter van den Bosch gab zu, die Schmähungen ausgesprochen zu haben, und nahm sie zurück. Damit scheint sich die Frage geklärt zu haben. Das größte Problem war nicht der Verdacht, und sogar, ob das Gerücht der Wahrheit entsprach, schien zweitrangig zu sein. Wirklich schlimm war die Bekanntmachung, der Tratsch im Rasiersalon. Auch wenn Pieter van den Bosch die Wahrheit gesagt haben mochte, so nimmt sich Gerrit van Tiel seine Jannetje anscheinend lieber selbst kräftig vor, anstatt sie vor Gericht oder beim Kirchenrat anzuklagen. Seine Reaktion scheint zu bestätigen, daß Ehebruch auch von der benachteiligten Partei lieber vertuscht als an die Öffentlichkeit gebracht wird.

Daraus folgt aber andererseits nicht, daß außereheliche Beziehungen häufig vorkamen und so einfach akzeptiert wurden. Wenn eine verheiratete Frau in diesen Verdacht geriet, wurde sie ohne weiteres eine Hure genannt.[45] Ehebruch war eine ernste Angelegenheit. Die Protokolle des Grafter Kirchenrats führen uns an einer Galerie von Sündern auf allen möglichen Gebieten entlang. Manche sind gleichgültig, andere bußfertig. Aber die stärksten Emotionen nehmen wir bei Frauen wahr, die Ehebruch bekennen. Marens Pieters weinte bittere Tränen.[46] Die Seemannsfrau Anne Dircks nahm die Ermahnung des Pfarrers Hiole »mit Demut,

Tränen der Reue und Unterwerfung« hin. Hioles Rührung mag das ihrige dazu beigetragen haben, denn er hat sie »auf das Ernsthafteste, im Innersten bestürzt über derart scheußliche Dinge« zurechtgewiesen.[47] Wahrscheinlich hat er damit dem Kirchenrat aus dem Herzen gesprochen. Zur Gemeinde gehörten Dutzende von Seemannsfrauen, die oft monate- und manchmal jahrelang allein zurückblieben. Die Menschen des 17. Jahrhunderts waren sich dieses Problems auch völlig bewußt.[48] Zu Zugeständnissen hat das den Grafter Kirchenrat aber nicht bewogen. Griet Jans, die 1672 versuchte, der Kirche beizutreten, wurde erst aufgenommen, nachdem sie eingestanden hatte, daß sie vier Jahre zuvor mit einem verheirateten Mann Verkehr gehabt hatte.[49] Sie hatte damals noch außerhalb der Gemeinde gestanden und war also auch nicht unter die kirchliche Zucht gefallen. Der Kirchenrat aber meinte, daß diese alte Schuld zuallererst beglichen werden mußte. Ein Beitrittskandidat wurde also genau unter die Lupe genommen. Stieß man in der Geschichte des Bewerbers auf vorehelichen Geschlechtsverkehr, so wurde ein Auge zugedrückt. Ehebruch hingegen wurde streng geahndet.

Es ist wahrscheinlich, daß der Kirchenrat in diesem Punkt die Normen vertrat, die auch in der Gesellschaft bejaht wurden. Wer verheiratet war, sollte sich an den Treueschwur halten. Wie wir gesehen haben, war die Gemeinschaft – anders als die Kirche – bereit, sämtliche Haushalte Unverheirateter zu akzeptieren. Dazu würde passen, daß man in der Alltagspraxis auch Witwen gegenüber großzügiger war, daß man ihnen mehr Freiheit zugestand als der Kirchenrat. Das kann erklären, warum vor allem Witwen immer wieder mit der Kirche in Konflikt gerieten. Sie verhielten sich entsprechend einer gesellschaftlichen Norm, die die Kirche nicht billigte.

So ist die Wirtin von Pieter Thaems 1630 ein paarmal vom Kirchenrat auf Gerüchte angesprochen worden, »daß sie sich nicht so sittlich und züchtig beträgt, wie es sich für eine christliche Witwe geziemt«.[50] Als Christin wurden an sie höhere Ansprüche gestellt als an andere Witwen. Das Abendmahl wurde ihr nicht verboten, weil man ihr nichts beweisen konnte. Der Witwe Neeltjen Pieters verweigerte man die Tafel. Sie wurde erst wieder zugelassen, nachdem sie gestanden hatte, die Sünde der Hurerei begangen zu haben.[51] Das wird auch der Kirchenrat von Oost-Graftdijk gemeint haben, als er Aefje Pieters wegen »ärgerlicher und zügelloser Haushaltung« vom Altarssakrament ausschloß.[52] Auf Zankereien mit ihrem Mann jedenfalls können sie nicht angespielt haben, denn auch Aefje war Witwe. Über die christlichen Witwer schweigt das Protokollbuch. Die hatten es leichter, denn niemand fand etwas dabei, wenn sie eine Haushälterin anstellten. Auch von ehebrechenden Männern hören wir nicht oft. Eine Ausnahme ist Jan Jansz. Schaap, aber der fällt eigentlich in eine andere Kategorie, denn als Jan gegen Ende des Jahres 1679 auf die Sünde des Ehebruchs angesprochen wurde, wohnte er mit seiner Frau nicht unter einem Dach,[53] und das war natürlich an sich schon ein Grund zur Ermahnung. Der Streit wurde beigelegt. Wir wissen das, weil die Salz- und Seifenveranlagung von 1680 uns vollständig über die Zusammensetzung aller Grafter Haushalte im Sommer jenes Jahres informiert. Jan Schaap war damals wieder bei seiner Frau. Die einzigen Grafter, die zu der Zeit getrennt voneinander lebten, waren Jan Allertsz. und seine Gattin.[54] Aber das fiel kaum auf, denn Jan war Matrose. Vielleicht war der Seefahrt die Wahrung so mancher fragwürdiger Eheverbände zu verdanken. Die häufige und langandauernde Abwesenheit des Mannes konnte Spannungen erleichtern, die sonst vielleicht unerträglich geworden wären. In jedem Fall geht aus der Momentaufnahme von 1680 hervor, daß von den fünfhundert Grafter Ehepaaren nur eines tatsächlich in Scheidung lebte.

Sehr selten waren die Fälle, in denen man versucht hat, die bittere Erfahrung einer in die Brüche gegangenen Ehe gesetzlich zu besiegeln. Das war auch nicht so leicht zu realisieren. Ehescheidung kam äußerst selten vor, und sogar die Trennung von Tisch und Bett wurde nicht so rasch ausgesprochen. Annetje Harmens erklärte 1702, daß sie hundert Gulden hätte verdienen können, wenn sie dazu bereit gewesen wäre, ein belastendes Zeugnis gegen Jan Barentsz. Uitersman aus Beemster abzulegen, dessen Frau die Trennung wollte.[55] Der Mann wehrte sich dagegen, vielleicht nicht so sehr, weil er hoffte, die Zuneigung seiner Frau zurückzugewinnen, als vielmehr deshalb, weil die Trennung von Tisch und Bett finanzielle Folgen für ihn gehabt hätte.[56]

Vielleicht veranlaßte das auch den Süßwasserfischer Jan Jansz. Jan Knegt 1696, den Notar aufzusuchen, als seine Frau ihn nach dreimonatigem ehelichen Zusammenwohnen sitzengelassen hatte. Da er meistens nachts zur Arbeit ging, hatte sie seine Abwesenheit ausgenutzt und im

Dunkeln ein Bötchen mit zwei Säcken, einem Körbchen, vier Kopfkissen und einem Spinnrad beladen. Mit dieser Ehebeute fuhr sie zurück in ihr Geburtsdorf. Jan ließ sich damals von zwei Gemeinderatsmitgliedern in Oost-Graftdijk schriftlich bestätigen, daß er mit seinen beiden früheren Frauen immer in Ruhe und Frieden gelebt hatte. Auch gegenüber seiner dritten Ehegattin habe er sich immer als ein ehrenhafter Mann verhalten.[57]

Möglicherweise hat er jedoch noch ein anderes Motiv gehabt, zwei solch angesehene Persönlichkeiten wie den Schöffen Jan Jacobsz. Oom Jan und den Alt-Schöffen Jacob Jansz. Garn um ein Attest über sein gutes Betragen zu bitten. Jan Jansz. Jan Knegt war erst 1696 in den Vorstand der reformierten Kirche in Oost-Graftdijk gewählt worden. An seinem guten Namen muß ihm etwas gelegen haben, so tat er, was der Kirchenrat von Graft 1644 Jan Rieuwertsz. geraten hatte, der ebenfalls von seiner Frau verlassen worden war: Er sorgte für einen guten Beweis, »daß man merken würde, daß die Schuld nicht bei ihm liegt«.[58]

War die Schuldfrage geklärt, konnte die Scheidung folgen. Die Fälle sind zu selten, als das man aus ihnen eine allgemeine Regel ableiten könnte. Sie lassen aber vermuten, daß nur wirklich schlechtes Benehmen diesen ernsten Schritt rechtfertigen konnte. Hans Albertsz. bat 1662 nicht um die Scheidung von seiner jungen Frau Guyrt Michiels, die des wiederholten Diebstahls für schuldig befunden worden war. Mit dem Einverständnis beider Familien verlangte er ihre Einlieferung ins Zuchthaus von Alkmaar, »in der Hoffnung, daß sie dort eines Besseren belehrt wird und sich danach zu benehmen weiß«.[59] Ob es geholfen hat, wissen wir nicht. Anträge darauf, Männer ins Zuchthaus zu sperren, sind in den Archiven nicht zu finden. Laut der Salz- und Seifenveranlagung von 1680 saß Harmen Jansz. in diesem Jahr hinter Gittern, wir wissen aber nicht, ob er in der Alkmaarer Haftanstalt ein Verbrechen verbüßte, oder, ob er auf Wunsch seiner Familie dort festgehalten wurde.

Männer, die sich eine Scheidung gefallen lassen mußten, werden wir noch am ehesten in diesem Milieu finden, am Rande der Gesellschaft. Für das 17. Jahrhundert ist mir auf Schermereiland nur ein Name bekannt. Der Rijper Claes Swaen, ein notorischer Tyrann, behauptete von sich selbst, Leib und Seele dem Teufel verkauft zu haben.[60] Von allen unseren 1858 Grafter Bräuten gibt es nur eine, deren Ehe wieder geschieden wurde. Es ist Neeltje Simons, die 1704 mit Cornelis Jacobsz., Bierverkäufer, getraut wurde. In einem Bittgesuch an die Schöffen der Samtgemeinde berichtet Neeltje über Cornelis, »daß er ihr mehrmals mit gezogenem Messer das ›Maul‹ aufzuschneiden drohte und (mit schrecklichen Worten) ankündigte, die Bittstellerin so zugerichtet ins Haus ihres Vaters zurückzusenden«. Schließlich kam es soweit, daß Cornelis in volltrunkenem Zustand seine Frau mitsamt ihren beiden kleinen Kindern auf die Straße setzte.[61]

In Graft gab es sicherlich mehr als einen starken Säufer, und mancher Haushalt hat zweifellos unter starken Spannungen gelitten. Für eine Scheidung reichte das allein nicht aus. Die Ehe sollte wenn schon nicht in Ehren, so doch zumindest instand gehalten werden. Das verlangte die christliche Sitte, und die ökonomische Notwendigkeit hatte da ein gutes Wörtchen mitzureden. Ohne Mann verdiente eine Frau nur schwer ihren Lebensunterhalt. Aber auch an der Seite ihres Ehegatten mußte sie oftmals selbst dafür sorgen.

J. Suyderhoef, *Drei kämpfende Männer*

15 Selbstjustiz

Die Samtgemeinde von Graft zeichnete sich im 17. Jahrhundert durch stabile Verhältnisse aus. Es gab Unterschiede in Wohlstand und religiöser Gesinnung, und diese führten zu einer ungleichen Verteilung von Macht und Einfluß. Daraus sind jedoch keine extremen Spannungen entstanden, die in Krisenzeiten zu Gewaltausbrüchen geführt hätten. Es bestand kein Bedürfnis nach grundlegenden Veränderungen. Also können wir davon ausgehen, daß in Graft die Normen und Werte der Gemeinschaft keiner Veränderung unterlagen, sondern daß man sie im Gegenteil als ein anerkanntes kulturelles Erbe bewahrte. Im 17. Jahrhundert war das nicht ungewöhnlich. Historiker nehmen häufig an, daß die Älteren in der lokalen Gemeinschaft die Regeln überlieferten und die Jüngeren für deren Achtung sorgten. Die jungen, unverheirateten Männer setzten die Normen notfalls mit Gewalt durch. Die Mittel des Volksgerichts, so wie die »Katzenmusik« und die Spottprozession, stellten effektive Waffen dar, um die allgemeine Einhaltung der bestehenden Normen und Werte zu garantieren.

Graft war jedoch kein Dorf, in dem häufig Schimpflieder erschallten. Die Quellen sagen nichts darüber, und auch wenn es stimmt, daß Stillschweigen niemals ein ausschlaggebendes Argument ist, so ist es in diesem Fall angesichts der guten Qualität der Grafter Archive wohl doch ein Hinweis darauf, daß dergleichen sogenannte »alte Volksbräuche« in der Samtgemeinde von Graft nicht existierten. Das kann einfache Ursachen haben. Graft war ein Seefahrerdorf. Viele Männer waren über lange Zeit fort von zu Hause, vor allem die jüngeren Männer. Hüter der überlieferten Werte konnten sie gar nicht sein, selbst wenn sie es gewollt hätten.

Wenn wir den Gemeinschaftssinn der Jugend aufspüren wollen, dann müssen wir uns außerhalb der Kirchenmauern umsehen. Wir müssen damit rechnen, daß uns die farbigen Zurschaustellungen einer traditionellen Volkskultur vorenthalten bleiben. Die Grafter Jugend feierte Fastnacht[1] und trieb ab und zu etwas Unfug in der Silvesternacht.[2] Sie hat jedoch nicht mit den Mitteln des Volksgerichts aktiv zur Wahrung der überlieferten Werte beigetragen. Doch das heißt nicht, daß ihrem eigenen Verhalten keine ungeschriebenen Regeln zugrunde gelegen hätten. Gerade dann, wenn Menschen sich leicht gehen lassen, wenn sie trinken und spielen, kann ein starkes Bedürfnis nach einer von der Tradition vorgeschriebenen Ordnung bestehen. Gewalt ist aus einem Wirtshaus, in dem sich junge Männer treffen, nicht wegzudenken. Aber sie kann an Regeln gebunden sein, die sie so stark bändigen, daß sie für die Gemeinschaft annehmbar ist. Begleiten wir also die Grafter Jugend ins Wirtshaus.

Kneipen und Wirtshäuser waren in der Samtgemeinde von Graft nicht knapp. Ein vollständiger Führer durch all diese Lokale läßt sich nicht mehr rekonstruieren. Dazu herrscht in diesem Seefahrerdorf auch ein zu großes Kommen und Gehen von einfachen Witwen und Strohwitwen, die aus Not ihren Wohnraum zu einer Bierstube machen, um als Wirtinnen über die Runden zu kommen. Ein kleiner Ausschank hatte selten einen Namen. Zum Trinken geht man zu Mary Ronghs oder zu Theunis de Smits Frau. Ein Aushängeschild konnten sich die armen Wirtinnen wahrscheinlich nicht leisten, jedenfalls wurde auf die kleinen Stuben selten anders hingewiesen als mit dem Namen des Eigentümers oder, häufiger noch, der Eigentümerinnen.

Wenn ein Wirtshaus mit einem eigenen Namen versehen wurde, war das ein Qualitätszeichen. Die Namen blieben über die Jahre bestehen, auch wenn die Männer und Frauen hinter dem Zapfhahn wechselten. In Graft kennen wir die »Bonte Koe«, das »Vergulde Hart«, den »Moriaenshooft« und den »Pelgrom«. West-Graftdijk hat den »Jonge Prins«, Oost-Graftdijk die »Blauwe Camer« und das »Wapen van Haarlem«. Nur für Noordeinde ist keine vergleichbare Gaststätte bekannt, es sei denn, wir würden die »Klaverweyd« oder den »Onclaer Ancker« wichtiger nehmen, als es uns deren einmalige Erwähnung gestattet.

Ein gutbesuchtes Lokal muß eine gute Investition gewesen sein. Der Oost-Graftdijker Schöffe Teunis Garbrantsz. war Eigentümer und Vermieter der beiden wichtigsten Gasthäuser seines Wohnortes.[3] Das »Vergulde Hart« in Graft war so attraktiv, daß es Käufer aus den großen Städten anlockte. Nach dem Tod von Mary Coster, die uns aus früheren Kapiteln bekannt ist, gingen die Eigentumsrechte an den Haarlemer Brauer Dirck van Dijk.[4] Daß er fünf Jahre später bankrott ging, ist ein Schönheitsfehler, lag aber sicher nicht an der »alten, ertragreichen, bekannten Herberge, die an der besten Stelle von Graft, am Cromme Horn, liegt und wo das goldene Herz aushängt«. Mattheus Schatter, Mitbürger und Kollege von Dirck van Dijk, war jedenfalls bereit, ihm neunhundert Gulden für die Wirtschaft zu zahlen.[5] Der Wert des Gebäudes scheint damit ziemlich hoch geschätzt. Der gute Name des Betriebs und der zu erwartende Umsatz werden im Preis mit inbegriffen gewesen sein.

Auf einen guten Umsatz müssen die Haarlemer Brauer im allgemeinen vertraut haben, denn mit Grafter Wirten schlossen sie recht häufig Verträge über Bierlieferungen. Der Wirt erhielt dann ein zinsloses Darlehen von ein paar hundert Gulden und war, solange er sein Bier vom Geldgeber bezog, nicht zur Rückzahlung verpflichtet.[6] Eigentlich kaufte der Bierbrauer also die Kundschaft des betreffenden Wirtes. Wenn es sich für die Brauer von Haarlem, Alkmaar oder sogar Delft lohnte, gut drei- oder vierhundert Gulden dort hineinzustecken, dann müssen diese Grafter Kneipen einen beträchtlichen Umsatz erreicht haben. Die Brauer versprachen sich soviel Gewinn, daß sie in die Rolle eines, wie wir heute sagen würden, Sponsors schlüpfen konnten. Johannes Jacobus Brouwer, Inhaber der »Witte Klok« in Haarlem, stiftete beim Neubau der reformierten Kirche von West-Graftdijk ein Kirchenfenster.[7]

Schenkungen dieser Art müssen dazu bestimmt gewesen sein, die Gunst des soliden Teils der Grafter Bevölkerung zu gewinnen. Das ließ sich dann auch im Wirtshaus sehen, zumindest in den besseren Gaststuben. Wir erfuhren ja schon früher, daß die »Bonte Koe« 1628 von den Grafter Regenten als ein Ort betrachtet wurde, an dem man zur ruhigen Beratung zusammenkommen konnte. Das konnte dann eine Art nachträgliche Besprechung einer amtlichen Versammlung sein, ein offizielles Gespräch mit einem sich bewerbenden Schulmeister und noch öfter die Regelung eines Geschäfts zwischen Privatleuten. Vielleicht sind die meisten Kühe nicht in den Grafter Wirtshäusern verkauft worden, aber auf den Kauf wurde dort normalerweise angestoßen.

Die Atmosphäre des Treffpunktes kann Einfluß auf die Kauf- und Verkaufsbedingungen haben. Der Chirurg Jan Pietersz. van den Bosch, sicher nicht der geringste unter den Grafter Einwohnern, kaufte 1666 von Wilm Adriaensz. Punt eine Kuh für 41 Gulden und 14 Stuiver. Sie verknüpften das Geschäft mit einer Wette, bei der es um das Leben des ältesten Einwohners von Hensbroek ging. Würde dieser innerhalb eines Jahres sterben, dann bräuchte Jan Pietersz. nichts zu bezahlen.[8] Die Absprache fiel für ihn besonders günstig aus, denn er konnte dabei nicht verlieren. Solch eine Wette konnte nur an einem Ort zustande kommen, wo kräftig eingeschenkt wurde, und der Grafter Chirurg hat offensichtlich davon profitiert, daß er nüchtern zu bleiben wußte.

Daß solche Geschäfte auch rechtsgültig waren, wissen wir, weil diese Wette zu einem Prozeß über die Frage geführt hat, wer nun eigentlich 1666 der älteste Einwohner von Hensbroek gewesen sei, denn davon hing der Ausgang der Wette ab. Ein Jahr später brachte ein gewisser Reyndert Cramer seinen Mitbürger Garbrant Tuenisz. vor Gericht, weil sie eine Wette geschlossen hatten, in der es darum ging, wann der Friedensvertrag zwischen England und den Niederlanden unterschrieben sein würde. Hierbei ging es um neun Silberdukaten[9] bzw. 27 Gulden. Das ist kein geringer Betrag. Es handelt sich ungefähr um den zehnten Teil eines durchschnittlichen Jahreseinkommens. Eine Inkonsequenz steckt darin, daß solche Wetten nicht nur gestattet, sondern sogar gesetzlich geschützt waren. Ein Grafter Wirtshausbesucher hatte ebensowenig Einfluß auf den Verlauf der Friedensverhandlungen in Breda wie auf die Lebensdauer, die Gerrit Jansz. Quantes zu Hensbroek beschieden war. Er betrieb also ein Glücksspiel mit hohem Einsatz. Normale Glücksspiele aber waren laut Gesetz verboten. Wer beim Kartenspielen oder Knobeln von einem Waisenkind Geld gewann, war verpflichtet, alles zurückzuzahlen.[10] Außerdem mußte er die übliche Geldbuße von 42 Stuivern entrichten.

Die Grafter waren ein ordnungsliebendes Völkchen. Hendrick Dircksen weigerte sich, mit Keesjen Coster Trumpf zu spielen, nicht etwa, weil er keine Lust hatte oder die Spielregeln nicht kannte oder knapp bei Kasse war, sondern weil es sich nicht gehörte.[11] Es ist wahrscheinlich, daß die meisten das Spielverbot tatsächlich akzeptierten. Das Gerichtsarchiv in Graft führt jedenfalls nur drei Fälle an,[12] in denen gegen das Verbot verstoßen wurde: in den Jahren 1635, 1637 und 1673. Die Übertretung war sehr leicht festzustellen und das Bußgeld leicht verdient. Wenn fünf oder sechs Männer Karten spielten, brachte das dem Dorfschulzen zehn bis zwölf Gulden. Das war ihm einen Kontrollbesuch in einer obskuren Kneipe wert. So erwischte er 1635 Cornelis Cornelisz. Jonge Roos und

1637 Symen de Backer aus De Rijp. Auch wenn die Spielernaturen danach sehr vorsichtig geworden sein sollten, die Grafter haben sich im allgemeinen an die Vorschriften gehalten, abgesehen von einer Ausnahme im Jahre 1673.

Dieser Verstoß gegen die Ordnung war jedoch ein besonderer Fall. Unter den Spielern befand sich auch Cornelis Jansz. Stolp. Dieser muß erstens ein solider Familienvater gewesen sein. Er hatte 1665 geheiratet, und das setzte maßvolles Betragen voraus. Laut der Verordnung über das Kämpfen von 1588 mußten Unverheiratete in den Kneipen ihre Messer abgeben, Verheiratete aber konnten die Waffen behalten.[13] Zweitens gehörte Cornelis Jansz. Stolp zu den besten Kreisen. Er war unter der Vormundschaft des Chirurgen Jan Muurlinck aufgewachsen und später Schwiegersohn des sehr angesehenen Cornelis Jansz. Schol geworden. Saß solch ein Mann im Wirtshaus, mit Karten in der Hand, dann fiel er nicht nur auf, sondern forderte die bestehende Ordnung regelrecht heraus. Später muß er begriffen haben, daß Menschen wie er ein gutes Vorbild sein mußten. Zumindest hat er es in der Gesellschaft weit gebracht, er ist der einzige Grafter, von dem bekannt ist, daß er einen Ostindienfahrer kommandiert hat.

Auch wenn im Wirtshaus gelegentlich angesehene Männer sitzen, um dort ihre Geschäfte abzuwickeln und ein paar Krüge auf deren gutes Gelingen zu trinken, so bleibt die Gaststube doch in erste Linie eine Domäne der Jugend. Eine Kneipe aufzumachen heißt, »sein Haus für junge Leute zu öffnen«,[14] und die Wirtshäuser in der Samtgemeinde dienen in der würdevollen Sprache der mennonitischen Lehrer Van Dooregeest und Posjager »der Pflege des Umgangs in der Grafter Jugend«.[15] Dennoch hätten sie wahrscheinlich auch das Urteil ihrer reformierten Kollegen unterschrieben, demzufolge die Schankwirtschaft »zur Verderbnis der Jugend« führte.[16] Eigentlich dachte die Obrigkeit nicht anders darüber. Beunruhigt über »die großen Ausschreitungen«, die auf das Konto betrunkener Jugendlicher ging, verbot sie 1593 den Schankwirten, Personen unter 25 Jahren, also Minderjährigen, einen Kredit über mehr als 24 Stuiver zu geben.[17]

Was könnten sie mit den großen Ausschreitungen gemeint haben? Das Verbot scheint vor allem dem Schutz der Jugendlichen gegen die eigene Maßlosigkeit zu dienen. Man wollte wohl vermeiden, daß sie sich, wenn sie schon tranken, auch noch hoch verschuldeten. Belästigungen Dritter hielten sich in den renommierten Wirtshäusern wahrscheinlich in Grenzen, wenn wir bedenken, daß das Dorfleben in Graft ungefähr um zehn Uhr abends zur Ruhe kam. Die kleinen Kneipen haben sich in dieser Hinsicht vielleicht ungünstig ausgenommen. Der Rat der reformierten Kirche hielt besonders Jantjen Sijmons vor, daß in ihrer Branntweinkneipe die ganze Nacht ausgeschenkt würde, mit »ungestümer Raserei«.[18] Trijn Claes in Noordeinde antwortete auf die Beschwerden des Kirchenrats, sie müsse sich für ihren Betrieb nicht schämen, »weil sie des nachts kein wildes Volk beherbergte«.[19] Das kann bedeuten, daß die Nachbarn keinen Ärger mit ihr hatten. Aber bedeutet es auch noch mehr? Hatten auch ihre Kunden keinen Ärger miteinander?

Das ist die Frage, mit der wir begonnen haben. Das Wirtshaus ist der Ort, an dem die menschliche Natur mehr herausläßt, als ihr im zivilisierten Umgang gestattet ist. Das wird auch in einer ordentlichen Gaststube wie der von Trijn Claes vorgekommen sein. Aber offensichtlich gab es dort Grenzen. Man unterschied zwischen »wildem Volk« und einfachen Wirtshausbesuchern. In Prozeßakten wird der Unterschied ab und zu deutlich. Im Januar 1631 hatte sich eine Gesellschaft junger Leute im Wirtshaus von Jacop van Leyden »fröhlich versammelt«, als plötzlich Jelle Jeroensz. hereinkam. Die anderen kannten ihn gut und gaben ihm zu verstehen, daß er nicht willkommen war. Jelle kümmerte sich nicht darum, griff zu seinem Messer und begann damit zu spielen, »in der Art von Gewalttätern und Raufbolden«.[20]

Das ist also der Unterschied. Wenn so ein Jelle hereinkommt, ist es mit der ehren- und tugendhaften Fröhlichkeit vorbei. Er ist auf Streit aus und will sein Messer gebrauchen. Glaubt man dem Vogt von Nieuwburgen, so liefen viele solcher finsterer Gestalten herum, die immer einen Grund fanden, den anderen das Leben schwer zu machen, war es nun, weil sie sich ihnen zu nahe setzten oder zu weit von ihnen entfernt.[21] Die Dorfoberen in seiner Vogtei teilten diese Meinung nicht. Der Dorfschulze und die Schöffen von Koedijk bezeugten, daß in den letzten zwei Jahren – also seitdem der fungierende Vogt Jacob Bors im Amt war – niemand in ihrer Samtgemeinde erschlagen worden war. Die von Noord-Scharwoude versicherten sogar, es sei nicht ein einziges Mal ein Messer gezückt worden.[22] Von den Grafter Regenten ist eine solche Bestätigung nicht erhalten geblieben. Ihre viel größere Samtgemeinde[23] hat sich sicherlich nicht eines unbefleckten Sündenregisters rühmen können. Aber außergewöhnlich rauflustig sind auch die jungen Männer von Graft nicht gewesen. Was aber ist von diesem Jelle Jeroensz. zu halten, der gern das Messer zog? Erstens war Jelle ein Mann, der offenbar in diesem Kreis nicht akzeptiert wurde. Er drängte sich der Gesellschaft gegen ihren Willen auf. Zweitens hat er ihnen zwar die Stimmung verdorben, aber kein wirkliches Unheil angerichtet. Zwar hatte er nicht davor zurückgeschreckt, sein Messer zu ziehen und zu drohen, »einige junge Leute in den Leib zu schneiden und zu stechen«, und wäre es nicht allen gelungen, ihm auszuweichen, hätte es, so versichert uns das Protokoll, wohl auch Verletzte gegeben. Der Streithammel Jelle führte seine Waffe offenbar mit wenig Kraft und Genauigkeit. Es hat den Anschein, daß er zwar drohte, aber nicht wirklich zustechen wollte.

Es kann ihm trotzdem ernst gewesen sein, aber er kannte die Regeln gut genug, um zu wissen, daß ein Messerstich innerhalb eines Gebäudes eine unvergebbare Sünde gewesen wäre. In Schermerhorn ist ein Bäckergeselle 1646 im Wirtshaus von Jacobgen Claes genauso provozierend aufgetreten wie Jelle Jeroensz. Er forderte alle Anwesenden heraus, aber auch er griff niemanden an. Er kündigte an, daß er bereit sei, mit jedem, der wollte, zu kämpfen, und ging, in der Hoffnung, daß ihm jemand folgte, nach draußen.[24] Vor dem Wirtshaus, auf der Straße, meinte er also mehr Freiheit zu haben, aber drinnen stach auch dieser Gewalttäter nicht zu.

Die Mauern schützen, ob es nun die Mauern eines Wirtshauses, der eigenen Wohnung oder eines öffentlichen Gebäudes sind. Der Rijper Schöffe Meynert Dircksen hatte 1636 im Rathaus ein scharfes Wortgefecht mit dem Deichgrafen, der sich so aufregte, daß er Meynert zuerst kräftig beschimpfte und dann mit den Worten schloß: »Den Rest will ich dir lieber auf der Straße sagen.«[25] Er hätte den Worten gern Taten folgen lassen, wagte es aber nicht im geschlossenen Raum.

Auch Grundstücke stehen unter Schutz. Jan Jansz. Vermeulen sah 1642 den Schöffen Mieus Cornelisz. draußen vor seinem Haus sitzen. Die beiden hatten einen geschäftlichen Konflikt, bei dem beträchliche Summen auf dem Spiel standen. Jan fing sogleich an, ihn aufs übelste zu beschimpfen, und forderte ihn auf, sein Grundstück zu verlassen.[26] Jan war mit

Abstand der jüngere von den beiden und wäre bei einem Zweikampf sicherlich im Vorteil gewesen. Weil aber Mieus so vernünftig war, ruhig sitzenzubleiben, war Jan so vorsichtig, auf der Straße stehenzubleiben. Er respektierte die Unantastbarkeit des fremden Grundstücks. Aus einer Rechtsangelegenheit gegen Pelgrim Willemsz. zu Schermerhorn geht hervor, daß sich der Schutz auch auf den schmalen Durchgang bezog, der zum Grundstück führte. Pelgrim hatte Guyrt Cornelis den Durchgang zu ihrem eigenen Garten versperrt und mußte sich dafür rechtfertigen. Daß Pelgrims Frau zuvor »einen Wassertopf mit Urin, Mist und anderem Unrat« auf Guyrt gekippt hatte, wirkte zumindest als mildernder Umstand.[27]

Das schwerwiegendere Delikt blieb hier trotzdem die Übertretung fremder Grenzen. Wer die Grenze zwischen jemandes Privatbereich und dem öffentlichen Weg mißachtete, mußte büßen. Gerardus Voshout schlug Abraham Koog in seinem eigenen Geschäft die Nase blutig. Es kostete ihn 150 Gulden.[28] Das ist ungefähr genausoviel, wie Cornelis Pietersz. 1634 nach einem Totschlag aus Notwehr bezahlen mußte.[29] Da es sich hier um Notwehr handelte, hatte Cornelis die Regeln der Gemeinschaft nicht vorsätzlich verletzt, Voshout aber wohl. Darum war der Schlag ein schlimmerer Tatbestand als der tödliche Stich, und Voshout konnte sich nicht einmal beschweren. Jan Gerritsz. Glasemaecker wurde in Gewahrsam genommen, weil er Adriaen Thaemsz. in dessen eigener Wohnung eine so heftige Ohrfeige verpaßt hatte, daß Adriaen der Hut vom Kopf gefallen war.[30] Man setzte ihn vor die Tür, mit der Verwarnung, daß er sehr schlecht daran getan hatte, einen Mann in seinem eigenen Haus zu schlagen.

Jan Gerritsz. behauptete, er nähme sich das nicht zu Herzen. »Das ist mir egal, ich mache weiter.« Aber er machte nicht weiter. Er ließ es bei dem einen Schlag. Sogar in seiner Wut schien er sich noch bewußt gewesen zu sein, daß er nicht weiter gehen durfte, etwa indem er nach dem Messer griff. Pieter Claesz. Joppes hatte das getan, als er gegen den Willen von Jacop Heyn dessen Schiff betreten hatte. Er hatte seinen unfreiwilligen Gastgeber nicht nur beschimpft, sondern ihn auch mit einem Messer bedroht, daß irgendwo auf einer Tonne lag.[31] Vielleicht hat er absichtlich zu jener Waffe gegriffen und nicht zu seinem eigenen Messer, um sagen zu können, er habe sein Messer nicht gezogen.

Wir gehen davon aus, daß ihm die möglichen Konsequenzen bewußt waren und darum seine eigene Wut nicht grenzenlos war. Menschen vom Schlag einer Maritgen Wouters in Koedijk treffen wir selten. Sie war in das Haus von Gerrit Woutersz. eingedrungen, ging mit einem Besen auf dessen Gemahlin los und jagte sie aus ihren eigenen vier Wänden.[32] Maritgen Wouters hat sich freiweg gehenlassen, ohne an die Folgen zu denken. In den meisten Fällen jedoch bekommen wir den Eindruck, daß der Angreifer sich beherrscht und schon in Gedanken mit dem Verfahren rechnet, das ihm sein Verhalten einbringt. Er rechnet damit, anschließend für seine Tat bezahlen zu müssen. Er gönnt sich den Gemütsausbruch, will aber doch verhindern, daß der Preis dafür in Geld oder leiblicher Strafe allzu hoch wird.

Machen wir uns einmal zu Zuschauern des Straßenkrachs zwischen Cornelis Cornelisz. und Cornelis Claesz. Sobald der eine dem anderen begegnet, zückt er sein Messer und ruft: »Zieh dein Messer und wehre dich!« Gleichzeitig sticht er zu, das heißt, er zerreißt mit seinem Messer den Ärmel von Cornelis Claesz. Er hätte ihn getötet, so jedenfalls lautet die Anklageschrift, wenn der Angegriffene ihn nicht mit einem Stock abgewehrt hätte, den er zufällig fand, und anschließend die Flucht ergriffen hätte, »weil er wußte, daß er mit äußerstem Zorn von jemand verfolgt wurde, der das Messer schwang«.[33] Cornelis Cornelisz. stach seinem Feind also zuerst in die Kleider, gab ihm anschließend Zeit, einen Stock zu finden, und schaffte es schließlich nicht, den flüchtenden Cornelis Claesz. aufzuhalten. Die Wut hat ihm offenbar keine Flügel verliehen. Aber ist es nicht viel wahrscheinlicher, daß Cornelis Cornelisz. die ganze Zeit genau wußte, wie weit er gehen wollte?

Bei ihm darf man wohl auch einige nüchterne Besonnenheit voraussetzen. Cornelis Cornelisz. war Lehrer in Oosterbuurt. Zwar war er gerade entlassen worden – und deshalb empfand er soviel Haß gegen Cornelis Claesz., den er für diese Entlassung verantwortlich machte –, aber er war doch vernünftig genug, nicht einfach so blind drauflos zu stechen. So etwas erwarten wir eher bei einem berüchtigten Halunken, der sich nicht um die Autoritäten kümmert, wie Jan van Schagen aus De Rijp, der sich täglich betrank und nicht wußte, was ehrliche Arbeit war. Von ihm ist auch tatsächlich bekannt, daß er einen Schankwirt in dessen eigenem Wirtshaus verwundet hat.[34]

Aber sogar in seinem Fall scheint das eine Abweichung von seinem normalen Verhalten gewesen zu sein. Während des Rijper Jahrmarkts im Jahr 1644, sprach Jan am Sonntagnachmittag den Wirt Paulus Allartsz. an, der gerade sein Haus verließ, um sich in die Kirche zu begeben. Jan hielt ihn fest und verlangte, er solle ihm ein Jahrmarktsbier zapfen. Als Paulus sich weigerte, zog Jan sein Messer. Paulus floh in sein Haus, woraufhin Jan seine Wut an den Vorbeigehenden ausließ, die auf dem Weg in die reformierte Kirche oder in das Versammlungshaus der Täufer waren. Jan scheute sich nicht, ihnen »mit Stichen und Schnitten zu Leibe zu rücken, dergestalt, daß davon einige Kleider beschädigt wurden«.[35] Jan konnte mit dem Messer sicherlich mehr als den Ärmel eines Wamses aufschlitzen. Angesichts der Häufigkeit, mit der die Akten es erwähnen, muß es ein bekanntes Ritual gewesen sein, in Kleider zu stechen. Es war eine Provokation, eine deutliche Herausforderung, ebenso wie das Zeigen eines Messers, das Warten vor dem Wirtshaus oder das Werfen des eigenen Hutes auf den Boden, damit der andere darauftrat.[36] Jan van Schagen muß sich sofort wieder im Griff gehabt haben. Zwar zog er das Messer, denn er war auf der Straße, wo er glaubte, sich so etwas erlauben zu können. Aber zustechen durfte er auch außerhalb des Hauses oder der Gaststube nicht.

Die letzte Barriere fällt erst dann, wenn jemand sich nicht nur auf der Straße, sondern weit entfernt auf fremdem Boden befindet. Denselben Schöffen und dem Dorfschulzen von Koedijk, die versicherten, daß bei ihnen im Dorf in den letzten zwei Jahren niemals gekämpft worden war, waren jedoch auch die Gerüchte zu Ohren gekommen, daß ein oder zwei ihrer Bürger außerhalb der Samtgemeinde jemanden verwundet hatten.[37] Das ist keine spezielle Koedijker Unart gewesen. In der gesamten Vogtei sehen wir, daß sich die blutigsten Auseinandersetzungen zwischen Personen abspielen, die aus verschiedenen Dörfern stammen. Jan Olofsz. aus West-Graftdijk trank 1646 im Wirtshaus von Jan Cornelisz. Blosius im eingedeichten Schermer, bekam Streit mit dem Wirt und stach ihm in den Arm.[38] Hätte er sich das auch im »Jonge Prins« an seinem eigenen Wohnort erlaubt? Willem Onckelsz. aus Graft wurde in einem Wirtshaus im Beemster von Jan van Ceulen angegriffen und tötete ihn aus Notwehr.[39] Der Streit hätte vermutlich nicht denselben fatalen Verlauf genommen, wenn beide Parteien derselben Samtgemeinde angehört hätten und wenn sie einander auf eigenem Terrain begegnet wären. Die Pflicht, die Gemeinschaft im eigenen Dorf zu bewahren, bestimmt auch die Kampfregeln. Dieser Pflicht scheint man sich in hohem Maße bewußt gewesen zu sein, auch auf dem unteren sozialen Niveau. Fand der Streit zwischen Männern aus verschiedenen Dörfern statt, so geriet der Zank eher außer Kontrolle. Die örtliche Gemeinschaft wurde nicht angetastet, und die übrigen Gäste werden weniger geneigt gewesen sein, zwischen die Streithähne zu geraten. Es ist sehr wahrscheinlich, daß die echten Raufbolde absichtlich in ein anderes Dorf gingen, weil sie glaubten, daß ein Messerstich bei den Nachbarn ein kleineres Risiko für sie bedeutete als eine Ohrfeige zu Hause. Diese Überlegung gilt auch für die Jugend aus den Nachbardörfern, so daß auch sie sich einfacher zu einem Konflikt herauslocken ließ. Jacob Crijnsz. aus dem eingedeichten Schermer ging im Februar ins Wirtshaus von Claes Cornelisz. in West-Graftdijk, also in den »Jonge Prins«, mit dem Vorsatz, dort jemanden ernsthaft zu verwunden. Er hatte gesagt, »daß er das Haus des genannten Claes Cornelisz. nicht verlassen wollte, sollte er auch noch zwei Tage dort sitzen, ehe er jemandem das ›Maul‹ aufgeschlitzt hatte oder den Leib, bis ihm die Därme heraushängen«. Als nicht schnell genug ein Gegner auftauchte, hat er den Zeitraum von zwei Tagen etwas verkürzt, indem er noch am selben Abend seinen Worten auf Kosten des Wirts Taten folgen ließ.[40]

Bei ihm war die böse Absicht nicht zu leugnen. Er kam nicht, um einen bestehenden Konflikt auszufechten, sondern um auf den ersten besten einzustechen. Andere gingen vielleicht nicht mit diesem ausdrücklichen Ziel in ein anderes Dorf, aber es wird deutlich, daß die Aussicht auf eine Messerstecherei eher verlockend als hemmend wirkte. Reyer Dircksz. aus Beets und Cornelis Symonsz. Smit aus Oude-Niedorp wurden 1682 für vier und sechs Jahre verbannt, wegen Mutwillens, Unverschämtheit und Gewalt. Sie hatten sich zuerst im Wirtshaus von Anna Korssens in De Rijp ungefragt unter die Hochzeitsgäste gemischt und dann einige junge Frauen belästigt. Von dort waren sie weitergezogen zum »Moriaenshooft« in Graft. Hier mußte die Wirtin Jannetje Jans ihren Kopf hinhalten. Ihr letzter Besuch galt dem »Oranjeboom«, wo die Wirtin sie auf frischer Tat beim Stehlen einer zinnernen Weinkanne ertappte.[41]

Ihre offensichtliche Vorliebe für weibliche Gesellschaft läßt vermuten, daß sie eher auf ein Abenteuer als auf eine Schlägerei aus waren. Aber sie mußten doch zumindest damit rechnen, daß ein Grafter oder Rijper Kavalier sich für seine Dame einsetzte. Ihre Bootsfahrt von Beets nach De Rijp gehorcht wohl auch dem ungeschriebenen Gesetz der Zunft der Raufbolde, wonach Streit ein Sport ist, der bevorzugt in fremder Umgebung auszuüben ist. Es wird ihnen recht leid getan haben, daß keiner der Wirtshausbesucher den Handschuh aufnahm.

Wir kennen die weiteren Umstände dieser Kneipentour nicht, und wir können uns aufgrund dieser einzelnen Fakten nicht anmaßen, den Jugendlichen aus Graft und De Rijp einen Mangel an Ritterlichkeit zu unterstellen. Aber sicher ist, daß sie nicht zu einem streitlustigen Menschenschlag gehörten. Ein Jan van Schagen oder ein Jelle Jeroensz. fand keinen Gegner, um seine Kampfkunst auf die Probe zu stellen. In den Archiven der Vogtei finden wir nur vereinzelte Fälle von Totschlag in dieser Gegend. In November 1633 kam es zum Prozeß gegen Leendert Jansz., und drei Monate später mußte sich Cornelis Pietersz. verantworten.[42] Über Leendert Jansz. wissen wir nichts weiter. Cornelis Pietersz. konnte beweisen, daß es ein Unglück und keine Absicht gewesen war, daß er einen Mann verwundet hatte. Die Verletzung war auch nicht sofort tödlich gewesen, so daß nicht nur das Opfer selbst noch hatte aussagen können, sondern seine Aussagen durch den Chirurg Pieter und den Rijper Arzt Jan Willemsz. bezeugt werden konnten. Darum wurde Cornelis nur zu einer Geldstrafe verurteilt.[43]

Welchen Ruf die Holländer des 17. Jahrhunderts auch immer gehabt haben mögen, die Grafter Jugend zeichnete sich eher durch das Verlangen nach Frieden als nach Gewalttätigkeit aus. Sie tasteten die Eintracht der Gemeinschaft nicht an. In der Samtgemeinde von Graft wurde wenig gekämpft, und wenn das geschah, bewegte man sich innerhalb der Grenzen, so daß Verletzungen nicht häufig vorkamen und Totschlag ein äußerst seltenes Delikt war. Die meisten zogen am selben Strang. Es gibt natürlich auch solche, die aus der Reihe tanzten. Aber die gehören zu einem besonderen Milieu. Für sie schlagen wir ein neues Kapitel auf.

Anonym, *Bettler mit Krücken, begleitet von Frau und Kind*

Es ist eitel, sagt der Prediger Salomo, daß es Gerechte gibt, denen es geht, als hätten sie die Werke der Gottlosen getan, und Gottlose, denen es geht, als hätten Sie die Werke der Gerechten getan. Seinerzeit beobachtete er, daß nicht alle Menschen Lohn nach Leistung erhielten. Das ist seither so geblieben und gilt auch für Graft im 17. Jahrhundert. Nicht immer und überall findet man beide Teile der Aussage im selben Maße bestätigt. In Graft waren so viele Arme, daß es unter ihnen gewiß Gerechte gab, denen es ging, als hätten sie die Werke der Gottlosen getan. Ein tugendhaftes Leben trug nicht immer die Frucht großen Wohlstands. Aber das Umgekehrte galt weniger. Die Lebenserfahrung des Grafters im 17. Jahrhundert lehrte, daß Verbrechen sich nicht lohnte. So war Kriminalität ein marginales Phänomen.

Stellen wir zwischen dem niedrigen Grad an Kriminalität einerseits und der Gewinn- und Verlustrechnung andererseits einen Zusammenhang her, dann sagen wir damit nicht, daß die Bewohner von Graft rein aus nüchternen, sachlichen Überlegungen auf Verbrechen verzichteten. Vielleicht haben viele die Möglichkeit nicht einmal in Erwägung gezogen, weil ihre Normen zu fest in der christlichen Kultur verankert waren. Dennoch hätte ein ruhiges Abwägen von Vor- und Nachteilen auch bei den Ärmeren zugunsten angepaßten Verhaltens ausfallen können. Die Armenunterstützung war nicht übermäßig, aber im allgemeinen ausreichend. Diebstahl brachte nicht viel ein, sogar wenn der Täter nicht erwischt wurde. Geschah das doch, dann war der Schaden unverhältnismäßig groß.

Wir haben Diebstahl als Beispiel erwähnt, weil dieses Delikt die Verbrechensstatistik in Graft anführte. Es wurde bereits deutlich, daß Gewalttaten in Graft selten vorkamen. Auch bestand kein starkes Bedürfnis nach größerer sexueller Freiheit. Das häufigste Delikt war Diebstahl. Fragen wir uns nun, wer die Grafter Diebe waren, wie sie vorgingen und auf welche Beute sie aus waren.

Der einfachste Fall ist der von Jan Hansz., Zimmermann in Graftdijk. Er hat bei dem Holzverkäufer Claes van Yperen ein paar Bretter gestohlen und diese auf seinem eigenen Grundstück versteckt. Claes und seine Frau haben den Diebstahl entdeckt und das Holz zurückgeholt.[1] Den Hintergrund kennen wir nicht. Es ist möglich, daß Jan sich von Claes benachteiligt fühlte und versuchte, die Angelegenheit heimlich so zu regeln, wie es seinem verletzten Rechtsempfinden entsprach. Es kann auch ein Moment der Schwäche gewesen sein, der ihn eine unerwartete Chance ergreifen ließ. Wenn wir Jan Hansz. hiernach aber nicht als Angeklagten vor Gericht wiedersehen, neigen wir dazu, dieses nicht den Lükken im Quellenmaterial zuzuschreiben. Dieser Mann hat einmal der Versuchung nicht wiederstehen können. Ein echter Krimineller ist er nicht.

Er ist eine Ausnahme. Das teilt die Quelle uns unwillkürlich mit, indem sie berichtet, daß Jan Hansz. Zimmermann von Beruf war. Es kommt selten vor, daß der Beruf eines Mannes oder einer Frau angegeben wird, der oder die wegen Diebstahls vor Gericht steht – einmal abgesehen vom Beruf des Ladenbesitzers, aber das ist eine andere Geschichte, die wir gleich erzählen werden. Es ist auch nicht verwunderlich, daß bei den Grafter Dieben eine derartige Angabe normalerweise fehlt. Sie gehören zu den sozial Schwachen, die von der Hand in den Mund leben. Für sie ist es eher die Ausnahme als die Regel, daß ihre gesellschaftliche Identität mit einem Berufsnamen angezeigt werden kann.

Einer von diesen Fällen könnte Pieter van Lanck gewesen sein, der 1700 verurteilt wurde, weil er hinter dem Haus von Pieter Backer Wäsche weggenommen hat. In dem Urteil heißt es von ihm, daß er 28 Jahre alt war, wohnhaft in Graft und geboren in Amersfoort. Er wurde für vier Jahre verbannt,[2] und wenn wir danach nicht mehr von ihm gehört hätten, hätten wir ihn wohl für einen typischen Fremden gehalten. Pieter war aber in Graft verheiratet und blieb wahrscheinlich trotz der Verbannung dort wohnen: Jedenfalls wuchs seine Familie stetig an. So fällt er wohl eher in die Kategorie eines Jan Hansz., auch wenn seine Beutezüge eher auf einen Fremden als auf einen Ortsansässigen deuten.

Pieter van Lanck hat sich nämlich in dem Dorf, in dem er wohnte, auf Diebespfad begeben. Damit ist er im doppelten Sinne von der Norm abgewichen. Erstens stehlen die meisten Menschen nicht, und zweitens arbeitet ein Dieb vorzugsweise nicht an seinem eigenen Wohnort. Die Akten nennen außer diesem und dem Fall des Jan Hansz. nur noch wenige andere Fälle von Diebstahl im eigenen Dorf. Der erste betrifft

Harmen Gerritsz. und die Gebrüder Arjen und Jacob Gijsbertsz. Cronenburch. Diese haben aus Schiffen, die am Kai lagen, ein paar Luken, eine Ruderpinne und andere Holzteile gestohlen, die sie anschließend in Stücke zerhackt und als Brennholz verheizt haben. Sie wurden zu drei Jahren Zuchthaus verurteilt.[3] Ihr Verbrechen macht einen sonderbaren Eindruck. Der Vorteil, den dieser Diebstahl einbrachte, steht zu dem angerichteten Schaden in einem eigenartigen Mißverhältnis, als ob es mehr um einen Akt des Vandalismus ging als darum, sich auf unehrliche Weise zu bereichern. Man kann annehmen, daß diese Männer im Dorf einen schlechten Ruf hatten. Sie zeigten weniger Respekt für die Normen der Gemeinschaft, und vielleicht ist das auch der Grund dafür, daß ihnen eine ziemlich schwere Strafe auferlegt worden ist. Sie gehörten zu den gesellschaftlichen Randfiguren und hatten aus diesem Grunde wenig Anspruch auf Nachsicht.

Das gilt mit Sicherheit für den zweiten Fall, den wir hier nennen wollen, den komplizierten Fall des Gerrit van Aelom in De Rijp. Auch er ist ein Fremder, geboren in Ameide im Lande Vianen. Gerrit hat nicht selbst gestohlen, sondern von Aris Jacobsz. Tuckes verschiedene Güter gekauft, die dieser aus dem Laden seiner Mutter entwendet hatte. Gerrit nahm diese Ware zu einem sehr niedrigen Preis ab, meist bezahlte er mit Branntwein. Er stand schon seit langem im Verdacht, mehr dieser jungen Leute zum Diebstahl angestiftet und zum Trinken gebracht zu haben.[4]

Dieser Gerrit van Aelom ist ein Typ, der auch dem modernen Leser bekannt vorkommt. Er stiftete junge Menschen zum Alkoholkonsum an und machte sie auf diese Weise von sich abhängig. Um genug trinken zu können, stahlen sie und verkauften die Beute für einen Spottpreis an ihren Lieferanten, ihren Dealer würden wir heute sagen. Gerrit hat ein paar Jahre gut davon gelebt. Und es war vielleicht nur dem Ungeschick von Aris Jacobsz. Tuckes zu verdanken, daß Gerrits Reichtum ein Ende bereitet wurde. Aris hatte in seinem eigenen Dorf gestohlen, sogar in seinem eigenen Haus. Die Herkunft der Güter war leicht nachzuvollziehen. De Rijp wurde den Mann endlich los, der schon so lange den Ruf hatte, die Jüngeren »zur Trunksucht verleitet« zu haben.

Das war das Risiko, wenn man mit jungen Menschen unter einer Decke steckte, die die Grundregeln der Vorsicht nicht beherrschten. So ist auch das Dienstmädchen Foockel Jans erwischt worden. Sie stahl bei

305

ihren nächsten Familienangehörigen in Oost-Graftdijk und verkaufte das Diebesgut in De Rijp. Wenn sie das für einen sicheren Abstand hielt, hat sie sich geirrt. Die Trödlerin Duyff Jans in De Rijp erkannte mit ihrem scharfen Kennerblick unmittelbar die Herkunft der angebotenen Kleider: Hatte die nicht immer Guert Jans aus Oost-Graftdijk getragen? Foockel versuchte sich mit der Lüge herauszuwinden, ihre Tante sei nach dem Tode ihres Mannes in Armut verfallen, aber das konnte sie nicht mehr retten. Sie wurde zu zwei Jahren Zuchthaus verurteilt.[5]

Darum stehlen Grafter in Schermerhorn, in Zuidschermer und in De Rijp, aber nur in Ausnahmefällen schlagen sie an ihrem eigenen Wohnort zu. Den überlassen sie Dieben aus anderen Dörfern. Es ist Trijn Michiels aus De Rijp, die abends um halb zehn den Bleichplatz von Meister Andries Muurlinck in Graft leerräumt.[6] Und es ist Claes Jansz. Manshart aus Graft, der mit seinem Kähnchen ins Roode Hart nach De Rijp fährt, um dort heimlich einige Bierfässer einzuladen, und der einen Schrank im Hause von Cornelis Metselaar aufbricht, um sich einen Betrag von hundert Gulden anzueignen.[7] Vier Frauen aus Schermerhorn machen sich nachts mit dem Boot nach Krommenie auf, wobei die Älteren unterwegs auf die Jüngeren einredeten, »sie unter anderem damit ermutigend, daß hier keine Gefahr zu erwarten sei, daß es weit genug weg sei und nicht herauskommen würde«.[8]

Ein Dieb, der sein Fach versteht, wählt einen großen Aktionsradius. Die Gebrüder Pieter und Jan Pietersz. Visscher aus Schermerhorn stehlen sechs Enten bei Dirck Decker in Graftdijk. Vier davon machen sie unauffindbar, indem sie sie selbst aufessen, die zwei restlichen verkaufen sie an einen jungen Mann in De Rijp.[9] Guyert Michiels aus Graft entwendet Kleidung, Hausrat und Lebensmittel bei Leuten in Oost-Graftdijk, De Rijp, Driehuizen, im bedeichten Schermer und in Purmerend.[10] Diese Streuung konnte das Risiko des Entdecktwerdens vermindern. Guyert Michiels war dreist genug, auch bei ihrer Nachbarin, der Krämerin Sybrich Maertens, Töpfe und Pfannen zu stehlen. Das kann aber auch ihren Untergang verursacht haben, denn sie hatte bereits einen arg angekratzten Ruf. Wer einmal einen schlechten Namen hatte, hatte bei der Fahndung und auch beim Prozeß schlechte Karten. Gerade für ihn oder sie wurde das Risiko, das mit jeder Gesetzesübertretung verbunden war, um so größer. Das Dienstmädchen Foockel Jans war, wie schon deutlich wurde, 1674 zu zwei Jahren Zuchthaus verurteilt worden. Als sie ihre Strafe abgesessen hatte, fing sie an der Seite von Jan Symonsz. ein neues Leben an. Viel später, 1681, wurde ein gewisser Adriaen Reyersz. in Starnmeer einmal das Opfer eines Diebstahls. Sofort ging das Gerücht um, Foockel sei wieder dem alten Leiden verfallen. Auf ihre Bitte hin legten Adriaen Reyersz. und drei andere Ortsansässige bei einem Notar die Erklärung ab, daß die genannte Beschuldigung jeder Grundlage entbehre.[11] Ihr Zeugnis umfaßt zwei Aussagen von allgemeiner Wichtigkeit. Die eine ist die, daß Foockels Fehltritt vielleicht noch jedem in Erinnerung war, aber daß sie dafür auch gebüßt hatte, so daß die »Missetat durch die Strafe ungeschehen gemacht wurde«. Wer einmal gestohlen hatte, mußte also nicht für immer ein Dieb bleiben. Aber es kam auch darauf an, wer man war. Die vier Männer sagen nämlich außerdem, daß sie weder vor noch nach dem Diebstahl etwas anderes von ihr kannten als Ehre und Tugend und daß sie und ihr Mann »als Nachbarn mit entsprechendem Ansehen gewohnt und gelebt haben«.

Sie sehen es also so, daß das Verbrechen ein unglücklicher Ausrutscher in einem ansonsten anständigen Dasein gewesen ist. Foockel hat ihren Platz in der Gemeinschaft nicht verwirkt. Ihr guter Name wurde durch Buße wiederhergestellt. Noch so einen Dieb haben wir in der Reihe von Angeklagten angetroffen: den Zimmermann Jan Hansz., der sich das eine Mal am fremden Eigentum vergriffen hat, ansonsten aber seine Hände dazu gebrauchte, ehrlich sein Brot zu verdienen. Von den meisten anderen glaube ich, daß sie zum gesellschaftlichen Rand gerechnet wurden. Sie weisen die entsprechenden Eigenschaften auf.

Das erste auffällige Merkmal ist, daß verschiedene Staftäter nicht zu den Einheimischen gehörten. Pieter van Lanck kam aus Amersfoort, Gerrit van Aelom aus dem Land von Vianen. Wir können nicht sagen, daß Graft den Fremden keine Chance gab. Engelse Neel wurde eine gute Geschäftsfrau, Gerrit Ledensetter ein angesehener Chirurg, Reynier Cramer und Cornelis Schol sind nicht nur bis in den Gemeinderat vorgedrungen, sondern nahmen sogar die wichtigsten Plätze inmitten des Grafter Magistrats ein. Es ist jedoch nicht ausgeschlossen – im folgenden soll das klarer werden –, daß gerade die, die zur Kriminalität tendierten, häufig ihr Geburtsdorf verließen. Sie stahlen nicht, weil sie Fremde waren, sondern sie ließen sich an einem anderen Ort nieder, um einfacher als Diebe leben zu können.

Eine zweite Tatsache, die sich aus den bis hierher geöffneten Dossiers ableiten läßt, ist, daß die Betroffenen schon vor ihrer Verurteilung nicht gut dastanden. Schon gut ein Jahr bevor Guyert Michiels vor Gericht stand, hatten ihre Familie und die Blutsverwandten ihres Mannes wegen ihres schlechten Benehmens ein Bittgesuch um Arrest im Frauenzuchthaus von Alkmaar eingereicht.[12] Und Gerrit van Aelom hatte seit langem den Ruf, ein Hehler zu sein, der die jungen Männer Grafts auf die schiefe Bahn brachte.

Beide Eigenschaften, schlechter Ruf und fremde Herkunft, finden wir bei anderen Angeklagten häufig wieder. Welmoet Claes alias Bestebedt, 34 Jahre alt und wohnhaft in Schermerhorn, wurde 1673 wegen Diebstahls zu zwei Jahren Arrest verurteilt.[13] Zehn Jahre später stand sie erneut vor Gericht. Ihr Alter gab sie nun mit 48 Jahren an, und ihre Lebensweise war dieselbe geblieben. Dieses Mal wurde sie zu sechs Jahren verurteilt.[14] Sie verkaufte ihr Diebesgut meistens an ihren Mitbürger Engel Nanninghz., der jedoch hätte bedenken müssen, daß Bestebedt zwei Jahre im Zuchthaus gesessen hatte. Das wußte er wohl auch ganz genau, denn Engel hatte selbst eine zweifelhafte Vergangenheit. Sein Name kommt schon 1676 in den Akten vor, als Ankäufer von Diebesgut, und seine Arbeitsweise erinnert an die von Gerrit van Aelom: Er bezahlt seine Kunden ab und zu mit Branntwein statt mit Geld.[15]

Angesichts des weiten Aktionsradius des Durchschnittsdiebs spielt es keine Rolle, daß diese Geschäfte sich in Schermerhorn abspielten. Die Geschädigten konnten sehr wohl in Graft wohnen, und Täter ließen sich dort auch finden. In früheren Kapiteln fiel bereits der Name von Piet Conijn, Grafts berüchtigtstem Kriminellen des 17. Jahrhunderts. Er ist 1633 lebenslänglich aus Holland verbannt worden. Eine andere Strafe hätte man ihm auch nicht angedeihen lassen können, denn er hatte bereits die Flucht mit seinen beiden Söhnen, Ijsbrant und Pieter junior, ergriffen. Seine Frau, Welmoet Pieters, war zurückgeblieben, konnte sich aber gleich auf die Suche nach ihrem Mann und ihren Kindern machen, denn auch sie wurde für die Zeit von sechs Jahren verbannt.

Welmoet hatte nämlich Wäsche, Netze und ein Fäßchen Salz verkauft, die sie von ihrem Mann bekommen hatte. Wie er daran gekommen war, konnte sie nicht sagen, obwohl sie es doch hätte besser wissen müssen, »weil ihr die Diebereien und Spitzbübereien ihres Mannes nicht unbekannt waren«. Dasselbe galt für Brecht Cornelis, die von Piet Conijn vierzehn Fischernetze zu einem guten Preis gekauft hatte und vier Fässer Salz, die sie in ihrem Geschäft in kleinen Mengen verkauft hatte. Ihr Mann hatte sich schon gefragt, wo Piet Conijn das Zeug herholte, aber das wollte Brecht nicht so genau wissen. Sie war gewohnt, nicht viele Fragen zu stellen. Zwei Jahre zuvor hatte sie in ihrer Wohnung schon einmal zeitweilig einen bleischweren Koffer aufbewahrt – es wurden drei Männer gebraucht, um diesen in ihr Haus zu schleppen –, auf die Bitte »eines berüchtigten Diebes, ihr wohl bekannt, welcher sich Jan Jorisz. van Embden nannte«. Auch Brecht wurde für ein Jahr verbannt.[16]

Diese Brecht ist vom selben Schlag wie Engel Nanninghsz. aus Scherningerhorn. In den großen Dörfern ist offenbar eine Gruppe von Personen zu finden, die als Hehler arbeiten und Beziehungen zum kriminellen Milieu unterhalten. Krämer und Krämerinnen, die bei Dieben kauften, Gasthausbesitzer, die Landstreichern und Bettlern Unterschlupf boten. Sie stellen das Bindeglied zwischen den lokalen Dieben und den vagabundierenden Kriminellen dar. Welche Rolle sie spielten, geht am detailliertesten aus dem Prozeß gegen Elsgen Hendrick hervor, der Ehefrau von Jan Jacobsz. Moyepoep.[17] Sie stand allein vor Gericht, weil ihr Mann verschwunden war,[18] aber gemeinsam hatten sie in Zuidschermer Geschäfte gemacht. Die Frau war 53 Jahre alt und stammte aus Holstein; der Mann war sehr wahrscheinlich ebenfalls aus Deutschland herübergekommen. Sie unterhielten ein Gasthaus, das »berüchtigten Dieben und Diebinnen« Unterschlupf bot. Von ihren Gästen kauften sie allerhand Ware zu sehr niedrigen Preisen, manchmal nur im Tausch gegen Bier und Branntwein. Die zwei konnten alles gebrauchen: Kleidung aus Leinen oder Wolle, Töpfe, Kessel und anderen Hausrat. Alle Güter, die ein vorbeikommender Landstreicher leicht aus einer Bauernwohnung entwenden konnte. Das Ehepaar änderte die Kleider ein wenig, um die Wiedererkennung zu erschweren, und verkaufte die Ware in Haarlem oder Amsterdam. Offenbar waren sie sehr vorsichtige Menschen, die sich aufs Hehlergeschäft verstanden: Alkmaar war noch zu sehr in der Nähe, so suchten sie große und möglichst entfernte Städte auf, wo sie in der Anonymität untertauchen konnten.

Hehlerei und Unterbringung von Landstreichern sind die Hauptuntaten der Dorfbewohner, die am Rande der Gesellschaft verkehrten. Diese Menschen waren überall in den großen Dörfern von Schermereiland und Zaanstreek zu finden. Daß sie auch in Graft anzutreffen waren, geht schon aus dem Fall von Brecht Cornelis hervor, und auch die Kneipe von Theunis de Smits Frau war ein Lokal mit schlechtem Ruf.[19] Der Zaanlanter Soeteboom nennt diese Häuser ein unausrottbares gesellschaftliches Übel. Überall an den wohlhabenden Orten treffe man sie in den Elendsvierteln, die Bettler ohne Scham, die Beutelschneider ohne Disziplin. Sie seien unausrottbar wie Unkraut, eine von Gott gesandte Plage, zur Strafe für unsere Sünden. Es seien auch nicht nur Fremde. Immer wieder erwische man Einheimische, die aus Armut oder teuflischer Lust aus ihren eigenen Häusern verdeckte Schlupflöcher für Diebe und Bettler machten. Manche von diesen Umherziehenden ließen sich dann in einem Armenviertel nieder und gäben ihrerseits Schnorrern und Vagabunden Unterschlupf. So vermehre sich das Böse von selbst.[20]

Manchmal ist mit diesem illegalen Treiben auch noch Prostitution verbunden. Trijn Willems aus Ursem bot nicht nur Landstreichern und Bettlern Unterschlupf, sondern hielt außerdem »fleischliche Unterhaltung« mit verheirateten Männern.[21] Barber Sweers, die wegen ihres unzüchtigen Lebens aus Alkmaar verbannt wurde, fing an, eine Bettlerunterkunft in Rustenburg zu betreiben.[22] Die Anklage sagt nichts über Prostitution, aber es ist unwahrscheinlich, daß sie nach ihrem Umzug die Tage in Keuschheit verbracht hat.

Als letzter Punkt bleibt noch zu nennen, daß diese Zwischenpersonen auch Informationen an ihre Gäste weitergaben. Meistens war das schwer zu beweisen, so daß die Akten nicht allzuviel darüber sagen. Engel Jansz. Binck in Schermerhorn jedenfalls wurde verdächtigt, »Dieben und Diebinnen Anweisungen gegeben zu haben, wo sie ihren Beutezug verüben sollten«.[23]

Auch das konnte das verbindende Glied zwischen den örtlichen und den umherziehenden Kriminellen sein. Garbrant Jansz. aus Schermerhorn war trotz einer Lebenserfahrung von 64 Jahren der Verführung der jungen Ym Pieters erlegen, 20 Jahre alt, Schnorrerin und Landstreicherin, die er bei sich zu Hause aufgenommen hatte. Der Dorfschulze warnte ihn, daß er sich straffällig mache. Wenn Ym nicht wegginge, würde er sie beide des Dorfes verweisen müssen. Garbrant hat diese Verwarnung vernachlässigt, und offenbar ist ihm zunächst auch nichts passiert. Erst nachdem er eines sonntags nachmittags zur Zeit des Kirchgangs zusammen mit Ym auf Beutezug gegangen war, noch dazu bei seinem eigenen Nachbarn Claes Cramer, mußte er vor dem Richter erscheinen. Sie hatten wahrscheinlich nicht genug Zeit gehabt, denn abends um neun Uhr statteten sie der Wohnung einen zweiten Besuch ab, während Claes im seinem Bett lag und schlief.[24]

Es ist nicht schwer zu sagen, wer bei dieser dreisten Einbruchsaktion die meiste Verantwortung getragen hat. Ein Mädchen wie Ym hatte wenig zu verlieren. Wenn sie erwischt wurde, verbannte man sie, für eine Landstreicherin keine abschreckende Aussicht. Bei Garbrant sah die Sache schon anders aus. In seinem Alter war er einem Vagabundendasein nicht mehr gewachsen. Das Risiko dieses Einbruchs war für ihn unverhältnismäßig groß. Männer und Frauen, die die Gesellschaft der Landstreicher wählen, nicht nur, um sie unterzubringen, sondern auch, um ihre Lebensweise zu übernehmen, sind in der Regel jüngeren Alters. Eine deutliche Ausnahme stellt nur noch der fünfundvierzigjährige Reyer Remmen aus De Rijp dar. Dieser hat als »zuverlässiger Knecht« in einer Hanfschlägerei gearbeitet, aber sich von Jan Bastiaensz. überreden lassen, von jedem Kunden ein wenig zu stehlen, so wenig, daß es niemand merken würde. Jan Bastiaensz. war übrigens als notorisch schlechter Umgang allgemein bekannt, der »berüchtigte Dieb« war schon »überall für seine Diebstähle gegeißelt worden«.[25] Beide wurden für sechs Jahre verbannt. Für Reyer Remmen bleibt zu hoffen, daß er irgendwo anders Arbeit gefunden hat, vielleicht in der näheren Umgebung, bei einer Zaanser Mühle.

Jan Bastiaensz. wird in der Akte nicht als Landstreicher bezeichnet. Wahrscheinlich gehörte er zum Rande der örtlichen Gesellschaft. Sehr groß war der Unterschied nicht. Drei junge Rijper Männer wurden 1666 wegen Diebstahls ausgepeitscht, und anschließend sollten sie auf einem Kriegsschiff anheuern – der zweite englische Krieg war schon im Gange, und Admiral Michiel de Ruyter konnte ganz bestimmt ein paar Matrosen gebrauchen. Aber obwohl sie alle drei als Einwohner von De Rijp galten, wurde über einen von ihnen, Gerrit alias Drul, zugleich gesagt, daß er »ein berüchtigter Landstreicher und Vagabund« war.[26] Spitznamen waren die Regel im Milieu der Umherziehenden. Dem wird Gerrit Drul auch wohl den seinen zu verdanken haben, denn sein Bruder, der mit ihm zusammen verurteilt wurde, hieß ganz bürgerlich Michiel Jacobsz. Vermutlich hat Gerrit das Landstreicherdasein mit Perioden der Ruhe in seinem Geburtsdorf abgewechselt.

Solch ein Doppelleben war vielleicht einige Zeit aufrechtzuhalten, mußte aber auf die Dauer auf Verbannung hinauslaufen, vor allem wenn die Ruhezeiten zu lang ausfielen. Ein Dorf duldete bei seinen Einwohnern weniger als bei umherziehenden Besuchern. Landstreicherinnen betrieben zwar Prostitution, wurden aber sehr selten dafür bestraft. Guert Jans in Schermerhorn dahingegen wurde verbannt, weil sie in ihrem »eigenen Geburtsort der Hurerei, Unkeuschheit und einem sehr ungezogenen Leben nachging.«[27] Es hätte wohl nicht so schwer gewogen, wenn ihr Arbeitsplatz in Hoorn oder Medemblik gelegen hätte. In Schermerhorn aber fügte sie als Gebürtige der Gemeinschaft Schaden zu, und das erhöhte ihre Schuld.

Als Mitglied der Gemeinschaft hatte sie größere Verpflichtungen. Umgekehrt aber konnte man auch gegenüber den eigenen Einwohnern einstweilen mehr Geduld an den Tag legen, wenn die Hoffnung bestand, daß aus ihnen doch noch etwas würde. Aeltgen Symons aus Schagen lief 1654 als junges Mädchen von zu Hause fort, um mit »verschiedenen berüchtigten Huren, Dieben und Landstreichern« herumzuziehen. 1656 wurde sie in Harenkarspel in Gewahrsam genommen, aber nicht bestraft. Die Justiz lieferte sie zu Hause bei ihrer Mutter ab, »hoffend auf ihr Versprechen, sich zu bessern«. Aeltgen machte das jedoch nicht wahr. Kurze Zeit später wählte sie erneut das freie Leben.[28]

Sie blieb aber in Nordholland, und das war vielleicht mit die Ursache dafür, daß sie 1662 wieder in Gewahrsam genommen wurde. Wer wirklich das Vagabundenleben wählte, tat besser daran, etwas weiter von zu Hause wegzugehen. Wer in Schagen geboren war und dann in Harenkarspel angehalten wurde, konnte dort noch leicht als jemand aus der Gegend erkannt werden. Für den Vagabunden oder die Vagabundin ist das unangenehm, denn einerseits hat das Gericht nun die Möglichkeit, den Gefangenen an den verschmähten Ort der Herkunft zurückzubringen, und andererseits wird oft gerade gegen den Mann oder die Frau aus der Gegend ein schwereres Urteil gefällt. Dann bestraft man nicht nur das

Delikt selbst, sondern auch das Verbrechen gegen die Gemeinschaft. Der Rat des Noorderkwartiers schrieb 1614 an die städtischen Magistraten der Region, auf dem Lande würde viel über Vagabunden geklagt, die sich als Zigeuner ausgäben. Diesen Männern solle man einen Monat lang nur Wasser und Brot geben und sie dann verbannen. Die Frauen sollten auch nicht ungestraft davonkommen. Im Gegenteil, man müßte sie tüchtig verhören, weil einige dabei seien, die im Noorderkwartier geboren worden seien. Der Rat fände es nicht unangebracht, »gegen diese etwas strenger zu prozessieren.«[29]

Das umherziehende Volk, das wir in den Gegenden Nordhollands antreffen, stammt häufig auch aus anderen Gebieten, oft innerhalb, manchmal aber auch außerhalb der Niederlande. Ganz so international ist die Gesellschaft vermutlich nicht gewesen, wenn wir von den Herkunftsorten ausgehen, die von den Männern und Frauen angegeben wurden, die vor dem Vogtsgericht standen. Es sind ein paar Deutsche dabei, vor allem Ostfriesen, ein paar Flamen und Brabanter und eine junge Frau aus Dänemark. Aller Wahrscheinlichkeit nach befanden sich in dieser Zeit auf dem nordholländischen Dorf nur Landstreicher, die miteinander niederländisch sprechen konnten. Wenn sie Gruppen bildeten, was sie oft taten, vermischten sich darin die Deutschen und die Südniederländer mit den Vagabunden nordholländischer Herkunft, ohne daß die Unterschiede in Dialekt und Sprache der Kommunikation im Wege standen. Franzosen, Engländer, Schotten oder Südeuropäer sehen wir hier nicht. In den großen Städten kann es anders gewesen sein, aber die Bettlerlegion in Holland, nördlich des Ij, war niederländischer oder niederdeutscher Abstammung, so daß auch im Verkehr der Landstreicher mit lokalen Randfiguren keine Sprachbarrieren existiert haben dürften.

Die Kontakte zwischen der nomadisierenden und der seßhaften Bevölkerung waren unterschiedlicher Art. Das hing von der Art und Weise ab, wie der Landstreicher versuchte, an seinen Lebensunterhalt zu kommen. Er konnte an die Mildtätigkeit der Dorfbewohner appellieren und betteln gehen. Er, oder noch öfter sie, konnte versuchen, deren Gutgläubigkeit auszunutzen, für gewöhnlich durch Wahrsagerei. Sie, vielleicht auch er, aber darüber ist nichts bekannt, konnte sich prostituieren. In all diesen Fällen blieb der Landstreicher zwar außerhalb der Gemeinschaft, appellierte aber fortwährend an diese Gemeinschaft. Und schließlich gab es den Diebstahl als viertes Erwerbsmittel. Das stellte ihn nicht nur außerhalb der Gemeinschaft, sondern auch gegen sie.

Diese vier Methoden des Einkommenserwerbs geben zugleich in aufsteigender Reihenfolge die Gefahr an, mit der Justiz in Berührung zu kommen. Wer sich auf Betteln beschränkte, hatte nicht viel zu befürchten. Nahezu jede Gemeindeleitung im Noorderkwartier hat irgendwann einmal Verordnungen erlassen, die allen Einwohnern verboten, Bettlern und Landstreichern Wohnraum zur Verfügung zu stellen.[30] Doch ist im Grafter Archiv eine Bescheinigung zu finden, in der bezeugt wird, daß Joannes van Meurs und seine Frau, derzeit wohnhaft in der Samtgemeinde Zuidschermer bei Jan Jansz. Gat, »sehr bekannte Bettler sind, die öffentlich an den Häusern betteln gehen«. Die beiden Männer, die die Bescheinigung unterschrieben, wußten das, weil der eine persönlich und der andere durch die Vermittlung seiner Frau dem verstorbenen Joannes kurz zuvor noch ein Almosen übergeben hatte. Der eine Attestant, Eliazar Nieuwentijt, war seinerzeit Dorfschulze von Graft. Der zweite, Willem Adriaansz. Voogt, war als Waisenvorsteher angestellt.[31] Wenn ein öffentlicher Funktionär und der Dorfschulze diesem Bettlerehepaar persönlich ihren Segen gaben, können wir sagen, daß sie mit öffentlicher Zustimmung und mit einem Appell an die Wohltätigkeit ihr Brot verdienen konnten.

Wahrsagerei wird in den Akten der Vogtei von Nieuwburgen nur einmal angegeben, 1684. Damals gab es ein Grüppchen von fünf Personen, bestehend aus einem Mann aus Gelderland, einem Deutschen, zwei holländischen Frauen und einer Friesin, die sich als Zigeuner ausgaben. Sie begingen kleine Diebstähle »unter dem Deckmäntelchen, wahrzusagen und ein Almosen zu erbetteln«. Was sie vor Gericht brachte, war der Diebstahl eines silbernen Bechers aus dem Waisenhaus von Graft.[32] Die Wahrsagerei war hier also anscheinend verdächtig, aber an sich noch keine kriminelle Handlung. Diese Künstler der Weissagung bedienten offenbar eine Marktlücke. Der Zigeuner wurde als der echte Experte angesehen, und die Täuschung bestand darin, daß das vermeintliche Zigeunermädchen in Wirklichkeit Trijn hieß und von waschecht friesischer Herkunft war. Aber das Wahrsagen wurde akzeptiert, solange es nicht dem Diebstahl Vorschub leistete. In den achtziger Jahren des 17. Jahrhunderts haben sich auch ab und zu Zigeuner in der Samtgemeinde von Graft aufgehalten. Die Taufregister von Oost- und West-Graftdijk geben dreimal die Taufe »eines heidnischen Kindes« an.[33] Daß die kirchlichen und nicht die gerichtlichen Register uns die Anwesenheit von Zigeunern nahelegen, ist ein Hinweis darauf, daß sie sich ungestört in der Samtgemeinde aufhalten konnten.

Prostitution wurde wiederholt genannt, indem hinter den Namen der Landstreicherinnen vermerkt wurde, daß sie »berüchtigte Huren« seien, das heißt als solche allgemein bekannt waren. Auch wenn diese nähere Angabe fehlt, weist die Zusammensetzung der Gruppen wiederholt in diese Richtung. So wurden beispielsweise 1676 auf dem Kamerhop in Graft sechs Personen festgenommen: ein Mann und fünf Frauen. Das Alter des Mannes ist nicht angegeben; wohl, daß er Piet Blanck hieß und gemeinhin »Piet Swart« (Piet Schwarz) genannt wurde. Die Frauen sind jung. Aefffjo Maertens, genannt Tayen Hals, ist 20 Jahre alt, Maertjen Cornelis aus Amsterdam ist 23 Jahre alt. Anne Michiels, auch die »Moye Meyt« (Schönes Mädchen) genannt, ist ebenfalls aus Amsterdam und 18 Jahre alt, und Mary Jans alias »Schurrfde Mary« (Räudige Mary) aus Harderwijk ist 19. Für Anna Bastiaens alias »het mennoniste susje« (das Mennonitenschwesterchen) ist kein Alter angegeben.[34] Aber wir wissen, daß sie 1700 in Utrecht gehängt wurde,[35] so daß sie 1676 vermutlich noch eine junge Frau war.

Wenn diese fünf unter der Leitung von einem Piet Blanck umherziehen, der ebensogut Schwarzer Peter genannt werden kann, scheint die Lage ziemlich eindeutig. So ist wohl auch Hendrick Packaen der Zuhälter von Pietertjen Willems, Jacomijn Gerrits und Schele Lijs gewesen[36] und Juriaen de Mof der Zuhälter der sechzehnjährigen Giesje Jans aus Friesland und der vier Jahre älteren Engel Jans aus Kopenhagen, genannt die »Bossche« oder »Noortsche Maecht«.[37] Daß diese Frauen Prostituierte waren, beeinflußte ihren Ruf, und sie konnten leicht ihre Freiheit verlieren. Roo Marie, Vagabundin aus Enkhuizen, wurde 1660 vorsorglich für eine Nacht ins Zuchthaus von Schermerhorn gesperrt. Sie hatte nichts anderes verbrochen, als Vorbeigehenden, die sie ansprachen, eine freche Antwort zu geben. Vorsorglich aber wurde sie im Keller des Zuchthauses untergebracht, weil sie vielleicht Böses im Sinn gehabt haben könnte. Diese Tatsache ist uns nur aus einem Grunde überliefert: Roo Marie hat sich in diesem Keller das Leben genommen.[38] Die potentiellen Übeltäter präventiv einzusperren aber könnte eine übliche Polizeimaßnahme gewesen sein. Tuenis Jansz., der Grafter Ausrufer, bekam 1691 sechzehn Stuiver ausbezahlt,»um im Gemeindehaus auf arme Frauen und Heiden aufzupassen«.[39] Auch diese haben dort sicherlich nicht freiwillig die Nacht verbracht.

Aber auch wenn Prostitution für junge Frauen das Risiko einer Festnahme erhöhte, so reichte sie als alleiniger Grund für die Verhaftung meistens nicht aus. Die lokalen Obrigkeiten sahen es nicht gerne, wenn Frauen an ihren eigenen Wohnorten Prostitution betrieben. Aber ein Bedarf muß in diesen großen Dörfern mit vielen Seeleuten, die im Winter an Land kamen, und zahlreichen deutschen Grasmähern, die die Sommermonate in Nordholland verbrachten, doch vorhanden gewesen sein. Darum wird man diese fliegenden Brigaden vermutlich geduldet haben, solange sie sich nicht des Diebstahls schuldig machten.

Diebstahl ist die häufigste Ursache für gerichtliche Schritte. Ein harter Kern professioneller Einbrecher scheint das große Gebiet durchzogen zu haben, und Geißelung und Verbannung gehörten zu den unvermeidlichen Berufsrisiken. Heyndrick Jansz. aus Hamburg, der als Gastarbeiter in der Bombasinherstellung gearbeitet hatte, hatte sich »in die Gesellschaft verschiedener berüchtigter Diebe begeben«. Als er sich 1638 vor dem Gericht von Vogt und Lehnsherren in Nieuwburgen verantworten mußte, hatte er schon sieben Strafverfahren hinter sich: in Rotterdam, Leiden, Amsterdam, Delft, Alkmaar, Purmerend und nochmals Amsterdam.[40] Solch ein Rückfälliger ist auch Hans Claesz. van Ditmars, der 1628 beim Einbruch in De Rijp erwischt wurde. Er hatte schon in Alkmaar, Utrecht und Amsterdam vor Gericht gestanden. Das Zuchthaus von Utrecht hatte ihn zwei Jahre, das von Amsterdam ein halbes Jahr lang beherbergt. Er war also sicher nicht gerade glimpflich davongekommen, aber abschreckend wirkten diese Strafen genausowenig. Es sieht eher danach aus, als hätte er die Chance auf Erfolg vergrößern wollen, indem er sich erfahrene Kollegen aussuchte. Bei dem Rijper Einbruch hatte er »mit einem Pieter de Saeger und Pieter de Looper, beide weithin bekannte Diebe«, zusammengearbeitet.[41]

Auch die übrigen Verurteilungen von Landstreichern betreffen immer Diebstahl und Einbruch.[42] Sehr zahlreich sind diese Rechtssprüche nicht. Selbst wenn wir in Rechnung stellen, daß eine Reihe dieser Delikte nicht bestraft werden konnte, weil keine Anzeige erstattet wurde, bleibt doch der Eindruck, daß die meisten Landstreicher sich aufs Betteln beschränkten und daß der Schaden, den sie der Landbevölkerung zufügten, von bescheidenem Umfang geblieben ist. Eine wirkliche Bedrohung stellten sie erst dar, wenn sie sich zu großen Banden zusammenschlossen. Das kam jedoch in Holland selten vor.[43] Für unsere Region sind zwei Fälle bekannt. Im Januar 1687 wußte ein energischer junger Mann aus Twente, Olof alias Brouwer Reyndertsz., eine Bande von vierzig Mann um sich zu versammeln. Er ließ sich mit ihnen im Dorf Ursem in einem verlassenen Bauernhof nieder, wo mit hier und dort zusammengestohlenem Brennstoff so eingeheizt wurde, daß die Anwohner täglich ein Großfeuer fürchteten. Durch Diebstahl und Bettelei sorgte die Truppe für ihren Lebensunterhalt. Die Gefahr ging hauptsächlich von der Person des Anführers aus, »dessen Befehl, wie bemerkt wurde, von seinen Leuten befolgt werden mußte«. Der junge Diktator fühlte sich mit seinen vierzig Handlangern stark genug, um ein paar Wochen in Ursem zu bleiben, auch nachdem der Dorfschulze ihn aufgefordert hatte, das Weite zu suchen. Aus diesem Grunde nahm man an seinem Betragen besonders Anstoß, wie aus dem Urteil hervorgeht. Er ist nämlich einer der wenigen, die wegen Bettelns verurteilt wurden, weil er »gesunden Leibes, zu Lasten des redlichen Hausherrn seinen Faulenzerbauch mit dem Schweiße und der Arbeit unserer Landbewohner füllte«.[44]

Gegen diesen Olof mußte die Justiz rigide auftreten, wenn sie nicht wollte, daß die Landbewohner durch diese Bande terrorisiert wurden. Aber auch hier zeigte sich wie so oft sehr deutlich, daß die lokalen Mittel nicht ausreichten, um gegen wirklich unsägliche Elemente anzugehen. Das Betreiben des Dorfschulzen hat auf Olof keinen Eindruck gemacht. Auch im zweiten Fall der Bandenbildung in dieser Gegend mußte sich der Vogt einschalten. Diesmal waren es nur sechs Personen, die sich im Januar 1698 in Schermerhorn niederließen und im Kirchengebäude Unterschlupf suchten. Die Kälte bekämpften sie mit zwei kräftigen Lagerfeuern, die sie mit gestohlenem Holz von Zäunen, Brücken und anderswo schürten. Nachdem das acht Tage gedauert hatte, nahm der Vogt die kleine Gesellschaft fest.[45] Allzu gefährlich kann dieses Grüppchen nicht gewesen sein. Doch hätte es in dieser kalten Jahreszeit, die die Vagabunden immer besonders auf die Probe stellte, ohne das Durchgreifen der Obrigkeit leicht anwachsen können. Schermerhorn wird es wohl zu schätzen gewußt haben, daß die mangelnde Autorität des eigenen Dorfschulzen dank des Vogts nicht zu größerem Unheil geführt hat.

Im allgemeinen jedoch scheint das Problem der Landstreicherei für die Dörfer Nordhollands lösbar gewesen zu sein. Unsere Samtgemeinde von Graft hat nur ein einziges Mal soviel Schaden leiden müssen, daß sie an höherer Stelle um die Erlaubnis bat, einen Dorfschulzenassistenten, »einen kräftigen Diener der Justiz«, zu benennen, der die Einwohner gegen Bettler und Landstreicher beschützen sollte. Er wurde ihr gewährt. Den Grafter Regenten nach war es damals so schlimm, »daß man die Straßen des Herrn des Abends oder des Nachts kaum betreten konnte, ohne belästigt zu werden«.[46] Wenn dem Übel aber allein mit der Einstellung eines »kräftigen Dieners« für ein großes Dorf und drei Weiler abzuhelfen war, dann kann von dem umherziehenden Gesindel doch keine allzugroße Bedrohung ausgegangen sein.

Das eigentliche Problem stellten nicht die Landstreicher an sich, sondern ihre Beziehungen zu den Randexistenzen in den nordholländischen Dörfern dar. Durch diese konnten sie längere Zeit an einem Ort bleiben, das Stehlen war einfacher, und in Zusammenarbeit mit lokalen Kriminellen ließen sich Einbruchsaktionen vorbereiten und ausführen. Darum haben Rechtsangelegenheiten auch relativ oft diese örtlichen Randfiguren als Hauptpersonen: die Piet Conijns und die Brecht Cornelissens. Das sind die Menschen, die den Frieden der Gemeinschaft verletzten und die allein ihr schlechter Ruf immerzu verdächtig machte.

Man versuchte sie auch nötigenfalls durch Präventivmaßnahmen unschädlich zu machen. Der Gemeinderat von Graft beschloß 1680, Jantje Simons und die Witwe von Salomon Adriaensz. ein letztes Mal zu verwarnen. Beim nächsten Verdacht drohte man, sie ins Frauenzuchthaus von Alkmaar zu bringen.[47] Beide Frauen gehörten zu den kleinen Kneipenbesitzerinnen, die bei den Graftern für ihren schlechten Umgang und bei ihren umherziehenden Freunden dafür bekannt waren, daß sie ihnen Trank und vielleicht auch Logis boten. Beide wurden auch vom Kirchenrat ermahnt, denn Jantje wie auch die Witwe gehörten der reformierten Kirche an. Der gesellschaftliche Rand lag oft nicht so weit vom Zentrum entfernt, daß eine Frau von gutem Ruf und Namen unmöglich im äußersten Kreis landen konnte. Sie brauchte nur Witwe zu werden, um in finanzielle Verlegenheit zu geraten, und schon konnte der nächste Schritt sie ins kriminelle Milieu bringen. Es war möglich, kam aber selten so weit. Verbrechen wurden in Graft nur im kleinen Stil begangen. Solange jemand die Grenzen der Gemeinschaft nicht überschritt, konnte er oder sie mit soviel Unterstützung rechnen, wie nötig war, um gerade noch am Leben zu bleiben. Wer mehr wollte, konnte Anschluß beim fahrenden Volk suchen. Das konnte vorübergehend einen kleinen Vorteil einbringen, aber auf die Dauer zog niemand wirklich Nutzen daraus. Wenn es so wenige taten, lag das vielleicht auch daran, daß sie damit ihre Probleme eher verschlimmerten, als ihnen abzuhelfen.

V

Das auferlegte Los

Anonym, *Das Haus Nassau-Oranien*

17 Äußere Mächte

Jedes Dorf ist für seine Bewohner der Mittelpunkt der Welt. So haben auch die Grafter ihre Samtgemeinde betrachtet. Sie wußten zwar, daß es eine Vogtschaft gab, ein Amt für die Überwachung der Entwässerungsschleusen, die Provinz Holland und eine Republik der Vereinigten Niederlande. Aber das waren für sie Kreise, die wohl mit der Spitze des Zirkels im Rathaus von Graft gezeichnet worden waren. Für sie leiteten alle diese weiteren Lebensbereiche ihre einzige Bedeutung von der Tatsache her, daß ihr eigenes Dorf ein Teil davon war. Die Regierenden und Beamten der größeren Verbände sahen das natürlich genau umgekehrt. Sie zogen ihren Kreis mit Alkmaar oder Den Haag in der Mitte und bestimmten die Bedeutung der Samtgemeinde von Graft nach dem Wert, den sie, von diesem Zentrum aus betrachtet, zu besitzen schien. Diesen externen Zentren gegenüber mußte Graft seine Interessen verteidigen, indem es seinen Wert bewies, während für die Grafter selbst die eigenen Interessen natürlich im Vordergrund standen. Die Beziehungen zur näheren und ferneren Umgebung sind deshalb auch nie ganz frei von Spannungen. Wie Graft sich manchmal der Autorität der Mächte von außen zu beugen hatte, manchmal jedoch auch seinen eigenen Willen durchsetzte, ist das Thema dieses Kapitels.

Überschreiten wir die Grenzen der Samtgemeinde, so ist der erste und kleinste Kreis, der gezogen werden kann, der Bereich, der sich um Graft und sein Nachbardorf De Rijp schließt. Bis 1607 hatten die beiden zusammengehört. Warum diese Gemeinschaft zu Ende ging, steht eigentlich bereits in dem Dokument, das 1563 die Gründung des Grafter Gemeinderates besiegelte. Dieses Schriftstück teilt uns mit, daß die Samtgemeinde aus vier Untergliedern bestand, »wovon eines als das größte und reichste bekannt ist, nämlich De Rijp. Dieser Ort hat eine eigene Kapelle, in der Messen gelesen und Predigten gehalten werden können. Im zweiten Unterglied, Graft, steht die Gemeindekirche der zugeordneten Dörfer, nämlich drittens Graftdijk und viertens Noordeinde.«[1]

De Rijp ist also das wohlhabendere, aber Graft das Kirchendorf und der Namensgeber der Gemeinde. In diesem Gegensatz war der Konflikt bereits angelegt. De Rijp hatte ökonomisch die weitaus größere Bedeutung, und das sollte auch so bleiben. Man findet die Verhältnisse in Herman Kapteins Wirtschaftsgeschichte des Schermereilandes wiedergegeben. Was dort erzählt wird, ist vor allem die Geschichte von De Rijp. Graft ist eher ein Anhängsel als ein gleichberechtigter Partner. Solange aber die Dörfer eine Samtgemeinde bildeten, befanden sich die Rijper in der Gemeindeleitung in der Minderheit gegenüber den Graftern und den Vertretern der beiden Weiler.

Aus der Perspektive von De Rijp wurde die Dynamik einer vorausschauenden Wirtschaft des Ortes von den kurzsichtigen, selbstsüchtigen Graftern gebremst. Die Regenten von De Rijp drangen darum auf eine Trennung. Sie sahen in der Versammlung von Gemeinderäten und Schöffen einen Kampfplatz, auf dem die Grafter systematisch ihre Eigeninteressen durchsetzten – auf Kosten von De Rijp.[2] Aber die Grafter sahen das ganz anders, weil die Dörfer nicht nur auf dem Papier, sondern auch in Wirklichkeit ein Ganzes bildeten. Wer einmal auf Schermereiland gewesen sei, so sagten sie, wisse, daß die Häuser von Graft und De Rijp ohne den geringsten Abstand nebeneinanderstehen, so daß der Besucher nicht sagen kann, ob er in Graft oder in De Rijp ist. Die Dörfer sind auch durch Verwandtschaft und Heirat so eng miteinander verbunden, daß die Samtgemeinde eine Trennung ebensowenig ertragen wie ein Körper eines seiner Glieder entbehren kann.[3] Beide liegen auf einem Polder mit einem gemeinsamen Deich; sie teilen sich ihre Schleusen und Wassermühlen.[4]

So sei es, und so solle es bleiben, meinten die Grafter. Eine Trennung würde zu ewigem Haß und Feindschaft führen, während die Dörfer bisher immer in Ruhe und Eintracht miteinander verkehrt hatten. Die Grafter mußten aber dennoch zugeben, daß sie von der Einheit den größeren Gewinn hatten, »denn im Weiler oder Ortsteil De Rijp ist bei weitem der größte Reichtum ansässig«.[5] Genau dieses ökonomische Übergewicht von De Rijp muß bei dem Beschluß der »Staten van Holland«, in die Trennung einzuwilligen, den Ausschlag gegeben haben. Was sich bei den Besprechungen abgespielt hat, bleibt uns verborgen, aber das Resultat kennen wir. Es kam zu einem Trennungsvertrag, der durch eine Kommission aufgesetzt wurde, die aus führenden Persönlichkeiten bestand.[6]

Offenbar ist es den Rijpern gelungen, ihren Anliegen bei den »Staten van Holland« Gehör zu verschaffen. Damit war die Trennung ein Fakt. Die Sache hatte noch ein kurzes Nachspiel, als sich De Rijp 1622 auch kirchlich selbständig machte. Auch hier ging es nicht ohne Reibungen ab: Waren die Rijper denn nie zufrieden?[7] Zwischen den kirchlichen Gemeinden blieb aber ein Gefühl geschwisterlicher Verbundenheit erhalten. Bis 1658 konnten Gemeindemitglieder von Graft nach De Rijp umziehen und umgekehrt, ohne daß sie dafür eine Bescheinigung beantragen mußten.[8] Die förmliche Trennung änderte nichts an der Tatsache, daß die Orte eng benachbart waren. Grafter und Rijper sollten sich auch fortan miteinander verheiraten, voneinander erben, miteinander arbeiten und beieinander kaufen können. Und natürlich stachen sie regelmäßig gemeinsam in See. Die zwei Dörfer seien zu sehr aufeinander angewiesen, so erklärte der Magistrat von Graft im Jahre 1621, um anders als friedlich und einträchtig miteinander leben zu können.[9] Daran rüttelte auch die Separation nicht, aber sie lehrte, daß die Mächte von außen in dieser Angelegenheit das letzte Wort hatten.

Auf das Verhältnis zu De Rijp sind wir eingegangen, weil die beiden Orte zuviel miteinander gemein hatten, als daß De Rijp in einem Buch über Graft völlig fehlen könnte. Graft und De Rijp gehörten zueinander in ewiger Rivalität und bleibender Verbundenheit. Trotz aller Konkurrenz bedeutete der Wohlstand von De Rijp auch den von Graft und umgekehrt. Die übrigen Außenbeziehungen Grafts werden wir nur im allgemeinen behandeln. Aber daß sie bedeutenden Einfluß auf das Grafter Leben hatten, ist aus dem einen Beispiel bereits klar geworden. Sehr oft waren es höhere Gremien, die letztlich über das Los der Dörfler von Graft bestimmten. Wenn niemandem Schaden daraus erwuchs, gibt es wenig oder nichts darüber zu berichten. Die meisten Anweisungen der »Staten van Holland« wurden einfach proklamiert und durchgeführt. Meinten die Grafter aber, daß ihre Belange dabei zu kurz kamen, mußten sie einen Weg finden, den Schaden abzuwenden.

Im Prinzip konnte die Obrigkeit des Dorfes auf zweierlei Arten reagieren, wenn ihre Interessen bedroht waren. Sie konnte den Weg des Rechts wählen oder den Weg von Fürsprache und Begünstigung. Zwischen diesen beiden mußte sie sich entscheiden, denn sie schlossen einander aus. Das Recht setzt allgemeine Regeln, die für jedermann allzeit gelten. Wer dagegen die Gunst der Mächtigen sucht, tut das gerade darum, weil er möchte, daß für ihn eine Ausnahme gemacht werde. Aus diesem Grunde wählte Graft diesen Weg meist allein, wohingegen es den Weg des Rechtes vorrangig zusammen mit anderen beschritt.

Ein Gremium, das sich der gemeinsamen Interessen der Dörfer in der Umgebung von Alkmaar angenommen hätte, hat es zu keiner Zeit gegeben. Das hätten die Autoritäten der Provinz Holland auch nicht geduldet. De Rijp versuchte 1614, eine Versammlung der nordholländischen Dörfer zusammenzurufen. Man wollte über gemeinsame Aktionen zum Schutz des Gewerbes auf dem Dorf nachdenken. Für viele Dörfer war dies eine wichtige Sache, denn gewerbliche Betriebe sorgten für Arbeit und Wohlstand. Waren sie auch nicht überall notwendig für das Überleben der Menschen, so trugen sie doch immer zur Blüte eines Dorfes bei. Doch mußten die ländlichen Betriebe mit den städtischen konkurrieren. Das war kein freier Wettbewerb, denn die Gesetzgebung lag bei den »Staten van Holland«, bei einem Gremium also, das überwiegend aus Abgesandten der Städte bestand. Die Dörfer hatten darum Grund genug, gemeinschaftlich zu überlegen, welche Schritte sie unternehmen könnten, um ihre kollektiven Interessen zu schützen.

Mit dem Selbstbewußtsein seiner gerade erst erworbenen Eigenständigkeit rief De Rijp 1614 also zu einem großen Treffen auf, zu dem nicht weniger als achtzig nordholländische Dörfer eingeladen wurden.[10] Die Rijper Regenten waren der Ansicht, daß sie das Recht dazu hatten, weil ihnen dies in einem Privileg erlaubt worden war, das noch aus den Tagen der Jacoba von Bayern stammte. Die »Staten van Holland« machten sich allerdings gar nicht erst die Mühe, sich in die Satzungen von 1417 zu vertiefen. Sie verboten die Zusammenkunft einfach als nicht angemessen für die Lage der Dinge in der Provinz.[11] Dieses Machtwort genügte. De Rijp sah ein, daß ein Prozeß hier nichts helfen würde. Kein Gericht hätte Jacobas Privileg anerkannt, wenn die »Staten van Holland« es außer Kraft gesetzt hatten. Das Treffen fand also nicht statt, der Groll jedoch blieb bestehen. Er wurde durch die rigorose Reaktion der »Staten« eher noch verstärkt.

Am selben Tag, an dem das Treffen in De Rijp hätte stattfinden sollen, am 11. Februar 1614, erschienen ausgerechnet einige Steuerpächter, um das Dorf zu inspizieren. Sie wurden »von einigen guten Leuten« heimlich gewarnt, daß ihr Leben in Gefahr geraten könnte. Also zogen sie lieber nach Uitgeest, doch dort wurden sie von bewaffneten Dörflern von einer Herberge zur nächsten gejagt, bis sie aufgaben und das Dorf verließen. In De Rijp wagten sie es überhaupt nicht, sich blicken zu lassen. Dort herrschte große Verbitterung, und vor allem fürchtete man Repressalien. Die Wut richtete sich besonders gegen die Steuerpächter. Würden dagegen keine Maßnahmen ergriffen, so schrieb der Rat des Noorderkwartiers an den Landesadvokaten Johan van Oldenbarnevelt, dann könnte das ernsthafte Folgen haben. Im schlimmsten Fall würde niemand mehr wagen, die Steuer von De Rijp zu pachten.[12] Dieser Gefahr mußte begegnet werden, und das ist, wie es mir scheint, auch geschehen: Die »Staten« unternahmen nichts weiter. Sie vermieden es also, die Rijper noch mehr zu reizen.

Die Warnung hatte auch insofern den gewünschten Effekt, als Zusammenkünfte dieser Art nicht mehr stattfanden, sieht man einmal von dem Versuch Uitgeests im Jahr 1620 ab, der mit sanfteren Mitteln vereitelt wurde.[13] Weniger spektakuläre Formen regionalen Widerstandes haben jedoch existiert und sich über die Jahre hin gehalten. Wir sehen, wie die Samtgemeinde von Graft in drei verschiedenen Kreisen agiert.

Zuerst einmal gibt es recht häufige Kontakte mit den anderen Dörfern Schermereilands, mit De Rijp und Zuidschermer.[14] Genau wie bei De Rijp ergaben sich diese Kontakte größtenteils aus der persönlichen Lebenswelt. Die Bewohner Schermereilands hatten eben viel miteinander zu tun. Eine von sieben Ehen in Graft wurde mit einem Partner aus Zuidschermer oder De Rijp geschlossen.[15] So entstanden zahlreiche Verwandtschaftsbeziehungen, und Eigentumsrechte an Boden und Häusern gingen über in die Hände von Bewohnern der anderen Dörfer.[16] Von alters her durften die Bewohner des Eilands ohne Bezahlung zusätzlicher Gebühren in den Gemeinden der anderen wohnen, heiraten, erben und sich begraben lassen.[17] Auch die Fischgründe von Graft waren für die anderen Eilandsbewohner frei.[18]

Diese Menschen hatten ein gemeinschaftliches Interesse, weil sie gemeinsam die »Waterschap« des Eilandspolders bildeten; eine gemeinsame Wasserbehörde, die für den Wasserhaushalt und die Erhaltung von Straßen und Brücken in diesem Gebiet zuständig war. Somit gab es sachliche Gründe für eine Zusammenarbeit. Es ging hier um die Regelung eines allgemeinen Interesses, das angesichts der enormen Bedeutung einer gedeihlichen Wasserbewirtschaftung auch das wichtigste war. Auf diesem Gebiet hatten sie auch die größte eigene Verfügungsgewalt. Während jeder, der sich über eine Entscheidung der örtlichen Schöffen beklagen wollte, beim Vogt und von dort beim »Hof van Holland« Berufung einlegen konnte, war, sobald Schulze und Schöffen in ihrer Eigenschaft als Deichgraf und Deichgeschworene zusammenkamen, nur noch eine Berufung beim holländischen Gerichtshof möglich. Der Vogt amtierte nicht als eine Art Oberdeichgraf.[19] Keine Staatsversammlung hätte eine Zusammenkunft des Polderrates verbieten können. Aber es lag natürlich nahe, daß die Zusammenkünfte dieses Gremiums dann und wann auch zum Anlaß genommen werden konnten, um andere Angelegenheiten zu besprechen, die alle Dörfer des Eilands angingen. Das ist auch verschiedentlich geschehen,[20] vor allem, wenn es um die Steuern ging.

Die meisten holländischen Steuern wurden in Form von Akzisen auf Gebrauchsgüter erhoben. Die Einnahme wurde nicht von Amtsträgern, sondern von Pächtern vorgenommen, die gegen einen mit der Obrigkeit abgestimmten Betrag die Steuern auf eigene Rechnung einforderten.[21] Diese Verpachtung wurde nach Distrikten vergeben. Gewöhnlich hatten es die Dörfer Schermereilands mit denselben Pächtern zu tun. Sie erlitten also denselben Schaden, wenn zum Beispiel ein neuer Pächter die Vorschriften strenger auslegte oder eine genauere Kontrolle vornahm, als man es aufgrund von Recht und Gewohnheit erwartet hatte.[22] Dann traten die Dörfer in Aktion.

Ihren größten Erfolg konnten sie 1627 verbuchen. Damals klagten die Dörfer gemeinschaftlich bei den »Staten van Holland«, daß der Pächter der Viehsteuer den Wert des Schlachtviehs viel zu hoch einschätzte. Es wurde ihnen eingeräumt, daß dem Pächter fortan ein Experte aus dem Ort beigesellt werden sollte.[23] Zu diesem Zweck sind damals in Graft die nötigen Fachleute bestimmt worden.[24] Dieses Amt ist allerdings schnell wieder verschwunden, vielleicht weil spätere Pächter keinen Anlaß zu Beschwerden mehr gaben. Aber aus der Einrichtung dieser Prüferstelle wird deutlich, daß die Dörfer nicht völlig ohne Möglichkeiten der Gegenwehr waren. Die »Staten« haben hier vermutlich aus denselben Gründen nachgegeben, die sie 1614 davon abgehalten hatten, harte Maßnahmen gegen die Versammlungspläne der Rijper zu ergreifen. Eine störungsfreie

Durchführung der Steuererhebung sollte unter allen Umständen gewährleistet sein. Dies erscheint im Umgang der Provinzverwaltung mit den
Dörfern immer als das erste Anliegen.

Einen zweiten, weiteren Interessenskreis bildeten die Dörfer aus der
Vogtei von Nieuwburgen. Ein Vogt war befugt, Verordnungen zu erlassen,
aber die Gemeindeoberen durften das ebenso. Die Rechte waren beider-
seits nicht so deutlich abgegrenzt, daß ein Vogt mit etwas Phantasie nicht
die Möglichkeit gehabt hätte, die Grenzen seiner Befugnis zu erweitern.

Große Aufregung verursachte ein Erlaß von 1597, der jeden Dörfler dazu
verpflichten sollte, sich künftig dem Vogt gegenüber für Trunk und Spiel
an Sonntagen, für das Entsorgen von Kadavern in Gewässern und für das
freie Laufenlassen von Hunden[25] zu verantworten. Das ging auf Kosten
der Dorfschulzen, die dann allerhand Einkünfte aus Geldbußen hätten
entbehren müssen. Vor allem verursachte dieser Beschluß den Bewohnern Kosten, weil sie für jedes dieser Vergehen einen ganzen Tag hätten
opfern müssen, um nach Alkmaar zu reisen. Dieser Erlaß wurde damals
erfolgreich abgewendet, aber Konflikte dieser Art wiederholten sich später des öfteren.[26]

Einmal, 1607, heckte man sogar den Plan aus, eine Art permanentes
Überwachungskomitee einzurichten. Die elf Dörfer der Vogtei über-
legten seinerzeit, »eine gewisse Anzahl Männer zu bestimmen, die als
Wächter oder Kommissare dienen sollen, falls der Vogt von Nieuwburgen Sachen bestimmt, die sich gegen die Privilegien der Dörfer richten,
und daß diese bestimmten Männer dem Vogt sogleich entgegentreten
sollten«.[27] Hier stoßen wir wieder auf das wohlbekannte Wort »Privileg«.
Die Privilegien bestimmen, wo die Grenzen des den Dörfern zugestan-
denen Rechts liegen. Diese Grenze darf der Vogt nicht überschreiten.
Auch sehen wir hier wieder bestätigt, was schon früher in bezug auf Graft
deutlich wurde: Dörfer besitzen eigene Privilegien, haben aber darüber
hinaus auch Anteil an regional verliehenen Gruppenvorrechten. Darum
können die Dörfer der ganzen Vogtei auch über »ihre« Privilegien sprechen.

Die Trennung zwischen dem ersten und dem zweiten Kreis ist übrigens nicht besonders scharf. Das konkrete Problem, das geregelt werden
muß, bestimmt die Wahl der Gesprächspartner.[28] Mit den Dörfern der
Vogtei bespricht man bei Gelegenheit auch Steuerfragen.[29] Häufig wer-

den sich derartige Angelegenheiten jedoch direkt oder indirekt auf die korrekte Interpretation der Privilegien bezogen haben.

In der dritten und letzten Runde von Dorfrepräsentanten, die sich trafen, um über gemeinsame Probleme zu beratschlagen, konnte man sich nicht auf Privilegien berufen: beim ländlichen Gewerbe. Die holländischen Städte wollten sich im allgemeinen jegliche gewerbliche Aktivität selbst vorbehalten. Ein Dorf durfte seine Schuster haben, seine Schneider und Zimmerleute, aber alles auf der Ebene von Handwerksbetrieben. Das Gewerbe sollte den Städten vorbehalten sein. Es gibt ein Gebiet in Holland, wo diese Politik gründlich mißlang, und das ist Zaanstreek mit seinen Schiffszimmerwerften, seinen Segeltuchwebereien, seinen Zwiebackbäckereien und seinen Ölmühlen. Der Erfolg der Dörfer Zaanlands war so groß, daß sie sich auch gegenüber dem städtischen Neid behaupten konnten. Ganz unbedroht aber konnten sie sich nie fühlen, so daß von Zeit zu Zeit Verhandlungen über gemeinsame Aktionen und Proteste geführt werden mußten. Schermereiland liegt streng genommen knapp außerhalb von Zaanstreek. Aber während seiner Blütezeit im 17. Jahrhundert hatte es einen bedeutenden Anteil am Gewerbe in dieser Region. Darum sehen wir auch Graft einige Male an den Beratungen der Gewerbedörfer teilnehmen.[30]

Es geht hier anders zu als beim Protest der Dörfer der Vogtei. Hier geraten die ökonomischen Interessen von Stadt und Land aneinander, und das bedeutet, daß von Rechten und Privilegien keine Rettung zu erwarten ist. Was Recht ist, wird schließlich durch eine Versammlung städtischer Abgeordneter, nämlich den »Staten van Holland« entschieden. Wenn die Dörfer Erfolg haben wollten, mußten sie dazu fähig sein, aus einer starken Position heraus zu verhandeln. Sie mußten sich darauf verlassen können, daß ihre gewerblichen Aktivitäten auch für die Städte so wichtig waren, daß sie für ihre Mühlen, Werften und Manufakturen Anspruch auf Protektion erheben konnten.

Darum hatten die Verhandlungen auch nicht immer die gleichen Aussichten auf Erfolg. Sie müssen sogar verschwindend gering gewesen sein, wenn es um das Brauereiwesen ging. Die Städte produzierten ja ausreichend Bier, um das gesamte Land zu beliefern. Wir erinnern uns noch an die Verträge, die die Brauer aus Haarlem, Alkmaar und Delft mit Grafter Schankwirten abgeschlossen haben.[31] Offensichtlich bestand unter den

Brauern eine starke Konkurrenz, so daß sie versuchten, die Kunden mit attraktiven Prämien anzulocken. Bei diesem Wettbewerb konnte das ländliche Gewerbe nicht mithalten. Wenn die Dörfer etwas erreichen wollten, dann mußten sie Güter liefern, die in den Städten selbst nicht in ausreichendem Maße hergestellt wurden. Graft spielte übrigens in diesen Wirtschaftsverhandlungen keine besondere Rolle. Es hatte nicht die gleiche Bedeutung wie Wormer oder Krommenie. Es schwamm zwar im Strom mit, hätte aber niemals selbst die Initiative zu dergleichen Aktionen ergriffen.

Wenn Graft ein eigenes gewerbliches Interesse verteidigen mußte, dann ging es eher den anderen Weg: nicht den des Rechts, sondern den von Fürsprache und Begünstigung. Dann sind die Argumente von ganz anderer Art. Privilegien zählen nicht; man muß an das Wohlwollen wichtiger Personen oder Instanzen appellieren, ihre Macht und ihr Ansehen in den höchsten Tönen loben, sich nicht zu schade sein für unterwürfige Schmeicheleien. Als der Weiler Oost-Graftdijk eine Steuererleichterung zu erreichen versuchte, weil der Kirchenneubau zuviel Geld verschlungen hatte, wandten sich die Oost-Graftdijker in aller Untertänigkeit an die »Staten van Holland«, weil »ihre Seele von großem Kummer gebeugt ist und sie sich keinen Rat mehr wissen, als sich an Eure Hochwohlgeborenen Herren zu richten, den Vätern des Vaterlandes und den Vorstehern von Gottes Kirche, und sie untertänig zu bitten, ihr Bittgesuch mit gnädigen Augen zu lesen«.[32]

Nun hat in diesem Bettelbrief zweifellos ein Pfarrer das Wort gehabt, und das hat Ton und Terminologie unverkennbar beeinflußt. Die Oberen der Samtgemeinde von Graft drückten sich aber nicht viel anders aus, als sie 1639 eine Bitte an den Statthalter Frederik Hendrik richteten, »Zuflucht suchend bei der angeborenen Großmut Eurer Hoheit«.[33] Die Grafter haben sich wohl des öfteren an Frederik Hendrik gewandt, auch in Sachen, die nicht in seinen Zuständigkeitsbereich fielen.[34] Möglicherweise schätzten sie seine angeborene Barmherzigkeit etwas höher ein als das bekannte Erbarmen der Väter des Vaterlandes bzw. der »Staten van Holland«, das der Pastor von Oost-Graftdijk so sehr schätzte.

Wahrscheinlicher aber ist, daß sogar die Notabeln der Samtgemeinde nicht die genaueste Kenntnis von der Staatseinrichtung der Republik der sieben Vereinigten Niederlande besaßen. Zwei Grafter Schöffen erklär-

ten 1612, daß der Notar Pieter Heringa ein Bittgesuch an den »Edelmuti-
gen Staatsrat« gerichtet hatte.[35] Ein Kollegium dieses Namens gab es
nicht und hatte es auch nie gegeben. Die Titulierung verrät uns, daß Claes
Claesz. Schippers und Cornelis Claesz. Seylemaker mit all den »Edel-
mutigen«, »Hochwohlgeborenen«, »Großmütigen« und was es sonst
noch gab nicht viel anzufangen wußten. Sie hatten mehr Bezug zu Menschen als zu Einrichtungen, und sie wußten, wer der Prinz von Oranien
war. Auch wenn sie mit den Vertretern eines Kollegiums gesprochen hatten, blieb die Erinnerung an eine Person. Als Grafter Abgesandte 1605 in
Den Haag gewesen waren, um über die Trennung von Graft und De Rijp
zu sprechen, referierten sie zu Hause: »Schaut, der Advokat Barvelt sagte«,[36] wenn sie den Ratssekretär van Oldenbarnevelt meinten.

In dieser Welt fühlen sich die Grafter Regenten nicht sonderlich wohl.
Sie kennen nicht die Mittel, mit denen sie in dieser fremden Umgebung
etwas ausrichten können. Sie haben es hin und wieder probiert, haben
aber wenig dazugelernt. Eine der Angelegenheiten, für die das von der
Seefahrt lebende Dorf Graft bei der hohen Obrigkeit einzutreten hatte,
war der Austausch gefangener Seeleute.[37] Es handelte sich vor allem um
Fischer, die in Dünkirchen von Piraten gefangengehalten wurden. 1635
hat Graft elf Gulden ausgegeben für »eine Tonne Brot, die der General-
staat von Middelburg als Ehrengeschenk erhielt«.[38] Ein ebenso mysteriö-
ses Kollegium wie der »Staatsrat«, aber welche Versammlung auch
gemeint sei, es ist unwahrscheinlich, daß ihr Entscheidungsprozeß durch
eine Tonne Schiffszwieback entscheidend beeinflußt wurde. Wenn das
ein Korruptionsversuch war, so zeugt er von nahezu rührender Unschuld
oder von waschechter holländischer Sparsamkeit, und zwar von einer, die
mit Klugheit nichts mehr zu tun hat.

Aber wenn Graft den Weg der Begünstigung beschreitet, hält es sich
normalerweise nicht an den »Statengeneral« von Middelburg. Es bewegt
sich bevorzugt auf den vertrauteren Wegen, die nach Alkmaar führen.
Das ist die Stadt, von der die Grafter etwas erwarten und von der sie sich
auch etwas erhoffen können. Alkmaar war im 17. Jahrhundert ein regiona-
les Zentrum.[39] Dort waren Brauer, Schmiede und Maurer ansässig, die
Dörfer der Region versorgten. Dort gab es Märkte, auf denen die Dörfler
ihre Erträge vom Feld und aus dem Stall umsetzten. Bei Alkmaar denken
wir nicht gleich an einen eigenen Gewerbezweig so wie bei Haarlem mit

seinem Leinen und Leiden mit seinen Wollstoffen. Wir denken an Käse, und der mußte von den Bauern geliefert werden. Nun war Graft mit seinen vierzig Bauernhaushalten kein großer Käselieferant. Es hatte aber eine große Bevölkerung, die wohlhabend genug war, um sich ab und zu etwas Zusätzliches zu leisten. Das eigene Dorf bot dazu nicht viele Möglichkeiten. Wir wissen ja bereits, daß das handwerkliche Leben schwach entwickelt war. Für fast alles, was über den alltäglichen Lebensbedarf hinausging, mußten die dreitausend Einwohner der Samtgemeinde Graft in die Stadt, also nach Alkmaar. So ergänzten sich Stadt und Land. Sie brauchten einander.

Es war ein gegenseitiges Geben und Nehmen. Graft bekam etwas von Alkmaar, namentlich seine Liegeplätze im Hafen, für die Kähne, die zum Markt fuhren, und es schloß mit der Stadt Übereinkünfte über die Regelung von Fährdiensten und die Linienschiffahrt ab. Natürlich war das Dorf der schwächere Partner in dieser Allianz. Wenn es darauf ankam, war Graft völlig abhängig von Alkmaars Unterstützung und Zusammenarbeit. 1593 bereiteten die »Staten van Holland« eine Verordnung vor, um das Fischen auf den Binnengewässern einzuschränken. Die seinerzeit noch ungeteilte Samtgemeinde von Graft war über dieses Vorhaben beunruhigt, und seine Regenten versuchten, nähere Informationen aus Den Haag zu bekommen. Sie fragten den Sekretär der »Staten van Holland«, wie es dazu gekommen war. Dieser antwortete, daß Alkmaar das so wollte.[40] Die Verordnung würde nicht für Beemster gelten, denn das hatte Purmerend verlangt. Daraus geht also hervor, daß eine Stadt, auch eine sehr kleine wie Purmerend, allgemeine Regelungen ihrem eigenen Partikularinteresse anpassen konnte. Auch Alkmaar konnte das, wollte aber in diesem Fall seinen Einfluß nicht zugunsten von Graft anwenden. Als bedeutende Stadt war es Herr und Meister in der eigenen Region. Gegen den Willen der nächstgelegenen Stadt konnte ein Dorf nichts unternehmen. Ich wüßte auch nicht, daß Graft das versucht hätte. 1593 konnte es sich auch nicht durchsetzen, als es merkte, daß Alkmaar in der Versammlung der »Staten van Holland« sein eigenes Interesse gegen das Interesse Grafts ausspielte.

Graft zog stets die Bürgermeister von Alkmaar zu Rate, wenn es Meinungsverschiedenheiten mit anderen Dörfern hatte. Wenn der Streit auf eine größere Sache hinauslief, dann mußte diese formal den provinziellen

Obrigkeiten mitgeteilt werden, sei es den »Staten van Holland«, sei es dem Rat des Noorderkwartiers. Vernünftige Gemeindeobere taten diesen Schritt nicht, bevor sie nicht die Meinung der nächstgelegenen Stadt eingeholt hatten.

Das ist die Reihenfolge, die die Resolutionen und die Rechnungen des Dorfes immer wieder bestätigen: zuerst Alkmaar, dann Den Haag (für die »Staten van Holland«) oder Hoorn (für den Rat des Noorderkwartiers).[41] Warum das wirklich die klügste Politik war, zeigt sich gleich, wenn wir die Resolutionen der »Hollandse Staten« durchblättern. Kam hier ein dörfliches Bittgesuch auf den Tisch, so wurde normalerweise zuerst um die Meinung der nächstgelegenen Stadt gebeten. Unterbreitete man die Angelegenheit einem Ausschuß, so trat der Kommission immer ein städtischer Beauftragter bei. Die Grafter wußten das und richteten sich danach. Ob es nun um das Kirchengebäude, Steuern, Wasserwirtschaft, den Verkehr zwischen den Ortschaften oder welche andere Angelegenheit auch immer ging, die außerhalb des Dorfes geregelt werden mußte, man schlug den Weg nach Alkmaar ein. Und die Grafter beschritten diesen Weg immer auf die gleiche Weise. Einige Herren aus Graft gingen in die Stadt, um mit einem der Bürgermeister die Frage zu erörtern.[42] Der Weg nach Alkmaar war der von Gunst und Fürsprache. Privilegien waren hier nicht im Spiel. Der Wille der zuständigen Stadt war ausschlaggebend.

So bleibt ein Dorf den äußeren Mächten untergeordnet. Es kann sie nicht selbst wählen und hat keinen Einfluß auf die Grenzen der Macht. Im Prinzip ist damit die Grundlage für Zwangsherrschaft geschaffen. In der Praxis wird die Gefahr der Willkür meistens durch gegenseitige Eigeninteressen in Schach gehalten. Eine gefestigtere Position scheint das Dorf gegenüber dem Vogt zu haben, weil es durch die Privilegien geschützt wird, die in seinem eigenen Rechtsraum gelten. Solange die zumindest nicht mit höheren gesetzlichen Interessen aneinandergeraten, bieten sie dem Dorf eine wesentliche Garantie. Geschriebenes Recht war Grafts größter Stolz im Kampf um Selbständigkeit. Wenn es aber darauf ankam, war ein Privileg weniger wert als das Pergament, auf dem es geschrieben stand. Das galt auf allen Ebenen, also auch für die Dörfer. Die standen aber in der Reihe hintenan, als Stiefkinder der holländischen Regierung.

Romeyn de Hooghe,
Siegreiche Seeschlacht der Niederländer gegen die französische und englische Flotte

18 Die Zeit erfahren

Dieses Buch handelt von Menschen des 17. Jahrhunderts. Was die Grafter dachten und glaubten, was sie aßen und tranken, was sie haßten und liebten, was sie besaßen und worauf sie verzichteten, lag alles in der kollektiven Erfahrung eben genau jener Zeit. Wieviel auch immer danach gleich blieb und zuvor nie anders gewesen war: Diese Verwobenheit aller Phänomene, die einem bestimmten Jahrhundert zu eigen sind, ergibt immer eine einzigartige Kombination, die die Menschen zu Kindern dieser einen, besonderen Periode in der Geschichte macht.

Dieses Buch handelt vom 17. Jahrhundert, und wer bis hierher mitgelesen hat, muß schon mehrmals dieses Jahrhundert wiedererkannt haben. Graft war ein wohlhabendes Dorf, das von der Seefahrt lebte. Es gab mehr Arme als Reiche, doch die meisten lagen irgendwo dazwischen. Fast jeder besaß einen Kahn, fast niemand eine Kutsche mit vier Pferden. In der Samtgemeinde stand ein halbes Dutzend Kirchen dreier Glaubensgemeinschaften, und sonntags waren sie alle voll. Sehr viele lernten lesen, doch sehr wenige hatten Zugang zu höherer Bildung. Das alles ist spezifisch für das 17. Jahrhundert. Wenn eines dieser Elemente aus dem Leben der Grafter entfernt worden wäre, hätte das die ganze Art und Weise ihrer Existenz verändert.

Aber gibt es auch Dinge, die wir vermissen? Ja, zwei in jedem Fall: Wir haben nichts über die holländischen Maler und wenig über die Fakten der traditionellen Ereignisgeschichte gehört. Über den ersten Punkt brauchen wir uns nicht zu sorgen. Die Maler haben auch in Graft ihre Spuren hinterlassen. Die Inventare der Nachlässe verzeichnen gelegentlich die Gemälde, die in diesen Gegenden »bemalte Tafeln« genannt wurden. Im Nachlaß von Pieter Hoffkam befanden sich sogar fünfzehn.[1] Sie wurden 1654 öffentlich verkauft. Die schönsten Stücke gingen für fünf Gulden weg, beide an die Ankäuferin Sybrigh Maertens. Das eine stellte einen Mundschenk dar, das andere war ein Portrait von Hoffkam selbst. Den preisgünstigsten Ankauf tätigte Cornelisjen. Für vier Stuiver und acht Penninge wurde sie Eigentümerin »einer Tafel mit dem Begräbnis des Prinzen«.

Damit sind wir mitten in der Chronik der Ereignisse. Welcher Prinz zu Grabe getragen wurde, erzählt der Auktionsmeister uns zwar nicht, aber mit einigem Zögern tragen wir hier doch das Jahr 1650 ein. »Der Prinz«, ohne nähere Hinzufügung, wird wohl der letzte verstorbene Prinz von Oranien sein, also Wilhelm II. Es war die Darstellung seines Trauerzuges, die in der Wohnung oder im Laden von Cornelisjen verschwand. Aus welchem Interesse heraus sie diese Wahl getroffen hatte, läßt sich nicht mehr nachvollziehen. Vielleicht war es die Neugier auf alles, was Leben und Sterben fürstlicher Personen anging, denn diese war auch den Menschen des 17. Jahrhunderts nicht fremd. Vielleicht spielte auch ein bißchen Vaterlandsliebe mit und das Haus Oranien war für sie die Verkörperung der holländischen Nation. Wie weit reichte eigentlich der Horizont der Grafter des 17. Jahrhunderts? Lag ihre Welt ganz eingeschlossen zwischen den Deichen von Schermereiland, oder waren sie sich bewußt, daß sie Teil eines größeren Staatenverbandes waren, der auf ihre Treue und Loyalität Anspruch erheben konnte? Waren sie nur Grafter oder auch Holländer, vielleicht sogar Niederländer?

Das sind Fragen, auf die uns eine wirkliche Antwort fehlt. Grafter Seeleute sind für das Vaterland gestorben, als Matrosen der Kriegsflotte. Aber das sagt nicht alles. Der Kampf auf Leben und Tod gegen Engländer oder Spanier kann ein Teil des auferlegten Loses sein. Der höchste Wert ist nicht auf das Banner geschrieben, für das wir sterben müssen, sondern auf das, wofür wir leben wollen. Nur derjenige, der weiß, daß letzteres ihm weggenommen werden kann, wenn er zu ersterem nicht bereit ist, kann ein Vaterland lieben, das größer ist als sein eigenes Dorf.

Was die Grafter davon hielten, haben sie uns nicht ausführlich mitgeteilt. Es gibt kurze Perioden in ihrer Geschichte, in denen ihre Samtgemeinde von den großen Ereignissen der Geschichte betroffen war. Sehr oft ist das nicht passiert. Die bedeutendsten Jahre, die wir nennen können, sind 1572 und 1672.

Das erste überschreitet genaugenommen unseren Rahmen, denn schließlich haben wir Jahreszahlen gewählt, die uns Grenzen auferlegen: Die Samtgemeinde von Graft zwischen 1607 und 1705. Die Materialknappheit kann die Verschiebung zu einem etwas früheren Zeitpunkt hin rechtfertigen. Unter der Nummer 66 enthält das Archiv von Graft ein Aktenbündel, das die Kriegshandlungen in Nordholland betrifft. Danach müssen wir bis zur Batavischen Zeit warten, bevor wir wieder nördlich des IJ Soldaten sichten, aber die haben in Graft keinerlei Spuren hinterlassen. Diese eine Gelegenheit dürfen wir deshalb nicht versäumen. Es ist das einzige Mal, daß unsere Samtgemeinde direkt mit dem Krieg in Berührung gekommen ist.

Beinahe von Anbeginn des Aufstands gegen die Spanier lag Graft in dem Gebiet, das dem Machtbereich des Prinzen von Oranien unterstand. Alle Städte der Region Nordholland befanden sich bereits im Juni 1572 in den Händen der Geusen – Amsterdam hielt noch zur päpstlichen Seite, und also wurde gekämpft: keine großen Feldschlachten, dafür aber tagtägliche Scharmützel. Der Gouverneur von Nordholland, Diederik Sonoy, hatte dazu die Verfügungsgewalt über das Regiment des Oberst Lazarus Muller, »ein Regiment schöner Soldaten«, schreibt Pieter Bor anerkennend in seiner Geschichte der niederländischen Kriege.[2] Aber schöne Soldaten konnten sie nur bleiben, wenn sie jemand ernährte, und demnach mußten die Nordholländer zahlen.

Sechzehn Dörfer wurden wegen des Unterhalts dieser Regimenter angeschrieben,[3] auch Graft. Für jeden Soldaten stand täglich ein Braspenning aus – eineinviertel Stuiver –, für jeden Offizier etwas mehr. Grob geschätzt kamen die Kosten auf ungefähr 135 Gulden pro Tag, wovon Graft als eines der größten Dörfer wohl 10 bis 15 Gulden bezahlt haben wird. Wie lange Lazarus Muller mit seinem Regiment dort geblieben ist, wissen wir nicht. Es machte kaum einen Unterschied, denn es kamen immer neue Soldaten. Bald mußte Graft 100 Gulden pro Woche bezahlen, bald 50 oder 125 oder 147 oder 149, manchmal auch mehrere Beträge auf einmal.[4] Von Zeit zu Zeit wurden Zahlungen in Naturalien verlangt: 100 Pfund Süßrahmkäse für je 50 Morgen Land[5] – für die ungeteilte Samtgemeinde von Graft und De Rijp mit ihren 650 Morgen waren das 1300 Pfund. Und außerdem wurden dann noch die gewohnten Steuern veranlagt.

Unter dieser Last klagte man in Graft: »Die Hälfte der Bevölkerung lebt von Wasser und Brot«, sagen Schöffen und Gemeinderäte Anfang 1574.[6] Wahrscheinlich haben sie diese karge Diät noch einige Zeit durchhalten müssen, denn die Empfänger kannten kein Pardon. »Sorgt dafür, daß das Geld für Hauptmann Aecken spätestens übermorgen da ist«, schreibt Melis Thijsz. an Graft, »oder der Hauptmann wird euch mit Kriegsknechten auspressen.«[7] Dann würden sich die Soldaten ihren Teil holen. Das bedeutete, daß Kriegsrecht herrschen würde, Geißelung, Einquartierung oder Brand würden nicht warten lassen,»solange sie in Geldnot bleiben«.[8] Darauf konnte man sich verlassen. Sonoy war nicht gerade für seine Sanftmütigkeit bekannt. Er hat Oterleek abbrennen lassen, weil es während der Belagerung Alkmaars den Spaniern Hilfe angeboten hatte.[9] Vielleicht hatte Oterleek keine Wahl, aber das interessierte Sonoy nicht. Gegen einen Feind, der durch Terror Zusammenarbeit erzwingt, greift man schnell zur Waffe des Gegenterrors.

Das Leben in diesen Jahren war härter denn je. Der Aufstand verlangte den Menschen alles ab, ohne sichere Hoffnung auf Gelingen. Es war Sonoy, der, am guten Ausgang zweifelnd, den Prinzen von Oranien gefragt hatte, ob er mit irgendeinem ausländischen Machthaber eine Allianz geschlossen habe. Nur wenn er diese Nachricht an die Städte der Region Nordholland weitergeben konnte, glaubte Sonoy noch länger mit ihnen rechnen zu können. Alles war knapp: Nahrungsmittel, Pulver, Munition und Geschütze. Geld war kaum noch aufzutreiben. Sogar die Opferbereitesten waren an ihre Grenzen gelangt. Das hat Oranien zu seiner berühmten Antwort inspiriert, daß er mit dem Herrscher über alle Herrschenden ein festes Bündnis geschlossen habe.[10] Der Prinz sagte, man solle mit allen Mittel versuchen, den Streit zu einem guten Ende zu bringen. Für Graft und De Rijp bedeutete das eine ganze Reihe neuer Maßregeln, die zu der täglichen Last der Pflichtzahlungen noch hinzukamen. Der ganze Vorrat an Lebensmitteln mußte in Edam aufbewahrt werden, so daß der Feind nicht davon profitieren konnte.[11] Die Mühleisen mußten nach Purmerend gebracht werden, um zu verhindern, daß für die Spanier Mehl gemahlen würde.[12] Alle Güter Geistlicher und anderer Fahnenflüchtiger wurden beschlagnahmt.[13] Verwundete Soldaten wurden in Graft gepflegt, bis sie völlig genesen waren.[14]

Das war die Arbeit der Grafter Frauen. Sie kam zu allem übrigen noch hinzu. Es war viel mehr zu leisten als sonst, denn die Männer waren für die gewöhnliche Arbeit kaum verfügbar. Immer wieder wurden sie dazu aufgerufen, Schanzen zu bauen, bei Egmont, bei Knollendam, bei Schagen, bei Purmerend, bei Alkmaar, manchmal 80 Mann, manchmal 100 oder 120 oder 150, und ein paarmal auch alle, ohne Ausnahme.[15] Wer zurückblieb, mußte Wache halten. Als sich der Feind in unmittelbarer Nachbarschaft befand, während der Belagerung Alkmaars, waren die

Wachposten rund um die Uhr mit fünfzig Mann besetzt.[16] Jeder mußte selbst für eine Waffe sorgen, die Reichen für ein Feuerrohr, die anderen für einen Spieß. In den kalten Monaten mußte jeder auch seinen Schlitten und seine Schlittschuhe bereithalten.[17] Die Menschen der Region Nordholland wurden schwer auf die Probe gestellt. Wahrscheinlich waren die meisten auch zu den Opfern bereit. Als Alkmaar sich im August 1573 für die Verteidigung bereithalten mußte, ließ Sonoy fünfzig Mann aus Graft und De Rijp kommen. Es war sicher nicht das erste Mal, daß er die Männer von Schermereiland antreten ließ. Aber Sonoy ging offenbar davon aus, daß sie dennoch mit Schwung dabei sein würden. Er wies die Grafter Regenten an, bei ihrer Wahl »nur die Besten zu berücksichtigen, welche dem Dienst an der Allgemeinheit besonders zugetan sind«.[18]

Die Belagerung von Alkmaar hat sein günstiges Urteil bestätigt. An dem Tag, als die Spanier die Stadt stürmten, kamen »die einfachen Fischer von den Eilanden Schermer und Schermerhorn mit außerordentlichem Eifer, mit all ihren Schuten und Kähnen« unter lautem Getöse angefahren: »zum Angriff, zum Angriff, schlagt die Spanier tot, welches großen Schrecken erregte und den Ansturm aufhielt«.[19] Da waren zweifellos auch Männer aus Graft dabei. Hauptmann Thomas Segart setzte soviel Vertrauen in sie, daß er im März 1574 ein Gesuch an den Gemeinderat richtete, einen Mann auszuwählen, der die feindlichen Stellungen erkunden sollte.[20]

Einen direkten Überfall mußte Graft am 26. März 1575 überstehen. Auf neun Schuten setzten die Spanier mit 150 Mann über, um Schermereiland zu erobern. Mit Verstärkung eines Trüppchens Geusen setzten sich die Inselbewohner erfolgreich zur Wehr. Drei oder vier von den Schiffen kaperten sie. Sonoy schickte sofort Verstärkung, und der Feind sah von einem erneuten Überfallversuch ab.[21]

Das alles setzt sich zu einem klaren Bild zusammen. Diese Menschen haben mehr getan, als die Prüfungen des Bürgerkriegs als eine unabwendbare Notwendigkeit zu erdulden. Sie haben Partei ergriffen. Sie klagten zwar über die schweren Lasten, die sie zu tragen hatten, aber sie zeigten sich solidarisch mit dem Aufstand und waren auch zu regelrechter Konfrontation mit dem Feind bereit. Sie wehrten ihn nicht nur ab, wenn er sie überfiel, sie suchten ihn auch auf, und das während einer der mißlichsten

Phasen des Aufstands. Wir hörten Sonoy über die allgemeine Niedergeschlagenheit nach dem Fall Haarlems erzählen. Wie konnte man sich da berechtigte Hoffnungen machen, daß das viel kleinere Alkmaar den Spaniern die Stirn würde bieten können? Hätten die Grafter wie gewöhnlich nüchtern in die Zukunft geblickt, so hätten sie ihre armselige Armada von Schuten und Kähnen zu Hause gelassen. Sie hätten das große Risiko nicht auf sich genommen, die vermutlichen Gewinner zu unbarmherziger Rache zu reizen.

Für die siebziger Jahre des 16. Jahrhunderts können wir also sagen, daß die Grafter sich einer Gemeinschaft zugehörig gefühlt haben, die weit über ihre Samtgemeinde hinausging. Es sind auch die Jahre, in denen in Graft die reformierte Kirche ins Leben gerufen wird, deren Fortbestehen vom Gelingen des Aufstands abhängig war. Für die vielen Täufer auf Schermereiland gilt dasselbe, auch wenn sie für die Verteidigung der gemeinsamen Sache keine Waffen trugen. Aber eine gemeinsame Sache ist es für die Grafter und Rijper offenbar gewesen. Auch auf Schermereiland lebten Menschen, die Oraniens Vertrauen in den Herrscher über alle Herrscher teilten.

Mit dem Ende der Kämpfe in Nordholland verschwindet Graft aus den vaterländischen Chroniken. Die großen Geschichtsschreiber des Achtzigjährigen Krieges erwähnen das Dorf nicht mehr. Auch gerät es nicht in die politischen Verwicklungen der Zeit. Die religiösen Auseinandersetzungen des zwölfjährigen Waffenstillstands beispielsweise haben die kirchliche Ruhe Grafts nicht gestört. Gerade in dieser Zeit verhält sich Graft wie ein Dorf im strikten Sinne des Wortes. Was die Menschen beschäftigt, sind die rein lokalen Streitereien, die aus der eben erst vollzogenen Trennung von Graft und De Rijp hervorgingen.

Es kann auch sein, daß Graft Glück hatte. Sein Pfarrer Wouter Adriaensz. wurde nicht in eine andere Gemeinde berufen und konnte gesund und munter weiterhin seinen Dienst verrichten. Wenn in der Zeit der remonstrantischen und gegenremonstrantischen Auseinandersetzungen eine Pfarrersstelle frei wurde, konnte das Folgen für den kirchlichen Frieden haben. Der Magistrat von Alkmaar stand hinter den Remonstranten, und Graft lag im Alkmaarer Einflußbereich. Zur selben Zeit bekam Graft einen neuen Dorfschulzen, Dirck Christoffelsz. van Wilre. Die Ernennung war naheliegend, denn dieser Dirck war der Sohn seines Vorgängers,

Christoffel Dircxsz. Eigentlich hatte sich Graft einen anderen Schulzen gewünscht: zwar einen Sohn des vorigen, aber Christoffel Christoffelsz. und nicht Dirck. Dieser scheiterte am Widerstand der Alkmaarer.[22] Die Uneinigkeit führte dazu, daß das Schulzenamt vier Jahre lang unbesetzt blieb.[23] Schließlich ging aus den Verhandlungen Schulze Dirck als ein für Alkmaar akzeptabler Kandidat hervor.

Daß er die Kirchenpolitik Alkmaars unterstützte, stand jedenfalls fest. 1621 haben die »Staten van Holland« eine Säuberungsaktion vorgenommen. Sie entließen alle Schulzen und Dorfsekretäre, die zu deutlich mit der vorigen Regierung sympathisiert hatten, die auf der Seite Johans van Oldenbarnevelt gestanden hatte. Einer der Davongejagten war zum Beispiel der Sekretär von Van Oldenbarnevelts Herrlichkeit Berkel und Rodenrijs, David Coornwinder, derselbe, der zwei Jahre später als mitschuldig an dem geplanten Mordanschlag an Maurits getötet werden sollte. Und ein weiteres Opfer dieser Säuberung war der Schulze Dirk Stoffelsz. aus Graft.[24] Von ihm ist kein einziges Vergehen bekannt, das die Ruhe in Graft gestört hat oder das von der hiesigen reformierten Kirche gebrandtmarkt wurde. Es muß allein seine politische Gesinnung gewesen sein, die ihn zu Fall gebracht hat.

Den neuen Schulzen bekam Graft gegen seinen eigenen Willen, so wie es beinahe fünfzig Jahre früher die Soldaten von Lazarus Muller ertragen mußte, die ihren täglichen Braspenning verzehrt hatten. Ein Ort wie Graft mußte die Geschichte erdulden, ohne sie beeinflussen zu können. Von den Waffenstillstandsverhandlungen haben sie nichts weiter gemerkt, und auch der Krieg zu Lande ging größtenteils an ihnen vorbei. Nur im kritischen Jahr 1629, als der Feind in die Veluwe einfiel, lebte für kurze Zeit die Verpflichtung aus den siebziger Jahren des 16. Jahrhunderts wieder auf: Gräben schaufeln und Wache halten im Dienst des Landes.[25] Fünfzig Männer aus De Rijp zogen hinaus nach Vecht.[26] Auch Männer aus Graft waren vertreten, wenn es auch Mühe gekostet hatte, sie zu finden, da viele auf See waren.[27]

Mit dem Krieg zu Wasser hatten die Grafter täglich zu tun. Schon allein deshalb hatten die Notabeln von Schermereiland ein Interesse am politischen und militärischen Geschehen. Darum las der Grafter Schöffe Mieus Cornelisz. Zeitung, und deshalb kauften Meynert Dircxsz. und Dirck Meyndertsz. aus De Rijp zusammen einen kleinen Vorrat an

Pamphleten.[28] Das abgenutzte Blatt Papier, worauf Meynert die Titel notiert hat,[29] erlaubt nur noch zwei sichere Identifikationen. Die beiden Rijper Regenten haben sich die zwei Schriften besorgt, die nun unter den Nummern Knuttel 4426 und dito 4447 katalogisiert sind. Letzteres ist eine Klageschrift der südholländischen Synode von 1636, »gegen den gewalttätigen und mutwilligen Einbruch der papistischen Abgötterei, sowohl in Städten wie auf dem Land in Südholland«. In gewissem Sinne ist das der interessanteste Fall. In Graft merkt man in den dreißiger und vierziger Jahren etwas vom wiederauflebenden Katholizismus. Auch aus De Rijp sind aus dem Jahre 1638 Klagen über »einen Pfaffen« bekannt.[30] Das Problem der katholischen Minderheit war 1636 demnach ein Thema für die Regenten von De Rijp. Vielleicht wollten sie einmal genau wissen, worin die römische Gefahr eigentlich bestand, oder sie hofften, von der südholländischen Synode praktische Hinweise zu erhalten, wie man sie bekämpfen könne. Jedenfalls zeigt der Kauf einer solchen Flugschrift, daß für kirchliche und politische Angelegenheiten, die sich ein ganzes Stück außerhalb des eigenen Dorfes abspielten, ein Interesse bestand. Wenn die Käufer sich schon nicht als Holländer fühlten, dann wollten sie doch zumindest wissen, was in ihrer Gegend passierte.

Von zwei Titeln sind noch ein paar Worte stehengeblieben. »Die Spanier und die Vereinigten Niederlande« lesen wir dort und »Warnungen vor dem Treves«. Treves war der häufig gebrauchte Name für den 1609 mit Spanien geschlossenen zwölfjährigen Waffenstillstand. Seitdem blieb das Wort bei Friedens- oder Waffenstillstandsverhandlungen in Gebrauch. Solche Verhandlungen erweckten normalerweise die öffentliche Aufmerksamkeit und führten oft zu einem Anstieg des jährlichen Pamphletenstroms.[31] Sogar ein nichtiges Gerücht über bevorstehende Verhandlungen konnte die Federkiele in Bewegung setzen. Das war vielleicht hier nicht der Fall, denn 1636 ist kein Jahr der Friedensverhandlungen. Beide verstümmelten Titel aber weisen in diese Richtung und zeigen folglich, daß diese beiden Dorfnotablen am Problem von Krieg und Frieden interessiert waren. Der lokale Wohlstand eines von der Seefahrt lebenden Dorfes war eben eng damit verknüpft.

Besonders das Pamphlet Knuttel 4426 gibt davon Kunde. Dabei handelt es sich um die »Kopie eines Briefes, den ein Freund an einen anderen schrieb, worin die Kriegslage auf See, soweit sie die Admiralität, und einige Vorschläge, soweit sie die Geschäftsleute angehen, in voller Wahrheit abgehandelt werden, worin ein jeder den wahren Grund des Seekriegs begreifen wird. Dazu ein Vorschlag, wie man zu guter Ordnung und Sparsamkeit kommt.« Eine solche Schrift über die Sicherheit auf See ging jeden Reeder, Schiffer oder Matrosen etwas an, wenn auch nur wegen der vielen Seeleute, die in Dünkirchen vom Feind gefangengehalten wurden. Ein Mann wie Dirck Meyndertsz. muß sich dafür interessiert haben. Er hatte 1633 eine Geschäftsreise in die spanischen Niederlande unternommen und bei der Gelegenheit auch Dünkirchen einen Besuch abgestattet.[32] Auf die Gefangenen in Dünkirchen kommen wir in einem anderen Kapitel zurück. Die Tatsache, daß sie dort saßen und daß eine ganze Menge Grafter darunter waren, unterstreicht natürlich das allgemeine Engagement im Kriegsgeschehen, ist aber für sich genommen kein Beweis für Vaterlandsliebe. Ob die Männer des Noorderkwartiers so etwas empfanden, sollte sich im Jahre 1672 zeigen.

Das »Notjahr« heißt es in den vaterländischen Annalen. Im Vergleich zu 1572 hat es in Nordholland nur wenig Unheil angerichtet, aber in den Archiven von Graft sticht es als ein außergewöhnliches Jahr hervor. Zum ersten Mal seit 1629 wurden wieder Männer dazu aufgerufen zu dienen, aber diesmal nicht nur zum Graben und Stechen. Die Lage wurde als so ernst beurteilt, daß die »Staten van Holland« zum Jahresanfang zu vollständiger Volksbewaffnung aufriefen. Sie betraf alle Männer zwischen 18 und 60 Jahren,[33] wovon zwei Drittel mit Muskete oder Feuerrohr ausgerüstet sein sollten, die übrigen mit Spießen und alle mit anständigem »Seitengewehr« – also mit Schwertern, Degen oder langen Messern. Wer sich eine solche Waffe nicht leisten konnte, mußte zumindest über einen »Verreijager« verfügen – einen spitzen Stab – oder über eine lange zweizinkige Gabel und »ein scharfes Beil unterm Gürtel«. Bei Mennoniten reichte ein Spaten und ein Korb, aber sie mußten zehn Gulden bezahlen, wofür die anderen sich Waffen kaufen konnten. Niemand war freigestellt, auch nicht die Schöffen und Gemeinderäte. Die einzige Einschränkung war, daß pro Familie zunächst nicht mehr als zwei Mann erscheinen mußten.[34] In der Samtgemeinde von Graft muß die Beteiligung massiv gewesen sein. Die »Staten« hatten vorgeschrieben, daß man überall Kompanien von 150 Mann aufstellen sollte. Für die ganze Samtgemeinde wurden es vier, und diese konnte man auch auf eine vernünftige Stärke bringen, denn inklusive der Mennoniten wurden 663 Namen wehrfähiger Männer notiert.[35] Graft wurde zeitweilig in eine militärisch organisierte Gemeinschaft verwandelt, in der jeder seinen Platz in der Reihe hatte. Jede Kompanie bekam einen Hauptmann zugeteilt, einen Leutnant, einen Fähnrich und zwei Sergeanten, später auch noch fünfzehn oder sechzehn Unteroffiziere.[36] Alle Beschlüsse, die sich auf die Verteidigung bezogen, wurden nicht im Namen der Schöffen und Gemeinderäte, sondern von Regenten und Kriegsrat gefaßt.

An den tatsächlichen Machtverhältnissen änderte das nicht viel. Die neue militärische Elite rekrutierte sich vollständig aus der bürgerlichen. Alle Hauptmänner und Leutnants gehörten zum kleinen Kreis der Schöffen und Alt-Schöffen, die unteren Ränge waren mit Männern besetzt, die doch zumindest einmal Armenaufseher gewesen waren. Aber das Leben veränderte sich schon. Die Schulzen und Schöffen von Graft konnten keine höhere Strafe auferlegen als eine Buße von 42 Kennemer Schillingen. Da nun fast dieselben Herren den Kriegsrat bildeten, konnten sie sechs Gulden von dem Soldaten fordern, der nach der erledigten Übung direkt in die Herberge ging, ohne erst brav sein Gewehr nach Hause zu bringen; zehn Gulden von demjenigen, der aus der Reihe tanzte, und zwanzig von jedem, der aus Übermut auf Fensterscheiben geschossen hatte.[37]

Bei den militärischen Einsätzen konnte es ernst werden. Die Grafter Kompanien taten Wachdienste im Beemster und bei Huisduinen, aber einige landeten auch an der Front, bei Muiden, und 46 Mann zogen 1672 sogar nach Zutphen, um weit außerhalb der Provinz zu dienen.[38] Den Rechnungen der Regenten zufolge haben die Grafter 1672 und 1673 insgesamt 9 837 Tage außerhalb der Samtgemeinde operiert, einmal mit gut 300 Mann gleichzeitig. Relativ viele Einwohner haben also wirkliche Gefahren erlebt, und vielleicht hat das auf die Zusammensetzung und Organisation Einfluß gehabt. Wir sehen zumindest 1673 einen neuen Leutnant in der Person von Cornelis Jansz. Stolp in Erscheinung treten. Er kam aus gutem Hause, war mit Schöffen verwandt, hatte aber noch nie ein öffentliches Amt bekleidet. Führungsqualitäten besaß dieser zukünftige Kapitän eines Ostindienfahrers jedoch sehr wohl, und sein jugendliches Alter war bei dem harten Felddienst eher ein Vorteil.

Es ist sehr gut möglich, daß eine weitere Intensivierung des Krieges zu weiteren Verschiebungen zugunsten der Jüngeren geführt hätte. Dafür hat jedoch der Krieg nicht lang genug gedauert, und 1672 brauchte man in erster Linie Anführer, die aufgrund ihrer Position in der Dorfgesellschaft eine natürliche Autorität besaßen. Sie mußten ein begeisterndes Vorbild sein, denn die Motivation in den gewöhnlichen Einheiten war nicht sonderlich groß. Verschiedene Regimenter, so klagte der Rat des Noorderkwartiers im Juli 1672, brauchten anscheinend einen extra Ansporn, um die teuer bezahlte Freiheit nicht einfach preiszugeben.[39] Diese Ermahnung wurde nicht an das Regiment des Rijper Oberst Auwel Pietersz. Prins gerichtet, zu dem die vier Grafter Kompanien gehörten. Zu Zwangsmaßnahmen ist es auch nur in Oude-Niedorp und Veenhuizen gekommen, wo die Unwilligen mittels Einquartierung zu einem größeren Ausdruck von Vaterlandsliebe bewogen werden mußten.[40] Kam es daher, daß in diesen Dörfern die Katholiken viel zahlreicher waren als beispielsweise auf Schermereiland? Die Nordholländer, sagt ein feuriger Verehrer der Oranier, der Rotterdammer Pastor Franciscus Ridderus, »sind immer, solange ich sie kenne, die besten Männer des Prinzen gewesen«.[41] Die Erfahrung muß er als Pastor in Schermerhorn gemacht haben. Die Aussage kann sich, sofern sie einen Wert hat, demnach auch auf die Grafter beziehen.

Ganz so hoch brauchen wir solch ein allgemeines Urteil nicht anzusiedeln, aber es ist die einzige allgemeine Aussage, die wir aus jener Zeit über die Mentalität der Bewohner dieses Landstrichs besitzen. Widerwillen, einen Teil zur Sache beizutragen, geht daraus jedenfalls nicht hervor. Der wirkliche Kriegsdruck bestand für die Menschen von Schermereiland wahrscheinlich auch nicht aus den paar Touren nach Zutphen, Muiden und Huisduinen. Viel erheblicher war der Schaden, den Graft und De Rijp als Dörfer, die von der Seefahrt lebten, erlitten haben. Die Verluste jener Zeit sind danach nicht mehr wiedergutgemacht worden, schreiben Van Dooregeest und Posjager[42] 1699, als sie über die siebziger Jahre längst hätten hinweg sein können.

Wie auf weitere Ereignisse von nationaler Bedeutung reagiert wurde, ist für die letzten zwanzig Jahre des Jahrhunderts nur von offizieller Seite bekannt. Für diese Periode sind die Bücher der Gemeindeverwaltung erhalten geblieben, und die geben an, zu welchen Gelegenheiten organisierte Feierlichkeiten stattgefunden haben. Die ersten, von denen sie uns berichten, sind die Freudenfeuer, die am 21. April 1689 entfacht wurden, »am Tag der Krönung des Statthalters unserer Provinz und dessen Gemahlin zu König und Königin von England, Frankreich und Irland«.[43] Die feierliche Titulierung ließe vielleicht vermuten, daß Reynier Cramer für diese Angabe verantwortlich ist, aber in Wirklichkeit ist es Auwel Jansz. Schippers. Auch ihm wird es demnach an politischem und historischen Interesse nicht völlig gefehlt haben, denn wie kam er sonst auf die Idee, den britischen Fürsten mit dem inzwischen völlig veralteten offiziellen Titel »König von Frankreich« zu ehren? Daß aus dem »Statthalter unserer Provinz« etwas holländischer Stolz hervorgeht, würden wir gern glauben, aber zu enthusiastischen Ausgaben hat dieser die Grafter Schöffen dann doch nicht verleitet. Acht Teerfässer, zwei Pfund Kerzen und zwei Pfund Tabak sind in Rauch aufgegangen, während ein Faß Bier die Kehlen hinuntergeronnen ist. Das ganze Fest hat keine elf Gulden gekostet.

Das war Grafter Stil. Nur einmal wurde ein höherer Betrag ausgegeben, nämlich anläßlich des Friedens von Rijswijk 1697. Für »Feuerwerk, Teerfässer, Bier sowie sonstiges« sind seinerzeit 29 Gulden, 16 Stuiver und 10 Penninge bezahlt worden.[44] Die Freude war damals offensichtlich ziemlich überschwenglich; unmittelbar nach den Festlichkeiten nämlich stoßen wir auf Posten für die Reparatur der Dorftrommeln und für die Anschaffung einer neuen Dorfflagge.[45] Es läßt sich jedenfalls annehmen, daß für ein von der Seefahrt lebendes Dorf der Frieden auf der Nordsee eine erfreuliche Tatsache war, die mit dem Abfackeln einiger Teerfässer gefeiert werden mußte. Für die meisten öffentlichen Festveranstaltungen galt wahrscheinlich eher, daß sie von bescheidenerem Charakter waren. Beim Tod der englischen Königin 1695 wurden die Glocken geläutet und 1702 bei dem des Königs, »zu ewigem Gedächtnis«.[46] Dieser Zusatz ist diesmal wohl von Reynier Cramer. Wie formal das für sich genommen klingen mag, es ist der einzige vaterländische Herzenserguß in der ganzen Serie von Kassenbüchern. Ob er deshalb einen höheren Wert besitzt, ist eine Frage, die man nicht beantworten kann.

Die Teerfässer an fröhlichen Tagen und der Lohn für die Glöckner an Trauertagen enthüllen die Gefühle der Grafter nicht weiter. Nach 1672 wurde von ihnen auch kein direkter Beitrag für die Verteidigung des Landes mehr verlangt. Sie konnten sich auf andere Weisen an öffentlichen

Angelegenheiten beteiligen und ihr Interesse und Beileid ausdrücken, auch durch Taten. Die Grafter Bürger haben viermal die Gelegenheit gehabt, ihre Solidarität mit anderen zu zeigen. Von Zeit zu Zeit nämlich sammelte man in der reformierten Kirche von Graft eine Sonderkollekte, deren Ertrag nicht den eigenen Mitbürgern zugute kam, sondern einem anderswo schwer in Mitleidenschaft gezogenen Dorf oder Landstrich.[47] Die erste dieser vier spricht für sich. Es ist eine Kollekte für den Wiederaufbau der Kirche in De Rijp, nach dem großen Brand von 1654. Daß Graft einem Nachbardorf Hilfe anbot, verstand sich von selbst, und diese wird allein schon durch die vielen persönlichen Beziehungen über die 108 Gulden, die im Klingelbeutel landeten, weit hinausgegangen sein. Die drei anderen Kollekten hatten mit dem Krieg zu tun. 1668, während des zweiten Englischen Krieges, wurde für die Kirche von West-Terschelling gesammelt, »das durch das Feuer des Feindes beinahe gänzlich ruiniert war«. Die Diakone bekamen 170:7:8 zusammen. 1674 ging es um Bodegraven und Zwammerdam, beide von französischen Soldaten abgebrannt. Diesmal schenkten die Kirchgänger zusammen 131 Gulden.

Johannes Hiole hatte bei der Gelegenheit über die Apostelgeschichte 11:29–30 gepredigt: »Aber unter den Jüngern beschloß ein jeder, nach seinem Vermögen den Brüdern, die in Judäa wohnten, eine Gabe zu senden.« So wollte er die Kollekte also sehen, als eine Handreichung an die Gläubigen in einem anderen Teil des Landes. Ihre Not mußte jeder so schmerzlich spüren, als ob es seine wäre. Hiole übertrug das Beispiel auf Holland. Die letzte Kollekte in dieser Reihe, die von 1692, gab demselben Phänomen internationale Gültigkeit. Die 77 Gulden und 12 Stuiver, die in der Kirche gesammelt wurden, kamen »den notleidenden Glaubensgenossen in der Pfalz« zugute, wo seinerzeit die Franzosen so hausten wie zwanzig Jahre zuvor in Bodegraven und Zwammerdam.

Es läßt sich gut nachvollziehen, daß die Kirchen dazu bereit waren, über die Grenzen von Klassen und Provinzen hinweg etwas füreinander zu tun. Der Kirchenrat von Graft war sogar der Ansicht, daß immer ein wenig Geld zu Verfügung stehen mußte »für andere Gemeinden, denen in ihrer Not geholfen werden muß«.[48] Aber auch im Grafter Rathaus wurden dieselben Maßstäbe angelegt. Die Kassenbücher der Grafter Schöffen sind von 1684 an erhalten geblieben. Sie zeigen, daß die bürgerliche Obrigkeit häufig kleine und manchmal auch etwas größere Beträge zu caritativen Zwecken verschenkte. Wenn Privatleuten Hilfe angeboten wird, geschieht das entsprechend der Not ohne Rücksicht auf die Religion. Umherziehende Frauen mit kleinen Kindern, Seeleute, die von einer durch Verlust gezeichneten Reise nach Hause zurückkehren, entlassene Soldaten, Studenten auf dem Wege von oder zu einer Universitätsstadt: Sie alle bekamen ein paar Stuiver zugesteckt. Aber Unterstützung institutioneller Art, an Kirchen, Schulen, Waisenhäuser und dergleichen, war immer den Reformierten vorbehalten.

Hin und wieder wurden niederländische Gemeinden in Holland, aber auch in Drente, Groningen und Overijssel unterstützt.[49] Häufiger jedoch griff man den Kirchen im Ausland, vor allem in Deutschland, unter die Arme. Die Pfalz wird sehr oft genannt, auch Jülich, des weiteren Hanau, Osnabrück und diverse andere Orte, deren Lage nicht genau angegeben ist.[50] Für gewöhnlich half man bei Kriegsschäden, besonders in Landstrichen, wo in den achtziger und neunziger Jahren die französische Armee operierte.

Die Hilfe erstreckt sich auch auf individuelle Opfer, die Asylsuchenden des 17. Jahrhunderts. Das Grafter Archiv berichtet davon nur in den Jahren nach 1684. Vollständiger erhaltene Verwaltungsakten kirchlicher und bürgerlicher Gemeinden können wahrscheinlich ein Bild all der aufeinanderfolgenden Flüchtlingswellen dieser Zeit vermitteln. Das Phänomen muß auch schon in der ersten Hälfte des Jahrhunderts existiert haben. Franciscus Ridderus läßt in einem seiner Dialoge einen alten Mann über die zwanziger Jahre sagen:»Mich dünkt noch, daß ich viele Hochdeutsche in unser Land kommen sah und daß einige von ihnen betteln gingen. Ich glaubte, es sei ein wenig Schabernack dabei, als sie sagten, daß sie aus Deutschland und Böhmen wegen der Religion vertrieben worden waren. Aber nun erfahre ich, daß es die Wahrheit war.«[51]

Man könnte sagen, daß eine solche Reaktion kennzeichnend für das 17. Jahrhundert ist – jedenfalls solange man die anderen Jahrhunderte nicht genau betrachtet. Der alte Mann traute der Sache nicht recht, und es liefen seinerzeit so viele professionelle Bettler herum, daß sich sogar der gutgläubigste Mann mit einigem Argwohn wappnen mußte. Die Bücher der Grafter Schöffen legten auf ihre Weise darüber Zeugnis ab. Cornelis Jansz. Schol verantwortete wie folgt die kleinen gemischten Ausgaben über das letzte Quartal von 1694:»Ich, Cornelis Jansz. Schol, (...) habe in meiner Schwachheit an verschiedene vertriebene Personen, die Hab und Gut verloren haben, soviel Geld gegeben: 4:19:8.«[52] So bekennt er, daß sein Herz den Zweifel manches Mal überstimmen mußte. Reynier Cramer hatte mit solchem Zögern keine Last. Er stellt sich als einen Mann von Welt dar, der sich zwar nicht verführen läßt, aber gelegentlich jedem Bettler verächtlich ein paar Heller zuwirft:»Den Jülicher Flüchtlingen und anderen ähnlichen Gestalten«,»demselben Schlag herumziehender Leute«,»an Flüchtlinge, die sich hierhin verloren haben, und ähnliche Bittsteller« oder »für allerhand Flüchtlinge und karge Gesellen«.[53]

Welcher Schöffenpräsident die kleine Kasse verwaltete, war nicht entscheidend. Sie gaben alle etwas. Armut war das erste Kriterium. Doch immer dann, wenn Kriegsleid oder Flucht als Motiv für die Spende angegeben werden, ist ein protestantischer Glaubensgenosse betroffen. Auf fast jeder Seite des Kassenbuches treffen wir die pfälzischen Flüchtlinge des Neunjährigen Krieges, und schon bald nach der Aufhebung der Religionsfreiheit in Frankreich – also von Oktober 1685 an – kündigen sich auch französische Flüchtlinge an. Aber die internationale Solidarität erstreckt sich über alle Teile Europas:»zur Befreiung von Joan. Sartorius, polnischer Pastor in Gefangenschaft«,»gegeben für einen litauischen Prädikanten in türkischer Gefangenschaft«,»ein Prädikant in einer polnischen Provinz, von den Moskowitern gefangen«.[54]

Menschen anderen Glaubens wurde auch geholfen. Aber sie konnten ihre Religion nicht zum Argument machen. Der einzige jüdische Rabbi, der im Kassenbuch vermerkt ist, war konvertiert – zumindest »behauptete er das«, schreibt Auwel Jansz. Schippers vorsichtshalber hinzu.[55] Urteilen wir danach, wie die Ausgaben aus Barmherzigkeit gerechtfertigt wurden, so können wir sagen, daß die primäre Loyalität der Grafter Schöffen Glaubensgenossen galt, ganz gleich, ob sie Ausländer oder Holländer waren. Wir dürften daraus noch nicht schließen, daß der Landsmann als solcher nichts wert war. Dann hätte es sicher größere Probleme mit der örtlichen katholischen Minderheit gegeben. Etwas Vaterlandsliebe ist bei den Grafter Notabeln auch deutlich geworden. Aber zweifellos lief ihre Loyalität auf das protestantische Vaterland hinaus. Patrioten ohne weiteres waren sie nicht. Sie waren reformierte Patrioten.

Salomon Saverij, *De Rijp vor und während des Brandes von 1654*

19   Große Gefahren

Es ist den Menschen bestimmt, einmal zu sterben, danach aber das Gericht. So sagt es der Verfasser des Briefes an die Hebräer. Beide Teile dieser Aussage stehen für ihn gleichermaßen unumstößlich fest. So sicher es ist, daß wir sterben, so wahr ist es, daß wir einmal vor Gottes Richtertisch stehen. Diesen festen Glauben teilten die Menschen des 17. Jahrhunderts mit ihm. Sie fühlten sich nicht als Herren über ihr Schicksal. Wir sind hier auf der höchsten Ebene der Abhängigkeit angelangt. Gegen Autoritäten kann man prozessieren oder klagen und im schlimmsten Fall ihr Gebiet verlassen. Der Tod und das Jüngste Gericht erlauben weder Flucht noch Dispens.

Diese Hilflosigkeit zeigt sich besonders bei den ernsten Katastrophen, die die Menschen trotz aller Vorsorge ereilen. Diese sind es auch, wovor sich die Grafter am meisten fürchten. Die Angst wird oft in den Waisenbüchern zur Sprache gebracht, wenn ein Vater oder eine Mutter versprechen, daß die Kinder nach besten Kräften aufgezogen werden, ohne das Erbe zu verbrauchen, das ihnen von der verstorbenen Mutter oder vom Vater vermacht wurde. Die Zusicherung sollte jedoch »in dem Falle, daß Gott entscheidet, den Vater mit einem außergewöhnlichen Schaden durch Wasser, Feuer oder Krankheit heimzusuchen«, nicht gelten.[1] Diese Zusätze in den Gelübden konnten unterschiedlich ausfallen. Frauen nannten das Wasser selten, weil es ein typisches Männerrisiko darstellte. Das einzige Mal, bei dem Gefangenschaft in der Aufzählung vorkommt, stammt der Zusatz auch von einem Mann.[2] Denn das ist ein typisches Seefahrerunglück.

Indirekt zählt es demnach zu den Gefahren des Wassers. Mit diesen wollen wir beginnen, weil es sich bei der von der Seefahrt abhängigen Samtgemeinde Graft so gehört. Denn wenn auch die meisten Grafter in ihren Betten starben, so waren es doch vor allem die Risiken der Seefahrt, die dem Dasein der Grafter Männer einen speziellen Charakter verliehen.

Läßt sich noch abschätzen, wie groß das Risiko gewesen ist? Wir wissen, daß in den Jahren 1661–1705 insgesamt 5 881 Schiffe zum Walfang aus allen niederländischen Häfen in See gestochen sind.[3] Davon sind 266 untergegangen, das sind also 4,5 Prozent. Im 18. Jahrhundert ist dieser Anteil für die Rijper Schiffe viel niedriger, nämlich 1,7 Prozent,[4] und für alle niederländischen Walfahrer in der Zeit von 1675– 1780 kommt man auf 2,9 Prozent.[5] Die naheliegende Annahme, daß beim Walfang relativ viele Schiffe untergingen, muß folglich nicht stimmen. Nehmen wir darum an, daß diese 4,5 Prozent für die gesamte Seefahrt gelten. Diese Gefahr bestand für Grafter Seeleute bei jeder Fahrt: Ihr Schiff konnte untergehen. Nicht jeder Schiffbruch war für alle Mitglieder der Schiffsmannschaft tödlich. Aber ein Mann konnte auch über Bord gehen, an Skorbut sterben oder bei der Waljagd mit dem Auslegerboot kentern, um nur ein paar Möglichkeiten zu nennen. Eine Sterbequote von zwei bis drei Prozent scheint demnach nicht zu hoch gegriffen, und das Risiko wiederholte sich bei jeder Fahrt.

In genauen Zahlen läßt sich das nicht ausdrücken. Von sieben Grafter Schiffskapitänen ist bekannt, daß sie irgendwann einmal Schiffbruch erlitten haben,[6] über das ganze Jahrhundert gesehen müssen es viel mehr gewesen sein. Dazu kamen noch die vielen Grafter Seeleute, die nicht bei einem Dorfgenossen an Bord mitfuhren, so daß der Untergang ihres Schiffes im örtlichen Archiv meistens nicht angegeben wurde. Und vergessen wir auch die Männer nicht, die spurlos verschwanden, ohne daß eine einzige Nachricht von Schiff oder Mannschaft den Heimathafen erreichte. Das Steuerveranlagungsbuch von 1680, das die Gesamtbevölkerung der Samtgemeinde Revue passieren läßt, gibt einen solchen Fall an: Der Mann von Maertjen Allerts ist auf See, »ungefähr sechs Jahre außer Landes, ohne Nachricht«.[7] Sie war damals Mutter eines Kindes, das zur Altersgruppe zwischen vier und acht Jahren gehörte. Wahrscheinlich war es das unmittelbar vor der Abreise gezeugte Erstgeborene. Innerhalb dieser sechs Jahre war Maertjen Wohlfahrtsempfängerin geworden. Das war sie noch immer, als sie neun Jahre später heiratete, am 1. Oktober 1689, »in omnibus pro deo et gratis«.

Offenbar bestand damals die hohe Wahrscheinlichkeit, daß ihr erster Mann verstorben war, oder zumindest war der Schulze dazu bereit, eine zweite Ehe zu bestätigen. Etwas Nachgiebigkeit war hier wohl im Spiel, denn aus einem früheren Kapitel kennen wir noch den Fall von Duyfje, die glaubte, Witwe zu sein, und die schon drei Aufgebote hatte verlesen lassen, als ihr Mann urplötzlich doch noch auftauchte.⁸ Hielt man sich genau an die Regeln, so war im Falle von Unsicherheit eine neue Eheschließung schier unmöglich. Ein gewisser Jan Jacobsz. Schouten bat im Jahre 1624 darum, die Güter seines Verwandten Court Hasselaar, der 1571 zum letzten Mal gesehen worden war, an sich nehmen zu dürfen. Die »Staten van Holland« lehnten ab: Laut geschriebenem Recht mußte man davon ausgehen, daß ein Mensch hundert Jahre alt werden konnte.⁹ So genau waren die Grafter Autoritäten nicht. Die Waisenvorsteher stimmten 1682 zu, das Erbe von Crijn Adriaensz. zu verteilen, der 1654 fortgegangen war. Vorsichtshalber verpflichteten sie die Erben zu einer Bürgschaft.¹⁰ Es ging hier, der Deutlichkeit halber, um einen Betrag von 52 Gulden, d. h. um den Ertrag der Güter, die er vor 28 Jahren zurückgelassen hatte.

Das war die Unsicherheit des Seemannsdaseins. Was Crijn Adriaensz. erlebt hatte, konnte er niemandem mehr erzählen. Andere kamen mit einer Geschichte nach Hause zurück. Manchmal war sie abenteuerlich genug, um bis in die nationale Presse zu gelangen. Zwei Grafter Seeleute kamen in diesen Genuß, auch wenn keiner der beiden eine allzu glorreiche Rolle in der Geschichte gespielt hatte. Lourens Jacobsz. Slot fuhr 1668 mit einem Sklavenschiff von Guinea nach Südamerika. An der Amazonasmündung kenterte das Schiff. Nur zehn oder zwölf der zweihundert Mannschaftsmitglieder konnten in einem Rettungsboot entkommen, ausschließlich weiße Seeleute und eine schwarze Sklavin. Ohne Nahrung hielten sie sich zwölf Tage über Wasser. Dann geschah das Unvermeidliche, »sie töteten die schwarze Frau und stillten so ihren Hunger«. Ein englisches Schiff griff sie später auf.¹¹

Die Geschichte erzählt nicht, ob Lourens Jacobsz. Slot hiernach je Last mit seinem Gewissen hatte, aber ich vermute, daß er die Tat vielleicht für bedauernswert, doch mit Sicherheit für unumgänglich hielt. Andere werden in derartigen Situationen gelost haben, wer sich für die übrigen opfern mußte. Die Anwesenheit der »Schwarzen« löste das Problem sogleich zum Vorteil der holländischen Matrosen. Nach den Maßstäben seines Jahrhunderts kann der zukünftige Waisenvater Lourens Jacobsz. Slot noch als ein anständiger Mensch gelten.

Das läßt sich über einen anderen Grafter Schiffer, dessen Abenteuer durch die Presse bekannt wurde, nicht sagen. Er ist nicht der Held, sondern der Schurke der Geschichte. Cornelis Willemsz. With nämlich,

Kommandeur des Walfängers De Kerseboom, verweigerte 1678 einer Gruppe Schiffbrüchiger den Zugang zu seinem eigenen Schiff und wandte sogar Gewalt an, als sie versuchten, an Bord zu klettern. Hätte sich ein anderer Kommandeur nicht einen halben Tag später barmherziger gezeigt,[12] dann wären sie sicherlich zwischen den Eisschollen vor Kälte und Entbehrung umgekommen.

Sie haben das Abenteuer jedoch überlebt. Vielleicht gilt das für die meisten, die in diesen dicht befahrenen Gewässern Schiffbruch erlitten. Normalerweise fanden sie ein Schiff, das sie aufnahm. Als die Grafter Regenten 1677 den Autoritäten der Provinz erklärten, warum sie in den besorgten und traurigen Zeiten bestimmt keine zusätzlichen Ausgaben tragen konnten, sagten sie, daß dreißig oder vierzig Mann nach Hause zurückgekehrt seien, »die die Schiffe in Grönland verloren haben«.[13] Sie hätten sicher nicht verschwiegen, wenn Männer überhaupt nicht zurückgekehrt wären.

Die nach Hause zurückkehrten, hatten etwas zu erzählen. Sie müssen das auch getan haben, denn die Mennonitenprediger Van Dooregeest und Posjager haben auf solche Geschichten die christlichen Gebete und Predigten gegründet, die sie in ihrer Rijper Zeepostil abdruckten. Die Berichte haben großen Eindruck auf sie gemacht. In den Erzählungen ist das Meer keine dreißig, keine sechzig, sondern mehr als tausend Klafter tief oder sogar unmeßbar. Auf dem wüsten und stürmischen Wasser streifen die wagemutigen Seeleute umher, ständig bedroht von den Eismassen, die als furchtbare Berge, ja als ganze Inseln im Meer treiben und alles, was gegen sie stößt, zu Staub zerschmettern.[14] Die größte Gefahr ist damit immer noch nicht genannt, das Schiff konnte sich festfahren, »im knirschenden Eis wie von einer eisernen Mauer umschlossen« liegt es in einer tödlichen Umklammerung.[15]

Dann gibt es nur noch einen Ausweg: das Gebet. Das ist auch der Charakter des Textes, aus dem diese Worte entlehnt sind. »Ein Gebet, in Grönland aufzusagen, wenn man von Eis umgeben und festgesetzt ist.« Dann ist auch für den Seemann der Augenblick gekommen, in dem sich ihm die Worte bestätigen werden, mit denen dieses Kapitel begann: Es ist das Schicksal des Menschen zu sterben, und dann kommt das Jüngste Gericht. In solchem Tonfall ist auch dieses Gebet gehalten: »Lasse die Reue und das Leid, das wir über unsere Sünden fühlen, wenn auch so spät, dir so angelegentlich sein, daß du uns nicht verstößt, sondern in deiner Gnade aufnehmen mögest.«[16]

Die Schrecken des Eises stellen die dramatischsten Erfahrungen des Grafter Seemannsdaseins dar. Aber Van Dooregeest und Posjager erinnern den Matrosen immer wieder daran, daß der Tod sein täglicher Begleiter auf allen Meeren ist, die er durchkreuzt. Was alles passieren kann, fassen sie kurz in dem Gebet für die Heringsfischer zusammen: »Mögest uns in Deiner Gnade behüten vor allem Verderben und Übel, vor schwerem Sturm und Unwettern, vor Donner und Blitz, vor unbekannten Untiefen und Gründen, vor räuberischen und bösen Menschen, welche ihr Glück im Unglück und Schaden ihres Nächsten suchen, und vor allem vor Schiffbruch und Untergang.«[17]

Das alles konnte einem Menschen widerfahren, wenn er, nichts Böses ahnend, an Bord einer Heringsbüse ging. Doch sogar derjenige, der zum ersten Mal in See sticht, weiß schon genug, um nicht mehr arglos zu sein. Es ist die permanente Anwesenheit der Todesgefahr, die das Leben an Bord von Berufen oder Handwerk unterscheidet, die an Land ausgeübt werden. Dieses Bewußtsein bleibt nicht ohne Folgen. Es wird sicher Arbeitsplätze gegeben haben, an denen ab und zu gebetet oder aus der Bibel vorgelesen wurde. Das war möglich, wenn der Chef ein treuer Kirchgänger war, aber es hing von ihm persönlich ab, ob die Ausübung des Gottesdienstes und die tägliche Arbeit sich aufeinander bezogen. An Bord scheint das anders gewesen zu sein. Da verging kein Tag, ohne daß der Name Gottes angerufen wurde.

Es begann morgens, mit Gebet und Psalmensingen vor dem Frühstück. Nach dem Abendessen wurde das in Form einer Abendandacht wiederholt. Sonntags wurde eine Predigt gelesen und während der Woche ab und zu ein Kapitel aus der Bibel.[18] Auch die Rudergesänge und die Lieder bei der Wachablösung waren religiösen Inhalts.[19] Mußte bei akuter Gefahr schnell und unter Einsatz aller Kräfte gearbeitet werden, dann versäumte man nicht, bei einer höheren Instanz um Hilfe zu bitten: »Sie taten ihr Notgebet und gaben ihre Seelen in Gottes Hand.«[20] War die Gefahr überstanden, dann hob die Mannschaft zu einem Dankeslied an.[21]

Obenstehende Beschreibung stammt nicht aus Quellen von Schermereiland. Es ist jedoch nicht anzunehmen, daß ausgerechnet die Grafter und Rijper Seeleute einen Tagesablauf hatten, in dem kein Platz für Gottesdienst war. Lootsma traf in Zaanlander Verkaufsbüchern und Inventaren von Walfangflotten »sehr oft« die *Christelijke zeevaart* von Westerman an.[22] Hätten die Kommandeure in unserer Region an der Stelle nicht die Rijper *Zeepostil* in die Kajüte gelegt? Ein Grafter Kirchenältester sprach 1668 im Namen der Steuermänner Fürbitte für die Heringsbüsen, »welches ihm von ganzem Herzen zugestanden wurde«.[23]

Die Gefahr der Gefangenschaft war eng mit der Seefahrt verbunden. In den Niederlanden des 17. Jahrhunderts war Krieg die Regel und Frieden die Ausnahme. Für die Bürger war der Unterschied häufig kaum bemerkbar, wenn sie nicht in unmittelbarer Nähe des Kampfschauplatzes wohnten. Aber jedes Schiff war in der Kriegszeit ein Angriffsziel feindlicher Piraten. Besonders die kleinsten und schwächsten Schiffe, wie die Heringsbüsen von Schermereiland, waren dieser Gefahr fortwährend ausgesetzt.

Die meisten Grafter Seeleute, die in Gefangenschaft gerieten, waren Opfer von Kaperschiffen, die auf der Nordsee kreuzten. Solange der Krieg mit Spanien andauerte – also in der ersten Hälfte des 17. Jahrhunderts –, waren es immer die Dünkirchener. Wenn ihnen ein Schiff in die Hände fiel, dann wurde meistens die ganze Mannschaft mit nach Flandern genommen und dort gefangengehalten, bis Lösegeld gezahlt wurde oder ein Vertrag für den Austausch geschlossen war.[24] Solch ein erzwungener Aufenthalt in Dünkirchen war keine Kleinigkeit. Im Jahre 1635, dem Notjahr für die holländischen Heringsfischer, haben die Piraten elf Heringsbüsen erobert und sechzig bis siebzig Mann nach Dünkirchen transportiert.[25]

Ein große Anzahl der Grafter Gefangenen kennen wir mit Namen. In den dreißiger Jahren ist in verschiedenen nordholländischen Dörfern eine »Seefahrerkasse« eingerichtet worden, eine Art Versicherung gegen die finanziellen Folgen der Gefangenschaft. Wer in See stach, zahlte bei jeder Reise einen kleinen Betrag ein und hatte Recht auf Unterhalt für den Fall, daß er in die Hände der Feinde geriet. Ein Gefängnisaufenthalt war nämlich nicht gratis: Der Seemann mußte Kostgeld bezahlen, und das konnte dann mit dem Unterhaltsgeld bestritten werden. Aus dem Archiv dieser Seefahrerkasse erfahren wir, daß 1636 für 33 Gefangene bezahlt wurde, 1637 für 8, 1638 für 6 1639 ebenfalls für 6 und 1641 für 5

Gefangene.[26] Daraus geht hervor, daß die großen Verluste von 1635 wahrscheinlich eine Ausnahme waren, aber auch, daß doch jährlich mindestens eine Grafter Büse in Dünkirchen arretiert worden sein muß. Wer dort einmal gefangen war, war nicht so schnell wieder zu Hause zu erwarten. Im Durchschnitt haben die Männer 240 Tage festgesessen, also ungefähr acht Monate. Die zwölf, die weniger als hundert Tage in Dünkirchen bleiben mußten, sind wahrscheinlich vor Anbruch des Winters zurückgekehrt, vermutlich auch die beiden, die nur 104 Tage dort blieben. Die meisten jedoch waren zehn Monate weg, und die beiden Allerunglücklichsten mehr als ein Jahr: Tuenis Dircksz. und Jan Dircksz. Crul kamen erst nach 375 Tagen zurück. Damit halten sie den Zeitrekord. Der größte Pechvogel aber ist Jan Areiansz. Er muß einer der vielen Gefangenen gewesen sein, die 1635 arretiert wurden, denn er kam 1636 nach 310 Tagen wieder frei 1637 ist er wieder in den Listen verzeichnet, diesmal für 54 Tage. Er hatte wohl kaum damit zu rechnen, daß es diesmal kürzer dauern würde. Wahrscheinlich ist er in Dünkirchen in der Erwartung angekommen, dort noch einmal zehn Monate zu verbringen.

Er hat es beide Male überlebt, und insofern gehörte er noch zu den Glücklichen. Von der Gruppe, die 1635 festgenommmen wurde, sind vierzehn in Dünkirchen gestorben. Auch in späteren Jahren sind zweifellos noch andere in flämischen Kerkern umgekommen. Graft klagte jedenfalls 1640, daß die Anzahl der Waisen seit 1635 erheblich zugenommen habe.[27] Wenn jeder Verstorbene im Durchschnitt ein Waisenkind hinterlassen hat, dann muß die zusätzliche Belastung allein für die vierzehn von 1635 schon 700 Gulden betragen haben, wenn sie mit ungefähr 50 Gulden pro Jahr vollständig der Gemeinschaft zur Last fielen.

An der Heimatfront sorgten die Verluste auf See für die nötige Unruhe. Der Schöffe Mieus Cornelisz. geriet wiederholt in Schwierigkeiten mit den Seemannsfrauen, die hartnäckig für ihre eigenen und die Interessen ihrer Ehemänner bei ihm eintraten.[28] Er ist der einzige Schöffenpräsident, der private Aufzeichnungen hinterlassen hat. Wir wissen also nicht, ob gerade er es nun unglücklich getroffen hatte oder ob allen seinen Schöffenkollegen dasselbe Los widerfuhr. Letzteres scheint weitaus plausibler. Die Kostgelder für die Gefangenen bedeuteten für die Grafter Gemeinschaft eine sehr schwere Belastung. Die Verwalter der Seefahrerkasse stellten von 1640 an eine Belohnung von 12 Gulden für tatkräftige Männer zur

Verfügung, denen es gelang, aus dem Gefängnis zu entkommen. Das hat den Drang nach Freiheit in der Tat befördert. Mindestens achtmal wurde die Prämie ausgezahlt.[29]

Die Grafter haben 1646 sicherlich mit Erleichterung vernommen, daß die französischen Bundesgenossen Dünkirchen erobert hatten. Sie konnten nicht wissen, daß die Republik nie mehr mit Spanien, wohl aber oft mit Frankreich Krieg führen würde und daß die Dünkirchener unter französischer Flagge eine genauso große Plage sein würden wie zuvor. Nach dem Westfälischen Frieden von 1648 schien das Leid vorbei zu sein. Die Einzahlung pro Reise, die nach dem Fall von Dünkirchen schon von 20 auf 15 Stuiver gesunken war,[30] ging weiter herunter auf 6 Stuiver für eine Reise innerhalb von Westeuropa und auf 5 Stuiver für einen Heringsfischer.[31] Die Armenaufseher von Noordeinde sahen die Zukunft sogar so rosig, daß sie die Einnahmen der Börse für die Armen einforderten. Die Absprache habe gelautet, so meinten sie, daß, wenn es Gott beliebte, den Ländern Frieden zu schenken, die Einzahlungen den Armen des Weilers zugute kämen. Diese Bedingung sei nun erfüllt, da man einen sicheren, festen und ewigen Frieden geschlossen habe.[32]

Wenn der Frieden mit Spanien auch von Dauer war, Frieden gab es nicht. 1652 war schon wieder Krieg, diesmal gegen England. Grafter Seeleute wurden nicht mehr in Dünkirchen, sondern in Greenwich arretiert.[33] Die Seefahrerkasse mußte ihr Reglement nochmals ändern und nun Unterhalt zugunsten der Gefangenen in England zahlen.[34] Es waren zahlreiche in diesem Krieg von 1652 und in den vielen Kriegen, die noch folgen würden. Die Rijper Heringsbüsen waren eine leichte Beute, schreiben Van Dooregeest und Posjager,[35] die Schiffe wurden geplündert, in Brand gesteckt, die jungen Männer in stinkende, dreckige Löcher und Gefängnisse abgeführt.

Und das galt nicht nur für Schiffe, die mit friedliebenden Rijper Mennoniten bemannt waren. Eine Heringsbüse war nicht so wehrhaft zu machen, daß die Männer keinen Überfall mehr fürchten mußten. Der Schiffer Tuenis Bergen verkaufte 1669 mit Einverständnis seiner Reeder neun Hiebwaffen, vier Musketen und drei Pistolen. Zusammen mit einem Haufen Ladestöcken und Laternen brachte die ganze Kollektion sechs Gulden ein.[36] Ob er für das Geld neue Waffen gekauft hat, verrät die Geschichte nicht. Solange er sich aber keine Kanonen anschaffte, war auch dies eine ziemlich nutzlose Ausgabe. Symon Dircksz. Engeland lieh sich 1689 vom Dorf Graft sechs Feuerrohre und Musketen. Ein halbes Jahr später wurden sie in den Rechnungen als Verlustposten mit zwanzig Gulden verbucht.[37] Die Waffen waren von den Dünkirchenern erbeutet worden[38], denn es herrschte wieder einmal Krieg gegen Frankreich.

Sowohl im sogenannten Neunjährigen Krieg wie auch in dem darauffolgenden spanischen Erbfolgekrieg landeten die Grafter abermals im vertrauten Dünkirchen.[39]

Wie viele Unannehmlichkeiten die Kaperfahrt auf der Nordsee den Graftern auch bereitete, größere Angst hatten sie vor den Räubern auf dem Mittelmeer. Schiffer Jan Jansz. Bestevaer erklärte sich dazu bereit, im Sommer 1673 – mitten im Krieg – mit seinem Schiff nach Grönland, Island oder wo immer seine Reeder ihn hinschicken würden in See zu stechen. Die Schrecken des nördlichen Eismeeres konnten ihn demnach ebensowenig zurückhalten wie die Bedrohung durch französische oder englische Piraten. Er wußte, wovon er sprach, denn er war schon in Dünkirchen gefangen gewesen.[40] Der Schiffer hatte nur einen Vorbehalt. Die Reise sollte ihn nicht in Gewässer bringen, »wo Gefahr durch die Türken droht«.[41]

Diese »Türken« waren die barbarischen Seeräuber aus Marokko, Tunis und Algier. Sie schlossen ihre Gefangenen nicht in Kerker, sondern reihten sie unter ihre Sklaven ein. Solch ein erzwungener Aufenthalt an der nordafrikanischen Küste konnte lange dauern. Der Grafter Seemann Cornelis Cornelisz. Vinck ist dort zehn Jahre lang gewesen und der Westfriese Jan Cornelisz. Dekker sogar 28 Jahre. In der Regel kamen die holländischen Sklaven nach drei oder vier Jahren frei.[42] Sie mußten dann Kontakt zu holländischen Kaufleuten oder zu den Konsulaten in Nordafrika aufnehmen, damit im Mutterland etwas unternommen werden konnte, um sie freizukaufen.

Billig war ein Christensklave nicht. Jan Cornelisz. Dekker war von seinem ersten Besitzer für eine goldene Kette im Werte von 120 Dukaten weiterverkauft worden, für gut 500 Gulden also. Sein neuer Besitzer gab ihn wieder heraus, für zwei Gärten mit Dattelpalmen. Ob daraus hervorgeht, daß sein Wert gestiegen war, weiß ich nicht, aber für seinen Freikauf wurden jedenfalls 3000 Gulden verlangt.[43] Das war im 18. Jahrhundert. Vielleicht waren die Preise damals höher. Doch auch im 17. Jahrhundert zahlte die Seefahrerkasse für die, die von Türken gefangengenommen worden waren, nichts aus. Dafür reichte die Kasse nicht.[44] Meistens war der Seemann auch nicht reich genug, um einen Brief mit der Bitte, die verlangte Summe zu überweisen, nach Hause zu schicken. Ein einzelner Kapitän konnte sich das vielleicht erlauben, aber für Personen höheren Ranges wurde wiederum auch ein höherer Preis berechnet.[45] Weitaus die meisten waren gezwungen, an die Gemeinschaft zu appellieren.

Was müssen wir hier unter Gemeinschaft verstehen? In den Protokollen des Notars Adriaen Kos befinden sich zwei Scheine über Bürgschaften zum Freikauf von Männern, die in Tunis gefangengehalten wurden. In der einen garantieren fünf West-Graftdijker für das Löse- und Reisegeld von Hendrik Jansz. Es sind Emanuel Nieuwentijt, Cornelis Claesz. de Boer, Jacob Cornelisz. Bregger, Cornelis Adriaensz. Smit und Willem Dircksz. Smit. In der anderen nehmen vier West-Graftdijker dieselbe Verpflichtung zugunsten von Louris Jacobsz. Vet auf sich. Hier handelt es sich um Jacob Ronghsz., Claes Dircksz. Mackes und Jakele Adriaensz. Sollte ihr gesamter Besitz dazu nicht ausreichen, dann versprach Cornelis Claesz. de Boer – zu der Zeit das einzige West-Graftdijker Gemeinderatsmitglied –, daß für die Restschuld alle Mittel des Weilers verwendet würden.[46]

Unter den Unterzeichnenden können Blutsverwandte der beiden Sklaven gewesen sein. Aber das war nicht das einzige Kriterium. Louris Jacobsz. Vet wird zwar der Sohn von Jacob Dircksz. Vet gewesen sein, aber der Vater hat diesen Schein nicht mit unterschrieben. Unter den Bürgen für Hendrik Jansz. befindet sich Pastor Emanuel Nieuwentijt, dessen Familie in dieser Gegend schon seßhaft war, der aber selbst doch als Fremder nach West-Graftdijk gekommen war. Familienbeziehungen haben also nicht die Auswahl der Bürgen bestimmt. Was jedoch alle gemeinsam haben, ist, daß sie in West-Graftdijk wohnen und daß sie fast alle Kapitalisten oder halbe Kapitalisten sind. Gemeinschaft, so scheint es, meint in diesem Fall den Weiler West-Graftdijk. Der Veranlagungsliste von 1680 nach wohnten dort damals fünfzehn Familien, die überdurchschnittlich reich waren. In diesem Kreis suchte man zuallererst die Bürgen: Es waren die wohlhabenden Mitbürger. Niemand konnte in beiden Fällen bürgen. Dazu waren die Vermögen nicht groß genug. Aber die Bürgschaft für einen unglücklichen Mitbürger war eine Pflicht, der man sich nicht so schnell entziehen konnte und wollte.

Daß die Religion eine Rolle spielte, wage ich nicht mit Sicherheit zu sagen. Aber von den neun Unterzeichnenden sind zwei irgendwann einmal Schöffen gewesen, und vier haben als Kirchmeister das höchste Amt bekleidet. Wir konnten schon früher feststellen, daß in West-Graftdijk Positionen dieses Ranges nur von Reformierten erfüllt wurden. Mit dem Pastor zusammen sind das dann sieben Reformierte. Jan Dircksz. Mackes, halber Kapitalist, hat die sehr niedrige Funktion des Spendensammlers bekleidet, und Claes Dircksz. Mackes, Kapitalist, durfte der Gemeinschaft in keinem einzigen Amt dienen. Beide sind im Laufe der achtziger Jahre als Witwer wiederverheiratet worden, und beide haben das im Rathaus getan. Daß sie reformiert waren, ist demnach äußerst unwahrscheinlich. Ihr Dienstgrad und ihre Heiratsbestätigung im Beisein des Schulzen sprechen dagegen. Katholiken wohnten kaum in West-Graftdijk. Wir werden diese beiden also in den Täufergemeinden suchen müssen. Waren sie tatsächlich Mennoniten, dann war hier der Wohnort das erste Kriterium. Man suchte vielleicht zuallererst unter den Glaubensgenossen, gab es aber von denen nicht genug, so wandte man sich eher an mennonitische West-Graftdijker als an reformierte Oost-Graftdijker.

Das Geld wurde jedoch nicht von den Bürgen allein aufgebracht. Es mußte aus öffentlichen und privaten Mitteln gesammelt werden. Die Schöffen von Graft nahmen immer einen Teil auf ihre Rechnung, und die Kirche gab etwas dazu, sei es aus der Kasse der Diakonie, sei es aus Mitteln einer Sonderkollekte. So bezahlten die Schöffen 1662 sowohl für Jan Dircksz. Lijndraijer als auch für Claes Jacobsz. Kist 100 Gulden, und die Diakonie von Graft gab für jeden 72 Gulden.[47] Was darüber hinaus noch gebraucht wurde, wurde durch eine Sammlung im Dorf und in der Umgebung aufgebracht. Jan Dircksz. Lijndraijer zum Beispiel bekam Hilfe von den Schöffen aus Graft, De Rijp, Schermerhorn, Grootschermer, Binnenwijzend, Schellinghout und Westzaandam und von 34 privaten Spendern.

Man wird das Geld vornehmlich in Holland, nördlich des IJ gesammelt haben. Aus den Büchern der Grafter Schöffen[48] geht hervor, daß sich das Maß an Großzügigkeit nach der Entfernung richtete. In der Rechnung von 1672 ist ein Geschenk für einen Sklaven aus De Rijp angegeben: 15 Gulden und 15 Stuiver. Für einen Mann aus Wormer steuerte man 5 Gulden bei, für einen Seemann aus Hoorn 3 Gulden und 3 Stuiver, für einen

Sklaven aus Gouda 2 Gulden und 10 Stuiver, für einen aus Nijmegen 1 Gulden und 5 Stuiver. Die Beträge können unterschiedlich sein, und vielleicht wurde das auch von zufälligen Faktoren bestimmt, aber es bleibt ein Gefälle erkennbar. Für einen Seemann vom eigenen Schermereiland sind immer zweistellige Zahlen eingetragen. Die Seeleute aus der Region Nordholland bekommen meist ungefähr 3 Gulden. Die anderen müssen mit ein bis zwei Gulden zufrieden sein, wobei es nicht viel ausmacht, ob sie aus Amsterdam, Middelburg oder Hamburg stammen.

Unter einen Gulden werden die Schöffen von Graft selten gegangen sein. Diese Gefangenen bilden offenbar eine andere Kategorie als die vielen Opfer von Kriegen, Bränden, Überschwemmungen und Verfolgungen. Die müssen sich mit höchstens fünf oder sechs Stuivern, häufig sogar nur mit einem oder zweien zufriedengeben. Für einen Sklaven in Tunis oder Marokko hat man mehr übrig. Was hier der entscheidende Unterschied ist, verraten die Akten nicht. Es sprach für die Sklaven, daß sie meistens aus derselben Gegend stammten und garantiert keine Berufsbettler waren. Sie waren in Not geraten, als sie mit ehrlicher Arbeit ihr Geld verdient hatten.

Ausschlaggebend ist vielleicht, daß diese Männer außerhalb der Grenzen der Christenheit gelandet waren. 1672 sehen die Schöffen 5 Gulden als Reisegeld für einen ehemaligen Sklaven aus Wormer vor, »der im Christenland bis Livorno gekommen war«.[49] Dort wohnten zwar Papisten, aber Italien war doch noch etwas anderes als die arabischen Staaten in Nordafrika. Wer dort festgehalten wurde, lief Gefahr, seine Seligkeit zu verlieren, das höchste Gut, das ein Mensch besaß. Spanier, die aus türkischer Gefangenschaft zurückkehrten, wurden bestraft, wenn sie unter Zwang von ihrem Glauben abgefallen waren, Holländer nicht. Sie taten es aus der Angst und Not heraus, sagt Franciscus Ridderus, »sie zeigen Reue und bekennen sich wieder zur christlichen Religion.«[50] Sie kehrten in den Schoß der Kirche zurück und konnten von ihrem Abenteuer erzählen. Aber sie waren einer Gefahr ausgesetzt gewesen, die schlimmer war als der Tod. Ihr Freikauf war darum eine zwingende Notwendigkeit.

Dem Problem von Krankheit werden wir hier keine Aufmerksamkeit schenken. Über Chirurgen und Hebammen wurde bereits in einem anderen Zusammenhang gesprochen, und Krankheit als akute Plage – in Form einer Epidemie – kam in dieser Zeit selten vor. Die Sterbeziffern in dieser Region zeigen selten ernste Einschnitte.[51] Daß es sie trotzdem gab, ging schon aus der Veranlagungsliste von 1680 hervor. Die Anzahl der Kinder unter vier Jahren war ungewöhnlich niedrig, was kaum anders zu erklären ist denn als Folge einer Epidemie. Auch wissen wir, daß 1636 in De Rijp die Pest herrschte.[52] Graft kann unmöglich davon verschont geblieben sein. Aber die Archive unserer Samtgemeinde haben über das Phänomen »Epidemie« kaum etwas zu berichten. Wir behalten es im Gedächtnis und lassen es auf sich beruhen.

Die letzte große Gefahr ist Feuer. Die Gemeinschaft wappnete sich auf zweierlei Weise dagegen: erstens mit Hilfe ausführlicher Sicherheitsvorschriften, zweitens durch die Organisation einer örtlichen Feuerwehr. Brandgefahr bestand vor allem abends. Eine einzige umgefallene Kerze kann das ganze Dorf in Flammen aufgehen lassen. Es war darum verboten, eine brennende Kerze anders als in einer geschlossenen Laterne zu tragen, auch wenn wir meinen, daß eine Kerzenflamme in den nordholländischen Poldern keine große Chance gegen den Wind hat. Die Brandschutzordnung von 1657 gibt die ausführlichste Zusammenfassung aller Verbotsbestimmungen an.[53] Zusammen umfassen sie das gesamte Grafter Betriebsleben, vom Bäcker bis zum Seifensieder, aber die Aufmerksamkeit richtet sich vor allem auf die so oft praktizierte Heimarbeit – das Spinnen und Hecheln von Hanf und Flachs. Die Heimarbeiter konnten die meisten ihrer Tätigkeiten nur bei Tageslicht verrichten, und wenn bei künstlichem Licht, dann unter allerhand Einschränkungen: nicht bei offenem Feuer, nicht unter einem Reetdach, nicht in der Nähe von Heu oder Stroh, nicht auf dem Dachboden, sondern ausschließlich zu ebener Erde.

In Graft und den angrenzenden Weilern wurde viel gehechelt und gesponnen, doch Verletzungen dieser Verbote kamen selten vor. Im Protokoll der Schöffen von Graft stieß ich über das ganze Jahrhundert auf nur sechs Fälle.[54] Bekannte Persönlichkeiten sind nicht dabei. Wer abends noch bei künstlichem Licht spann, drehte auch das Kleingeld um. Es sind die ärmeren Einwohner, die hier in die Verantwortung genommen werden. Angesichts der kleinen Anzahl Sünder muß das Gemeinschaftsgefühl meistens stark genug gewesen sein. Offenbar war man sich der Gefahr von Brand zu sehr bewußt, um leichtfertig mit dem Risiko umzugehen.

Brandbekämpfung war eine gemeinsame Aufgabe aller Einwohner und insofern vergleichbar mit dem Zahlen von Steuern, dem Pflastern des Weges vor dem eigenen Haus und der Teilnahme an der Nachtwache. Das Wohl und sogar das Fortbestehen der Gemeinschaft stand in all diesen Fällen unmittelbar auf dem Spiel. Darum konnte auch allgemeine Mitarbeit verlangt werden. Und weil es sich hier um eine ernste Gefahr handelte, ging auch die Pflicht mitzuarbeiten am weitesten. Keiner der Grafter Funktionäre besaß solche weitgehenden Befugnisse wie die Brandmeister. Im Falle eines Brands war jeder dazu angehalten, ihren Befehlen ohne Widerrede Folge zu leisten, sogar wenn jemandem aufgetragen wurde, sein eigenes Haus abzureißen,[55] um das Feuer aufzuhalten. Die erforderlichen Brandwerkzeuge waren über die ganze Samtgemeinde verteilt und wurden jährlich auf ihre Qualität hin überprüft.[56]

Bekämpfte man einen Großbrand, waren alle Dörfer von Schermereiland dazu angehalten mitzuhelfen.[57] Graft mußte einmal im 17. Jahrhundert, 1632 oder 1633, bei einem Brand in Noordeinde andere Dörfer um Hilfe bitten.[58] Ansonsten blieb es bei kleinen Bränden, derer man schnell Herr wurde.[59] Vielleicht hielten deshalb Schöffen und Gemeinderäte es 1689 nicht für nötig, sich eine Feuerspritze anzuschaffen. Das sei auch wenig praktikabel, meinten sie, denn die Orte der Samtgemeinde lägen dafür zu weit auseinander.[60]

Elf Jahre später wurde das Problem gelöst. Es wurden gleich drei Feuerspritzen angeschafft, jede mit eigenem Spritzenhaus und einer Feuerwehrmannschaft. Einmal im Jahr wurde eine große Feuerwehrübung durchgeführt, und allem Anschein nach zählte dieses Wasservergnügen zu den Höhepunkten des Gemeindelebens. Mußten wir zuvor noch feststellen, daß Friedenstraktate und Krönungsfeierlichkeiten die Grafter Regenten nur zu bescheidenen Ausgaben verleiteten, bei der Feuerwehrübung pflegte man vier Fässer Bier leerzutrinken,[61] als gelte es, einen Wettkampf auszufechten, was zuerst verbraucht sein würde, das Wasser oder das Bier. Als 1701 bei einem kleinen Brand in Afteromsbuurt die drei Feuerspritzen hintereinander in Aktion traten und so gemeinsam das Feuer bezwangen,[62] schien es, als brauchte Graft Brandkatastrophen nicht mehr wie früher zu fürchten.

So ging es bis 1705. Danach sind die ausgelassenen Übungen durch eine einfache Inspektion ersetzt worden.[63] Die Ursache dieser Veränderung ist die Katastrophe vom 29. Juli 1705, dem Brand, der 42 Wohnhäuser in Schutt und Asche legte und auch das Waisenhaus in Flammen aufgehen ließ. Während des 17. Jahrhunderts war Graft immer ein Ort gewesen, der half, die Not anderer zu lindern. Nun mußten die Grafter selbst die Hand aufhalten. Gemeindeobere zogen durch Nordholland, um Geld zugunsten der Opfer einzusammeln. Das gibt uns die Gelegenheit, diese gegenseitige Hilfebekundung einmal von der anderen Seite aus zu beobachten. Im Grafter Archiv befinden sich zwei Bescheinigungen für Geldeinsammler. Die eine ist für das Gemeinderatsmitglied und den Alt-Schöffen Jan Danser und für Diakon Jacob Kan, die andere für Altdiakon Abraham Ysaäks.[64] Geldeinsammler sind demnach also nicht irgendwelche jungen Leute, die über freie Zeit verfügen, sondern Leute mit amtlichem Status. Als kirchliche Amtsträger sind sie befugt zu sammeln, und das hilft uns wiederum zu begreifen, warum dergleichen Bitten so oft erfüllt werden. Die Grafter Regenten, die den Beutel für diese kleinen Ausgaben verwalteten, standen ihresgleichen gegenüber. Außerdem hat es zumindest den Anschein, daß vor allem an die Solidarität der benachbarten Landbewohner appelliert werden konnte. Für den Freikauf von Symon Cornelisz. Hoen wurden in Amsterdam 43 Gulden eingenommen, aber in Krommenie 60 Gulden und 19 Stuiver und in Jisp 96 Gulden und 10 Stuiver. Sogar das kleine Driehuizen hebt sich mit 29 Gulden und 3 Stuivern sehr auffällig von Amsterdam ab.[65] Auch nach dem großen Brand sind die Grafter nach Amsterdam gezogen. Bürgermeister Joan de Vries hörte ihre Bitten wohlwollend an und antwortete dann: »Männer, ich geb nichts heraus.«[66]

Andere haben das sehr wohl getan. Aus Spenden und Kollekten kamen gut 20 000 Gulden zusammen.[67] Die Lotterie, die 100 000 Gulden an Preisen und Prämien auszahlte, brachte 159 Gulden, 12 Stuiver und 8 Penninge ein. Das ausgezahlte Preisgeld mußte von den Käufern selbst aufgebracht werden, um anschließend sehr ungerecht unter die 1 679 glücklichen Gewinner verteilt zu werden, von denen keiner weniger als 25 und keiner mehr als 5 000 Gulden erhielt.[68] Es muß also sehr wohl Geld in der Region Nordholland im Umlauf gewesen sein: mehr als hunderttausend für ein Glücksspiel, mehr als zwanzigtausend für rein wohltätige Zwecke. Das Hemd sitzt einem nun einmal näher als der Rock, aber immerhin öffneten sich die Geldbörsen auch, wenn jemand Hilfe brauchte. Feuer, Wasser und Krankheit gehörten zum Los, das der Gemeinschaft auferlegt war und das man gemeinsam trug.

Crispijn van de Passe de Oude, *Concordia*

20 Leben in einem holländischen Dorf

Geschichte handelt von Menschen. Das gilt für eine Biographie ebenso wie für eine Studie ökonomischer Strukturen voller statistischen Materials. Ein Buch über Graft im 17. Jahrhundert ist also ein Buch über die Menschen von Graft. Unsere Aufmerksamkeit richtete sich in erster Linie auf das Kollektiv, nicht auf einzelne Personen. Aber damit bestätigt sich immer wieder, was Huizinga einst auf die Frage nach einer Geschichte der Masse schrieb:»Man wird das alles niemals verstehen, historisch verstehen, wenn man nicht den einzelnen sieht.«[1] Immer wieder wird deutlich, daß die authentische Begegnung nur durch den einzelnen zustande kommt.

Die Beispiele sind in allen Kapiteln zum Greifen nahe. Die allgemeine Frage nach der Bedeutung von Nachnamen läßt sich am konkretesten in Form einer persönlichen Geschichte wie der des Notars Pieter Heringa beantworten. Was Schreibkundigkeit eigentlich bedeutete, sehen wir am allerdeutlichsten in den privaten Übungen des Fischhändlers Maerten Adriaensz. Wie Armut das Dasein formte, lernen wir aus den besonderen Abenteuern von Moye Neel Jans. Wie eine alleinstehende Frau sich durchsetzen konnte, zeigen uns Mary Cornelis Coster und Anna Jans Sappes. Wie die Grafter des 17. Jahrhunderts lebten und dachten, haben wir in dem Maße klarer vor Augen, wie es uns gelingt, eine wirkliche Begegnung mit Individuen herzustellen.

Aus diesem Grunde hatte ich auch darüber nachgedacht, dieses Buch über Graft in eine Reihe von Biographien zu teilen. Aus zwei Gründen habe ich es nicht getan. Erstens läßt es sich nicht vermeiden, daß jedes Kapitel reichlich Informationen über die Grafter Gesellschaft als notwendigen Hintergrund für die individuellen Lebensläufe enthält. Und angesichts der Tatsache, daß die persönlichen Angaben rar sind, hätte das Allgemeine oftmals das Besondere überschattet. Zweitens bekommen wir am einfachsten Zugriff auf Menschen, die extreme Positionen einnahmen: der erfolgreiche Reynier Cramer, die bettelarme Moye Neel, der übereifrige Kaufmann Abraham Jansz. Aber die meisten Grafter stehen genau in der Mitte. Bei einer biographischen Perspektive bleibt das gesellschaftliche Zentrum unterrepräsentiert, auch wenn die weitaus meisten dort ihr Leben fristeten.

Daher die Entscheidung für das Kollektiv. Außer den genannten praktischen Gründen muß an dieser Stelle auch eine prinzipiellere Überlegung angeführt werden. Dieses Buch will nämlich demonstrieren, daß es in der Tat ein Kollektiv gegeben hat. Die Bevölkerung der Samtgemeinde kann auf vielerlei Weisen eingeteilt werden: nach Geschlecht, Religion, Beruf, Wohnort, Wohlstand, Schreibkundigkeit und nach der Zusammensetzung der Haushalte. Jede dieser Unterscheidungen hat eine Bedeutung, und darum haben wir auch Aufmerksamkeit darauf verwendet. Ein reformierter Seemann aus West-Graftdijk, Analphabet, Vater von drei Kindern und besitzlos, steht ganz anders im Leben als ein mennonitischer Bäcker aus Noordeinde, schreibkundig, Junggeselle und Halbkapitalist. Sie beide gehören zu der Gemeinschaft der Grafter.

Es geht hier um eine Gemeinschaft im 17. Jahrhundert. Diese findet ihre ideelle Basis nicht in der fundamentalen Gleichheit aller Menschen. Geburt, Vermögen, Ausbildung und kirchliche Bindung geben dem einen nicht nur mehr Chancen als dem anderen, sondern gleichzeitig auch mehr Rechte. Unser Dorf ist demnach eine Gesellschaft von Rängen und Ständen, der Regierungsform nach als Oligarchie zu charakterisieren. Darin unterscheidet sich das Dorf nicht von der Stadt. Beide werden von Regenten geleitet, die auch im Dorf unter diesem Namen auftreten. Auf dem bescheideneren Niveau einer Landgemeinde sind sie mit ihren städtischen Amtskollegen durchaus vergleichbar.

Der durchschnittliche Regent ist gut situiert, ohne wirklich reich zu sein, verheiratet mit der Tochter eines Standesgenossen, schreibkundig, Mitglied der reformierten Kirche und nicht bar jeder Fähigkeiten, zu regieren. Alle diese Qualifikationen zählen mit, doch fallen sie nicht alle gleich schwer ins Gewicht. Wohlstand steht an erster Stelle, nicht weil größerer Reichtum größeren Einfluß bedeutet, sondern weil er eine conditio sine qua non ist. Wer kein Vermögen besitzt, wird niemals Schöffe oder Gemeinderat. Eine gute Herkunft und Schreibkundigkeit können helfen, aber notwendig sind sie nicht.

Die interessantesten Kriterien sind Können und Religion. Wer diese beiden Kriterien nicht erfüllt, zählt nicht. Aber ihr Verhältnis wechselt.

In der Grafter, West-Graftdijker und Oost-Graftdijker Männerwelt spielt die Reihenfolge dieser beiden Kriterien kaum eine Rolle, weil das Problem sich meistens nicht ergibt. Die Gruppe der Reformierten ist so groß, daß immer ein paar brauchbare Kräfte zu finden sind, und dann fällt die Wahl auf einen Reformierten. Nur in Noordeinde, wo die reicheren Mennonitengemeinden wohnen, werden Regenten durch evidentes Können für die höchsten Ämter ausgewählt. Ein reicher Katholik wird zwar zur Oberschicht gezählt – er darf sich um die Pacht der besten Fischgründe mit bewerben[2] –, aber regieren darf er selten, wenn nicht sogar niemals. Für die weibliche Elite scheinen andere Maßstäbe zu gelten. Da ist die Anzahl der Regierungsaufgaben so gering, daß bei der Auswahl nach Können die reformierten Frauen ohne Mühe oder Schaden für die Qualität alle Posten hätten besetzen können. Aber das kommt nicht vor.[3] Man schafft ausdrücklich Platz für ein paar katholische Waisenmütter, die Mennonitinnen sind in dem Kollegium sogar stets überrepräsentiert.

Das ist einerseits vielleicht ausgleichende Gerechtigkeit, aber vermutlich hat es etwas mit dem Lohn für das gute Werk zu tun. Der Status einer Frau wurde in entscheidendem Maße durch den ihres Ehepartners bestimmt, aber so wie bei den Männern politische Fähigkeiten einen entscheidenden Einfluß auf die Laufbahn hatten, so bewies die reiche Frau ihren Wert für die Gemeinschaft durch Mildtätigkeit für die Armen. Es kann ein Hinweis darauf sein, daß Frauen und Männer für unterschiedliche Tugenden hoch geschätzt wurden. Aber man kann gewissermaßen sagen, daß Mildtätigkeit für eine Waisenmutter eine Bedingung ist, die sie zu diesem Amt befähigt. Uns wurde ja auch deutlich, daß großzügige Mennoniten in Ausnahmefällen zum Waisenvater oder zum Armenaufseher[4] gewählt werden können. Das ist eine Anerkennung des persönlichen Verdienstes, denn normalerweise stehen solche Funktionen nur den Reformierten offen. Aber die Ehrenerweisung entspricht den bewiesenen Qualitäten. Waisenvorsteher oder Gemeinderatsmitglieder werden diese Männer nicht.

Daß Religion ein wichtiges Kriterium für den günstigen Verlauf einer Ämterlaufbahn ist, wird immer wieder deutlich. Reformierte sitzen in der ersten Reihe, Mennoniten in der zweiten und Katholiken ganz hinten. Von Neid und Rivalität ist indes wenig zu spüren. In De Rijp mit seinem

hohen Anteil wohlhabender und einflußreicher Mennoniten wird offensichtlich ein Machtkampf zwischen den Eliten der Mennoniten und der
Reformierten ausgefochten.[5] In Graft ist das anders. Wenn die Minderheiten sich benachteiligt fühlen, so klagen sie zwar darüber, doch nicht in
der Öffentlichkeit. Für weitaus die meisten ist das auch kein Anlaß, die
Religion zu wechseln. Der Erhalt der eigenen Glaubensgemeinschaft hat
für alle Gläubigen eine hohe Priorität.

Aber auch der Dorfgemeinschaft scheint in gewissem Sinne ein höherer Wert beigemessen zu werden. Wer in Not ist, hat Anspruch auf Hilfe,
und zwar nicht nur auf die der Mitgläubigen. Es sind die reichen Mitbürger, die für den Freikauf der in Nordafrika gefangenen Seeleute bürgen,
nicht die reichen Glaubensbrüder.[6] Auch daraus geht wieder hervor,
inwiefern die Bereitschaft, anderen zu helfen, jemandes Wert für die
Gemeinschaft bestimmt. Hier wird über die Kirchenmauern hinweg
gesehen. Die Autorität der Reformierten wird dadurch jedoch nicht angetastet. Der kostenaufwendige Erhalt der baufälligen reformierten Kirche
des Dorfes Graft ist eine öffentliche Pflicht, für die jeder, zumindest indirekt, in Form von zusätzlichen örtlichen Steuerbelastungen bezahlen
muß, ungeachtet seiner religiösen Gesinnung.[7] Wenn Mennoniten und
Katholiken das ungerecht finden sollten, so tragen sie ihre Unzufrieden-
heit nicht nach außen.

Die bestehenden Machtverhältnisse reizen selten zum Aufstand. Die
Autorität der Regenten wird nicht angefochten. Nur in Ausnahmefällen
wird Kritik an der Politik laut. Die Regenten selbst erwecken den Eindruck, die Kritiker unterschiedslos zu behandeln. Einen Pieter Heringa,
der mit ihnen in Sonderverhandlung über den Ort seines Toilettenhauses
treten will, betrachten sie als einen Rebellen.[8] Nur wer befugt ist, Regeln
aufzustellen, ist befugt zu urteilen. Er braucht sich mit Außenstehenden
auf keine Diskussion einzulassen. Wie weit die Akzeptanz dieses Grund-
prinzips bei den Einwohnern gehen kann, beweisen uns vor allem die
Süßwasserfischer. Sie sind offenbar davon überzeugt, daß sie ihren Beruf
nicht ausüben können, ohne ab und zu formal die Verordnungen zu übertreten. Aber sie bitten nicht um eine Änderung der sie benachteiligenden
Regeln. Sie schließen lieber miteinander einen Vertrag mit der Bestimmung, daß sie gemeinsam die Strafe bezahlen, wenn einer von ihnen bei
der Übertretung erwischt wird.[9] Dasselbe gilt gewissermaßen für die

Katholiken, die jährlich vom Schulzen das Recht kaufen, die Verordnungen übertreten zu dürfen.[10] Natürlich besteht ein Unterschied zwischen den Katholiken und diesen Fischern. Das offizielle Verbot des katholischen Gottesdienstes ist die Maßnahme einer höheren Instanz. Wenn solche Verordnungen übertreten werden – und das passierte, weil die Katholiken nun einmal ihren Glauben ausüben wollen –, so tastet das nicht die lokale Macht an. Die Grafter Regenten sind dazu angehalten, auf die Befolgung aller Gesetze zu achten, aber ihr eigenes Prestige steht durch eine Verordnung der »Staten van Holland« kaum zur Diskussion. Ihre eigenen lokalen Befugnisse interessieren sie am meisten.

Darum setzen sie sich auch dafür ein, diese in vollem Umfang zu erhalten, als das große, wohlhabende Graft eine Intensivierung und Ausdehnung der Regierungsaufgaben zu brauchen scheint. Nach Ansicht der Dorfschulzen von Schermereiland muß man auf die Erfordernisse der Zeit mit einer Professionalisierung der Verwaltung reagieren. Die Schulzen selbst wären dann die tatsächlichen Regierungsoberhäupter geworden: Beamte also, die in Den Haag ernannt werden und sich Den Haag gegenüber verantworten müssen – oder vielleicht auch dem Rat des Noorderkwartiers, doch das macht keinen wesentlichen Unterschied. Es hätte die Samtgemeinde unter die Aufsicht einer höheren Regierung gestellt.

Die Regenten weisen diese zentralistische Variante ab. Um den wachsenden Verwaltungsbedarf zu erfüllen, suchen und finden sie eigene Lösungen. Sie tun vor allem zwei Dinge. Erstens delegieren sie soviel wie möglich.[11] Es kommen neue Kollegien hinzu, und manche von den alten bekommen neue Anweisungen.[12] So ist es kaum übertrieben zu sagen, daß einer Angelegenheit erst entsprechend nachgekommen wird, wenn sie an ein Sonderkollegium delegiert worden ist. Zweitens nimmt die Sachkenntnis dieser Kollegien zu. Wer sich in einem Amt bewährt hat, wird in der zweiten Hälfte des 17. Jahrhunderts viel öfter wiedergewählt.[13] Wir sehen das bei niedrigeren Funktionen wie denen der Straßenbaumeister, aber genausogut auf dem lokalen Spitzenniveau, also bei den Schöffen. So kommt man der drohenden Professionalisierung der Gemeindeverwaltung erfolgreich zuvor.

Das ist größtenteils Politik und zu einem kleinen Teil auch Glück. Es ist Glück, daß der junge Chirurg Reynier Cramer sich in Graft niederläßt.

Man findet in ihm einen Mann mit soviel Regierungstalent, daß er auf dem ehrenamtlichen Posten des Schöffen faktisch als regierendes Dorfoberhaupt fungieren kann.[14] In der großen Samtgemeinde von Graft gab es sicherlich immer jemanden, der den gesamten Apparat zu leiten in der Lage war. Von Reynier Cramer wissen wir nur deshalb etwas mehr, weil er Archivmaterial hinterlassen hat. In der ersten Hälfte des 17. Jahrhunderts haben ein Willem Jacobsz. oder ein Claes Cornelisz. Seylemaker ihm gewiß in nichts nachgestanden. Bei dreitausend Menschen kann es eigentlich niemals völlig an Führungstalenten gemangelt haben.

Das Regieren ist auch eine Berufung, ein Dienst am Dorf, das der besten Kräfte seiner Einwohner wert ist. Graft ist seinen Einwohnern nicht gleichgültig. Sie finden, daß sie stolz auf ihr Dorf sein können. Das Selbstbewußtsein wächst, zumindest solange Graft reich und wohlhabend ist. Aber auch die Vergangenheit spielt dabei eine Rolle. Graft ist es gelungen, im Laufe der Geschichte eine große Anzahl von Privilegien zu erlangen.[15] Die Samtgemeinde von Graft geht damit so selbstsicher um, als habe sie eine führende Stellung unter Hollands maßgeblichen Städten eingenommen. Stadt und Dorf unterscheiden sich voneinander in der Macht, und die Unterscheidung hat in der Praxis eine wichtige Bedeutung. Wenn wir jedoch den Wert der Privilegien, die Wahrung der Gemeinschaft und die Förderung des allgemeinen Interesses messen, dann besteht wenig Unterschied zwischen einem Dorf und einer Stadt, jedenfalls solange es sich um so große, wohlhabende Dörfer wie Graft handelt.

Aber Gemeinschaft kann man nicht erzwingen, sie will gelebt werden. Das stößt gerade in einem Dorf an seine Grenzen. Wenn im Dorf oder in den Weilern Nachbarschaftshilfe geübt worden sein sollte, dann hat das in den Archiven jedenfalls keine Spuren hinterlassen. Bezahlte Pfleger dagegen lassen sich noch auffinden. Im allgemeinen fühlt man sich für Arme und Schwache verantwortlich. Da redet das persönliche Gewissen eines jeden mit.[16] Geistig oder körperlich Behinderte werden nicht isoliert, sondern erhalten ihren Platz in der Gemeinschaft.[17] Die völlig Mittellosen werden sorgfältig an den Rand des Existenzminimums gehoben oder dort gehalten.

Wir haben beobachtet, daß in der reformierten Kirche der Gemeinschaftssinn abnimmt, das heißt, die Kirchenzucht.[18] Das kann auf eine geringere gegenseitige Kontrolle hinweisen. Aber vielleicht ist dieses Phänomen auch darauf zurückzuführen, daß die Kirche sich nach und nach ein größeres Feld erobert. Sie umfaßt zwar nicht die gesamte Bevölkerung, vereinigt aber doch so viele Menschen in sich, daß sie sich selbst weniger als eine separate Körperschaft, sondern als eine besondere Manifestation der lokalen Grafter Gemeinschaft verstehen kann. Gemeinde und Gemeinschaft sind in der Vorstellung der Reformierten kaum voneinander zu trennen. Wir haben gesehen, daß in Graft die örtliche Verbundenheit Vorrang vor der religiösen hat. Aber auf der nationalen Ebene sind die beiden identisch. Wenn die Rede von Patriotismus ist, dann geht es um reformierten Patriotismus.[19] Schauen die Grafter aber über die Grenzen der Niederlande hinaus, dann interessieren sie sich vorwiegend für Glaubensgenossen.

Reformierten in Not muß geholfen werden, in Konstantinopel oder Litauen nicht weniger als in Graft oder De Rijp. Das ist eine Norm, die die Kirche den Menschen beigebracht hat. Sie steht der angestammten Regel entgegen, daß die fremde, feindliche Welt da beginnt, wo wir die Grenzen unseres eigenen Dorfes verlassen. Von sich aus folgen Menschen ihrem eigenen Interesse. Die Praxis lehrt sie, daß sie für ihre Selbsterhaltung andere brauchen, mit denen sie nach den Regeln der Gemeinschaft auskommen müssen. Aber das Gruppeninteresse ist in diesem Fall eine Ausdehnung des Eigeninteresses und keine christliche Nächstenliebe. In einer christlichen Gemeinschaft wird es immer zwei Normensysteme geben, die sich nur teilweise überschneiden: die Moral des Eigeninteresses und die Moral der Nächstenliebe.

Regeln, die in beiden Systemen beachtet werden, sind natürlich am stärksten. Darum wird jeder dazu angehalten, den Weg vor seinem Haus zu pflastern und den Kanal an der Hinterseite freizuhalten.[20] Er darf nicht ohne Erlaubnis einen Graben zuschütten oder einen Schuppen auf seinem eigenen Grundstück bauen, weil es seinen Nachbarn stören könnte. Der andere geht vor. Diese Regel kann jeder akzeptieren, der einsieht, daß er meist selbst der andere ist. Auch die allgemeine Mißbilligung des Ehebruchs[21] paßt in beide Normenkataloge. Sie muß nicht unbedingt auf der christlichen Überzeugung von der Heiligkeit des Ehebundes beruhen. Sogar die Unauflöslichkeit der Ehe kann unter beide Ordnungen fallen. Denn auch aus rein materiellen Gründen kann eine Frau den

Ehestatus vorziehen, zumindest wenn sie nicht über ein eigenes Vermögen verfügt.

Rein christlich hingegen ist der Gedanke, daß die Ehe beiden Partnern die Pflicht zur Liebe und Treue auferlegt. Allein christlich ist auch das Versprechen, die Kinder in Gottesfurcht aufzuziehen.[22] Solche Forderungen sind hoch angesetzt und nicht mit den Mitteln der Justiz zu erzwingen. Ihr eventueller Einfluß entzieht sich nahezu völlig unserer Wahrnehmung. Wenn christliche Normen befolgt werden, führt das ja nicht zu widrigem Verhalten, es sei denn, die Gesetzgebung ist antichristlich. Aber das ist sie im 17. Jahrhundert nicht.

Bei den weltlichen Normen sieht das anders aus. Die sind häufiger aus Urteilsschriften und Verhören ablesbar. Dort begegnen wir immer wieder der auf Eigeninteresse basierenden Moral. Die Grafter müssen den Frieden der Gemeinschaft wahren. Der streitlustige Raufbold wird nicht akzeptiert, und sogar er hält sich an die Regeln, die ihm das Kämpfen auf dem Grundstück seines Gegners verbieten.[23] Will er das Messer gebrauchen, dann geht er in ein anderes Dorf. Auch der Dieb geht seiner Arbeit vorzugsweise in einiger Entfernung von zu Hause nach. Das vermindert einerseits das Risiko und verkleinert andererseits das Verbrechen: Er schändet nicht die Gemeinschaft.

Der Kriminelle handelt insofern eigentlich nach demselben Maßstab, den die Schöffen bei der Fürsorge anlegten: Distanz bestimmte das Maß an Solidarität. Man hat für einen Mitbewohner von Schermereiland mehr übrig als für einen anderen Nordholländer, aber bei diesem Nordholländer ist man doch wiederum etwas großzügiger als bei den übrigen Menschen.[24] Und halten sich die Grafter Regenten nicht ganz an die Moral des Eigeninteresses, wenn sie für ihre Angelegenheiten bei höheren Instanzen eintreten? Recht kann man bei seinesgleichen suchen, aber wer mit den Mächtigen zu tun hat, appelliert lieber an ihre Gunst.

In dieser Gemeinschaft leben dreitausend Grafter. Die Samtgemeinde von Graft ist eine Landgemeinde, aber kein Bauerndorf. Wir hören die Grafter niemals sagen, daß sie das bedauern. Sie rühmen sich selbst des Wohlstands, den sie durch Handel und Seefahrt erlangt haben. Zwar wohnen in Graft viele Unterstützungsbedürftige, aber unter den vierzig Bauern gibt es nicht einen, der auf die Wohlfahrt angewiesen ist. So scheinen die Menschen dieser Zeit am besten durchgekommen zu sein: sie erfüllten ihre natürliche Bestimmung, indem sie den Boden bearbeiteten – vorausgesetzt, Hof und Grund lagen im eigenen Dorf. Wir können sagen, daß das Grafter Land für seine Bewohner einen besonderen emotionalen Wert besitzt,[25] weil es der eigene Grund und Boden ist. Aus eben diesem Grunde schreibt auch ein Emigrant aus dem fernen Virginia nach Hause und bittet um Grafter Leinen.[26] Auf der örtlichen Werteskala stehen dennoch die eigenen Gewässer an oberster Stelle.[27] Die Bewohner des Eilandspolders im 17. Jahrhundert können auf allerlei Weisen ihren Lebensunterhalt verdienen. Wenn sie aber eines miteinander gemein hatten, dann war es ihre Vertrautheit mit der örtlichen Süßwasserfischerei. Im Laufe des 17. Jahrhunderts sehen wir, daß sich der Fischfang als Folge der großen Trockenlegungen von einem allgemein ausgeübten Nebenerwerb in einen Spezialzweig von marginaler Bedeutung verwandelt. Aber zwei Phänomene haben doch ihre Herkunft in der Süßwasserfischerei. Das eine ist die Verbundenheit mit dem Wasser, die Graft zu einem Seefahrerdorf macht. Das andere ist die Streuung der Arbeitskraft über allerhand verschiedene Beschäftigungen, weil für die Grafter des 17. Jahrhunderts der Fischfang nur eine von vielen Arten ist, an Geld zu kommen.

Die vorrangige Bedeutung der Seefahrt für die örtliche Ökonomie ist sonnenklar. Jeder zweite oder dritte Mann fährt zur See, und die Daheimgebliebenen verdienen ihr Brot oft mit der Produktion von Schiffszwieback, Schiffstauen, Segeltuch und Fischernetzen. Das eine läßt sich mit dem anderen gut kombinieren. Kennzeichnend für jegliche Arbeit, der man in Graft nachgeht, ist der niedrige Spezialisierungsgrad. Sowohl Männer als auch Frauen können sie leisten. Wenn sich eine Gelegenheit anbietet, etwas dazuzuverdienen, wird sie ergriffen.[28] Jeder kann eine Kuh verkaufen, einen Vorrat an Hanf oder Tabak einlagern, einem Schiffer, der in ferne Länder fährt, ein bißchen Geld oder Gut mitgeben. Die Qualität des typischen Grafter Produktes stimmt mit dem niedrigen Grad an Spezialisierung überein. Aber dank ihres ökonomischen Opportunismus haben die meisten genug zum Leben.

Einige sind wohlhabend. Wirklich Reiche wohnen in Graft nicht. Arme dagegen gibt es, sogar ziemlich viele. Sie erhalten so viel, wie minimal notwendig ist. Das ist nicht viel, aber auch diejenigen, die genug verdienen, leben sparsam. Die Rijper, so sagen Van Dooregeest und Posjager, achten sehr darauf, daß sie nicht mehr ausgeben, als sie einnehmen, und das ist das beste Mittel, sich ein ruhiges und bequemes Dasein zu verschaffen.[29] Nach diesem Rezept leben wahrscheinlich auch die Nachbarn in Graft, so daß Graft kein Dorf mit übermäßigem Konsum ist. Ein reiches kulturelles Leben darf man hier nicht erwarten. Den gesamten Bücherbesitz der dreitausend Grafter hätte man leicht in einem Kahn transportieren können. Ein Großteil der Menschen hat lesen gelernt. Eine kleinere Anzahl – aber immer noch die Mehrheit – kann schreiben.

Von Bedeutung ist die Fähigkeit zu lesen vor allem für die Kirchgänger und nicht weniger für die Kirchgängerinnen, mit ihren hübsch gestalteten Bibeln und Psalmbüchern. Im Berufsleben spielt Schreibkundigkeit nur eine bescheidene Rolle. Es ist sehr gut möglich, daß die Alphabetisierung die gesellschaftlichen Chancen vergrößert.[30] Daß es sich für ein Kind gehört, lesen und schreiben zu lernen, sehen die meisten Eltern ein.[31] Nehmen die Kinder selbst ihre Chancen nicht gebührend wahr, dann reicht jedoch die Disziplin in der Familie und vielleicht sogar in der Schule nicht aus, um ihren Widerwillen zu kompensieren.[32] Aber das Kind versäumt dabei etwas. Wer eine Akte oder ein Testament mit einem Signum unterzeichnen muß, weiß sich dem Mann oder der Frau unterlegen, der oder die fähig ist, eine Unterschrift zu setzen.[33]

So etwas ist zwar wichtig, aber keine Frage von Leben und Tod. Dafür zeigt das Grafter Leben zu wenig Dynamik. Graft ist ein Dorf einfacher, freundlicher Menschen, die auf ihre Angelegenheiten gut achtgeben, ohne nach maximalem Gewinn zu streben, und die ebensowenig geplagt werden von Ehrgeiz und Geltungsdrang wie von der Sucht nach Luxus und Überfluß. So erscheinen die Grafter in unseren Quellen. Dafür sind sie auch in ihrer Zeit bekannt. Die Bewohner von Schermereiland übertreffen die anderen Dörfer in ordentlicher Kleidung und lebendiger Konversation, meint Soeteboom.[34] Rijper sind bedächtig und friedliebend, meinen Van Dooregeest und Posjager, nicht grob und unhöflich, sondern vorsichtig und verschlossen. Sie kümmern sich um ihre eigenen Angelegenheiten, ohne sich mit denen anderer zu beschäftigen.[35] Die Nordholländer haben früher viel gekämpft, erzählt Ridderus: »Aber die Leute sind jetzt stille, einfache, sanfte und friedliche Menschen.«[36] Sie halten lieber ihren Mund, als daß sie sich gehen lassen, sagt auch noch hundert

Jahre später Le Francq van Berkhey,[37] und wenn es ihnen zu bunt wird, dann gehen sie einem Konflikt lieber aus dem Weg.

Das ist ein Portrait, das mennonitische Züge trägt, aber drei der hier zitierten Autoren waren reformiert. Wie auch die meisten Grafter. Ihre Denk- und Handlungsweise kann sich durch den Einfluß mennonitischer Schlichtheit und Friedfertigkeit gewandelt haben. Aber das Umgekehrte ist auch nicht ausgeschlossen. Die »Waterlandse« Richtung, zu der die Rijper und die Grafter Mennonitengemeinden gehören, kann nach den Waterlandsen Idealen von Frömmigkeit und Tugend Gestalt angenommen haben. Sie sind im Alltag nicht aggressiv und auch nicht in ihrem Glauben. Darum ist Schermereiland ein fruchtbarer Boden für religiösen Pluralismus. Der Rijper Schuster Heyndrick Aelbertsz., der einen Spottreim auf das schreibt, was er die Genfer Inquisition nennt, muß seine Beispiele für die Anklage gegen die reformierte Verfolgungssucht in friesischen und Groninger Verordnungen suchen.[38] Im toleranteren Nordholland kommt er mit einer Strafe von 25 Kennemer Pfund davon, und die werden ihm weniger dafür aufgebürdet, daß er die Kirche gelästert hat, als vielmehr dafür, daß seine Verdächtigungen sich auf die holländische Regierung ausgedehnt haben.

Ein wirklich strenges Urteil wegen Mißachtung der Religion wird im 17. Jahrhundert auf Schermereiland nur einmal gefällt. Es trifft den 42jährigen Jop Jansz., gebürtig aus Schermerhorn und wohnhaft in Graft. Der Mann ist zwar längst erwachsen, aber trotzdem wagt er zusammen mit ein paar Freunden ein Spielchen. Im Haus von Claas Sloten in Noordeinde spielen sie Kirche. Jop ist der Pfarrer und glänzt in seiner Rolle mit großer Sachkenntnis. Er läßt den ersten Vers von Psalm 100 singen und predigt anschließend über Jakob 4:11, »dessen Gutdünken sich die Armen empfehlen«. Tamis Jansz. geht anschließend mit dem Klingelbeutel herum. Der Gottesdienst wird mit der Taufe von vier hölzernen Puppen beendet. Danach begeben sich die Spieler zusammen ins Wirtshaus, um den Ertrag der Kollekte in Schnaps umzusetzen.[39]

Der moderne Mensch wird die Distanz zu den Graftern des 17. Jahrhunderts selten so stark empfinden wie beim Lesen dieser Urteilsschrift. An den Frommen Anstoß zu nehmen ist ja geradezu ein Standardmotiv in der Gegenwartskultur, und auch wenn man meint, daß in diesem Fall gegen den guten Geschmack verstoßen worden ist, was ist die Sache mehr als ein alberner kindischer Scherz? Darum sind wir überhaupt nicht auf das Urteil vorbereitet: Jop Jansz. wird zu sechs Jahren Verbannung verurteilt. Das scheint eine unmäßige Strafe, auch im Vergleich zu den 25 Kennemer Pfund, die der Rijper Schuster für seinen Spottreim bezahlen muß. Mißt man die beiden Spötter nicht mit unterschiedlichen Maßstäben?

Der Unterschied versteckt sich, wie mir scheint, im Ziel der Attacke. Wenn Schuster Heyndrick Aelbertsz. den Reformierten Inquisitionspraktiken vorwirft, wiederholt er damit eine Anschuldigung, die in der Polemik dieser Zeit häufig ausgesprochen wird. Das kann ihm ein Gericht holländischer Regenten nicht verbieten. Es gibt genug Richter, die das selbst behaupteten. Hätte er nicht die »Staten van Holland« mit angesprochen, dann wäre ihm vermutlich gar nichts passiert. Jop Jansz. hingegen hat etwas anderes getan. Er stellt die reformierte Kirche nicht in einem bestimmten Punkt in Frage. Er macht den ganzen Gottesdienst lächerlich, die Predigt, das gemeinsame Singen, das Spenden der Sakramente und die Ausübung der Barmherzigkeit. Hier ist nicht länger die Rede von mehr oder weniger sachlicher Polemik, sondern allein von Spott. Jop Jansz. bezieht nicht Stellung gegen ein bestimmtes religiöses Empfinden. Er macht den Gottesdienst an sich lächerlich und überschreitet damit eine Grenze, die der Rijper Schuster respektiert hat.

Das Urteil wird vom Gericht zu Alkmaar ausgesprochen. Wir können also nicht wissen, ob es von der öffentlichen Meinung im Dorf unterstützt wird. Aber wir können diese Angelegenheit mit einem anderen Vorfall vergleichen, der nicht in einem Prozeß endet, aber doch etwas über die Art und Weise erzählt, wie auf Schermereiland die Religion ausgeübt wird. 1673 ziehen zwei Rijper Schöffen zusammen mit dem Schulzen nach Den Haag, um dort zu verhandeln. Die Schöffen haben einen Bericht darüber hinterlassen, in dem sie ihrem Entsetzen über die Art und Weise Luft machen, in der der Schulze sich ihnen gegenüber ausgedrückt hat. Er »sagte und schwor wiederholte Male: Ja wahrhaftig, der Teufel soll mich holen, wenn ich es nicht tue; ich muß den Tod aus diesem Glase trinken – und dergleichen Ausdrücke, die abscheulich sind«.[40]

Männer, die über einen kräftigen Fluch so entrüstet sind, hätten wahrscheinlich auch selbst ein Urteil wie das gegen Jop Jansz. gefällt. Es sind die »schrecklichen Flüche«, die Anstoß erregen. Die Wörter des Schulzen sind schlimm, nicht aber der geweckte Anschein, daß er den Teufel anruft. Das Anrufen des Teufels ist ein rein verbales Delikt. 1634 wird dem ehemaligen Schulmeister Cornelis Cornelisz. zu Oost-Graftdijk vorgeworfen, daß er sich nicht scheut, »sich mit schrecklichen Schwüren mit Leib und Seele in die Macht des Satans zu geben, wenn er sich nicht an gewissen Leuten zu rächen verstünde«. Aber was schlimmer ist, sagt das Urteil danach: Er hat sogar gegen einen dieser guten Menschen das Messer erhoben.[41] Das Anrufen des Satans als solches ist also kein Delikt, für das man in Graft verklagt wird, und auch für De Rijp kennen wir nur eine Zaubereibezichtigung, nämlich im frühen 17. Jahrhundert.[42]

Aus den kirchlichen Archiven geht hervor, daß bei Krankheit zuweilen die Hilfe von Teufelsaustreibern gesucht wird.[43] Das kommt wahrscheinlich öfter vor, denn noch im 19. Jahrhundert beschreibt der Grafter Autor J. de Vries das als eine gängige Praxis: Ein Mann, dem einen Splitter unter den Nagel geraten ist, läßt sich sicherheitshalber besprechen.[44] Mit Krankheit und Gesundheit hat der Mensch des 17. Jahrhunderts schwer zu kämpfen. Warum soll er nicht Hilfe suchen, wo sie auf keinen Fall schaden kann? Gerrit Cornelisz. aus dem eingedeichten Schermer kauft Näh- und Stecknadeln bei Alit Fredericx und gebraucht diese nach ihrer Anweisung, um ein krankes Pferd zu heilen. Daran ist nichts verkehrt, meint er selbst.[45] Das Gericht ist derselben Meinung. Die beiden Akupunkteure werden freigesprochen.

Zauberei spielt in der Grafter Gemeinschaft kaum eine Rolle. Als Form alternativer Heilung wird sie vermutlich stillschweigend akzeptiert. Von schwarzer Magie, die dazu dient, anderen zu schaden, lesen wir in den Akten nichts. Man wird sie auch nicht unbedingt in einem Dorf erwarten, das keine großen sozialen Spannungen kennt und das die Armen nicht ihrem Schicksal überläßt. Waren die Grafter freundliche Menschen, so konnten sie das auch bleiben, denn die Samtgemeinde war so reich, daß sie die Verantwortung für die Schwachen zu tragen in der Lage war. Zugleich war der Wohlstand breit genug gestreut, so daß die Notwendigkeit der Unterstützung im Rahmen blieb. So wird an Graft die alte Weisheit von Agur bestätigt: »Armut und Reichtum gib mir nicht; laß mich aber mein Teil Speise dahinnehmen, das du mir beschieden hast.«

So nimmt Graft vor unseren Augen Gestalt an: ein Dorf durchschnittlicher Menschen, die über begrenzte Mittel und eine bescheidene Kultur verfügen. Sie führen simple, einfache Leben, nach dem Muster, das Gellert gepriesen hat: »Er ward geboren. Er lebte, nahm ein Weib und starb.« Über das aber, was sich zwischen seiner Geburt und seinem Tod abgespielt hat, wissen wir nun, zumindest was die Grafter betrifft, ein wenig mehr.

Anmerkungen

In den Anmerkungen verwendete Abkürzungen

ARA   Algemeen Rijksarchief 's-Gravenhage (Reichsarchiv
            s'-Gravenhage)
DTB   Doop-, trouw- en begraafboeken (Tauf-, Ehe- und
            Beerdigungsbücher)
GAA   Gemeentearchief Alkmaar (Gemeindearchiv Alkmaar)
GR   Grafelijkheidsrekenkamer (Gräfliche Rechenkammer)
NA   Notarieel archief (Notarielles Archiv)
NHG   Nederlands Hervormde gemeente (Reformierte
            Gemeinde der Niederlande)
OAG   Oud archief Graft (Gemeindearchiv Graft)
OAR   Oud archief De Rijp (Gemeindearchiv De Rijp)
RA   Rechterlijk archief (Gerichtsarchiv)
RA Haarlem Rijksarchief Noord-Holland te Haarlem (Reichsarchiv
            Haarlem)

Warum Graft?

1 RA Haarlem, RA 6100 (14. November 1698)

I Das Dorf und die Menschen

1 Dreitausend Grafter

1 A.M. van der Woude, Het Noorderkwartier (3 Bde.), I, Wageningen 1972, S. 143.
2 GAA, OAG 514–517.
3 Van der Woude, I, S. 148.
4 Ebd., I, S. 143.
5 K. van den Tempel, *Schippers van de zee in Graft 1650–1695. Aspecten van hun sociale en economische positie,* Universität Leiden 1981, S. 7; H.J.M. Kaptein, *Hoeve, haring en hennep. De demografische en economische geschiedenis van het Schermereiland van de late middeleeuwen tot het begin van d 19e eeuw,* Universität Amsterdam 1982, S. 11; Herman Kaptein, *Het Schermereiland. Een zeevarend plattelandsgebied 950–1800,* Bergen 1988, S. 46.
6 Engel Arendzoon Dooregeest und Cornelis Albertzoon Posjager, *De Rijper Zeepostil bestaende in xxii predicatiën toegepast op de zeevaert,* Amsterdam 1699, S. 368.

7 GAA, OAR 67, Gesuch Grafts und De Rijps an die Rechenkammer (1677); ARA, GR 410, der Vermögensverwalter der Pachtländereien Cornelis Sevenhuysen an die Rechenkammer, 25. August 1674.

8 GAA, OAR 67, Antwort der Schöffen von De Rijp auf das Gesuch des Schulzen (1677).

9 J. B. de Jong, *Kerk en kerksgezinden in het beste dorp in Holland. De gereformeerde kerk van De Rijp 1622–1652,* Universität Amsterdam 1985, S. 12, für De Rijp.

10 GAA, NHG 2, 31. Dezember 1679: »in diesem Jahr starben 60 Mitglieder«. Die Anzahl der Mitglieder der Kirchengemeinde Graft (wozu Oost- und West-Graftdijk nicht gehörten) ist nicht genau bekannt, kann aber auf ungefähr 800 geschätzt werden (OAG 614).

11 Auch anderswo in der Region Nordholland war die Sterberate in diesen Jahren extrem hoch. Van der Woude, *Het Noorderkwartier,* I, S. 204.

12 GAA, OAG 430.

13 GAA, OAG 455, Veranlagungslisten von 1621 und 1654.

14 GAA, OAG 435.

15 GAA, OAG 435. [Quellenzitate aus dem damaligen niederländischen Sprachgebrauch werden in Hochdeutsch wiedergegeben. Damit verliert die Übersetzung eine Qualität des Originals, das die sprachliche Urtümlichkeit der Quellen bewahrt. d. Ü.]

16 GAA, NHG 628, Gesuch von Oost- und West-Graftdijk an die »Staten van Holland« (1643).

17 Van der Woude, *Het Noorderkwartier,* III, S. 713.

18 Van den Tempel, S. 7.

19 Van der Woude, *Het Noorderkwartier,* I, S. 235.

20 Pierre Goubert, *Cent mille provinciaux au XVIIe siècle. Beauvais et le Beauvaisis de 1660 à 1730,* Paris 1968, S. 80.

21 Van der Woude, *Het Noorderkwartier,* I, S. 243.

22 Marhilde Wessels-Bierling, *De Kerkelijke verhoudingen binnen de banne van Graft 1657–1711,* Universität Amsterdam 1984, S. 27.

23 Van der Woude, *Het Noorderkwartier,* I, S. 127.

24 GAA, DTB De Rijp 21. Dieses Taufregister ist das der katholischen Kirche in Noordeinde. Es bezieht sich auf ganz Schermereiland.

25 Van der Woude, *Het Noorderkwartier,* I, S. 131.

26 C. N. Wybrands, *Aanteekeningen uit de geschiedenis der doopsgezinde gemeente te Noordeind van Graft,* in: *Doopsgezinde Bijdragen* verzameld en uitgegeven door J. G. de Hoop Scheffer, XVIII, 1878, S. 116.

27 Liesbeth Geudeke, *Het kerkelijk leven in gereformeerd Graft 1622–1697,* Universität Amsterdam 1985, S. 99.

28 Ebd., S. 75.

29 GAA, OAG 8, S. 347 (Graft an die »Staten van Holland«, 16. März 1671).

30 Van Dooregeest und Posjager, S. 315.

31 Geudeke, S. 76.

2 IDENTITÄT

1 GAA, RA 6490, Folio (im folgenden abgekürzt: F.) 233, 28. Juli 1619.

2 GAA, OAG 145, 14. März 1566.

3 GAA, NHG I, 14. März 1631.

4 GAA, RA 6437, 20. Februar 1615.

5 GAA, RA 6491, 15. Januar 1661.

6 Siehe z. B. GAA, RA 6492, F. 87, dort unterschreibt der Chirurg Jan Pietersz. van den Bosch am 21. Juli 1671 als »mr. Jan Pietersz.« und im Februar 1676 als »mr. [meester; Meister] Jan van den Bos«. Der Waisenvorsteher Jan Muurlinck, der in diesem Teil wiederholt vorkommt, unterzeichnet normalerweise auch mit dem abgekürzten Meistertitel.

7 GAA, RA 6466, Verkauf der Güter von Albert Bosman, 19. Januar 1646.

8 GAA, RA 6467, Verkauf der Güter von Jochem Willemsz. Klinkert, am 20. Oktober 1654.

9 P. C. Bloys van Treslong Prins und J. Belonje, *Genealogische en heraldische merkwaardigheden in en uit de kerken der provincie Noord-Holland,* I, Utrecht 1928, S. 124.

10 GAA, NA 1614 Nr. 113, 30. Mai 1697.

11 GAA, RA 6467, 20. Oktober 1654, Verkauf der Güter von Jochem Willemsz. Klinckert. Die Herberge befand sich in Oost-Graftdijk, siehe GAA, RA 6493, F. 29 verso (im folgenden abgekürzt: vo).

12 Bloys van Treslong Prins und Belonje, S. 148 und 153.

13 Siehe auch A. M. van der Woude, *Het gebruik van de familienaam in Holland in de zeventiende eeuw;* in: *Holland,* V, 1973, S. 122.

14 GAA, DTB Graft 11, Nr. 104.

15 GAA, DTB Graft 27, 26. Februar 1695 und 30. März 1697. Ähnliche Fälle am 12. Februar 1667 (Jacob Cornelisz. Kan ist der Vater von Cornelis Jacobsz. Kuyper), am 9. April 1667 (Cornelis Albertsz. Schermer ist der Vater von Dirck Cornelisz. Dam), am 4. Januar 1676 (Jacob Iacmsz. Lijnslager ist der Vater von Claes Jacobsz. Haland) und am 30. März 1697 (Cornelis Jansz. Spaens ist der Vater von Dirck Cornelisz. Oly).

16 GAA, RA, 6493, F. 232 vo.

17 GAA, DTB Graft 11, Nr. 242, 14. September 1696.

18 GAA, DTB Graft 11, Nr. 181, 14. Oktober 1668.

19 GAA, DTB Graft, Nr. 245, 2. Oktober 1696.

20 GAA, DTB Graft 11, Nr. 190, 6. Juli 1666.

21 RA Haarlem, OR 6099, 13. Februar 1679. In die Veranlagungsliste von 1680 ist er als Harmen Jansz. aufgenommen.

22 RA Haarlem, Archiv der Kommittierten Räte des Noorderkwartiers, 13 L, 8. Juli 1609.

23 GAA, OAG 589, 12. und 15. Juni 1612.

24 GAA, OAG 601, 28. Januar 1622.

25 GAA, RA 6491, F. 156 vo, 31. Juli 1659.

26 GAA, RA 6428, 25. Juni 1628: »Die Erben von Pieter Heringa, selig.«

27 GAA, NHG 450, 21. Dezember 1664.

28 Van der Woude, *Familienaam,* S. 119.

29 GAA, RA 6492, F. 87, 21. Juli 1671 und Februar 1676.

30 GAA, NA 1611, 8. August 1679 und 30. August 1680.

31 GAA, OAG 190, 3. November 1702 und 9. Januar 1703.

32 GAA, OAG 630, 29. Juli 1705.

33 Bestevaer, bestevaar: eigentlich »Großvater«, im 17. Jahrhundert eine Ehrenbezeichnung für Schiffer.

34 GAA, OAG 602, Aufzeichnungen von Mieus Cornelisz.

35 GAA, RA 6466, 20. März 1646, Verkauf der Güter von Albert Cornelisz. Bosman.

36 OAG, RA 6428, 19. April 1635.

37 Van der Woude, *Familienaam,* S. 115.

38 GAA, DTB 12, 25. Januar 1651.

39 GAA, RA 6434, Verkauf der Güter von Pieter Hoffkam (30. Juli 1658), Pieter Decker (4. April 1670), Neel Jacobs (13. April 1670) und Cornelis Jacobsz. (nach 1670); RA 6436, Jan Jansz. Bouwens (15. Dezember 1671); RA 6466, Jannetien Dircx (27. April 1645), Jan Willemsz. Hoeck (31. August 1645), Albert Bosman (20. März 1646) und Pieter Symensz.

(27. April 1646); RA 6467, von Jochem Willemsz. Klinckert (20. Oktober 1654) und Gerbrant Jansz. (ebd.); RA 6468 (27. Januar 1660); RA 6469, Allert Jansz. (16. März 1663); RA 6470, Anne Maertens Poes (22. Mai 1670); RA 6476, Albert Claesz. Duyn (14. Februar 1679) und RA 6498, Cornelis Rieuwertsz. (16. September 1653): Um zu viele Anmerkungen zu vermeiden, komme ich hier mit einem allgemeinen Hinweis aus, ohne den genauen Ort anzugeben, wo genau nun Mary in de Pelgrom oder Guyrtje Smits angegeben wird.

40 Poep = Bube; im Volksmund auch als Bezeichnung für Deutsche gebräuchlich, d.Ü.

41 GAA, RA 6467, 20. Oktober 1654, Verkauf der Güter von Jochem Willemsz. Klinckert.

42 Eine ehemals silberne Münze, die später aus Nickel war und heute aus Bronze ist. Ursprünglicher Wert: acht Duiten (Heller), heute fünf Cent, d.Ü.

43 GAA, NHG I, 25. September 1643.

3 LAND UND WASSER

1 J. Le Francq van Berkhey, *Natuurlyke historie van Holland,* III, zweiter und dritter Teil, Akte II, Amsterdam 1776, S. 915.

2 Van Dooregeest und Posjager, S. 364.

3 Van Dooregeest und Posjager, S. 360.

4 GAA, OAG 719, Gesuch von Graft an Alkmaar, das Sapmeer und das Noordermeer betreffend.

5 GAA, OAG 610, Gesuch Grafts an die »Staten van Holland« (nach dem 3. August 1644).

6 GAA, OAG 644, Angabe vom 28. November 1627.

7 A.Th. van Deursen, *Mensen van klein vermogen. Het kopergeld van de gouden eeuw,* Amsterdam 1991, S. 23.

8 GAA, NHG 450, 28. Dezember 1670, 28. Dezember 1672 und weitere Daten in derselben Jahreszeit.

9 GAA, NHG 459, 18. November 1678.

10 H. S. Danner, *De Starnmeer en Kamerhop. Een beknopte geschiedenis van een 17e eeuwse droogmakerij,* De Rijp 1982, S. 5.

11 ARA, Grafelijkheitsrekenkamer, Register 175, 15. Februar 1669.

12 Siehe für die Sorten und Preise vor allem GAA, RA 6466–6473. Es gibt enorme Unterschiede im Preis, von 4 Gulden und 10 Stuivern bis zu 650 Gulden, ebenso in den Bezeichnungen.

13 GAA, RA 6465, 22. März 1629; RA 6428, 1. Juni 1639.

14 GAA, NA 1642, Nr. 11, 23. April 1691.

15 GAA, OAG 7, F. 199 vo, 28. Januar 1599.

16 GAA, OAG 94, 12. März 1613, Ordonnanz auf die Brücken und Kanäle. War eine Brücke nicht hoch genug, daß ein geladener Prahm darunter durchkam, dann mußte sie hochziehbar oder drehbar sein.

17 GAA, NA 1642, Nr. 3, 5. Juni 1690.

18 H. Soeteboom, *Nordhollands ontrusting,* Amsterdam 1678, S. 80.

19 GAA, NA 1642, Nr. 11, 23. April 1691.

20 GAA, OAG 94, 16. Juli 1635 (Graftdijk) und 21. Juli 1643 (Noordeinde).

21 GAA, NA 1642, Nr. 82, 26. Mai 1696.

22 RA Haarlem, OR 6099, 18. April 1663; OR 6100, 29. Mai 1688.

23 Im 17. Jahrhundert wurde das Dorf auch schon Gracht genannt, siehe z. B. GAA, OAG 8, F. 294, 2. August 1646.

24 Siehe unter GAA, OAG 90, die Verordnung von 1685, und OAG 93, undatiert, wahr-

scheinlich von 1657, des weiteren auch OAG 94, 3. April 1615, 8. November 1617, 3. März 1622, 26. Februar 1653, 20. Januar 1657 und viele andere.

25 GAA, OAG 7, S. 220 (1. Juni 1604).
26 Ein Kennemer Schilling war soviel wert wie ein Stuiver und vier Penning.
27 GAA, OAG 94, 19. November 1611.
28 GAA, OAG 94, 18. Januar 1651 (25 Gld.); GAA, RA 6428, September 1627 (30 und 42 Gld.). Siehe auch GAA, OAG 92, Juli 1643 (Fischverordnung De Rijp, 100 Gld.).
29 GAA, OAG 725, 15. Mai und 21. Juni 1645.
30 GAA, OAG 575 (1648–1651) und OAG 8, F. 334, 2. Dezember 1660.
31 GAA, OAG 546.
32 RA Haarlem, OR 6106, 3. August 1646.
33 GAA, NHG 450, 28. Januar 1656 (Maerten Cornelisz. zieht nach West-Graftdijk um, »wegen besserer Fischereibedingungen«); NA 1611, F. 222, 18. Dezember 1683 (Heiratsbedingungen des Graftdijker Fischers Jan Cornelisz.).
34 GAA, NA 1643, Nr. 35, 7. Juni 1705.
35 Tjotter: kleines Boot, d.Ü.
36 Dirk Burger van Schoorel, *Chronyck van de stad Medemblik,* Hoorn 1767, S. 127.
37 *Korte deductie voor de gedeputeerde van de dorpen Oostzaandam, Westzaandam, Saerdam, Wormer, Jisph, Assendelft, Rijp, Graft, Wtgeest, Schermer, Schermerhorn, Oosthuysen etc.,* in: *Besondere privilegiën ende handvesten verleent aen d'inwoonders van Westzaendam ende Crommenie,* Zaandam 1661, S. 235.
38 GAA, OAG 66, Gesuch Grafts, 2. Dezember 1575.
39 Van der Woude, *Het Noorderkwartier,* II, S. 525.
40 Jan Adriannsz. Leeghwater, *Een kleyn cronykje ende voorbereidinge van de afkomste ende 't vergroten van de dorpen van Graft en De Ryp,* Amsterdam 1727, S. 4.
41 GAA, OAG 8, F. 325 vo, 10. Dezember 1659.
42 Leeghwater, S. 4.
43 GAA, OAG 8, F. 324, 8. Dezember 1592.
44 GAA, OAG 667, Denkschrift vom 13. März 1652.
45 Van der Woude, *Het Noorderkwartier,* I, S. 56.
46 Siehe z. B. im Auktionsregister für 1645 die ersten zehn Landankäufe, angegeben in Gulden und umgerechnet in den Preis pro »Achel« (der achte Teil eines »Mad«, ungefähr der zehnte Teil einer Morge): 8, 5, 26, 7, 40, 12, 6, 14, 8, 19, 39, 15, 3, 10, 3 und 15 (GAA, RA 6466). Ungefähr dieselben Verhältnisse sehen wir in der Schätzung von zehn Grundstücken aus dem Nachlaß von Cornelis Danser, 1702: 60, 48, 42, 47, 2, 46, 20, 4, 23, 45, 40, 80.
47 Jan de Vries, *The Dutch rural economy in the golden age 1500-1700,* New Haven 1974, S. 44.
48 GAA, OAG 602, Denkschrift von Mieus Cornelisz. (1643).
49 Van den Tempel, S. 16 und 99.
50 C. de Jong, *Geschiedenis van de oude Nederlandse walvisvaart* (3 Bde.), I, Pretoria 1972–1979, S. 118.
51 Mieus Cornelisz. führt die Tatsache als belastend an, daß Johannes Woutersz. geneigt sei, den Landbesitz der Küsterei in rententragende Darlehen umzusetzen, um damit die Einnahmen zu vergrößern. GAA, OAG 602, Denkschrift von Mieus Cornelisz. (1643).
52 GAA, NA 1615, Nr. 90, 27. Juli 1702.
53 Siehe zu »Achel« als Flächenmaß: Anmerkung 46.
54 GAA, RA 6493, F. 162 vo, 22. Juli 1692.
55 GAA, OAG 66, Gesuch von Graft, 2. Dezember 1575.
56 Krapp: GAA, OAG 94, 11. Mai 1618. Hafer: GAA, RA 6468, 8. August 1658; RA 6469, 15. Juli 1664, 28. Juli 1666, 24. Juli 1668. Senfsaat: GAA, RA 6469, 23. Juni 1663, 15. Juli 1664, 28. Juli 1667, 24. Juli 1668.

57 GAA, OAG 660, Erwägungen (1608).

58 GAA, NA 1614, Nr. 67, 25. März 1695.

59 Cornelis Cornelisz. Voordewint hatte 1680 laut Veranlagungsbuch eine »boumeyt« (Magd) angestellt. 1674 wohnte er in Sapmeer und besaß einige Pferde, GAA, RA 6430, 8. Februar 1674. Symon Claesz. Yperen hinterließ bei seinem Tod einen Kuhstall mit sechs Rindern, GAA, NA 1642, 5. Dezember 1691. Pieter Taemsz. wurde zuvor bereits als Besitzer von 27 Kühen angegeben.

60 Van der Woude, *Het Noorderkwartier,* II, S. 575.

61 GAA, NHG 225, 31. Juli 1669 und andere Daten.

62 Der höchste Preis, der im Kassenbuch angegeben ist, wurde am 23. Dezember 1698 bezahlt, nämlich 47 Gld. und 5 Stuiver für 300 Pfund, also 15:15 pro hundert.

63 Van der Woude, *Het Noorderkwartier,* III, S. 840.

64 Dirck Baertsz. kaufte 1679 auf dem Markt in Amsterdam von Cornelis Meyertsz. aus Spaenbroek 2012 Pfund Käse, für 17 à 17, 25 pro hundert, GAA, RA 6430, 4. Mai 1679.

II Die Früchte der Erziehung

4 Jugend in Graft

1 GAA, RA 6434, Güterversteigerung von Pieter Decker und Anne Taems, 27. März 1670.

2 GAA, RA 6466, Güterversteigerung von Pieter Symensz., 27. April 1646.

3 GAA, DTB II, Nr. 192.

4 Ebd., Nr. 247.

5 GAA, NA 1612, F. 416, 9. November 1691.

6 GAA, DTB II, Nr. 5.

7 Ebd., Nr. 251.

8 Van der Woude, *Het Noorderkwartier,* I, S. 209.

9 Es handelt sich um Dirck Teeuwisz., Neeltien Pieters, Griet Jans und Dirckjen Cornelis. Bei den ersten beiden wird ausdrücklich angegeben, daß sie erst nach dem Tod des Lebenspartners zu ihren Eltern zogen.

10 GAA, RA 6491, F. 21, 29. Dezember 1653. Die Formulierung ist in fast allen Akten dieser Art zu finden.

11 GAA, RA 6465.

12 GAA, RA 6430, 16. Dezember 1683.

13 GAA, RA 6490, F. 145 vo (16. April 1644).

14 »Gleich Bürgerskindern«, GAA, RA 6490, F. 140 (27. Februar 1646); »gleich wie es ehrlicher Nachbarsleut Kindern geziemt«, GAA, RA 6491, F. 148 (4. März 1659).

15 Siehe Kapitel 12, S. 228.

16 GAA, RA 6494, F. 56 (20. November 1703), 62 (4. Dezember 1703) und 68 (5. Februar 1702).

17 GAA, NA 1614, Nr. 35 (7. Juni 1693). Es geht hier um ein Testament, aber der Notar Reinier Cramer verfaßte auch schon als Waisenvorsteher Schriftstücke, z. B. das erste in der vorherigen Anmerkung angegebene. Die Dorfsekretäre, die normalerweise als Sekretäre der Waisenkammer auftraten, waren immer gleichzeitig Notare und wählten in beiden Eigenschaften dieselben Formeln.

18 GAA, RA 6493, F. 26 (27. Dezember 1681), 37 vo (2. November 1682) und 39 vo (17. November 1682).

19 GAA, NA 1614, Nr. 35 (7. Juni 1693). Siehe auch die Nummern 15 (13. März 1692), 51 (14. April 1694) und 117 (29. Oktober 1697).

20 GAA, RA 6490, F. 224 f. (20. September 1628).

21 GAA, RA 6493, F. 26 (27. Dezember 1681).

22 z.B. 19 Jahre, GAA, RA 6490, F. 368 (21. Februar 1641), 20 Jahre, GAA, RA 6491, F. 30 vo (1. April 1654) oder sogar 24 Jahre, ebd., F. 27 (31. März 1654).

23 GAA, RA 6491, F. 21 (29. Dezember 1653).

24 GAA, RA 6491, F. 22.

25 GAA, RA 6489, S. 425 (5. März 1605).

26 GAA, RA 6491, F. 148 (4. März 1659).

27 GAA, RA 6489, S. 425 (5. März 1605), und 6490, F. 304 f. (3. Juni 1649).

28 GAA, OAG Noordeinde 2, Patent der »Staten van Holland«, 14. Juli 1664.

29 GAA, OAR 10, 20. Mai 1667.

30 GAA, OAG 141.

31 Hintereinander wurden angestellt: 1631 Mieus Cornelisz. (GAA, OAG 602, Gesuch Grafts an die »Staten van Holland« mit Begleitzettel vom 17. März 1631); 1653 Symon Claesz. Coedijck (ebd., 19. Februar 1653); 1676 Auwel Jansz. Schipper (ebd., 16. Januar 1676, trat auf, weil sein Vorgänger inzwischen zum Schulzen ernannt worden war); 1693 Reynier Arentsz. Smit (GAA, OAG 190, 7. Dezember 1693).

32 GAA, OAG 602, Denkschrift von Mieus Cornelisz.

33 GAA, OAG 190, 12. März 1690 und andere Daten.

34 GAA, OAG 63, Gesuch von Pieter Jansz. Comas an die »Staten van Holland«.

35 GAA, OAG 602, Gesuch von Graft an die »Gecommitteerde Raden« (Kommittierten Räte), mit Patent vom 12. September 1640.

36 GAA, OAG 94, 23. März 1654.

37 GAA, OAG 94, 23. März 1654; GAA, RA 6428, 1. März 1629, 2. Februar 1640, 4. Oktober 1640 und 18. Juli 1641; GAA, RA 6429, 3. Januar 1664.

38 GAA, OAR 74, Gesuch von Willem Cornelisz. Kistemaecker an Schöffen und Kirchenrat (1636).

39 RA Haarlem, OR 6103, 24. Januar 1614.

40 GAA, OAG 602, Gesuch von Wouter Adriaensz. an die Schöffen.

41 RA Haarlem, Offene Bewerbungen 1549, 31. Oktober 1636.

42 GAA, OAR 74, Anweisung für Jacob Spekman, 23. November 1700.

43 GAA, OAG 190, 12. Mai, 15. Mai, 17. Mai und 17. Juni 1689.

44 GAA, OAG 190, 20. Mai und 15. Juni 1689. Singen auf Anfrage auch GAA, NHG 645, 28. November 1672.

45 GAA, OAG 602, Anweisung für Jan Claesz., 22. Dezember 1639.

46 Geudeke, S. 92 (1680), und GAA, OAR 74, Gesuch von Wouter Adriaensz. Smit (1667).

47 GAA, NHG 645, 2. Januar 1673.

48 GAA, OAG 430.

49 GAA, RA 6469, 22. Januar 1666.

50 E.P. De Booy, *De weldaet der scholen. Het plattelandsonderwijs in de provincie Utrecht van 1500 tot het begin der 19de eeuw*, Utrecht 1977, S. 168, 180 und 191.

51 Jan Claesz. durfte 1640 nicht um mehr als ein *oortje* (der vierte Teil eines Stuivers) pro Woche bitten, GAA, OAG 602, 15. April 1640.

52 GAA, OAG 602, Anweisung für Claas Visscher.

53 GAA, OAR 74, Gesuch von Wouter Arentsz. Smit.

54 De Booy, S. 291.

55 GAA, OAG 63, Erklärung des Kirchenrats, 15. April 1596.

56 De Booy, S. 37.

57 Siehe Kapitel 8, S. 152.

58 RA Haarlem, OR 6100, 10. Juli 1689.

59 GAA, NHG 225, 2. Juni 1682.

60 Siehe die Anzahl der Schüler in der Provinz Utrecht 1759, in: De Booy, S. 291.

61 GAA, NHG 225, 2. Juni 1682.

62 GAA, OAG 94, 9. Dezember 1636.

63 GAA, OAG 602, Denkschrift von Mieus Cornelisz.

64 GAA, OAR 74, 15. April 1674. Wie aus dem Gesuch von Wouter Arentsz. Smit hervorgeht, existierte die Schule bereits ein Jahr später nicht mehr.

65 Van den Tempel, S. 8.

66 GAA, OAG 514 merkt für eines der Kinder von Cornelis Claesz. Leeu an: »führt Schule außer Haus«. Laut derselben Veranlagungsliste gab es damals noch zwei Grafter Jungen, die an einer Universität studierten: den Sohn von Pastor Pieter Heringa in Utrecht und den von Willem Pietersz. in Leiden.

67 1631 arbeitete in Graft beispielsweise die Schulmeisterin Maritgen Jacobs, GAA, NHG I, 7. September 1631. Sie war arm, ebd., 12. September 1631, und führte vielleicht nur eine Art Kindergarten. Wie aus der Geschichte von Maerten Jaspersz. Swaen hervorgeht, gingen Mädchen in der Regel nicht in getrennte Schulen.

68 GAA, RA 6498, Ausgaben für die Kinder des verstorbenen Albert Cornelisz.

69 GAA, NHG 225, die Jahre 1682–1686.

70 Van der Woude, *Het Noorderkwartier,* II, S. 294.

71 GAA, OAR 74, Gesuch der Schulmeister von De Rijp an die Schöffen und Gemeinderäte (1668).

72 Das bedeutet folgendes: Geht man von einem durchschnittlichen Schulbesuch von 20 Wochen pro Jahr und Kind aus, hätte die Gesamtzahl der Schüler gut 340 betragen. Die Berechnung von 350–400 für das größere Graft ist damit nicht zu hoch angesetzt.

73 GAA, OAR 10, Anweisung für Willem Cornelisz.

74 Auch der Schulmeister Jan Cornelisz. aus Oost-Graftdijk ließ 1663 eine Bescheinigung über gutes Benehmen von vier prominenten Reformierten und einem Mennoniten unterzeichnen, GAA, NA 1613, F. 73 vo, Bescheinigung vom 18. Februar 1663.

75 GAA, OAG 602, Anweisung für den Schulmeister, 12. Oktober 1622.

76 GAA, OAR 10, 20. Oktober 1617.

77 GAA, OAR 74, Auszug aus den Resolutionen, 15. April 1667 (Pieter Jansz. Pas), 6. November 1668 (Dirck Adriaensz. Groet), 17. November 1668 (Cornelis Dingenomsz., abgelehnt), 22. März 1670 (Pieter Jacobsz.) und 3. April 1688 (Cornelis Fransz. Hoep und Jacob Pietersz.). Die meisten dieser Schulen werden nicht lange existiert haben.

78 Ebd., 21. September 1689.

79 GAA, OAR 68, Gesuch der Schöffen und Gemeinderäte aus De Rijp an die Rechenkammer, 18. November 1690.

80 GAA, OAG 602, alle Anweisungen.

81 Das wurde 1596 in Graft praktiziert, GAA, OAG 63, Akte des Kirchenrats, 4. Juli 1596.

82 GAA, OAG 602, Anweisung vom 12. Oktober 1622.

83 Ebd., Anweisung vom 19. Februar 1652.

84 GAA, OAG 63, Akte des Kirchenrats, 4. Juli 1596.

85 GAA, OAG 602, Anweisung vom 12. Oktober 1622.

86 Ebd., Anweisung vom 19. Februar 1652.

87 GAA, NHG I, 10. September 1628; RA Haarlem, OR 6100, 10. Juni 1689.

88 GAA, RA 6492, F. 232 (23. November 1677).

89 Ebd., F. 46 (20. Juli 1666).

90 GAA, RA 6491, F. 15 (10. März 1654).

91 Siehe Kapitel 6, S. 121 ff.

92 GAA, RA 6490, F. 303 f. (1650), und RA 6491, F. 30 vo (1. April 1654).

93 GAA, RA 6494, F. 45 (8. April 1702).

94 GAA, RA 6490, F. 376 (15. März 1643).
95 GAA, NA 1614, Nummern 15, 35, 51 und 117.
96 GAA, RA 6490, F. 325 (2. Juni 1633).
97 GAA, RA 6490, F. 145 (16. April 1644) und 308f. (31. März 1650); RA 6491, F. 125 vo
   (22. März 1661); RA 6492, F. 60 (10. Mai 1667); RA 6494, F. 45 (8. April 1702).
98 GAA, RA 6493, F. 54 (11. Mai 1683).
99 GAA, RA 6493, F. 54 (18. Dezember 1703).

5 Geistiges Wachstum

1 Die Angaben stammen aus Geudeke, S. 114.
2 Berechnet für neun Jahre, da die Angabe für 1656 fehlt.
3 Van der Woude, *Het Noorderkwartier*, I, S. 209, gibt diesen Anteil für das erste Jahrzehnt des
   18. Jahrhunderts an und mit einigem Vorbehalt für das letzte Jahrzehnt des 17. Jahrhunderts. Vorher wird die Anzahl der Überlebenden größer gewesen sein. Dem steht dann
   jedoch entgegen, daß das Alter bei Zutritt wahrscheinlich eher bei 26 Jahren lag (Van
   Deursen, *Gereformeerd gemeentelijk leven*, S. 45), so daß in dem Jahrgang eine weitere Ausdünnung stattfand: Die Anteile sind dann eher zu niedrig als zu hoch angesetzt.
4 Siehe dazu A.Th. van Deursen, *Gereformeerd gemeentelijk leven in Nederland in de tweede
   helft van de zeventiende eeuw*; in: G.J. Schutte u. a., *Bunyan in Nederland*, Houten 1989, S. 46.
5 Siehe Kapitel 1, S. 29.
6 Siehe Kapitel 3, S. 57.
7 GAA, OAG 602, Denkschrift von Mieus Cornelisz.
8 Siehe für den Konfirmandenunterricht Van Deursen, *Gereformeerd gemeentelijk leven*, S. 42.
9 A.Th. van Deursen, *Bavianen en slijkgeuzen. Kerk en kerkvolk in Holland ten tijde van Maurits
   en Oldenbarnevelt*, Franeker 1991, S. 166.
10 Siehe für das Alter bei Zutritt: Van Deursen, *Gereformeerd gemeentelijk leven*, S. 42.
11 Van Deursen, *Gereformeerd gemeentelijk leven*, S. 47.
12 GAA, NHG I, 14. Dezember 1629, 3. und 15. März 1630, 28. Mai und 2. Juni 1634 und 9.
   März 1636.
13 GAA, NHG I, 15. September 1623, 11. Dezember 1633, 25. Mai 1635 und 13. Dezember 1635.
14 GAA, NHG I, 9. März 1636.
15 Siehe Kapitel 12, S. 232.
16 GAA, OAG 188, 5. August 1684 bis 22. Februar 1685 und 8. Juni bis 9. September 1697.
17 GAA, OAG 8, S. 348, Patent vom 16. März 1671. Ein ähnliches Patent für West-Graftdijk,
   GAA, West-Graftdijk 2, 24. September 1657.
18 GAA, OAG 163, Gesuch des Dorfschulzen an die »Gecommitteerde Raden«, mit Begleitzettel vom 26. August 1678.
19 GAA, NHG 142.
20 GAA, NHG 628, Gesuch von Oost-Graftdijk an die »Staten van Holland«, mit Begleitzettel vom 14. August 1651.
21 GAA, NHG I, 22. Mai 1646.
22 Van Dooregeest und Posjager, S. 336.
23 Van Dooregeest und Posjager, S. 331.
24 Van Dooregeest und Posjager, S. 342.
25 K. R. Pekelharing, *Een paar oude liederen, bij de doopsgezinde vaderen in gebruik*; in: *Doopsgezinde lectuur tot bevordering van christelijke kennis en godzaligheid*, III, o.O. 1858, S. 196.
26 G. Fopma, *Uit de geschiedenis der doopsgezinde gemeente in De Rijp*; in: *Doopsgezinde Bijdragen*,
   55, 1918, S. 8.

27 Legaten an die Täufer aus Noordeinde, GAA, NA 1611, F. 226, Testament von Trijntjen Cornelis, 29. Dezember 1683 (100 Gulden an das Waisenhaus und 100 Gulden an das Versammlungshaus), und GAA, NA 1614, Nr. 53, Testament von Floris Kornelisz. Smits und Jannetjen Maartens, 9. Mai 1694 (ein Drittel des Nachlasses für die Armen); für die von Graftdijk, GAA, NA 1642, Nr. 38, Testament von Jacob Pietersz. Druyf, 5. April 1693 (100 Gulden). Über eine Spende von 100 Gulden an die Täufergemeinde von Graft wurde 1636 prozessiert, GAA, RA 6428, 3. Juli und 1. September 1636. Eine Spende nicht für die Armen, sondern für die Täufergemeinde noch GAA, NA 1610, F. 3 vo, Testament von Wemptien Meynisdr., 15. Dezember 1642.

28 GAA, NA 1611, F. 162, Testament von Cornelis Cornelisz. de Zeeu und Claertgen Floris, 15. Januar 1682, und F. 270, Testament von Louris Claesz. Kars, 20. Oktober 1685; GAA, NA 1612, F. 447, Testament von Jan Dircksz. Krul und Maertjen Claas, 27. März 1692.

29 GAA, NA 1612, F. 447, 27. März 1692.

30 GAA, OAG 457 gibt eine Liste aller Zinsen an, die sich im Besitz der kirchlichen Organisationen und Wohltätigkeitseinrichtungen befinden. Der Gesamtbetrag beläuft sich auf 44 075 Gulden. Davon besaßen die Mennoniten nur 2000 Gulden.

31 GAA, NHG 142, 4. Dezember 1684 und 29. März 1690; GAA, OAG 188, 7. September 1691.

32 Van Dooregeest und Posjager, S. 337.

33 RA Haarlem, OR 6107, 12. November 1655. G. Fopma, 54, 1917, S. 35.

34 Van Dooregeest und Posjager, Vorwort.

35 Van Dooregeest und Posjager, S. 111.

36 GAA, NA 1641, Nr. 16, 11. Februar 1677, Heiratsbedingungen für Jacob Claesz. und Guurt Gerrits. Ein »Ermahnungsstövchen« diente zum Wärmen beim Gottesdienst, d.Ü.

37 GAA, NA 1611, F. 156, 6. November 1681.

38 GAA, NHG I, 3. März 1630.

39 GAA, NHG 2, 6. und 17. März, 10. und 15. Dezember 1645. Der Kirchenrat unternahm in der Angelegenheit von Vrouken Thijs, die in einer Mischehe lebte, nichts. Sie war von einigen Mennoniten besucht worden, mit der Absicht, »sie religiös aufzuwühlen«. Sie blieb aber standhaft, GAA, NHG I, 8. und 12. Dezember 1641.

40 J. B. de Jong, S. 52.

41 Eine genaue Anzahl der durch Erwachsenentaufe Beigetretenen ist schwer anzugeben. Manchmal ließen die Betreffenden sich an einem anderen Ort taufen, um der Öffentlichkeit zu entkommen. So konnte die Gemeinde in Graft 1635 zwei neue Mitglieder zu den ihren zählen, die in Koedijk getauft waren, GAA, NHG I, 25. Mai 1635. Das Taufregister von Oost-Graftdijk (GAA, DTB 12, 8. Januar 1668) gibt die Taufe eines Einwohners von De Rijp an.

42 J. B. de Jong, S. 52.

43 Van Deursen, Mensen van klein vermogen, S. 347.

44 C. de Jong, III, S. 145.

45 Van den Tempel, Anlage I.

46 A. van L., S. J., Bouwstoffen voor de kerkelijke geschiedenis van verschillende parochiën, thans behoorende tot het bisdom van Haarlem; in: Bijdragen voor de Geschiedenis van het Bisdom Haarlem, VII, 1879, S. 159.

47 GAA, RA 6428, 16. Januar 1632.

48 Zwar weist der Kirchenrat von De Rijp am 2. Januar 1629 darauf hin, daß Griet Jans die Versammlung der Papisten besucht hat, aber die Protokolle sagen nicht, wo sie das tat, J. B. de Jong, S. 43.

49 GAA, OAG 15, Akten vom 28. Dezember 1594.

50 GAA, NHG 450, 5. Januar 1649. Siehe für eine ähnliche Datierung GAA, NHG I, 16. Fe-

bruar 1634: »Das heilige Abendmahl am kommenden Mittfasten zu halten, nämlich am 25. März.«

51 GAA, DTB 18, 25. September 1672, West-Graftdijk.
52 RA Haarlem, OR 6106, 12. April 1647.
53 Van Deursen, *Mensen van klein vermogen,* S. 323.
54 Geudeke, S. 66.
55 GAA, OAG 602, Denkschrift von Mieus Cornelisz., der hier über eine am 2. Januar 1639 gehaltene Predigt redet.
56 RA Haarlem, OR 6106, 27. August 1646.
57 GAA, NHG I, 8. Dezember 1641.
58 GAA, NHG I, 8. März 1643.
59 Van L., VII, S. 206.
60 RA Haarlem, OR 6106, 3. und 27. August 1646.
61 GAA, OAG 163, schriftliche Einwände Grafts gegen Schulze Symon Koedijck, ca. 1670. Die Grafter Regenten nennen diesen Punkt übrigens nicht, um den Schulzen des Pflichtversäumnisses zu beschuldigen. Sie führen ihn als Beweis dafür an, daß er sich nicht über ein zu geringes Einkommen beklagen muß.
62 GAA, DTB 11, Nr. 162, 16. Oktober 1691.
63 GAA, RA 6430, 4. Juni 1693.
64 GAA, NHG I, 24. März 1694.
65 GAA, NA 1613, F. 39 vo, Akte von Notar Pieter Oly, 7. September 1660.
66 GAA, NHG 628, Gesuch des Kirchendistrikts Alkmaar und Graftdijks an den Rat des Noorderkwartiers, 4. November 1643.
67 GAA, NHG I, 23.Dezember 1633 und 24. März 1634.
68 J.B. de Jong, S. 39.
69 Wessels-Bierling, S. 44.
70 Vogt Willem Coren kannte in seiner Vogtei nur noch eine katholische Kirche in Broek auf Langendijk, A. v. L., VII, S. 208.
71 Jeanine Perryck und Kees Florie, *De kerk van de Rijp,* Amstelveen 1985, S. 40.

6 Männer bei der Arbeit

1 Admiral, berühmtester niederländischer Seeheld des 17. Jahrhunderts, d.Ü.
2 GAA, OAG 63, Gesuch von Pieter Jansz. Comas.
3 Van der Woude, *Het Noorderkwartier,* II, S.362 ff.
4 Ein Einzelfall in den Quellen bleibt auch Pieter Willemsz. Vettes, der als Leutnant auf einem Kaperschiff mitfuhr, GAA, RA 6455, F. 2 (März 1623).
5 H.A.H. Kranenburg, *De zeevisserij van Holland in den tijd der Republiek,* Amsterdam 1946, S.85.
6 Leeghwater, S.22.
7 Vgl. Herman Kaptein, S. 95.
8 Die Schiffe stachen im Juni in See, siehe GAA, OAG 602, Denkschrift des Mieus Cornelisz., der ein Ereignis auf »1640, kurz vor Pfingsten, ehe die Heringsflotte auszog« datierte. Pfingsten fiel in dem Jahr auf den 3. Juni. Kranenburg (S. 112) schreibt, daß die Heringsflotte am 24.Juni ablegte. Die Grafter Schiffe fuhren eher los, da sie von Enkhuizen in See stachen. Für die Rückkehr, Anfang November, siehe GAA, RA 6428, 6. Dezember 1629.
9 Van Dooregeest und Posjager, S.351.
10 Van den Tempel, S. 11.

11 C. de Jong, I, S. 91.
12 C. de Jong, I, S. 102.
13 Van den Tempel, S. 10.
14 Cornelis Jansz. Stolp, siehe GAA, RA 6493, F. 25, 27. Dezember 1681, »war im Begriff, als Schiffer nach Ostindien zu fahren«. Er kommt unter dem Namen Kornelis Iansz. Grolts vor in: J. R. Bruijn, F. S. Gaastra und J. Schöffer, *Dutch Asiatic Shipping in the 17th and 18th Centuries,* II, Den Haag 1979, S. 206.
15 Ein Schiffsgeschützführer im Jahre 1617, Van den Tempel, S. 12; Adriaen Jansz., in Indien gestorben, GAA, RA 6490, F. 253, 8. Juli 1622; Cornelis Pietersz., GAA, RA 6429, 25. März 1649; Cornelis Dircx., gestorben an Bord 1658, GAA, RA 6498, 6. Juni 1679; Laurens Jansz., in Indien gestorben, GAA, RA 6498, 20. März 1665; ein Unbekannter, dessen Kind bei Simon Koedijk in Pflege ist, 1680, GAA, OAG 514; Faas Arisz. Bonefaes, GAA, NA 1641, Nr. 142, 3. Dezember 1689; Tuenis Claesz., GAA, NA 1642, Nr. 41, 21. Juni 1693; Jan Jellisz. Backer, GAA, RA 6493, F. 132 vo, 17. November 1693.
16 GAA, NHG 225, 5. Juli 1665 (Cornelis Jansz. Turck); 21. November 1683, 13. Oktober 1684 und 27. November 1685 (Jacob Jansz. Velsen); 5. Dezember 1684, 26. Januar und 29. Dezember 1687 und 14. Februar 1689 (Pieter de Waert).
17 GAA, OAG 190, 17. Februar 1710.
18 Gerrit Pietersz. aus Driehuizen verdiente auf dem Schiff von Pieter Baertsz. 6 Gulden und 15 Stuiver, GAA, RA 6430, 9. Februar 1690.
19 In den Privilegien wird ausdrücklich darauf hingewiesen, daß nicht nur die Offiziere, sondern auch die einfachen Matrosen am Gewinn beteiligt wurden; vgl. *Korte deductie...,* S. 231.
20 Van Dooregeest und Posjager, S. 357; Van der Woude, *Het Noorderkwartier,* II, S. 426.
21 Van der Woude, *Het Noorderkwartier,* II, S. 330.
22 Van Dooregeest und Posjager, S. 329.
23 GAA, RA 6469, 27. Dezember 1662.
24 GAA, RA 6492, 3. August 1664. Vielleicht handelt es sich um die Mühle »De Hoop«, die in RA 6472 auftaucht.
25 Het Eyntje, siehe GAA, RA 6430, 14. August 1687.
26 Die Mühlen von Dierck Jan Lubbertsz., GAA, OAG 38. Vermutlich ist das dieselbe wie »De Veldhoen«, GAA, RA 6438, 6. Mai 1627.
27 Die Mühle »De Ruyter«, GAA, RA 6468, 8. April 1659, siehe für das Baujahr Bloys van Treslong u. a., S. 151.
28 ARA, GR 54, F. 60, 11. Oktober 1669.
29 Van der Woude, *Het Noorderkwartier,* II, S. 331.
30 Nämlich De Poel, GAA, RA 6471, 15. Februar 1678, und die Seilerei in Hartogbuurt, RA 6471.
31 In Graft, GAA, RA 6469, 26. Januar 1662; in West-Graftdijk, GAA, RA 6468, 14. Januar 1660; in Noordeinde, GAA, RA 6436, 15. Dezember 1671.
32 Vgl. die Angaben GAA, RA 6469–6472.
33 L. A. Ankum, *Een Bijdrage tot de geschiedenis van de Zaanse olieslagerij;* in: *Tijdschrift voor Geschiedenis,* LXXIII, 1960, S. 246.
34 C. de Jong, I, S. 65.
35 Van der Woude, *Het Noorderkwartier,* II, S. 335.
36 GAA, OAG 92, 20. Januar 1669.
37 GAA, OAG 719, Gesuche Grafts und Zuidschermers an Alkmaar wegen der Trockenlegung des Noordermeers.
38 GAA, RA 6430, 29. Mai 1698.
39 Van der Woude, *Het Noorderkwartier,* II, S. 300.

40 GAA, RA 6433 (1656).
41 GAA, NHG 225, 26. Januar 1657.
42 GAA, RA 6471, 19. Januar 1680 (Jan Pietersz. van den Bos kauft einen Bierstand für 104 Gld.), und RA 6472, 11. Januar 1695 (seine Erben verkaufen den Bierstand für 45 Gld.).
43 Angabe über Schneider, GAA, RA 6430, 1. November 1668, RA 6498, 5. Juni 1633, GAA, OAG 515, S. 41.
44 GAA, OAG 41, Verzeichnis der seit 1583 und 1584 gezimmerten Häuser in Graft.
45 GAA, NHG 225, 18. Januar 1689.
46 GAA, NHG 225, 10. Oktober 1655. Bei einem Unbekannten kaufen die Armenaufseher ein paar Schuhe für 1 Gld. und 2 Stuiver »und ein paar Holzschuhe dazu«.
47 GAA, NA 1612, F. 524, Beleg vom 20. Dezember 1695. Dirck Claesz. Schoen war damals 61 Jahre alt.
48 GAA, OAG 186, 23. Mai 1687, 30. Mai 1690, 10. Oktober 1693, 16. Februar 1703; GAA, NHG 142, 10. Juni 1686.
49 GAA, OAG 186, 14. März 1696; GAA, NHG 142, 28. Oktober 1685 und 16. November 1692.
50 GAA, NHG 628, Mai 1647.
51 GAA, OAG 188, 11. Juni 1690.
52 GAA, OAG 188, 11. Juni 1690.
53 GAA, OAG 94, 9. Juli 1608.
54 GAA, OAG 94, 14. September 1603
55 GAA, OAG 94, 14. Oktober 1611.
56 Van Deursen, Mensen van klein vermogen, S. 15.
57 GAA, OAG 94, 15. März 1651.
58 Th. H. F. M. Nieuwenhuis, Keeshonden en prinsmannen. Durgerdam, Ransdorp en Holisloot: drie Waterlandse dorpen in de patriottentijd en de Bataafs-Franse tijd (1780–1813), Amsterdam 1986, S. 52.
59 GAA, RA 6430, 5. März 1704.
60 Van der Woude, Het Noorderkwartier, II, S. 300.
61 Es gab viele Bäcker aus Woemerveer, die Lohnarbeiter waren, siehe S. Lootsma, Historische opstellen over de Zaanstreek, I, koog aan de Zaan 1939, S. 80.
62 Lootsma, Historische opstellen over de Zaanstreek, I, S. 53.
63 Ebenda.
64 GAA, NHG 568, 7. April 1685.
65 GAA, RA 6430, 5. März 1704.
66 Siehe zu Laufkörben und Tragekörben GAA, RA 6469, 1. Februar 1667 (Verkauf der Güter von Jan Hermansz. Backer) und 13. Januar 1668 (idem Cornelis Tjeertsz. Backer).
67 J. A. Faber, Inhabitants of Amsterdam and their possessions 1701–1710; in AAG Bijdragen, XXIII, 1981, S. 152; Nieuwenhuis, S. 47; D. J. B. Ringoir, Plattelandschirurgijns in de 17e en 18e eeuw. De rekeningboeken van de 18e eeuwse Durgerdamse chirurgijn Anthonij Egberts, Bunnik 1977, S. 332.
68 GAA, NA 1642, Nr. 36, 23. Februar 1693.
69 Ein anderes Haus mit Schute und Bäckerwerkzeugen brachte 1676 in West-Graftdijk 450 Gld. ein, siehe GAA, NA 1641, Nr. 9, 18. Mai 1676.
70 Für die Unterschiede in den Brotpreisen siehe vor allem GAA, NHG 225.
71 GAA, RA 6466, hinterlassene Schulden von Janneken Dircks, 27. April 1645, für Brot 27:0:12; GAA, RA 6498, 13. September 1667, Schulden der verstorbenen Lysbeth Ronghs, für Brot 22:8:0.
72 GAA, NA 1613, F. 16, Beleg vom 3. April 1659.
73 GAA, NA 1641, die Schriftstücke für die Jahre 1677–1682.
74 Ringoir, S. 13.

75 GAA, NA 1614, Nr. 27, 26. Februar 1693, und Nr. 59, 8. Juli 1694; GAA, NA 1615, Nr. 94, 9. November 1702; GAA, NA 1643, Nr. 17, 4. Mai 1705.
76 Siehe GAA, NA 1614 und 1615.
77 GAA, RA 6491, F. 2, 10. Oktober 1654.
78 Van Deursen, *Mensen van klein vermogen*, S. 72.
79 GAA, RA 6498, 16. August 1677.
80 Ringoir, S. 25.
81 Ringoir, S. 389.
82 GAA, RA 6430, 24. März 1695, von Pieter van den Bosch beim Schneiden verbreitetes böses Gerücht über Ehebruch.
83 Ringoir, S. 320.
84 GAA, NA 1613, F. 19, Beleg vom 15. Mai 1695.
85 GAA, NA 1642, Nr. 33, 20. August 1692.
86 GAA, RA 6430, 28. August 1670 und 20. Oktober 1689.

7 Frauen bei der Arbeit

1 GAA, RA 6433, Gesuch von Neeltje Simons, 23. Juni 1708.
2 RA Haarlem, OR 6099 (14. März 1661).
3 Bußgelder im Jahre 1658 für Trijn Claes, Tochter des Claes Kokjes, GAA, RA 6430 (12. April 1685), und 1658 für die ebenfalls noch unverheiratete Magdalena Wilms, GAA, RA 6429 (19. Dezember 1658), die am 11. Januar 1659 getraut wurde.
4 GAA, OAG 680 (31. Januar 1653).
5 GAA, NHG 640, Übereinkunft, das Kirchengrundstück in Starnmeer an Griet Jans, Witwe des Gerrit Heyten, zu verpachten, 1692.
6 Danner, *Starnmeer*, S. 12.
7 GAA, OAG 439 (Gesuch mit Anlage vom 22. September 1627).
8 RA Haarlem, OR 6104, 14. September 1633.
9 GAA, RA 6428, 21. September 1628.
10 GAA, NHG 1, 26. September 1635.
11 RA Haarlem, OR 6100, 10. Juni 1689.
12 GAA, NHG 225, 5. Januar 1637, 12. und 26. August 1678.
13 GAA, OAG 516.
14 Donald Haks, *Huwelijk en gezin in Holland in de 17de en 18de eeuw*, Assen 1982, S. 128.
15 Edward Shorter, *The making of the modern family*, o.O., 1975, S. 179.
16 GAA, NHG 225, 22. Mai 1667.
17 GAA, NHG 225, 3. September 1677.
18 GAA, NHG 225, 17. Februar 1667.
19 Eine Magd in Schermerhorn verdiente 1673 einen Betrag von 45 Gld. pro Jahr, GAA, RA 6430, 23. März 1673.
20 GAA, NHG 225, 4. August 1698.
21 RA Haarlem, Erwerbungen 1356 – 20. Jhd., Inventar Nr. 175, Nr. 1549 (28. September 1638).
22 GAA, RA 6498, 23. November 1695.
23 GAA, RA 6467, 20. Oktober 1654, Hausrat des Jochem Willemsz. Klinckert und Gerbrant Jansz.; GAA, RA 6434, 27. März 1670, Hausrat des Pieter Decker und der Anne Taems; GAA, RA 6434, 30. Juli 1658, Hausrat von Pieter Hoffkam.
24 GAA, NHG 225, 2. Juni 1682. Ihr Name kommt 1677–1689 regelmäßig vor.
25 GAA, NHG 225, 27. Juli 1677.
26 GAA, OAG 527, Liste von 1667.

27 GAA, RA 6489, F. 430, 29. Januar 1613, und GAA, RA 6430, 21. Mai 1665.
28 ARA Den Haag, Gräflicher Rechnungshof. Register, Inventar Nr. 3.1.27, Nr. 411 (31. August 1678).
29 GAA, RA 6493, F. 227 vo, 5. Juli 1695.
30 GAA, RA 6430 (5. März 1704) und 6469 (1. Februar 1667 und 13. Januar 1668).
31 GAA, RA 6481, 10. April 1631.
32 GAA, RA 6467, 8. Januar 1655.
33 GAA, OAG 63.
34 RA Haarlem, OR 6104, 27. Februar 1632.
35 Jochem Michielsz., verurteilt wegen Rebellion, durfte 1678 zwischen sechs Monaten Zuchthaus oder einer Geldbuße von hundert Dukaten wählen, RA Haarlem, OR 6099, 14. Juli 1678.
36 RA Haarlem, OR 6104, 30. September 1633.
37 GAA, OAG 6492, F. 82, Nachlaß des Bartel Willemsz. Coster, 30. Januar 1669. Hierunter befindet sich »eine Pappfigur von Mary Cornelis Coster«.
38 GAA, NA 1610, F. 16, 8. Dezember 1658.
39 GAA, NA 1610, F. 17, 8. Dezember 1658.
40 GAA, RA 6469, 5. Oktober 1662 und 13. April 1667.
41 GAA, RA 6430, 6. Dezember 1668. Daß sie Wirtin im »Vergulde Hart« war, geht aus GAA, RA 6470, 13. Januar 1671, hervor.
42 GAA, OAG 186 und 190, verschiedene Posten.
43 Jannitje Jans wurde auch Wirtin genannt, RA Haarlem, OR 6100, 18. Dezember 1682.
44 GAA, NHG I, 1. Juni 1628 und 8. September 1630.
45 GAA, NHG I, 14. Dezember 1628 und 20. Dezember 1630.
46 Geudeke, S. 68.
47 GAA, NHG I, 28. November 1644.
48 GAA, NHG I, 16. Dezember 1644.

8 LESEN UND SCHREIBEN

1 S. Hart, Geschrift en getal, Dordrecht 1976, S. 131.
2 Es handelt sich um GAA, NA 1610–12 (Salm), 1613 (Oly), 1614–1615 (Kramer) und 1641–43 (Kos).
3 GAA, RA 6490–6494.
4 GAA, OAG 720, 26. Juni 1658.
5 GAA, NA 1641, Nr. 132, 5. Februar 1688.
6 GAA, NA 1614, Nr. 129, 5. November 1687.
7 GAA, OAG 8, F. 235 vo, 1. Juli 1634.
8 Pieter Ronghsz., GAA, OAG 720, 24. Juni 1658; Cornelis Pietersz. Vinck, GAA, RA 6491, F. 217 vo, 18. Januar 1664.
9 GAA, RA 6491, F. 191 vo, 2. Mai 1662.
10 GAA, RA 6490, F. 225, 16. Januar 1641 (der ältere von zweien setzt eine Unterschrift); GAA, RA 6491, F. 11, 18. Januar 1661 (der jüngste von zweien setzt eine Unterschrift); GAA, RA 6492, F. 44, 6. Juli 1666 (der mittlere von dreien zeichnet mit Signum); GAA, RA 6493, F. 210, 14. Dezember 1694 (der jüngste von dreien zeichnet mit Signum).
11 GAA, RA 6493, F. 60, 3. August 1683.
12 GAA, RA 6490, F. 310, 2. März 1651.
13 GAA, NHG 628, 13. November 1643.
14 GAA, OAG 611, 13. Juni 1644.

15 GAA, RA 6492, F. 87.

16 GAA, RA 6491, F. 197, 2. Januar 1663 (Unterschrift), 17. April 1663 (Signum) und 20. Dezember 1667 (Signum).

17 A. Th. van Deursen, *Bronnen en hun gebruik. Het verpachtingsregister van de visgronden bij de sluis van West-Graftdijk;* in: Rik Sanders u. a., *De verleiding van de overvloed. Reflecties op de eigenheid van de cultuurgeschiedenis,* Amsterdam 1992, S. 62–63.

18 GAA, NA 1611, F. 58 und 169.

19 GAA, NA 1614, Nr. 131, 24. April 1698; NA 1615, Nr. 77, 16. März 1702; Nr. 184, 26. Mai 1705.

20 GAA, NA 1612, F. 358, 12. März 1689; F. 428, 14. Januar 1692; F. 675, 7. April 1703.

21 GAA, RA 6493, F. 160, 16. Juli 1720 und 28. Januar 1721.

22 Siehe z. B. GAA, ZB I, 2. Januar 1638. Jan Cornelisz. Nachtegael und Reinert Cornelisz. haben sich bei der Seefahrerkasse eingetragen. Wenn ihre Reise beendet ist, werden sie ihren Frauen einen Brief schreiben, daß sie sich nochmals eintragen. Auch GAA, RA 6430, 28. Dezember 1684: Der Schiffer Jan Claesz. Kan schrieb am Kai von Amsterdam ein kurzes Briefchen.

23 GAA, RA 6498, 3. Juli 1664 (Brief von Hans Caspersz. an Jan Harmensz.), 31. Juli 1665 (ders. an dens.) und 4. Februar 1667 (Erklärung der Waisenvorsteher).

24 Die wichtigsten eigenhändigen Schriftstücke von Mieus Cornelisz. sind GAA, OAG 602, 605, 727 und 728 und außerdem noch 610 und 676.

25 Statt *buurman* (Nachbar) und *buurvrouw* (Nachbarin).

26 GAA, NHG 162, 20. Juni 1675. Auch »fraeght, halfe en veefer« statt »vracht, halve en wever« (Fracht, Halbe und Weber).

27 GAA, RA 6433, Beleg vom 6. Juli 1642.

28 GAA, OAG 94, 22. Januar 1621.

29 GAA, RA 6491, F. 100, 15. Mai 1662.

30 GAA, NHG 162, 18. März 1678.

31 GAA, OAG 186, 5. August 1695.

32 GAA, NHG 162, 11. April 1684.

33 GAA, OAG 162, Gesuch von Meynart Salm, ohne Datum.

34 GAA, OAG 166.

35 GAA, NHG 162, 19. April 1678 (sieben Bibeln für 28 Gld.) und 24. August 1682 (sechs Kirchenbücher für 31 Gld.).

36 GAA, RA 6467, 20. Oktober 1654. Siehe auch RA 6434, Versteigerung Cornelis Jacobsz., eine Bibel für 2 Gld. und 1 Stuiver, und RA 6498, Versteigerung Cornelis Rieuwertsz., eine »alte Bibel« für 14 Stuiver.

37 RA Haarlem, OR 6098, 27. März 1638.

38 GAA, NHG 225, 18. April 1696.

39 RA Haarlem, OR 6107, 11. Mai 1657.

40 GAA, RA 6430, 1. August 1675, 9. Oktober 1675 und 6. Januar 1767.

41 Das Dorf konnte sich außerdem noch eines »Buchbinders« rühmen, nämlich Cornelis Adriaensz., GAA, RA 6429, 22. April 1660.

42 GAA, RA 6498, 4. Februar 1674 und 9. Februar 1675.

43 Johannes A. Faber, S. 152.

44 Allgemeine Angaben GAA, RA 6490, F. 275. Dirck Ronghsz., 1629 (eine Bibel und drei Bücher), RA 6492, F. 59, Aeffjen Alberts, 10. Mai 1667 (»einige Bücher«), NA 1611, F. 180, Testament von Niesjen Jansz., 22. Oktober 1682 (»alle ihre Bücher« unter drei Personen aufzuteilen), NA 1615, Nr. 17, Testament von Jacob Jacobsz. Ridder, 16. Dezember 1699 (alle seine weiteren Bücher, außer der Bibel, an drei Personen zu verteilen), NA 1615, Nr. 22, Heiratsbedingungen Cornelis Jakobsz. Kuiper, 29. Januar 1700 (bringt »ein paar Bücher« in die Ehe).

45 GAA, RA 6492, F. 53 vo, 12. März 1667.
46 GAA, NA 1615, Nr. 93, 2. November 1702.
47 GAA, NA 1642, Inventar der Besitztümer von Symon Claesz. Yperen, 5. Dezember 1691.
48 GAA, RA 6491, F. 115, 4. April 1658.
49 GAA, RA 6434, Versteigerung der Güter von Cornelis Jansz. und Anne Claes.
50 GAA, RA 6492, F. 164 vo, 24. April 1674.
51 RA Haarlem, Erwerbungen 1549.
52 GAA, OAG 602, 11. März 1621.
53 GAA, NHG 645, 24. November und 3. Dezember 1672; GAA, OAG 186, 21. November und 15. Dezember 1684 und 13. November 1685.
54 GAA, NHG 162, 22. August 1660 (bezahlt 1 Gld. und 11 Stuiver für Bücher), 10. November 1665 (10 Gld. für idem), 14. April 1669 (6 Gld. und 6 Stuiver für idem). Siehe auch GAA, OAG 188, 9. Januar 1694, »für einen armen Prädikanten und Schulmeister nach Absprache mit Onkel Cees« 1 Gld. und 10 Stuiver.
55 GAA, NHG 162, 25. Juni 1665.
56 GAA, RA 6466, Pieter Symensz., 27. April 1646 (vier und noch ein paar); RA 6498, Cornelis Rieuwertsz., 16. September 1653 (ein altes Buch); RA 6434, Pieter Hoffkam, 30. Juli 1658 (ein Korb mit Büchern, an verschiedene Parteien verkauft); RA 6436, Jan Jansz. Bouwens, 15. Dezember 1671 (zehn und noch ein paar); RA 6476, Albert Claesz. Duyns, 14. Februar 1679 (zwei). Außerdem geht aus RA 6498, 12. Dezember 1671, hervor, daß Maerten Jacobs »5 bis 6 kleine Bücher« besaß, die er mit seinem übrigen Besitz zu Neel Jans in Verwahrung gegeben hatte.
57 Leeghwater, S. 8.
58 Sie kommt als selbständige Haushälterin bereits in der Grundsteuerveranlagung von 1640 vor, GAA, OAG 452, F. 5 vo.
59 GAA, RA 6491, F. 69 vo.
60 GAA, RA 6470, 22. Mai 1670, Verkauf der Güter von Anne Maertens Poes.
61 GAA, NHG 2, 22. März 1682.

9 Umgang mit Geld

1 Bartjens wurde im 17. Jahrhundert als Verfasser von Rechenbüchern berühmt. Sein Name ist in den Niederlanden sprichwörtlich geworden, d. Ü.
2 Franciscus Ridderus, De Historische Fransman, Engelsman, Spanjaart, Hollander en Kerkspiegel, 2. Auflage, Rotterdam 1738, S. 224.
3 GAA, NA 1609, 18. November 1616.
4 GAA, NA 1612, F. 520, 10. November 1695, und F. 535, 22. Februar 1696.
5 GAA, NA 1641, Nr. 139, 11. Februar 1689.
6 GAA, OAG 163, 1. August 1672.
7 GAA, RA 6428, 25. März und 14. April 1633.
8 Natalie Zemon Davis, The return of Martin Guerre, Harmondsworth 1985, S. 15.
9 C. de Jong, I, S. 51.
10 GAA, RA 6430, 28. Dezember 1684.
11 S. Faber, Nieuw licht op oude justitie. Misdaad en straf ten tijde van de Republiek, Muiderberg 1989, S. 152; Nieuwenhuis, S. 47; Ringoir, S. 332.
12 GAA, RA 6428, 8. Dezember 1633.
13 GAA, RA 6428, 8. Dezember 1633.
14 GAA, RA 6428, 22. September 1644.
15 RA Haarlem, OR 6104, 27. Februar 1632.

16 GAA, NA 1615, Nr. 157, 29. November 1704.

17 GAA, RA 6428, 1. September 1636; RA 6429, 10. Mai 1652; RA 6430, 28. August 1670, 20. Oktober 1689 und 14. Dezember 1689.

18 GAA, RA 6492, F. 176, 10. Mai 1672.

19 GAA, NHG 1, 20. Mai 1672.

20 RA Haarlem, OR 6099, 18. April 1663.

21 GAA, RA 6428, 1. Dezember 1644.

22 *Groot placcaet-boeck vervattende de placaten van de Staten Generaal der Vereenigde Nederlanden ende van de Staten van Holland en West-Vrieslandt mitsgaders van de Staten van Zeelandt, 9* Teile, 's-Gravenhage 1658–1796, I, S. 2882 und 2888.

23 GAA, RA 6492, F. 145, 21. Juli 1671.

24 GAA, RA 6493, F. 186, 16. März 1694 (120 Gld. in Goldstücken, Dukaten zu 5, Rosenobeln zu 11, Reiter zu 13 und Dukatons zu 15 Gld.); NA 1615, Nr. 89, 24. Juli 1702 (101:15 in Goldstücken: halbe Kronen zu 4:10, Dukaten zu 5, einen halben Albertus zu 3:15 und einen Jacobus zu 12 Gld.); NA 1615, Nr. 93, 2. November 1702 (889:17 in Goldstücken: Dukaten zu 5:5 und Dublonen zu 9:9).

25 GAA, OAG 186, 21. März 1693.

26 J.G. van Dillen, *Bronnen tot de geschiedenis der wisselbanken (Amsterdam, Middelburg, Delft, Rotterdam),* I und II, I, 's-Gravenhage 1925, S. 25, 71, 81 und 108.

27 Van Dillen, I, S. 72.

28 GAA, OAG 676, Rechnungsbuch der Mühle, 1624 (Fisch); RA 6428, 20. Januar 1639 (Flachs); RA 6433, Rechnung von Jan Meyndertsz. Salm, 7. März 1659 (Bier); NHG 659, F. 14 (Kühe); RA 6430, 12. April 1685 (Kleider).

29 GAA, NA 1614, Nr. 10, 8. November 1691.

30 GAA, RA 6430, 29. Mai 1698.

31 GAA, RA 6428, 2. April 1648. Am 12. März 1648 ist in demselben Register die Rede von einem Büschel Hanf von vier *schipponden,* das sind 1200 Pfund. An anderer Stelle (GAA, OAG 607, Gesuch an den Rat des Noorderkwartiers, mit Anhang vom 12. September 1640) entspricht bei einer örtlichen Steuer in Oost-Graftdijk ein Bund Königsberger Hanf 1000 Pfund holländischem Hanf.

32 Pro *schippond,* also pro 300 Pfund, 34:2:8. Bei den Verhandlungen über die Bezahlung lag der Preis pro *schippond* schon 2:10:0 niedriger. Früher, am 12. März 1648 (GAA, RA 6428, 12. März 1648), hatte derselbe Lieferant bei einem anderen Kunden sogar nicht mehr als 31 Gld. pro *schippond* empfangen.

33 GAA, RA 6430, 19. Februar 1671.

34 GAA, RA 6498, 26. September 1686.

35 GAA, RA 6430, 22. Juli 1694.

36 GAA, RA 6491, F. 3, 10. April 1654.

37 Bloys van Treslong u. a., S. 133.

38 GAA, NA 1612, F. 390, 9. November 1690.

39 Das behaupteten zumindest die Einwohner von Zuidschermer, GAA, OAG 719, Gesuch Grafts an Alkmaar.

40 GAA, RA 6469, 22. August 1662.

41 GAA, OAG 92, 3. Oktober 1670, und OAG 93, Brandschutzverordnung von 1657.

42 GAA, NA 1614, Nr. 37, Testament von Grietje Klaas, 21. Juni 1693.

43 GAA, RA 6428, 13. Februar 1635.

44 GAA, RA 6428, 27. Juli 1628.

45 H. K. Roessingh, *Inlandse tabak. Expansie en contractie van een handelsgewas in de 17e en 18e eeuw in Nederland,* Wageningen 1976, S. 234.

46 Berechnet nach dem durchschnittlichen Preis von 4,85 Stuivern pro Pfund.

47 GAA, RA 6490, F. 326 f., 25. November 1659. Siehe zu den Grafter Beziehungen nach Virginia auch RA 6491, F. 119, 3. Mai 1661.
48 RA 6469, 20. Januar 1663.
49 GAA, RA 6469, 14. August 1664.
50 GAA, RA 6469, 6. September 1668.
51 GAA, RA 6471, 4. Oktober 1684.
52 Roessingh, S. 532.
53 GAA, NA 1611, F. 340, 25. Februar 1688. Jacob Abrahamsz. verkauft 20 Fässer Tabak an Andries Vinck in Amsterdam.
54 GAA, NA 1612, F. 368, 24. November 1689.
55 GAA, NA 1612, F. 390, 9. November 1690.
56 GAA, RA 6471, 15. Februar 1678.
57 GAA, NA 1615, Nr. 93, 2. November 1702.
58 In den Waisenbüchern und notariellen Archiven.
59 So auch C. de Jong, I, S. 118, und Van den Tempel, S. 99.
60 GAA, RA 6490, F. 302 f. (1650).
61 GAA, RA 6491, F. 200, 13. Februar 1663.
62 GAA, NA 1615, Nr. 90, 27. Juli 1702.
63 GAA, NHG 659.
64 GAA, NHG 161, 21. Februar 1618.
65 Siehe z. B. GAA, NHG 142 für die Kirchmeister und GAA, NHG 162 für die Sonderkasse.
66 GAA, NHG 659.
67 Siehe z. B. GAA, RA 6455, 24. Juni 1625 (6 % für 600 Gld.) und 22. Oktober 1627 (der »sechzehnte Penning« bzw. 6,25 %, für 200 Gld.)
68 Das geht aus GAA, NHG 142 hervor.
69 GAA, NA 1615, Nr. 195, 9. September 1705.

III Das Dorf als Gemeinschaft

10 Die herrschende Elite

1 G. Groenhuis, De predikanten. De sociale positie van de gereformeerde predikanten in de Republiek der Verenigde Nederlanden voor plm. 1700, Groningen 1977, S. 44–76.
2 GAA, OAG 145.
3 GAA, RA 6430, 15. Dezember 1672 (Brückenmeister und Nachbarschaftsaufseher von Noordeinde), 19. Januar 1673 (Brückenmeister vom Pakhuisdeich), 24. Dezember 1699 (idem) und 9. Dezember 1700 (Brücken- und Nachbarschaftsaufseher von t'Ventje).
4 GAA, OAG 94, Verordnung vom 22. Juni 1620; OAG 627, Ordonnanz für die Waisenkammer, 1655, Titel I, Artikel XIV.
5 Die Schöffen von De Rijp erklären 1673, daß bei ihnen kein gesondertes Amt des Bürgermeisters existiert, sondern daß die Schöffen hier zugleich Regenten sind und also den Bürgermeister repräsentieren, GAA, OAR 67, Denkschrift von De Rijp.
6 Eine vollständige Angabe ist nur für 1634 verfügbar, siehe GAA, OAG 8, F. 235 vo, 1. Juli 1634. Die Liste gibt Namen von 16 Personen an, die alle Schöffen waren.
7 Siehe auch GAA, OAG 63, wo zwei Alt-Schöffen von 36 und 40 Jahren, erwähnt werden. Beide sind erst dann abgetreten.
8 GAA, OAG 627, Ordonnanz der Waisenkammer, 1655.
9 GAA, NHG 2, 5. Juli 1675.
10 Bloys van Treslong Prins und Belonje, S. 142.

11 GAA, OAG 13, Antwort Grafts auf ein Gesuch De Rijps, mit Anhang vom 22. Dezember 1604.
12 GAA, OAG 7, S. 104, 1. Oktober 1563.
13 Soeteboom, *Ontrusting*, S. 39.
14 GAA, OAR 67, Erklärung der Schöffen und Regenten De Rijps, 5. April 1673.
15 GAA, OAG 146, Denkschrift vom März 1673.
16 GAA, NHG I, 28. März 1634.
17 GAA, NHG I, 5. März 1635.
18 GAA, RA 6492, F. 145, 21. Juli 1671.
19 GAA, OAG 8, F. 311 vo, 10. August 1655.
20 GAA, NHG 665, Reglement des Waisenhauses von Graft, 30. Dezember 1656.
21 GAA, OAG 186, 20. Januar 1694. Pieter Jansz. hatte gesagt, daß er »kein ›doosjesman‹ sein wollte«. Damit wird der Geldeinsammler gemeint sein: Die Geldeinsammler gingen mit »einem Döschen« umher, GAA, NHG 225, 30. September 1697.
22 GAA, OAG 55, Verordnung des Vogts von Nieuwburgen, 27. Juni 1597.
23 GAA, OAR 74, Rat des Advokaten W. Bosch aus Alkmaar, 22. Juni 1688.
24 GAA, OAR 67, Denkschrift von De Rijp (1673?).
25 GAA, OAR 67, Denkschrift von De Rijp, (1673?).
26 GAA, OAG 186, 7. und 24. Mai 1690.
27 J.V. Rijpperda Wiersma, *Politie en justitie. Een studie over Hollandschen staatsbouw tijdens de Republiek*, Zwolle 1937, S. 214–216, 237 und 239.
28 GAA, OAR 67, Antwort auf das Gesuch der Schulzen von De Rijp und Graft, 1677.
29 GAA, OAG 95, 9. Januar 1703.
30 GAA, OAR 67, Gesuch von Symon Koedijck, Schulze von Graft, und Jacob Franssen, Schulze von De Rijp, an die Rechenkammer, 23. August 1677.
31 GAA, OAR 67, die Rechenkammer an Schöffen und Gemeinderäte von De Rijp, am 15. März 1673.
32 A. van Braam, *Bureaucratiseringsgraad van de plaatselijke bestuursorganisatie van Westzaandam ten tijde van de Republiek;* in: *Tijdschrift voor Geschiedenis,* 1977, XC, S. 457–483.
33 ARA, GR 410, 30. Juli 1674.
34 GAA, OAG 94, 1. März 1646.
35 GAA, OAG 627.
36 GAA, RA 6481, 10. April 1631, Inventar des spärlichen Nachlasses von Hillegont d'Knijn: Andries Muurlinck verlangt von den Waisenvorstehern 15 Gld. für die Behandlung dieser Patientin; RA Haarlem, OR 6105, 13. März 1637: Der Waisenvorsteher Pieter Jansz. Nannis verwaltet das Geld der Armen.
37 GAA, OAR 67, Denkschrift aus De Rijp (1673?).
38 GAA, OAG 186.
39 GAA, OAG 95, 6. März 1679.
40 GAA, NHG 2, 9. Juli 1675.
41 Gemeindearchiv Zaandam, kirchliche Archive 6, Nr. 46, S. 85 vo (Oktober–November 1674).
42 GAA, DTB Graft 11, Nr. 13.
43 Später ist der Schulze wohl der erste Mann in der Leitung, siehe Schutte, S. 49 ff. Das hängt zweifellos mit der Tatsache zusammen, daß Graft 1730 die Vollmacht erhält, den Schulzen selbst zu ernennen.
44 Die Namen der Gemeinderäte auf den Anwesenheitslisten in GAA 95 kommen alle auch auf den Listen der gewählten Schöffen vor. In der Regel ist nicht bekannt, in welchem Jahr sie in den Gemeinderat gewählt wurden. Das wird normalerweise nicht passiert sein, bevor jemand mindestens einmal zum Schöffen gewählt wurde.

45 GAA, OAG 602, Denkschrift von Mieus Cornelisz.; RA Haarlem, OR 6105, 13. März 1637.
46 GAA, OAG 15, 5. Februar 1595; GAA, OAG 94, 30. November 1633.
47 GAA, OAG 94, 10. Juni 1620 und 5. Februar 1650; OAG 95, 17. Januar 1680.
48 GAA, NHG I, 3. März 1633, und NHG 2, 31. März 1645 und 11. Februar 1650; GAA, OAR 10, 6. Juni 1618; RA Haarlem, einzelne Gewinne 1549, 1. November 1636.
49 GAA, NHG 450, 20. Dezember 1665.
50 GAA, OAR 67, Erklärung der Schöffen und Regenten von De Rijp, 5. April 1674.

11 FRAUEN VON STAND

1 GAA, OAG 9.
2 Das Register gibt nur zwei Namen an, beide für das Jahr 1673: Marij Aerts und Marritjen Ares. Erstere wurde damals wiedergewählt. Graftdijker Waisenmütter muß es also schon vor 1673 gegeben haben, vermutlich seit 1651. Ihre Namen sind jedoch unbekannt.
3 Möglich ist, daß eine gewisse Vorliebe für Witwen bestand. In der reformierten Gemeinde von Wesel reichten einige Männer 1579 eine Beschwerde ein, daß Frauen, die keine Witwen waren, doch zu Diakonissen gewählt wurden, siehe J. G. J. van Booma und J. L. van der Gouw, *Communio et Mater Fidelium. Acta des Consitoriums der niederländischen reformierten Flüchtlingsgemeinde in Wesel 1573–1580, Köln und Delft 1991, S. 418
4 GAA, NA 1610, F. 17, 8. Dezember 1658.
5 Bloys van Treslong Prins und Belonje, S. 133.
6 GAA, OAG 454.
7 1635 mißfiel einigen reformierten Kirchenmitgliedern das Testament, welches »eine ältere Schwester der Gemeinde verfaßt« hatte, GAA, NHG I, 20. Mai 1635. Das bezog sich aller Wahrscheinlichkeit nach auf die Witwe Griet Jans, GAA, NHG I, 19. Dezember 1636.
8 GAA, RA 6490.
9 GAA, RA 6490, S. 58, 25. August 1632.
10 GAA, RA 6490, S. 127, 20. November 1627.
11 GAA, RA 6490, S. 30, 2. November 1623.
12 GAA, RA 6490, S. 132, 27. Mai 1624.
13 GAA, NHG 663, 25. August 1632.
14 Siehe für solche Unterscheidungen z. B. GAA, NA 1611, F. 180 (Testament von Niesjen Jans, 22. Oktober 1682); GAA, NA 1642, Nr. 50 (Testament von Jannetje Floris, 9. Februar 1694), Nr. 59 (Testament von Dirck Maertensz. und Trijn Jans, 8. Juni 1694) und Nr. 74 (Testament von Cornelis Willemsz. und Grietje Cornelis, 3. Januar 1696); GAA, NA 1614, Nr. 44 (Testament von Neel Garmensz., 27. September 1693) und Nr. 112 (Testament von Klaas Gerritsz. und Trijn Klaas in De Rijp, 17. April 1697).
15 GAA, NA 1611, F. 248, Testament von Claes Meyndertsz. und Neel Pieters, 8. Dezember 1684.
16 GAA, RA 6490, F. 296, 8. Februar 1636, die Kinder des Sekretärs Cornelis Egbertsz. und seiner verstorbenen Frau Griet Jans betreffend.
17 RA Haarlem, OR 6099, 20. April 1674.
18 GAA, NA 1641, Nr. 54, Testament von Emanuel Nieuwentijt und Deborah van Dam, 25. Mai 1681.
19 Le Franq van Berkhey, III.II, S. 911.
20 Dirkje Gijsberts in Zuidschermer bestimmte sogar, daß ihre besten Kleider aufbewahrt werden müßten, bis ihre kleinen Kinder älter wären, GAA, NA 1614, Nr. 114, 11. Juni 1697.
21 GAA, RA 6498, 23. Oktober 1672 und 6. Mai 1674.

22 Visser, S. 81, geht davon aus, daß die Buchstaben nicht den Verfasser angeben, sondern die Person, der das Gedicht gewidmet war. Es gibt jedoch Männer, die sich auf diese Weise eindeutig als Autor zu erkennen geben, besonders der Rijper Dichter Hendrik Hoejewilt. Ich sehe keinen Grund, ausgerechnet den Frauen zu unterstellen, nicht die Autorinnen der Namensgedichte zu sein.

12 GEMEINSCHAFT UND ORDNUNG

1 GAA, OAG 8, S. 364.
2 z. B. GAA, OAG 602, 11. März 1621 (Vollmacht für Willem Jacobsz. und Taems Adriaensz.) und 5. Mai 1631 (Gesuch zugunsten von Mieus Cornelisz.); GAA, NA 1613, F. 37, 2. April 1660 (Schiffer Daniel Pietersz.).
3 GAA, OAG 602 (Gesuch von Wouter Adriaensz.) und 610 (Denkschrift, Graftdijk betreffend, 1644).
4 Das geschieht in GAA, OAG West-Graftdijk 2, Patent der »Staten van Holland« für West-Graftdijk, 24. September 1657. Patente übernehmen jedoch den Wortlaut des als Grundlage dienenden Gesuches häufig buchstäblich und sind deshalb nicht repräsentativ für die Kanzleisprache.
5 »In a society with a weak privileged class, without widespread feudal tenure, without open fields and large nucleated villages, any description of peasant society must stress indivdualism rather than communal spirit. The customary portrait of a rural society in Europe, showing it to be legally divided but socially cohesive, is misleading in many instances, but is certainly wrong in the Northern Netherlands«, Jan de Vries, *The Dutch rural economy*, S. 55.
6 GAA, OAG 44, Schriftstücke zur Zollfreiheit in Graft, vom Zöllner in Haarlem angefochten, 14. Dezember 1556 und 15. Oktober 1560.
7 GAA, OAG 8, F. I.
8 GAA, OAG 139, Akte von Notar Vechter Claesz. Opdam, 2. Juni 1608.
9 GAA, OAR 68, 18. November 1690, Gesuch von De Rijp an die Rechenkammer.
10 Siehe für diese Akten GAA, OAG 8, F. 74 und 49.
11 GAA, OAG 137.
12 GAA, OAR 68, 18. November 1690, Gesuch von De Rijp an die Rechenkammer.
13 »Die gemeinsame Truhe in der Kirche zu Graft«, GAA, OAG 137, 2. Juni 1583. Nach dem Bau des Rathauses sind diese Akten sicherlich übertragen worden.
14 GAA, OAG 94, 3. September 1615.
15 GAA, OAG 7, S. 167, eine Verteidigung des Rechtes über den freien Verkauf von Molkereiprodukten innerhalb der Samtgemeinde, wahrscheinlich kurz vor 1572 schriftlich niedergelegt.
16 *Korte deductie*, S. 225.
17 GAA, OAG 90, F. 85 vo, Beschwerde gegen eine neue Verordnung des Vogts, von 1597.
18 GAA, OAG 137, Erklärung der Schöffen, ca. 1610.
19 GAA, OAG 95, 24. Dezember 1692.
20 GAA, OAG 139, 16. März 1609.
21 RA Haarlem, OR 6104, 30. September 1633.
22 Am deutlichsten GAA, OAG 90, OAG 90, F. 83 vo, Protest Grafts gegen eine Verordnung des Vogts, 1597, worin es heißt: »in der Kirche zu veröffentlichen«, also durch Ankündigung in der Kirche bekannt zu machen.
23 GAA, OAG 94, 13. Dezember 1607.
24 GAA, OAG 7, S. 104, 1. Oktober 1563.

25 GAA, OAG 94, 11. Oktober 1612.
26 GAA, OAG 94, 3. Dezember 1619.
27 GAA, OAG 589, Gesuch Grafts an den Rat des Noorderkwartiers, 1612.
28 GAA, OAG 602, 9. April 1639.
29 GAA, OAG 602, 5. April 1639.
30 GAA, OAR 10, 5. April 1638.
31 GAA, OAG 8, S. 268, 5. März 1632. Siehe auch für De Rijp RA Haarlem, Grink 13 M, 30. Juni 1616.
32 GAA, RA 6428. Albert Bosman prozessierte auch vor dem Vogt, RA Haarlem, OR 6105, 7. Oktober 1639 und 19. Mai 1645.
33 GAA, OAR 67, aus De Rijp verzogen, 1674 (?).
34 GAA, OAG 94, 23. Oktober 1653.
35 GAA, OAG 95, 28. Juni 1689.
36 GAA, OAG 602, 11. März 1621; GAA, OAG 94, 7. Mai 1613.
37 GAA, OAG 589, Bescheinigung von Christoffel Dirxs. van Wilre u. a., 13. Juni 1612.
38 RA Haarlem, OR 6107, 27. April 1657.
39 RA Haarlem, OR 6100, 26. Februar 1698.
40 RA Haarlem, OR 6098, 19. Mai 1645.
41 GAA, OAG 94, 16. Juli 1617.
42 ARA, Gratelijkheidsrekenkamer, Register 173, 16. Januar 1669.
43 GAA, OAG 137, Akte von Christoffel Dircksz., 11. Juni 1608.
44 GAA, RA 6430, alle Sitzungen vom 8. Februar bis 25. Oktober 1674.
45 Siehe GAA, RA 6428, 13. Januar 1628 (ein Reichstaler), 1. Februar 1629 (3 Gld. und 15 Stuiver) und 23. Juni 1644 (zwei Reichstaler); RA 6429, 2. September 1649 (drei Reichstaler) und 31. März 1650 (idem); RA 6430, 8. Januar 1665 (sechs Dukaten) und 31. Dezember 1699 (sechs Dukaten). Die hier genannten Beträge mußten immer von jeder der beiden Parteien bezahlt werden. Auch das Vogtsgericht holte auf diese Weise gelegentlich bezahlten Rat ein, siehe RA Haarlem, OR 6104, 2. April 1632.
46 GAA, OAR 67, Denkschrift von De Rijp (1673?).
47 GAA, OAG 94, 19. Dezember 1618.
48 GAA, OAG 94, 23. Februar 1620.
49 GAA, NHG 645, 22. Juni 1673.
50 Siehe die Jahresbeträge, GAA, OAG 190. In der Zeit von 1685–1705 gibt er nur 1689 weniger als 40 Gld. an. In allen anderen Jahren sind es mehr als 50 Gld., und in den Jahren 1702–1704 immer mehr als 100 Gld.
51 In GAA, OAG 190 gibt es jedes halbe Jahr einen Posten von 20 Gld. für die Frauen im Dorf Graft. Die Beträge für die Weiler sind nicht bekannt.
52 GAA, OAG 94, 18. August 1620.
53 Bloys van Treslong Prins und Belonje, S. 151.
54 GAA, OAG 190, 9. Mai 1685.
55 GAA, OAG 190, 7. Dezember 1693.
56 Die Ordonnanz von 1599 wird angegeben unter GAA, OAG 94, 26. Januar 1613. Die folgenden Regelungen sind unter den Daten 26. April 1608, 12. März 1613, 28. März 1635 und 5. Oktober 1656 zu finden.
57 GAA, OAG 94, 29. November 1651.
58 GAA, OAG 95, 5. April 1696.
59 GAA, OAG 94, 29. April 1608, 27. Mai 1618 und 15. Februar 1647.
60 GAA, OAG 94, 29. November 1651.
61 GAA, OAG 94, Januar 1612, 3. April 1615 und 1. April 1639.
62 GAA, NHG I, 19. Dezember 1642; GAA, DTB Graft 11, Nr. 268, 20. Dezember 1659.

63 GAA, OAR 10, 20. Oktober 1617.
64 GAA, OAR 10, 27. Februar 1619.
65 GAA, RA 6428, 31. Mai 1635.
66 GAA, OAR 10, 22. Juli 1620.
67 GAA, RA 6430, 11. September 1704.
68 RA Haarlem, OR 6100, 13. Dezember 1686.
69 GAA, OAR 263, 8. Juli 1653.
70 GAA, OAG 94, 11. Januar 1617 (Hering), 15. Februar 1630 (Brotfässer) und 15. März 1651 (idem).
71 GAA, OAG 95, 28. Juli 1699.
72 GAA, NA 1615, Nr. 132, Akte von Notar Reynier Cramer vom 11. April 1704.
73 GAA, OAG 7, F. 210, 14. April 1601.
74 Der Vertrag von 1567 mit späteren Veränderungen GAA, OAG 94, 9. April 1619.
75 GAA, OAG 94, 29. April 1608 und 17. Februar 1617.
76 GAA, OAG 8, F. 117, 24. Mai 1619.
77 GAA, RA 6428, 26. Juli 1640.
78 GAA, OAG 95, 15. August 1680.
79 GAA, NHG 142 gibt von 1684 jährlich die kirchlichen Ausgaben für den Ankauf von Kerzen an. Pro Jahr belaufen sie sich auf gut 57 Gulden für 250 Pfund Kerzen.
80 Nieuwenhuis, S. 138.

13 ARME UND SCHWACHE

1 GAA, OAG 8, S. 304.
2 GAA, NHG 663.
3 GAA, NHG 225.
4 In der Buchhaltung fallen die Jahrgänge nicht mit den Kalenderjahren zusammen, sondern mit der Auswechslung der Armenaufseher.
5 H. J. M. Kaptein, S. 112.
6 G. J. Schutte, *Een Hollandse dorpssamenleving in de late achttiende eeuw. De banne van Graft 1770–1810,* Franeker 1989, S. 25.
7 Schutte, S. 88.
8 GAA, NHG 2, 31. März 1680: Trijn Arents erhielt zwei Brote pro Woche. In ihrem Haushalt lebten zwei Personen, sie selbst und ein Kind, das älter war als zehn Jahre.
9 Die Diakone der Täufergemeinde in De Rijp gaben 1660 1 311 Gulden für die Armen aus, davon 467 Gld. für Mehl. Das ist demnach weniger – 35,62 Prozent –, und diesem Verhältnis nach werden die Gesamtausgaben Grafts noch höher liegen. Unsere Schätzung ist vorsichtig.
10 GAA, NHG 225.
11 GAA, RA 6498, Ausgaben für die Kinder des verstorbenen Albert Cornelisz.
12 GAA, NHG 663. Der tatsächliche Betrag beläuft sich auf 446 Gld., 13 Stuiver und 12 Penning.
13 Siehe GAA, NHG 659, eine undatierte Akte von nach 1668. Der Fonds besaß auch damals bereits Rentenbriefe im Werte von 6 700 Gld. und hatte bei Privatleuten 842 Gld. und 10 Stuiver ausstehen. Außerdem besaß er noch sechs Landanteile.
14 Geudeke, S. 111.
15 GAA, NHG 225.
16 GAA, NHG 662.
17 GAA, NHG 2, 26. Februar 1675.

18 GAA, NA 1614, Nr. 135, Testament von Trijn Klaas aus Zuidschermer (eine andere als Trijn Klaas Nantjes!), 2. Juni 1698.

19 GAA, RA 6489, F. 289, Verfügung für die Armenaufseher.

20 GAA, OAR 10, 8. Mai 1616.

21 Siehe z. B. GAA, OAG 94, 26. Mai 1625, eine Regelung mit De Rijp; GAA, OAG 190, 30. Oktober 1693, eine Regelung mit Grootschermer. Jan Daelder in Graft wurde 1680 mit seiner Frau und vier Kindern von den Armenaufsehern in De Rijp unterstützt, GAA, OAG 516.

22 GAA, NHG 225, 14. Mai 1681.

23 GAA, OAG, F. 246, 28. Februar 1640.

24 Geudeke, S. 35.

25 GAA, NHG 161.

26 GAA, NHG I, 1. Oktober 1638.

27 GAA, NHG I, 18. März 1639.

28 GAA, NHG I, 21. März 1642.

29 J. B. de Jong, S. 26 (De Rijp, 17. März 1642). Eine Klage über schlechte Kleidung aus Oost-Graftdijk, GAA, NHG 450, 29. Dezember 1680.

30 GAA, OAG 94, 17. September 1618.

31 GAA, NA 1642, Nr. 121, 12. April 1700.

32 GAA, RA 6490, 3. 3 (1608).

33 Vermächtnisse zugunsten der Armen: GAA, NA 1610, F. 15 (17. April 1660, Louris Heynes vermacht dem Waisenhaus 200 Gld.), F. 18 (12. Januar 1653, Aechte Pieters vermacht 50 Gld. an die Armenpfleger, 50 an die Diakone, 50 an das Waisenhaus) und F. 20 vo (25. September 1660, Louris Jacobsz. Vet: 200 Gld. an die Diakone von West-Graftdijk); NA 1614, Nr. 14 (13. März 1692, Cornelis Cornelisz. Voordewint: 100 Gld. an die Armenpfleger von Graft) und 143 (4. November 1698, Jacob Jacobsz. und Mary Pieters, ein Zwölftel an die Armen von Graft); NA 1615, Nr. 8 (11. Mai 1699, Cornelis Jansz. Schol, 150 Gld. an die Armen und das Waisenhaus von Graft), Nr. 31 (21. Juni 1700, Reinier Arentsz. Smit und Bregt Jans: 50 Gld. an die Armen von Graft und an das Waisenhaus), Nr. 121 (Jan Dircksz. Bakker: 200 an die Diakone von Graft, 200 Gld. an die Armenpfleger, 100 an das Waisenhaus) und Nr. 166 (28. Januar 1705, Jacob Jansz. Schouten, 200 Gld. an die Diakone von Graft).

34 Bloys van Trelong Prins und Belonje, S. 131.

35 GAA, OAG 516.

36 GAA, NHG 225, 6. April 1700.

37 GAA, NHG 225, 20. April 1656 und 25. Oktober 1657.

38 GAA, OAG 188, 12. Dezember 1701.

39 GAA, OAG 516. Es handelt sich um Guierte Pieters, Jan Jansz. Dissel, Huybert Cornelisz. und die blinde Magd, die bei Gerrit Jacobsz. wohnt.

40 GAA, OAG 546.

41 GAA, RA 6490, S. 12–14, 25. Februar 1612. Griet Jansdr. vermachte Pieter Maertens 1618 ein Stück Land, über den normalen Anteil hinaus, der ihm wie den anderen Kindern zustand, »weil er nicht so gesund ist wie die anderen«, GAA, NA 1609, F. 14, 27. Mai 1618.

42 GAA, RA 6490, F. 1, 7. August 1636.

43 GAA, NHG 225, diverse Posten in den angegebenen Jahren. Gesonderte Ausgaben für Kleidung sind dabei nicht mitgerechnet.

44 GAA, RA 6489, S. 71, 26. März 1591: Cornelis Michielsz. bestimmt, daß sein Sohn Jan Cornelisz., »der von Gott heimgesucht wurde«, 200 Gulden zusätzlich bekommen wird; GAA, NA 1612, F. 430, 7. Februar 1692: Lysbeth Claes bestimmt ihr gesamtes Vermögen für die Unterstützung »ihrer einfachen und unschuldigen Tochter Magdaleentjen Meyertsz«.

45 GAA, RA 6490, F. 355, 15. Dezember 1637; RA 6491, F. 181, 17. Januar 1662.
46 Die einzige Ausnahme scheint der Sohn von Engel Jans gewesen zu sein, der vollständig
   unterstützt wurde, Geudeke, S. 31.
47 RA Haarlem, OR 6105, 30. Dezember 1639.
48 Soeteboom, *Ontrusting*, S. 65.
49 GAA, RA 6467, 20. Oktober 1654.
50 GAA, RA 6470, 22. Mai 1670.
51 GAA, NHG 225, 19. Januar 1658, 1662, 4. Oktober 1664 und 13. November 1668.
52 GAA, NHG 225, 6. April 1665.
53 GAA, DTB Graft II, Nr. 1.
54 GAA, RA 6469, Tabakauktion am 14. August 1664.

IV Normen und Werte

14 DIE EHE

1 GAA, NA 1642, Nr. 11, 23. April 1691. Der Prozeß vor den Schöffen, GAA, RA 6430, 26.
   April, 10. Mai und 11. Oktober 1691.
2 GAA, NA 1641, Nr. 60, 4. Januar 1682.
3 GAA, NA 1641, Nr. 59, 7. Januar 1682.
4 Soeteboom, *Ontrusting*, S. 81.
5 Le Francq van Berkhey, II.II, S. 934.
6 Haks, S. 140.
7 In der zitierten Akte des Notars Kos wurden nur vier von den sieben namentlich
   erwähnt.
8 GAA, NHG I, 8. Dezember 1630.
9 GAA, NHG I, 20. Dezember 1630.
10 Van Deursen, *Mensen van klein vermogen*, S. 110.
11 GAA, NHG 450, 10. Dezember 1682. Die Auffassung des Kirchenrats wird gewesen
   sein, daß die Ehe bereits begonnen hatte und daß eine Trennung darum auch nur in Form
   einer Ehescheidung möglich war, siehe Van Deursen, *Mensen van klein vermogen*, S. 110.
12 GAA, NHG I, 6. und 11. September 1637.
13 GAA, NHG I, Freitag nach dem 6. Dezember.
14 GAA, NHG I, 26. Mai 1630, und NHG 2, 31. März 1680.
15 GAA, DTB 18, 20. November 1697.
16 RA, Haarlem, OR 6103, 19. Juni 1615.
17 GAA, NA 1613, F. 21, Beleg vom 26. Juli 1659.
18 RA Haarlem, OR 6099, 8. Mai 1660.
19 GAA, NA 1615, Nr. 25, 2. April 1700.
20 GAA, NA 1642, Nr. 61, 30. August 1694.
21 RA Haarlem, OR 6103, 5. Juni 1615.
22 RA Haarlem, OR 6105, 29. Juli 1644 und 9. März 1646; OR 6106, 20. April 1646.
23 RA Haarlem, OR 6100, 23. Mai 1682.
24 GAA, OAG 7, S. 169. Die Akte ist undatiert, stammt aber wahrscheinlich aus den sechziger Jahren des 16. Jahrhunderts.
25 In Graft ist zweimal eine derartige Klage vor das Schöffengericht gekommen, GAA, RA
   6428, 20. April 1635 und 7. März 1642.
26 GAA, NHG 2, 31. Dezember 1679, mit Zusatz vom 24. Februar 1680.
27 Le Francq van Berkhey, III.II, S. 937.

28 RA Haarlem, OR 6104, 28. Januar 1633.
29 GAA, NHG 450, 22. Dezember 1658.
30 Bloys van Treslong Prins und Belonje, S. 131.
31 Le Francq van Berkhey, III.II, S. 916.
32 RA Haarlem, OR 6104, 29. September und 12. Dezember 1634. Ein Richterspruch liegt nicht vor, aber Mary Dirckx wird auf freien Fuß gesetzt. Anschließend scheint die Angelegenheit aus dem Protokoll verschwunden zu sein.
33 GAA, OAG 137, 7. September 1608.
34 GAA, NHG I, 25. März 1623.
35 GAA, NHG I, 13. Dezember 1623.
36 GAA, NHG I, 14. März 1631.
37 GAA, NHG I, 12. September 1631.
38 GAA, NHG I, 7. November 1636.
39 GAA, NHG 2, 31. März 1680.
40 RA Haarlem, OR 6106, 11. Dezember 1650.
41 RA Haarlem, OR 6105, 20. Juli 1640.
42 RA Haarlem, OR 6106, 6. April 1646.
43 Maria-Theresia Leuker und Herman Roodenburg, *»Die dan hare wyven laten afweyen«. Overspel, eer en schande in de zeventiende eeuw,* in: Gert Hekma und Herman Roodenburg (Hg.), *Soete minne en helsche booshelt. Seksuele voorstellingen in Nederland 1300 1850,* Nijmegen 1988, S. 61–84.
44 GAA, RA 6430, 24. März 1695.
45 GAA, NA 1615, Nr. 133, Beleg vom 27. April 1704.
46 GAA, NHG 2, 28. und 29. April 1675.
47 GAA, NHG 2, 19. und 26. Dezember 1674.
48 Van Deursen, *Mensen van klein vermogen,* S. 108.
49 GAA, NHG 2, 7. Oktober 1672.
50 GAA, NHG 1, 8. September, 8. und 20. Dezember 1630.
51 GAA, NHG 2, 30. April 1686.
52 GAA, NHG 450, 5. April 1665.
53 GAA, NHG 2, 1. Oktober und 30. Dezember 1679.
54 GAA, OAG 516.
55 GAA, NA 1615, Nr. 70, 9. Januar 1702.
56 Haks, S. 199.
57 GAA, NA 1642, Nr. 82, 26. Mai 1696.
58 GAA, NHG I, 28. November 1644. Die Frau war damals schon seit drei Jahren nicht mehr mit ihm zusammen, 26. Mai, 31. Mai und 22. September 1641.
59 RA Haarlem, OR 6112, 8. Februar 1662.
60 RA Haarlem, OR 6100, 26. Februar 1698.
61 GAA, RA 6433, Gesuch an Neeltje Simons, 23. Juni 1708.

15 Selbstjustiz

1 GAA, NHG I, 27. März 1639; NHG 2, 31. März 1680.
2 GAA, OAG 93, 27. November 1658.
3 GAA, NA 1611, F. 11 (Teunis Gabrantsz. vermietet das »Wapen van Haarlem« an Maerten Nijkes, 17. Februar 1672); GAA, RA 6493, F. 27 vo (Trijntje Willems, Witwe des Teunis Gabrantsz., verkauft die »Blauwe Camer«, 14. März 1690).
4 GAA, RA 6469, 5. Oktober 1662.

5 GAA, RA 6469, 13. April 1667.

6 Eine Reihe derartiger Verträge z.B. GAA, RA 6437, 2. Februar 1605 (Gerrit Leenaertsz. aus Graft lieh 200 Gld. von Ijsbrant Aerntsz., Bierverkäufer, aus Alkmaar), 26. März 1609 (Cornelis Jansz. in der Bonte Koe lieh 300 Gld. und Jonge Jaep van Leyden 600 Gld. von dem Bierverkäufer Cornelis Peetoom in De Rijp), 22. November 1612 (Maerten Taemsz. aus Graft lieh 400 Gld. von Pieter Bon, Brauer, aus Haarlem). Vergleichbar ist der Vertrag, der den Verkauf des Hauses von Jonge Jan Cornelisz. aus Graftdijk an Symon Symonsz. van Berckum festhält, unter der Bedingung, daß dieser dort Bier zapfen würde, welches er von dem Brauer Frank Reyers aus Delft bezöge, GAA, RA 6437, 12. November 1612.

7 Bloys van Treslong Prins und Belonje, S. 158. Brauer gaben solche Schenkungen an Kirchen häufiger, siehe V. C. C. J. Pinkse, *Het Goudse kuitbier*; in: *Gouda zeven eeuwen stad*, Gouda 1972, S. 98.

8 GAA, RA 6430, 6. Mai 1666.

9 GAA, RA 6430, 22. September 1667.

10 GAA, OAG 627, neue Ordonnanz der Waisenkammer innerhalb des Dorfes Graft, 1655, Kapitel 5, Artikel 10.

11 RA Haarlem, OR 6104, 28. Januar 1633.

12 GAA, RA 6428, 19. April 1635 und 3. Dezember 1637, GAA, RA 6430, 19. Januar 1673.

13 GAA, OAG 90, F. 35 vo, 13. Dezember 1588.

14 GAA, OAG 90, F. 96, 12. Januar 1595.

15 Van Dooregeest und Posjager, S. 319.

16 GAA, NHG I, 21. März 1636.

17 GAA, OAG 7, F. 151, Akte des »Hof van Holland«, 25. September 1593.

18 GAA, NHG 2, 31. Dezember 1679.

19 GAA, NHG I, 20. Dezember 1641. Sie machte auch weiter, NHG 2, 4. März 1646.

20 RA Haarlem, OR 6098, 30. Dezember 1633.

21 GAA, OAG 137, der Vogt am »Hof van Holland«, 12. Mai 1608.

22 GAA, OAG 137, Beleg von Koedijk 22. Juli 1609; Beleg von Noord-Scharwoude 10. Juli 1609.

23 Bei der Volkszählung von 1622 hatte Noord-Scharwoude 588 Einwohner, Koedijk 1106 und Graft 3161.

24 RA Haarlem, OR 6106, 15. Juni 1646.

25 RA Haarlem. Einzelne Einnahmen 1549, Tagebuchaufzeichnungen von Meynert Dircksen, 22. Oktober 1636.

26 GAA, RA 6433, Beleg vom 6. Juli 1642.

27 RA Haarlem, OR 6105, 7. Mai 1638.

28 RA Haarlem, OR 6108, 10. Dezember 1706.

29 Er bezahlte 125 Kennemer Pfund bzw. 125mal 25 Stuiver, also 156 Gld., 5 Stuiver, RA Haarlem, OR 6104, 15. September 1634.

30 RA Haarlem, OR 6105, 2. Juni 1645.

31 RA Haarlem, OR 6104, 6. Februar 1632.

32 RA Haarlem, OR 6105, 30. Dezember 1639.

33 RA Haarlem, OR 6104, 10. November 1634.

34 Siehe Kapitel 12.

35 RA Haarlem, OR 6098, 19. Mai 1645.

36 RA Haarlem, OR 6098, 19. Mai 1645.

37 GAA, OAG 137, Beleg vom 10. Juli 1609.

38 RA Haarlem, OR 6106, 30. November 1646.

39 RA Haarlem, OR 6098, 13. August 1638.

40 RA Haarlem, OR 6100, 9. Mai 1692.

41 RA Haarlem, OR 6100, 18. Dezember 1682.
42 RA Haarlem, OR 6104, 25. November 1633 und 18. Februar 1634.
43 RA Haarlem, OR 6104, 31. März und 15. September 1634.

16 DER KRIMINELLE RAND

1 RA Haarlem, OR 6106, 28. Juni 1647.
2 RA Haarlem, OR 6100, 8. Februar 1700.
3 RA Haarlem, OR 6099, 13. Februar 1679.
4 RA Haarlem, OR 6100, 13. Juli 1697.
5 RA Haarlem, OR 6099, 20. April 1674.
6 RA Haarlem, OR 6100, 19. November 1688.
7 RA Haarlem, OR 6100, 10. April 1686.
8 RA Haarlem, OR 6100, 29. Mai 1688.
9 RA Haarlem, OR 6099, 7. März 1671.
10 RA Haarlem, OR 6099, 18. April 1663.
11 GAA, NA 1641, Nr. 53, 4. Mai 1681.
12 RA Haarlem, OR 6112, 8. Februar 1662.
13 RA Haarlem, OR 6099, 26. Juni 1673.
14 RA Haarlem, OR 6100, 14. August 1683.
15 RA Haarlem, OR 6099, 9. März 1676.
16 RA Haarlem, OR 6098, 26. Juli 1633.
17 RA Haarlem, OR 6099, 17. März 1651.
18 RA Haarlem 6106, 4. November und 12. Dezember 1650 und 4. März 1651.
19 GAA, NHG I, 26. Mai 1630 und 20. März 1637.
20 H. Soeteboom, De Zaanlants Arkadia, Amsterdam 1658, S. 71.
21 RA Haarlem, OR 6100, 14. November 1698.
22 RA Haarlem, OR 6100, 6. März 1699.
23 RA Haarlem, OR 6100, 30. April 1685.
24 RA Haarlem, OR 6099, 9. März 1676.
25 RA Haarlem, OR 6100, 19. Januar 1693.
26 RA Haarlem, OR 6099, 13. und 20. März 1666.
27 RA Haarlem, OR 6100, 27. November 1688.
28 RA Haarlem, OR 6099, 15. März 1662.
29 RA Haarlem, Rat des Noorderkwartiers 13 M, Brief vom 6. März 1614 an die Städte des Noorderkwartiers.
30 Für Graft GAA, OAG 94, Januar 1612; für De Rijp GAA, OAR 10, 26. Dezember 1620.
31 GAA, NA 1615, Nr. 140, 9. Juli 1704.
32 RA Haarlem, OR 6100, 17. April 1684.
33 GAA, DTB 12 (Oost-Graftdijk), 29. Dezember 1686 (»ein Heidenkind auf den Namen Martina getauft«) und 24. Februar 1688 (»ein Heidenkind auf den Namen Evertina getauft«); GAA, DTB 18 (West-Graftdijk), 24. Juli 1687 (»ein Heidenkind, Maningna«).
34 RA Haarlem, OR 6099, 28. November 1676.
35 RA Haarlem, OR 6100, 18. August 1700.
36 RA Haarlem, OR 6099, 20. Dezember 1662.
37 RA Haarlem, OR 6099, 19. September 1665.
38 RA Haarlem, OR 6099, 12. Juli 1660.
39 GAA, OAG 190, 10. Mai 1691.
40 RA Haarlem, OR 6098, 27. März 1638.

41 RA Haarlem, OR 6098, 16. Oktober 1628.
42 RA Haarlem, OR 6098, 27. März 1638 und 14. November 1638; OR 6099, 15. März 1662 und
   9. März 1676; RA 6100, 17. April 1684, 5. Juni 1693 und 18. August 1700.
43 Van der Woude, *Het Noorderkwartier*, I, S. 223.
44 RA Haarlem, OR 6099, 28. Januar 1687.
45 RA Haarlem, OR 6100, 29. Januar 1698.
46 GAA, OAG 8, F. 317 vo, 19. Februar 1656.
47 GAA, OAG 95, 17. Januar 1680.

V Das auferlegte Los

17 ÄUSSERE MÄCHTE

1 GAA, OAG 7, S. 103, Akte vom 1. Oktober 1563.
2 GAA, OAG 601, Abschrift von Akten aus De Rijp (1617).
3 GAA, OAG 13, Antwort Grafts auf ein Gesuch De Rijps, mit Anhang vom 22. Dezember
   1604.
4 GAA, OAG 13.
5 GAA, OAG 13, Antwort Grafts auf das Gesuch De Rijps, mit Anhang vom 22. Dezember
   1604.
6 GAA, OAG 13, 1. Juli 1607. Es handelt sich um Rombout Hoogerbeets, Ratsherr im
   Hohen Rat, Johan Berck, Ratspensionär aus Doordrecht, Johan de Haen, Ratspensionär
   aus Haarlem, Albert de Veer, Ratspensionär aus Amsterdam, und natürlich einen Vertreter der nächstgelegenen Stadt, Nanning van Foreest, Sekretär aus Alkmaar. Außer dem
   letzten ist dies eine Gesellschaft mächtiger Politiker.
7 GAA, OAG 601, Gesuch Grafts an die »Staten van Holland«, mit Anhang vom 26. Juni
   1621.
8 GAA, NHG 2, 1. Dezember 1658.
9 GAA, OAG 601, der Magistrat von Graft an den Kirchendistrikt Alkmaar, 20. Januar
   1621.
10 RA Haarlem, Rat des Noorderkwartiers 13 M, 7. Februar 1614.
11 Van Deursen, *Mensen van klein vermogen*, S. 29.
12 RA Haarlem, Rat des Noorderkwartiers 13 M, 20. Februar 1614, der Rat an Oldenbarnevelt.
13 J. W. Veenendaal-Barth, *Particuliere notulen van de vergaderingen der Staten van Holland 1620–
   1640 door N. Stellingwerff en S. Schot, II, september 1623–mei 1625*, 's-Gravenhage 1987, I, S. 4, 7.
   Dezember 1620.
14 Daß diese drei Samtgemeinden den Eilandspolder bildeten, wird wiederholt deutlich,
   z. B. GAA, OAG 701, Inspektionsbücher von Deichgraf, Deichgeschworenen und Stell-
   vertretern von Graft, De Rijp und Zuidschermer, 1639–1660; auch GAA, OAG 679,
   Denkschrift für den Mahllohn der Wassermühlen; GAA, OAG 680, Rechnungsbuch der
   Wassermühlen, 1658–1665.
15 Wessels-Bierling, S. 33 und 35.
16 GAA, OAG 667, Denkschrift vom 13. März 1652.
17 Das leite ich von der Tatsache ab, daß die Dörfer des Eilands gemeinsam ähnliche Übereinkünfte mit Noordschermer trafen, GAA, OAG 26 und OAG 90, F. 171 vo, beide vom
   3. Juni 1574.
18 GAA, OAG 93, Fischverordnung von 1657 (?).
19 GAA, OAG 7, S. 224, 3. November 1606.

20 Siehe z. B. GAA, OAG 94, 14. Juli 1616 (Abänderung der Fischverordnungen) und 30. Dezember 1625 (Beratung über die Steuer, die für das Bier, das aus den Heringsbüsen kam, zu bezahlen sei); GAA, OAG 186, 30. August 1689 (Visitationsgeld, vom Vogt gefordert), 12. März 1701 (Vereidung der Bäcker), 20. Dezember 1702 (Regelung der Salzpacht) und 30. November 1703 (Befugnisse des Vogtsdieners).

21 Van Deursen, *Mensen van klein vermogen*, S. 200.

22 Siehe z. B. GAA, OAG 94, 5. Mai 1615 (Salzsteuer) und 30. Dezember 1625 (Bier); GAA, OAG 186, 12. März 1701 (Vereidigung der Bäcker) und 20. Dezember 1702 (Salz).

23 GAA, OAG 39, Gesuch der Dörfer an die »Staten van Holland«, mit Anhang vom 22. September 1627.

24 GAA, RA 6428, 21. Oktober 1627.

25 GAA, OAG 90, F. 82 vo.

26 GAA, OAG 7, F. 202 (1600); GAA, OAG 94, 7. August 1622; GAA, OAR 10, 8. September 1622; GAA, OAG 95, 9. August und 22. September 1689; GAA, OAG 186, 30. August 1689, 24. Juli 1691 und 30. November 1703.

27 GAA, OAG 137, 4. Januar 1607.

28 So wurde z. B. 1690 mit Schermerhorn und Uitgeest über das Schutzgeld verhandelt, das an der großen Schleuse von Zaandam erhoben wurde, GAA, OAG 186, 7. Februar 1690. Zuidschermer wurde 1646 Unterstützung zugesagt, um Schermerhorn und Noordschermer zu verpflichten, die Deiche besser instand zu halten, GAA, OAG 94, 12. Mai 1646.

29 GAA, OAG 526, Brief von Dirck Claesz. Schagen, Sekretär von Uitgeest, an Willem Jacobsz. Jelles aus Graft, 4. November 1611, über die Steuern auf Pökelfleisch.

30 GAA, OAG 676, Rechnungsbuch der Mühlen, 1642–1643; GAA, OAG 578, 2. Dezember 1671; GAA, OAG 578, Oost-Zaandam an Graft, 2. Dezember 1671.

31 Siehe Kapitel 14, S. 291.

32 GAA, NHG 628, Gesuch Oost-Graftdijks an die »Staten van Holland« mit Nachtrag vom 14. August 1651.

33 GAA, OAG 602, Graft an Frederik Hendrik, 1. März 1639.

34 So z. B. über die Revision der Grundsteuer, GAA, OAG 94, 13. Februar 1637. Die Kolonne für die Heringsbüsen (s. o., 30. Dezember 1625) betraf ihn selbstverständlich als Admiralsgeneral, doch er entschied nicht darüber.

35 GAA, OAG 589, Beleg vom 21. Juni 1612.

36 GAA, OAG 660, 26. Juni 1605.

37 Van Deursen, *Mensen van klein vermogen*, S. 251.

38 GAA, OAG Seefahrerkasse I, 21. März 1635.

39 L. Noordergraf, *Daglonen in Alkmaar 1500–1800*, o.O. 1980, S. 16.

40 GAA, OAG 48, Graft und De Rijp an Coenraet de Rechtere, 3. Februar 1593, mit einem kurzen Vermerk die Antwort betreffend.

41 Siehe z. B. GAA, OAG 94, 10. Mai 1615 und 23. April 1616; GAA, OAG 186, 30. Oktober 1703.

42 GAA, OAG 94, 26. Mai 1625; GAA, OAG 95, 15. August 1680; GAA, OAG 186, 14. März 1696, 20. Juli 1702, 10. November 1703, 25. April, 4., 8. und 9. August 1705.

18 DIE ZEIT ERFAHREN

1 GAA, RA 6434, Verkauf des Nachlasses von Pieter Hoffkam, 30. Juli 1658.

2 Pieter Bor, *Oorsprongk, begin en vervolgh der Nederlandsche oorlogen*, I, Buch VI, Amsterdam 1679, F. 274.

3 Regionalarchiv Waterland in Purmerend, Altes Gemeindearchiv Broek in Waterland, Nr. 7.3.1, Militärische Angelegenheiten, 1572 (zwischen 24. Oktober und 4. November).

4 GAA, OAG 66, 19. November 1573 und 2. Februar 1574.

5 GAA, OAG 66, 10. April 1573.

6 GAA, OAG 66, Gesuch Grafts an Sonoy, 2. Februar 1574.

7 GAA, OAG 66, Melis Thijsz. an Graft, 5. Dezember 1573.

8 GAA, OAG 66, Melis Thijsz. an Graft, 5. September 1573.

9 Bor, I, Buch VI, F. 332.

10 Bor, I, Buch VI, F. 328, Oranien an Sonoy, 9. August 1573.

11 GAA, OAG 66, Edam an Graft, De Rijp und Zuidschermer, 15. September 1573.

12 GAA, OAG 66, Hauptmann Titus van Grittingha an Graft, 12. September 1573.

13 GAA, OAG 66, Kommissionsgebühr von Charles Boisot für Joost van Veen, 30. April 1573.

14 GAA, OAG 66, 15. Oktober 1573.

15 GAA, OAG 66, Gesuch Grafts und Zuidschermers an den Rat des Noorderkwartiers, Order Sonoys an Graft und De Rijp, 6. Juni 1573; Order an Zuidschermer, Schermerhorn, Graft und De Rijp, 17. Januar 1574; idem, 24. März 1574; Gesuch Grafts, 4. Juni 1575.

16 GAA, OAG 66, Graft an Edam, 15. September 1573.

17 GAA, OAG 66, 13. November und 1. Dezember 1573.

18 GAA, OAG 66, Sonoy an Graft und De Rijp, 17. August 1573.

19 Bor, I, Buch VI, F. 333.

20 GAA, OAG 66, Thomas Segart an Graft, 4. März 1574.

21 Bor, I, Buch VII, F. 101.

22 GAA, OAG 137, 1. Oktober 1611, die Bevollmächtigten von Graft an den Vermögensverwalter Colterman.

23 Dirck Christoffelsz. legte den Eid am 3. September 1615 ab, GAA, OAG 94.

24 Resolutionen Holland, 1621, 19. Januar 1621.

25 Die Dörfer der Vogtei Waterland wurden verpflichtet, auf den Deichen Wache zu halten, die von Nieuwburgen nicht, RA Haarlem, Rat des Noorderkwartiers 13 P, 21. August 1629.

26 GAA, OAR 263, 9. September 1629, ein gedrucktes Formular, gegengezeichnet von einem Vertreter der Staatenversammlung von Holland.

27 GAA, OAG 94, 5. Februar 1630. Die Abwesenden werden verpflichtet, sich an den entstehenden Kosten zu beteiligen.

28 Siehe Kapitel 8, S. 164.

29 RA Haarlem, LA 1549, Anmerkung auf dem Umschlag.

30 J.B. de Jong, S. 42.

31 Van Deursen, *Mensen van klein vermogen*, S. 164.

32 RA Haarlem, OR 6104, 2. Dezember 1633.

33 RA Haarlem, Gecommitteerde Raden van het Noorderkwartier 13 X, 27. Januar 1672.

34 GAA, OAG 105, Fragen der Regenten von Graft an den Rat des Noorderkwartiers, mit Antworten von I. van Foreest, 3. Februar 1672.

35 GAA, OAG 638, Liste der Personen, die für Graft, Graftdijck und Noordeinde als über 18 und unter 60 Jahren angegeben sind, am 1. Februar 1672.

36 GAA, OAG 638, die Wahl der Offiziere, 11. Februar 1672, und Anweisung der Korporale für beide Kompanien aus dem Dorf Graft, 28. Dezember 1672.

37 GAA, OAG 92, Resolution, verfaßt vom Kriegsrat zu Graft.

38 GAA, OAG 638, Rechnung der Regenten über 1672 und 1673; GAA, NHG 645; GAA, RA 6498, 16. Januar 1674.

39 RA Haarlem, Gecommitteerde Raden van het Noorderkwartier 13 X, 4. und 18. Juli 1672.

40 RA Haarlem, Gecommitteerde Raden van het Noorderkwartier 13 X, 26. September 1672.

41 Ridderus, *De Historische Fransman,* S. 307.
42 Van Dooregeest und Posjager, S. 348.
43 GAA, OAG 190, 18. Mai 1689.
44 GAA, OAG 190, 18. November 1697.
45 GAA, OAG 188, 11. und 25. November 1697; OAG 190, 18. November 1697.
46 GAA, OAG 188, 1. Juni 1695 und 5. März 1702.
47 GAA, NHG 2, 17. Februar 1658 (De Rijp), 2. September 1668 (West-Terschelling), 3. Oktober 1674 (Bodegraven und Zwammerdam) und 3. Februar 1692 (die Pfalz).
48 GAA, NHG 161, 21. Februar 1618.
49 GAA, OAG 186, 14. September 1690 (3:12:0 für das Waisenhaus in Coevorden), 4. Oktober 1693 (30 Gld. für die Kirche von Scharwoude), 20. September 1694 (10 Gld. für die Kirche von Oterleek), 2. Juli 1697 (8 Gld. für die Kirche von Hellendoorn), 20. Oktober 1699 (2 Gld. »für die Gemeinde Vensenwolt im Groningerland«, vielleicht Finsterwolde), 6. September 1689 (6:6:0 für die Pfarrei von Midwoud).
50 GAA, OAG 638, 10. Juli 1672 (6:6:0 für eine Kirche und ein Gasthaus in der Pfalz); GAA, OAG 186, 13. Juni 1685 (6:6:0 für eine Kirche in der Graftschaft Hanau), 23. Juli 1688 (6 Gld. für Kirchen und Schulen im Herzogtum Crössen), 12. September 1688 (4 Gld. für die Kirche von Hückelhoven), 21. Juli 1693 (12 Stuiver für die Kirche von Wersen, und 1:2:0 für eine Schule in der Pfalz), 13. März 1695 (1:16:0 für die Kirche von Donnach in der Pfalz), 2. Mai 1694 (zwei Gld. für eine Kirche bei Maastricht), 17. Mai 1694 (8 Stuiver für eine Schule in Osnabrück); GAA, OAG 188, 7. November 1695 (4:14:0 für die Kirche von Emmerich), 3. Juli 1702 (2:10:0 für die Kirche von Wersen im Land Tecklenburg).
51 Ridderus, *De Historische Fransman,* S. 403.
52 GAA, OAG 190, Oktober–Dezember 1694.
53 GAA, OAG 188, Januar 1693 und Februar–April 1697; GAA, OAG 190, August 1692 und April 1689.
54 GAA, OAG 186, 20. Juli 1692, 5. Mai 1684 und 20. Mai 1687.
55 GAA, OAG 188, 25. März 1689.

19 GROSSE GEFAHREN

1 GAA, RA 6490, F. 326, Gelöbnis von Michiel Jochemsz., 26. Januar 1634.
2 GAA, RA 6490, F. 234, 28. Juli 1619.
3 C. de Jong, I, S. 145.
4 Herman Kaptein, S. 141.
5 C.A. Davids, *Wat lijdt den zeeman al verdriet. Het Nederlandse zeemanslied in de zeiltijd (1600–1900),* Den Haag 1980, S. 27.
6 Van den Tempel, S. 12, bezieht sich auf 59 Schiffer.
7 GAA, OAG 516.
8 Siehe Kapitel 14, S. 277.
9 Veenendaal-Barth, II, S. 402.
10 GAA, RA 6493, F. 30, 24. Februar 1682; siehe auch GAA, RA 6491, F. 165, 6. Juli 1661 und 3. Oktober 1682.
11 *Hollantsche Mercurius,* 19, Haarlem 1669, S. 67 (April 1668).
12 Van den Tempel, S. 13.
13 GAA, OAG 163, schriftliche Erwägungen von Graft über den Schulzen, ca. 1677.
14 Van Dooregeest und Posjager, II, S. 217.
15 Van Dooregeest und Posjager, II, S. 225.
16 Van Dooregeest und Posjager, II, S. 227.

17 Van Dooregeest und Posjager, II, S. 221.
18 Davids, S. 34.
19 Davids, S. 49.
20 P. C. van Royen, *Zeevarenden op de koopvaardijvloot omstreeks 1700*, Amsterdam 1987, S. 55.
21 Davids, S. 55.
22 S. Lootsma, *Bijdrage tot de geschiedenis der Nederlandsche walvischvaart (meer speciaal de Zaan-sche)*, Wormerveer 1937, S. 157.
23 GAA, NHG 2, Denkschrift nach dem 1. Juli 1668.
24 Van Deursen, *Mensen van klein vermogen*, S. 250.
25 GAA, OAG 8, F. 246 vo, 28. Februar 1640.
26 GAA, OAG Seefahrerkasse I, 1636–1641.
27 GAA, OAG, F. 249, 28. Februar 1640.
28 GAA, OAG, Denkschrift von Mieus Cornelisz.
29 GAA, OAG Seefahrerkasse 2, Regelung vom 2. Januar 1640, Artikel 6, und daraus hervor-gehende Unterstützung.
30 Joost de Vries, *De beurs van het zeevarende volk in Graft*, Universität Amsterdam 1986, S. 11.
31 GAA, OAG Seefahrerkasse 2, Regelung von 1649.
32 GAA, RA 6429, 9. Januar 1649.
33 Cornelis Dircksz. ist dort am 4. Dezember 1653 beerdigt worden, siehe GAA, RA 6498, 11. und 12. Februar 1654.
34 Joost de Vries, S. 14.
35 Van Dooregeest und Posjager, S. 348.
36 GAA, RA 6470, 12. November 1669.
37 GAA, OAG 190, 20. Januar 1690.
38 GAA, RA 6430, 9. Februar 1690, zeigt, daß das besagte Schiff gekapert wurde.
39 GAA, OAG 186, 10. Januar 1695; GAA, NA 1615, Nr. 126, 26. Januar 1704. Ein anderes Schiff wurde nach St. Malo gebracht, GAA, NA 1614, Nr. 74, 16. April 1695.
40 Van den Tempel, S. 13.
41 GAA, RA 6430, 15. Juni 1673.
42 Piet Boon (Hrsg.), *Een Westfriese zeeman als slaaf in Barbarije. Verslag van de belevenissen van Jan Cornelisz. Dekker in Marokko 1715–1743*, Schoorl 1987, S. 18.
43 Boon, S. 76, 77 und 47.
44 GAA, OAG Seefahrerkasse 2, Regelung von Januar 1640, Art. 11.
45 R. B. Evenhuis, *Ook dat was Amsterdam*, III, Amsterdam 1971, S. 60. Der Bey von Tunis for-derte 1685 für einen Seemann 3 000–4 000 Achter, für einen Steuermann 1 500–2 000, für einen Schiffszimmermann 1 500, für einen Segelmacher 1 200 und für einen Matrosen 1 000. Ein Achter war ungefähr 50 Stuiver wert.
46 GAA, NA 1641, Nr. 71, 2. Dezember 1681 (Akte für Louris Jacobsz. Vet) und Nr. 77, 19. De-zember 1682 (Akte für Hendrik Jansz.). Eine Bürgschaft durch die Obrigkeit kommt auch einmal in Graft vor, GAA, OAG 95, 13. Juli 1663: Die Schöffen setzten sich für die Ratio-nen von Claes Jacobsz. Kist und Jan Dircksz. Lijndraijer ein, die beide in Algier gefangen waren.
47 GAA, OAG Seefahrerkasse 6, Kollekten für Jan Dircksz. Lijndraijer und für Claes Jacobsz. Kist.
48 GAA, OAG 186 und 638 (eine einzelne Rechnung für 1672).
49 GAA, OAG 638, 16. September 1672.
50 Ridderus, *De Historische Fransman*, S. 235.
51 Van der Woude, *Het Noorderkwartier*, I, S. 206.
52 J. B. de Jong, S. 87.
53 GAA, OAG 93, 20. November 1657.

54 GAA, RA 6428, 27. Januar 1633; GAA, RA 6430, 18. Dezember 1670, 19. November 1693, 17. Dezember 1693, 14. Januar 1694 und 3. Februar 1701.
55 GAA, OAG 7, F. 188, 6. Juli 1597.
56 GAA, OAG 94, 3. März 1615; GAA, OAG 186, 3. September 1686, 21. Juli 1689 und 26. September 1690.
57 GAA, OAG 591, 3. Oktober 1647, Absprache zwischen Graft, De Rijp und Zuidschermer.
58 GAA, OAG 676, Rechnungsbuch der Mühlen 1632 und 1633.
59 GAA, OAG 186, 18. Februar 1687 (Noordeinde) und 9. Mai 1701 (Oost-Graftdijk); GAA, OAG 190, 5. November 1701 (Graft).
60 GAA, OAG 95, 22. September 1689.
61 GAA, OAG 190, 28. September 1700 und 4. August 1703.
62 GAA, OAG 190, 3. Juni 1701.
63 GAA, OAG 190, 18. und 25. Januar 1707.
64 GAA, OAG 630, 23. September 1705 und 10. Januar 1707.
65 GAA, Seefahrerkasse Graft 6, Sammlung für Symon Cornelisz. Hoen, 1691.
66 GAA, OAG 630, Liste von Namen und Adressen mit dem Vermerk: »In der Warmoesstraat von Zeedijk bis hin nach Oude Brug gesammelt«.
67 GAA, OAG 630, Rechnung der Einnahmen und Ausgaben zugunsten des Brandes von 1705.
68 GAA, OAG 630, Patent vom 7. Oktober 1707.

20 Leben in einem holländischen Dorf

1 J. Huizinga, De wetenschap der geschiedenis, in: Verzamelde werken, VII, S. 104–172, Zitat S. 145.
2 Kapitel 3.
3 Kapitel 11.
4 Kapitel 5.
5 J. B. de Jong, S. 49.
6 Kapitel 19.
7 Kapitel 5.
8 Kapitel 12.
9 Kapitel 3.
10 Kapitel 5.
11 Kapitel 12.
12 Kapitel 10.
13 Kapitel 12.
14 Kapitel 10.
15 Kapitel 12.
16 Kapitel 13.
17 Kapitel 13.
18 Kapitel 5.
19 Kapitel 18.
20 Kapitel 12.
21 Kapitel 14.
22 Kapitel 4.
23 Kapitel 15.
24 Kapitel 19.
25 Kapitel 3.
26 Kapitel 9.

27 Kapitel 3.
28 Kapitel 9.
29 Van Dooregeest und Posjager, S. 329.
30 Kapitel 8.
31 Kapitel 4.
32 Kapitel 4.
33 Kapitel 8.
34 Soeteboom, *Arcadia,* S. 502.
35 Van Dooregeest und Posjager, S. 328.
36 Ridderus, *De Historische Fransman,* S. 300.
37 Le Francq van Berkhey, III. II, S. 927.
38 RA Haarlem, OR 6105, 22. Juli 1639.
39 RA Haarlem, OR 6100, 28. März 1699.
40 GAA, OAR 67, 5. April 1673.
41 RA Haarlem, OR 6104, 10. November 1634.
42 RA Haarlem, OR 6103, 23. Januar und 7. März 1614.
43 GAA, NHG I, 28.Mai 1628; J.B. de Jong, S. 39 (29. April 1646, De Rijp).
44 J. de Vries, *Wat er in de negentiende eeuw van eene oude volksgewoonte onder ons is overgebleven;* in: *Volksalmanak voor het jaar 1866,* Maatschappij tot Nut van 't Algemeen (Hrsg.), Amsterdam 1866, S. 126.
45 RA Haarlem, OR 6106, 28. Mai 1649.

Quellen- und Literaturverzeichnis

ARCHIVE

Stadtarchiv Alkmaar (GAA)
Gemeindearchiv von Graft (OAG): Im Prinzip wurden alle Akten der Jahre 1607–1705 verwendet, wobei weder das Anfangsjahr noch das Endjahr als strikte Begrenzungen gilt.
Das gilt ebenso für Archive der:
Regenten von West-Graftdijk; Regenten von Noordeinde; Seefahrerkasse Graft.
Aus den notariellen Archiven (NA) im Stadtarchiv von Alkmaar wurden die Nummern 1609–1615 (Graft) und 1641–1643 (West-Graftdijk) verwendet.
Aus den Gerichtsarchiven im Stadtarchiv Alkmaar wurden die Nummern 6528–6430, 6433, 6434, 6436, 6437, 6455, 6565–6473, 6481, 6482, 6487–6494 und 6498 verwendet.
Aus dem Archiv der Reformierten Gemeinde der Niederlande (NHG) im Stadtarchiv Alkmaar wurden die Nummern 1, 2, 62, 142, 161, 162, 225, 450, 568, 589, 628, 633–635, 638, 640, 643–646, 651–654, 657, 659 und 661–666 verwendet.
Aus den Tauf-, Ehe- und Beerdigungsbüchern (DTB), als Kopie vorhanden im Stadtarchiv Alkmaar, wurden die Nummern Graft 3–6, 9, 11–12, 18, 25, 27 und 29 sowie De Rijp 21 und 22 verwendet.
Aus dem Gemeindearchiv von De Rijp (OAR) wurden die Nummern 10–12, 17, 67, 68, 74, 84, 86, 252 und 263 verwendet.
Aus dem Gemeindearchiv von Zuid- und Noordschermer wurden die Nummern 4, 7, 13, 29 und 30 verwendet.
Reichsarchiv Nordholland in Haarlem (RA Haarlem).
Kommittierte Räte des Noorderkwartiers und West-Frieslands 13.
Altes Gerichtsarchiv, Vogtei Nieuwburgen 6081, 6098–6112.
Classis (Unterabteilung der provinziellen Kirchenverwaltung der Reformierten Kirche) Alkmaar 1–7.
Erwerbungen 1356–20. Jhd., Nr. 1549.
Sammlung Graftdijk 1–5.
Reichsarchiv s'-Gravenhage (ARA).
Gräfliche Rechenkammer, Register 175.

LITERATUR

L. A. Ankum: *Een Bijdrage tot de geschiedenis van de Zaanse olieslagerij*, in: *Tijdschrift voor Geschiedenis*, LXXIII, 1960, S. 39 ff., 215 ff.
J. Belonje: *Het Hoogheemraadschap van de Uitwaterende Sluizen in Kennemerland en Westfriesland 1544–1944*, Wormerveer 1945.
Besondere privilegiën ende handvesten verleent aen d'inwoonders van Westzaandam ende Crommenie, Zaandam 1661.
S. Blaupot ten Cate: *Geschiedenis der doopsgezinden in Holland, Zeeland, Utrecht en Gelderland*, I, Amsterdam 1847.
Huub Blom: *Bronnen uit 1680*, Universität Amsterdam 1983.

P. C. Bloys van Treslong Prins und J. Belonje: *Genealogische en heraldische merkwaardigheden in en uit de kerken der provincie Noord-Holland*, I, Utrecht 1928.

G. J. Boekenoogen: *De Zaansche volkstaal*, Leiden 1897.

Marcel Bogaarts: *Het burgerweeshuis te Hoorn 1772–1795*, Universität Amsterdam 1985.

Piet Boon (Hrsg.): *Een Westfriese zeeman als slaaf in Barbarije. Verslag van de belevenissen van Jan Cornelisz. Dekker in Marokko 1715–1743*, Schoorl 1987.

E. P. de Booy: *De weldaet der scholen. Het plattelandsonderwijs in de provincie Utrecht van 1500 tot het begin der 19de eeuw*, Utrecht 1977.

Pieter Bor: *Oorsprongk, begin en vervolgh der Nederlandsche oorlogen*, I, Amsterdam 1679.

J. Bouman: *Bedijking, opkomst en bloei van de Beemster*, Purmerend 1857.

J. Bouman: *De volkstaal in Noord-Holland. Inhoudende een lijst van woorden, die in deze provincie meer of minder gebruikelijk zijn*, Purmerend 1871.

A. van Braam: *Bloei en verval van het economisch-sociale leven aan de Zaan in de 17de en 18de eeuw*, Wormerveer o. J.

Bureaucratiseringsgraad van de plaatselijke bestuursorganisatie van Westzaandam ten tijde van de Republiek; in: *Tijdschrift voor Geschiederies*, 1977, XC.

A. van Braam: *Westzaandam in de tijd van de Republiek*, Zaandam 1978.

J. R. Bruijn, F. S. Gaastra und J. Schöffer, *Dutch Asiatic Shipping in the 17th and 18th Centuries*, II, Den Haag 1979.

Dirk Burger van Schoorel: *Chronyck van de stad Medemblik*, Hoorn 1767.

H. S. Danner: *Inventaris van de archieven van de Eilandspolder*, o.O. u. J.

H. S. Danner: *De Starnmeer en Kamerhop. Een beknopte geschiedenis van een 17e eeuwse droogmakerij*, De Rijp 1982.

H. S. Danner: *De waterschappen in Noord-Holland tot de tweede helft van de 20e eeuw en hun archieven*; in: *Nederlands Archievenblad*, LXXXII, 1978, S. 139 ff.

C. A. Davids: *Wat lijdt den zeeman al verdriet. Het Nederlandse zeemanslied in de zeiltijd (1600–1900)*, Den Haag 1980.

Natalie Zemon Davis: *The return of Martin Guerre*, Harmondsworth 1985, S. 15 ff.

A. Th. van Deursen: *Bavianen en slijkgeuzen. Kerk en kerkvolk in Holland ten tijde van Maurits en Oldenbarnevelt*, Franeker 1991.

A. Th. van Deursen: *Bronnen en hun gebruik. Het verpachtingsregister van de visgronden bij de sluis van West-Graftdijk*; in: Rik Sanders u. a., *De verleiding van de overvloed. Reflecties op de eigenheid van de cultuurgeschiedenis*, Amsterdam 1992.

A. Th. van Deursen: *De burgers van Graft. Afhankelijkheid en zelfstandigheid van een Hollands dorp in de zeventiende eeuw*; in: Hugo Soly und René Vermeir (Hrsg.), *Beleid en bestuur in de oude Nederlanden. Liber Amicorum Prof. Dr. M. Baelde*, Gent 1993, S. 391 ff.

A. Th. van Deursen: *Gereformeerd gemeentelijk leven in Nederland in de tweede helft van de zeventiende eeuw*; in: G. J. Schutte u. a., *Bunyan in Nederland*, Houten 1989, S. 35 ff.

A. Th. van Deursen: *Mensen van klein vermogen. Het kopergeld van de gouden eeuw*, Amsterdam 1991.

A. Th. van Deursen: *Werkende vrouwen in een Hollands dorp*, in: *De Zeventiende Eeuw*, IV, 1988, S. 3 ff.

J. G. van Dillen: *Bronnen tot de geschiedenis der wisselbanken (Amsterdam, Middelburg, Delft, Rotterdam)*, I und II, 's-Gravenhage 1925.

Engel Arendzoon Dooregeest und Cornelis Albertzoon Posjager, *De Rijper Zeepostil bestaende in xxii predicatiën toegepast op de zeevaert*, Amsterdam 1699.

R. B. Evenhuis, *Ook dat was Amsterdam*, III, Amsterdam 1971.

Johannes A. Faber: *Inhabitants of Amsterdam and their possessions 1707–1710;* in: *AAG Bijdragen*, XXIII, 1981, S. 149 ff.

S. Faber (Hrsg.): *Nieuw licht op oude justitie. Misdaad en straf ten tijde van de Republiek*, Muiderberg 1989.

G. Fopma: *Uit de geschiedenis der doopsgezinde gemeente in De Rijp;* in: *Doopsgezinde Bijdragen,* 54, 1917, S. 9–65, und 55, 1918, S. 1–42.

J. Le Francq van Berkhey: *Natuurlyke historie van Holland,* III, zweiter und dritter Teil, Amsterdam 1776.

Liesbeth Geudeke: *Het kerkelijk leven in gereformeerd Graft 1622–1697,* Universität Amsterdam 1985.

G. Groenhuis: *De predikanten. De sociale positie van de gereformeerde predikanten in de Republiek der Verenigde Nederlanden voor plm. 1700,* Groningen 1977.

Groot placcaet-boeck vervattende de placaten van de Staten Generaal der Verenigde Nederlanden ende van de Staten van Holland en West-Vrieslandt mitsgaders van de Staten van Zeelandt, 9 Teile, 's-Gravenhage 1658–1796.

Donald Haks: *Huwelijk en gezin in Holland in de 17de en 18de eeuw,* Assen 1982.

S. Hart: *Geschrift en getal,* Dordrecht 1976.

J. Heinsius: *Klank- en buigingsleer van de taal des statenbijbels,* Groningen 1897.

Dirk de Herder, Joep Monnikendam und Hans Woestenburg, *Leeghwater,* Hoorn 1975.

J. Huizinga, *De wetenschap der geschiedenis,* in: *Verzamelde werken,* VII, o. O. u. J., S. 104–172.

E. C. M. Huysman (Hrsg.): *Particuliere notulen van de vergaderingen der Staten van Holland 1620–1640 door N. Stellingwerff en S. Schot,* III, juli 1625–april 1628, 's-Gravenhage 1989.

C. de Jong: *Geschiedenis van de oude Nederlandse walvisvaart* (3 Bde.), Pretoria 1972–1979.

Joop de Jong: *Een deftig bestaan. Het dagelijks leven van regenten in de 17de en 18de eeuw,* Utrecht 1987.

J. B. de Jong: *Kerk en kerksgezinden in het beste dorp in Holland. De gereformeerde kerk van De Rijp 1622–1652,* Universität Amsterdam 1985.

O. J. de Jong: *Godsdienstig Alkmaar 1573–1795;* in: *Alkmaarse Historische Reeks,* IV, Zutphen 1980, S. 33 ff.

H. J. M. Kaptein: *Hoeve, haring en hennep. De demografische en economische geschiedenis van het Schermereiland van de late middeleeuwen tot het begin van de 19e eeuw,* Universität Amsterdam 1982.

Herman Kaptein: *Het Schermereiland. Een zeevarend plattelandsgebied 950–1800,* Bergen 1988.

Korte deductie voor de gedeputeerde van de dorpen Oostzaandam, Westzaandam, Saerdam, Wormer, Jisph, Assendelft, Rijp, Graft, Wtgeest, Schermer, Schermerhorn, Oosthuysen etc., in: *Besondere privilegien ende handvesten verleent aen d'inwoonders van Westzaendam ende Crommenie,* Zaandam 1661, S. 225 ff.

H. A. H. Kranenburg: *De zeevisserij van Holland in den tijd der Republiek,* Amsterdam 1946.

J. Kuys und J. T. Schoenmakers: *Landpachten in Holland 1500–1650,* Amsterdam 1981.

A. van L., S. J.: *Bouwstoffen voor de kerkelijke geschiedenis van verschillende parochiën, thans behoorende tot het bisdom van Haarlem;* in: *Bijdragen voor de Geschiedenis van het Bisdom Haarlem,* VII, 1879, S. 54 ff., und VIII, 1880, S. 195 ff.

Danny Lamarcq: *Een poging tot sociale stratificatie in een Zuidvlaamse plattelandsparochie: Velzeke in de tweede helft van de 17e en in de 18e eeuw;* in: *Tijdschrift voor Sociale Geschiedenis,* VIII, 1982, S. 282.

Jan Adriannsz. Leeghwater: *Een kleyn cronykje ende voorbereidinge van de afkomste ende 't vergroten van de dorpen van Graft en De Ryp,* Amsterdam 1727.

Maria-Theresia Leuker und Herman Roodenburg, »*Die dan hare wyven laten afweyen*«. *Overspel, eer en schande in de zeventiende eeuw;* in: Gert Hekma und Herman Roodenburg (Hg.): *Soete minne en helsche boosheit. Seksuele voorstellingen in Nederland 1308–1850,* Nijmegen 1988, S. 61–84.

S. Lootsma: *Bijdrage tot de geschiedenis der Nederlandsche walvischvaart (meer speciaal de Zaansche),* Wormerveer 1937.

S. Lootsma: *Historische opstellen over de Zaanstreek,* I, Koog aan de Zaan 1939.

Jan Lucassen: *Naar de kusten van de Noordzee. Trekarbeid in Europees perspektief 1600–1900*, Gouda 1984.

R. C. J. van Maanen: *Hollandse vermogensheffingen in de zeventiende en achttiende eeuw;* in: *Nederlands Archievenblad*, LXXXVIII, 1984, S. 61 ff.

R. Meischke: *De schoorsteen binnenshuis en op het dak*, Leiden 1986.

J. R. ter Molen, A. P. E. Ruempol und A.G.A. van Dongen (Red.): *Huisraad van een molenaarsweduwe. Gebruiksvoorwerpen uit een 16de-eeuwse boedelinventaris*, Amsterdam 1986.

Th. H. F. M. Nieuwenhuis: *Keeshonden en prinsmannen. Durgerdam, Ransdorp en Holisloot: drie Waterlandse dorpen in de patriottentijd en de Bataafs-Franse tijd (1780–1813)*, Amsterdam 1986.

Leo Noordegraaf: *Daglonen in Alkmaar 1500–1800*, o.O. 1980, S. 16 ff.

L. Noordegraaf: *Hollands welvaren? Levensstandaard in Holland 1450–1650*, Bergen 1985.

L. Noordegraaf: *Levensstandaard en levensmiddelenpolitiek in Alkmaar vanaf het eind van de 16de tot in het begin van de 19de eeuw;* in: *Alkmaarse Historische Reeks*, IV, Zutphen 1980, S. 55 ff.

K. R. Pekelharing: *Een paar oude liederen, bij de doopsgezinde vaderen in gebruik,* in: *Doopsgezinde lectuur tot bevordering van christelijke kennis en godzaligheid*, III, o.O. 1858, S. 189 ff.

Jeanine Perryck und Kees Florie: *De kerk van De Rijp*, Amstelveen 1985.

V. C. C. J. Pinkse: *Het Goudse kuitbier;* in: *Gouda zeven eeuwen stad*, Gouda 1972, S. 98 ff.

Franciscus Ridderus: *De Historische Fransman, Engelsman, Spanjaart, Hollander en Kerkspiegel*, Rotterdam 1738.

Franciscus Ridderus: *Historisch Sterfhuys*, Rotterdam 1668.

D. J. B. Ringoir: *Plattelandschirurgijns in de 17e en 18e eeuw. De rekeningboeken van de 18e eeuwse Durgerdamse chirurgijn Anthonij Egberts*, Bunnik 1977.

H. K. Roessingh: *Inlandse tabak. Expansie en contractie van een handelsgewas in de 17e en 18e eeuw in Nederland*, Wageningen 1976.

J. G. de Roever: *Jan Adriaenszoon Leeghwater*, Amsterdam 1944.

N. de Royen Azn: *De Amsterdamsche weeskamer*, Amsterdam 1878.

P. C. van Royen: *Zeevarenden op de koopvaardijvloot omstreeks 1700*, Amsterdam 1987.

J.V. Rijpperda Wierdsma: *Politie en justitie. Een studie over Hollandschen staatsbouw tijdens de Republiek*, Zwolle 1937.

Ryper liedtboecxken inhoudende veel schriftuerlijcke liedekens by verscheyden autheuren gemaeckt, ende nu tot stichtinge van een yegelijck t'samen gestelt, Alkmaar 1664.

Th. Salmon: *Hedendaagsche historie of tegenwoordige staat van alle volkeren, vertaald en merkelyk vermeerderd door M. van Goch M.D.*, VII, Amsterdam 1735.

C. P. Schaghen: *Alckmaar. Lofdicht*, Amsterdam 1744.

G. J. Schutte: *Een Hollandse dorpssamenleving in de late achttiende eeuw. De banne van Graft 1770–1810*, Franeker 1989.

Anton Schuurman: *Probate inventories: research issues, problems and results;* in: *AAG Bijdragen*, XXIII, 1980, S. 19 ff.

Edward Shorter: *The making of the modern family*, o.O. 1975, S. 179 ff.

M. Simon Thomas: *Onze Ijslandsvaarders in de 17e en 18de eeuw. Bijdrage tot de geschiedenis van de Nederlandsche handel en visscherij*, Amsterdam 1935.

H. Soeteboom: *De Zaanlants Arkadia*, Amsterdam 1658.

H. Soeteboom: *Nordhollands ontrusting*, Amsterdam 1678.

K. van den Tempel: *Schippers van de zee in Graft 1650–1695. Aspecten van hun sociale en economische positie*, Universität Leiden 1981.

J. Valenbreder-Everse: *Regtdach gehouden. Criminele rechtspraak in Beverwijk in de achttiende eeuw;* in: *Opening van zaken. Zes historische opstellen ter gelegenheid van de opening van het nieuwe Rijksarchief in Noord-Holland*, Haarlem 1983, S. 189 ff.

J.W. Veenendaal-Barth: *Particuliere notulen van de vergaderingen der Staten van Holland 1620–1640 door N. Stellingwerff en S. Schot*, II, september 1623–mei 1625, 's-Gravenhage 1987.

J. M. Verhoeff: *De oude Nederlandse maten en gewichten*, Amsterdam 1982.

M. A. Verkade: *De opkomst van de Zaanstreek*, Utrecht 1952.

P. Visser: *Dat Rijp is moet eens door eygen rijpheydt vallen*, Wormerveer 1992.

G. de Vries Azn: *De zeeweringen en waterschappen van Noord-Holland*, Haarlem 1864.

Jan de Vries: *The Dutch rural economy in the golden age 1500–1700*, New Haven 1974.

Jan de Vries: *Wat er in de negentiende eeuw van eene oude volksgewoonte onder ons is overgebleven;* in: *Volksalmanak voor het jaar 1866, Maatschappij tot Nut van 't Algemeen (Hrsg.)*, Amsterdam 1866, S. 125 ff.

Joost de Vries: *De beurs van het zeevarende volk in Graft*, Universität Amsterdam 1986.

Marhilde Wessels-Bierling: *De kerkelijke verhoudingen binnen de banne van Graft 1657–1711*, Universität Amsterdam 1984.

J. J. Woltjer: *Dutch privileges, real and imaginary;* in: J. S. Bromley und E. H. Kossmann (Hrsg.), *Britain and the Netherlands*, V, Den Haag 1975, S. 19 ff.

A. M. van der Woude: *Het gebruik van de familienaam in Holland in de zeventiende eeuw;* in: *Holland*, V, 1973, S. 109 ff.

A. M. van der Woude: *Het Noorderkwartier* (3 Bde.), Wageningen 1972.

C. N. Wybrands: *Aanteekeningen uit de geschiedenis der doopsgezinde gemeente te Noordeind van Graft*, in: *Doopsgezinde Bijdragen verzameld en uitgegeven door J. G. de Hoop Scheffer*, XVIII, 1878, S. 111 ff.

Thera Wijsenbeek-Olthuis: *Achter de gevels van Delft. Bezit en bestaan van rijk en arm in een periode van achteruitgang (1700–1800)*, Hilversum 1987.

Bildnachweise

Claes Jansz. Visscher, Eine Karte des Schermerpolders, 1635, 17 x 23,5 cm. Museum Simon van Gijn, Dordrecht.

Abraham Rutgers, Ansicht in Jisp, vor 1664, Bleistift- und Pinselzeichnung, 19,3 x 30,6 cm. Privatbesitz, De Rijp.

Anonym, herausgegeben von Claes Jansz. Visscher, Am »van« erkennt man den Mann, aus: »Blad Snylingh«, mit 16 Sprichwörtern, ca. 1640, Radierung, 4,1 x 5,4 cm. Prentenkabinet der Rijksuniversiteit Leiden.

Jan van de Velde II, Reisende in zwei Ruderbooten, ca. 1640, Radierung, 15,8 x 30,5 cm. Rijksprentenkabinet, Amsterdam.

Jan Hendriksz. Verstraelen, Kinderspiel, Illustration zu Jacob Cats, Hovwelijk, Middelburg 1625, Kupferstich nach Adriaen van de Venne, 17,4 x 16,6 cm. Rijksprentenkabinet, Amsterdam.

Gesina ter Borch, Nach dem Kirchgang, ca. 1654, Bleistift- und Pinselzeichnung in ihrem Liederbuch, Folio 46, vorderseitig, 16 x 21 cm. Rijksprentenkabinet, Amsterdam.

Anonym, Walfänger vor Grönland, Illustration zu Jacob Cats, Maechden-Plicht ofte Ampt der Ionck-Vrouwen, Middelburg 1618, Gravur nach Adriaen van de Venne, 12,2 x 13 cm. Signatur 1018C12. Maatschappij der Nederlandse Letterkunde (Universitätsbibliothek) Leiden.

Geertruyd Roghman, Spinnende Frau, vor 1650, Gravur, 21,3 x 17,1 cm. Rijksprentenkabinet, Amsterdam.

Johannes van Vliet, Der Verkäufer von Liedtexten, ca. 1635, Radierung, 34,3 x 21,9 cm. Rijksprentenkabinet, Amsterdam.

Hendrik Bary, Alte Frau bei Kerzenschein, Geld zählend, ohne Jahresangabe, Radierung, 18,7 x 14 cm. Rijksprentenkabinet, Amsterdam.

Jan van de Velde II, Trauerzug bei dem Begräbnis des Prinzen Maurits in Delft 1625, 1626, Radierung und Kupferstich, Detail. Rijksprentenkabinet, Amsterdam.

Anonym, Willst du sichren Reichtum haben? Mußt du auch den Armen schenken, Illustration zu Johannes de Brune, Emblemata of Zinnewerk..., Amsterdam 1624, S. 300, XLI, Radierung und Kupferstich nach Adriaen van de Venne, 8,2 x 11,2 cm. Rijksprentenkabinet, Amsterdam.

Jan van de Velde II, »Possen«: Ein stockbetrunkener Mann wird um seine Börse gebracht, Anhang in Ian Iansz. Starter, Friesche Lust-Hof, Amsterdam 1621, Radierung, 9,3 x 15,5 cm. Rijksprentenkabinet, Amsterdam.

Johannes van Vliet, Aus dem Geben besteht unser Leben, Titelblatt zu einer Serie von Bettlern, 1632, Radierung, 9 x 6,6 cm. Rijksprentenkabinet, Amsterdam.

Daniel van den Bremden, Winter, ohne Jahresangabe, Kupferstich nach Gerard ter Borch, 30,5 x 38,6 cm. Rijksprentenkabinet, Amsterdam.

J. Suyderhoef, Drei kämpfende Männer, ohne Jahresangabe, Kupferstich nach Gerard ter Borch, 30,5 x 38,6 cm. Rijksprentenkabinet, Amsterdam.

Anonym, Bettler mit Krücken, begleitet von Frau und Kind, ca. 1606, Kupferstich nach David Vinckboons, 12 x 7,4 cm. Rijksprentenkabinet, Amsterdam.

Anonym, Das Haus Nassau-Oranien, ohne Jahresangabe, Kupferstich nach Adriaen van de Venne, 28 x 32 cm. Rijksprentenkabinet, Amsterdam.

Romeyn de Hooghe, Siegreiche Seeschlacht der Niederländer gegen die französische und englische Flotte, 1673, Radierung, 19,8 x 28,5 cm. Rijksprentenkabinet, Amsterdam.

Salomon Saverij, De Rijp vor und während des Brandes von 1654, ca. 1657, Radierung, 39,9 x 56,3 cm. Rijksprentenkabinet, Amsterdam.

Crispijn van de Passe de Oude, Concordia, 1589, Kupferstich nach Maarten de Vos, 22,4 x 24,1 cm. Rijksprentenkabinet, Amsterdam.

DANILO ZOLO

**Die demokratische
Fürstenherrschaft**

Für eine realistische Theorie der Politik
Aus dem Italienischen von Moshe Kahn
272 Seiten, gebunden, DM 38,00

*

Immer mehr Länder, die sich heute
Demokratien nennen, werden längst von
ausgesprochenen Wahloligarchien ohne
gesellschaftliche Basis regiert. Es sind, zu-
gespitzt formuliert: demokratische Für-
stenherrschaften. Man muß sich fragen,
ob Begriffe wie »Volkssouveränität«, »Gemeinwohl«, »Konsens«, »Pluralismus«,
heute mehr sind als leere Worthülsen.
»Die faszinierende und im höchsten
Maße provokative Abhandlung über
moderne Politik, in der Zolo den Medien
der Massenkommunikation besonderes
Augenmerk widmet, läßt den Leser mit
einem Gefühl von ›demokratischer Me-
lancholie‹ zurück, aber auch mit der Herausforderung, einen intellektuell angemessenen Weg aus den Ruinen der
Demokratietheorie zu suchen. Er verpaßt uns eine starke Dosis von dem, was
man den Italo-Realismus in der politischen Theorie nennen könnte.«
(Claus Offe)

Bitte fordern Sie das kostenlose Gesamtverzeichnis an:
Steidl Verlag · Düstere Str. 4 · 37073 Göttingen

RONALD D. GERSTE

**Der Zauberkönig
Gustav III. und Schwedens
Goldene Zeit**

256 Seiten, gebunden, DM 42,00

*

Kurz vor Mitternacht betritt der König
den Maskenball. Plötzlich inszenieren
Vermummte ein Gedränge. Ein Schuß
trifft den König in den Rücken. – Für
mehr als zwanzig Jahre hatte Gustav III.
als König von Schweden neben den politischen auch die kulturellen Geschicke
des Landes gelenkt. Dreizehn Tage nach
dem Anschlag, am 29. März 1792, stirbt
ein König, dessen widersprüchliches
Leben als Tyrann und gekrönter Demo-
krat, als Autor, Schauspieler und Kunst-
mäzen, als Feldherr und Sozialreformer,
charmanter Parlierer und spröder Ehemann bis heute fasziniert. Ronald D. Gerste schöpft aus zeitgenössischen Quellen,
aus Briefen und Tagebüchern. Vor dem
Hintergrund der politischen Machtspiele
der Rokokozeit zeichnet er ein Porträt,
das den ehrgeizigen König als kunstsinni-
gen Staatsmann und als einsamen Menschen mit seinen privaten Erfolgen und
Niederlagen zeigt.

Bitte fordern Sie das kostenlose Gesamtverzeichnis an:
Steidl Verlag · Düstere Str. 4 · 37073 Göttingen

ALEXANDER NEHAMAS

NIETZSCHE – Leben als Literatur

Aus dem Englischen
von Brigitte Flickinger.
256 Seiten, Hardcover, DM 38,00

*

Nehamas versteht Nietzsches Gedankenwelt im doppelten Sinn als literarisch. Er behauptet, daß Nietzsche die Welt wie einen literarischen Text begriff, und folgert daraus, daß es Nietzsches Ziel als Autor war, seiner Philosophie einen spezifisch literarischen Charakter zu geben. Literatur bedeutet die Möglichkeit einer Vielzahl von Perspektiven, und aus diesem Perspektivismus versucht Nehamas die Widersprüche im Werk Nietzsches herzuleiten. Wie Nehamas zu dem Ergebnis kommt, daß sich Nietzsches ideales Wesen im Akt des Schreibens konstituiert, beschreibt seine komplex angelegte Studie. Nehamas entfaltet eine geistreiche und subtile Nietzsche-Interpretation und präsentiert ein kohärentes Bild des Philosophen. Diese herausfordernde Sichtweise formuliert er in einer eleganten und anspielungsreichen Sprache, die sehr ungewöhnlich ist für heutige philosophische Arbeiten.

Bitte fordern Sie das kostenlose Gesamtverzeichnis an:
Steidl Verlag · Düstere Str. 4 · 37073 Göttingen

RONALD D. GERSTE

**Der Zauberkönig
Gustav III. und Schwedens
Goldene Zeit**

256 Seiten, gebunden, DM 42,00

*

Kurz vor Mitternacht betritt der König
den Maskenball. Plötzlich inszenieren
Vermummte ein Gedränge. Ein Schuß
trifft den König in den Rücken. – Für
mehr als zwanzig Jahre hatte Gustav III.
als König von Schweden neben den politischen auch die kulturellen Geschicke
des Landes gelenkt. Dreizehn Tage nach
dem Anschlag, am 29. März 1792, stirbt
ein König, dessen widersprüchliches
Leben als Tyrann und gekrönter Demo-
krat, als Autor, Schauspieler und Kunst-
mäzen, als Feldherr und Sozialreformer,
charmanter Parlierer und spröder Ehemann bis heute fasziniert. Ronald D. Gerste schöpft aus zeitgenössischen Quellen,
aus Briefen und Tagebüchern. Vor dem
Hintergrund der politischen Machtspiele
der Rokokozeit zeichnet er ein Porträt,
das den ehrgeizigen König als kunstsinni-
gen Staatsmann und als einsamen Menschen mit seinen privaten Erfolgen und
Niederlagen zeigt.

Bitte fordern Sie das kostenlose Gesamtverzeichnis an:
Steidl Verlag · Düstere Str. 4 · 37073 Göttingen

ALEXANDER NEHAMAS

NIETZSCHE – Leben als Literatur

Aus dem Englischen
von Brigitte Flickinger.
256 Seiten, Hardcover, DM 38,00

*

Nehamas versteht Nietzsches Gedankenwelt im doppelten Sinn als literarisch. Er
behauptet, daß Nietzsche die Welt wie
einen literarischen Text begriff, und folgert daraus, daß es Nietzsches Ziel als
Autor war, seiner Philosophie einen spezifisch literarischen Charakter zu geben.
Literatur bedeutet die Möglichkeit einer
Vielzahl von Perspektiven, und aus diesem Perspektivismus versucht Nehamas
die Widersprüche im Werk Nietzsches
herzuleiten. Wie Nehamas zu dem
Ergebnis kommt, daß sich Nietzsches
ideales Wesen im Akt des Schreibens konstituiert, beschreibt seine komplex angelegte Studie. Nehamas entfaltet eine
geistreiche und subtile Nietzsche-Interpretation und präsentiert ein kohärentes
Bild des Philosophen. Diese herausfordernde Sichtweise formuliert er in einer
eleganten und anspielungsreichen Sprache, die sehr ungewöhnlich ist für heutige philosophische Arbeiten.

Bitte fordern Sie das kostenlose Gesamtverzeichnis an:
Steidl Verlag · Düstere Str. 4 · 37073 Göttingen

YIRMIYAHU YOVEL

**SPINOZA – Das Abenteuer der
Immanenz**

Aus dem Englischen
von Brigitte Flickinger.
552 Seiten, Hardcover, DM 48,00

*

In seinem so lesenswerten wie lesbaren
Buch führt Yovel die Philosophie Baruch
Spinozas auf ihre historischen Ursprünge
im spanischen Marranentum zurück.
Seine »Philosophie der Immanenz« –
alles Sein ist diesseitig und außerhalb
davon gibt es nichts – stellt die Hauptprä-
missen des Judentums und des Christentums in Frage und gibt zugleich der phi-
losophischen Tradition eine revolutio-
näre Wende. Mit seiner »Parteinahme für
die Weltlichkeit« wurde Spinoza zum
Vorboten der Moderne. Kant, Hegel,
Heine, Feuerbach, Marx, Nietzsche und
Freud, sie alle haben sich in unterschiedlicher Weise auf Spinoza bezogen. Sie
sind die »anderen Häretiker«, die alle in
der Nachfolge Spinozas dafür gekämpft
haben, daß die Welt nicht länger eine
Stätte des göttlichen Gerichts, sondern
ein Ort des menschlichen Lebens sei.

Bitte fordern Sie das kostenlose Gesamtverzeichnis an:
Steidl Verlag · Düstere Str. 4 · 37073 Göttingen